Die lex originis-Regel im internationalen Sachenrecht – Grenzüberschreitende privatrechtliche Ansprüche auf Herausgabe von abhanden gekommenen und unrechtmäßig ausgeführten Kulturgütern

Europäische Hochschulschriften
Publications Universitaires Européennes
European University Studies

Reihe II
Rechtswissenschaft

Série II Series II
Droit
Law

Bd./Vol. 4236

PETER LANG
Frankfurt am Main · Berlin · Bern · Bruxelles · New York · Oxford · Wien

Olaf Rafael Kurpiers

Die lex originis-Regel im internationalen Sachenrecht – Grenzüberschreitende privatrechtliche Ansprüche auf Herausgabe von abhanden gekommenen und unrechtmäßig ausgeführten Kulturgütern

PETER LANG
Europäischer Verlag der Wissenschaften

Bibliografische Information Der Deutschen Bibliothek
Die Deutsche Bibliothek verzeichnet diese Publikation in der Deutschen Nationalbibliografie; detaillierte bibliografische Daten sind im Internet über <http://dnb.ddb.de> abrufbar.

Zugl.: Heidelberg, Univ., Diss., 2005

D 16
ISSN 0531-7312
ISBN 3-631-54233-X

www.peterlang.de

Meinen lieben Eltern

Vorwort

Die Juristische Fakultät der Ruprecht-Karls-Universität Heidelberg hat die vorliegende Arbeit im Wintersemester 2004/2005 als Dissertation angenommen.

Mein besonderer Dank gilt meinem Doktorvater, Herrn Prof. Dr. Dr. h.c. mult. Erik Jayme, für seine wertvollen Anregungen und die unterstützende Betreuung bei der Entstehung der Arbeit. Herrn Prof. Dr. Thomas Pfeiffer danke ich für die Übernahme des Zweitgutachtens.

Insbesodere Frau Emel Bal und Herrn Prof. Dr. Klaus Adomeit möchte ich herzlich für ihre liebenswerte Unterstützung danken. Mein Dank richtet sich zudem an die Menschen, die zum Gelingen der Arbeit beigetragen haben.

Der allergrößte Dank gilt meinen wundervollen Eltern, Frau Dipl.-Math. Karin Kramer-Kurpiers und Herrn Dipl.-Ing. Günter Kurpiers, die mir den gewählten Werdegang ermöglicht, mich nach Kräften unterstützt und wichtige Entscheidungen durch ihren Rat geprägt haben. Ihnen sei diese Arbeit gewidmet.

Berlin, im Mai 2005

Olaf Rafael Kurpiers

Inhaltsübersicht

Inhaltsverzeichnis

Abkürzungsverzeichnis

a.A.	anderer Ansicht
ABGB	Allgemeines Bürgerliches Gesetzbuch (Österreich)
abgedr.	abgedruckt
Abl.	Amtsblatt der Europäischen Gemeinschaften
Abs.	Absatz
A.C.	Appeal Cases, The Law Reports, House of Lords
a.F.	alte Fassung
a.G.	altes Gesetz
AG	Amtsgericht
AIDI	Annuaire de l'Institut de Droit International
AJP	Aktuelle Juristische Praxis
All E.R.	The All England Law Reports
Am.J.Int'l.L.	American Journal of International Law
Anh.	Anhang
Anm.	Anmerkung
App.	Appendix
Art.	Artikel / Article / Articolo / Artículo / Artigo
Artt.	Artikel (Mehrzahl)
AT	Allgemeiner Teil
Aufl.	Auflage
Bd.	Band
Bearb.	Bearbeiter
Bek.	Bekanntmachung
Beschl.	Beschluß
BGB	Bürgerliches Gesetzbuch
BGBl.	Bundesgesetzblatt, römische Ziffern verweisen auf den jeweiligen Teil
BGH	Bundesgerichtshof
BGHR	BGH-Rechtsprechung Zivilsachen
BGHZ	Entscheidungen des Bundesgerichtshofs in Zivilsachen
B.O.E.	Boletín Oficial del Estado (Spanien)
BR	Bundesrat
BR-Drs.	Bundesratsdrucksache
BT-Drs.	Bundestagsdrucksache
BVerfG	Bundesverfassungsgericht
BVerwG	Bundesverwaltungsgericht
BVerwGE	Entscheidungen des BVerwG
bw DschG	Baden-württembergisches Denkmalschutzgesetz
bzw.	beziehungsweise

c.	contre/contro
C.A.	Court of Appeal
Cal.	California
Cal.L.R.	California Law Review
C.c.es	Código civil español
C.c.fr	Code civil française
C.c.it	Codice civile italiano
C.com.es	Código del comercio español
C.D.	Central District Court
Ch.	Chambre / Chancery Division (Law Reports)
Ch.D.	Chancery Division
Cir.	Circuit
civ.	civil
Cornell Int'l.L.J.	Cornell International Law Journal
DB	Der Betrieb
DDR	Deutsche Demokratische Republik
ders.	derselbe
d.h.	das heißt
dies.	dieselbe
Dir.com.int.	Diritto del commercio internazionale
Doc.	Document
DÖV	Die öffentliche Verwaltung
Dok.	Dokument
D.S.	Recueil Dalloz Sirey (seit 1955)
EG	Europäische Gemeinschaften
EGBGB	Einführungsgesetz zum Bürgerlichen Gesetzbuch
EGV	Vertrag zur Gründung der europäischen Wirtschaftsgemeinschaft v. 23.5.1957
Entsch.	Entscheidung
etc.	et cetera
EU	Europäische Union
EuGH	Gerichtshof der Europäischen Gemeinschaften
EuGMR	Europäischer Gerichtshof für Menschenrechte
EuR	Europarecht
EuZW	Europäische Zeitschrift für Wirtschaftsrecht
e.V.	eingetragener Verein
f.	folgende
F.2d.	Federal Reporter 2d Series
F.A.Z.	Frankfurter Allgemeine Zeitung
ff.	fortfolgende

Fn.	Fußnote
FS	Festschrift
F.Supp.	Federal Supplement
FTD	Financial Times Deutschland
G.	Gesetz
gem.	gemäß
GewO	Gewerbeordnung
GG	Grundgesetz
GS	Gedenkschrift
Harv.J.Int'l.L.	Harvard International Law Journal
h.M.	herrschende Meinung
HR	Hooge Rad (Niederlande)
Hrsg.	Herausgeber
HS	Halbsatz
I.C.L.Q.	The International and Comparative Law Quarterly
i.d.F.	in der Fassung
i.E.	im Ergebnis
IJCP	International Journal of Cultural Property
IKGS	Internationale Kulturgüterschutz
ILM	International Legal Materials
Ind.	Indiana
IPR	Internationales Privatrecht
IPRax	Praxis des internationalen Privat- und Verfahrensrechts
IPRG	Schweizerisches Bundesgesetz über das Internationale Privatrecht vom18.12.1987
IPRspr.	Die deutsche Rechtsprechung auf dem Gebiet des internationalen Privatrechts
i.S.v.	im Sinne von
ISWA	International Sales of Works of Art
i.V.m.	in Verbindung mit
JCP	Juris-Classeur Périodique: La Semaine Juridique
Jh.	Jahrhundert
J.O.	Journal Officiel (Frankreich)
JuS	Juristische Schulung
JZ	Juristenzeitung
KG	Kammergericht

Kom (SYN)	Dokumente der Kommission der Europäischen Gemeinschaften
KUR	Kunst- und Urheberrecht
LG	Landgericht
lit.	litera (Buchstabe)
L.Q.R.	The Law Quarterly Review
Ltd.	Limited
LUAB	Loi uniforme sur l´acquisition des biens corporels de bonne foi
MünchKomm	Münchener Kommentar zum Bürgerlichen Gesetzbuch
m.w.N.	mit weiteren Nachweisen
n., no.	number, numéro, numero
NILR	Netherland International Law Review
NJ	Nederlandse Jurisprudentie
NJW	Neue Juristische Wochenschrift
NJW-RR	Neue Juristische Wochenschrift, Rechtsprechungsreport
Nr.	Nummer
NVwZ	Neue Zeitschrift für Verwaltungsrecht
N.Y.	New York
ÖJZ	Österreichische Juristenzeitung
OLG	Oberlandesgericht
OVG	Oberverwaltungsgericht
Q.B.	Law Reports of the Queens Bench Division
Rabelsz	Rabels Zeitschrift für ausländisches und internationales Privatrecht
RdC	Recueil des Cours de l´Académie de droit international
Rev.cr.dr.int.pr.	Revue critique de droit international privé
Rev.dr.publ.sc.pol.	Revue du droit public et de la science politique en France et à l´étranger
Rev.dr.unif.	Revue de droit uniforme
Rev.Mar.Uniq.Eur.	Revue du Marché Unique Européen
Rev.trim.dr.civ.	Revue trimestrielle de droit civil
R.G.D.I.P.	Revue générale de droit international public
Riv.com.int.	Rivista del commercio internazionale
Riv.dir.civ.	Rivista di diritto civile
Riv.dir.int.	Rivista di diritto internazionale
Riv.dir.int.pr.proc.	Rivista di diritto internazionale processuale e privato
RIW	Recht der internationalen Wirtschaft

Rn.	Randnummer
R.R.J.	Droit prospectif – Revue de la recherche juridique
Rs.	Rechtssache
S.	Seite/Satz
S.D.	Southern District
sec.	section
SJZ	Schweizerische Juristen-Zeitung
Slg.	Sammlung der Rechtsprechung des Gerichtshofs der Europäischen Gemeinschaften
sog.	sogenannt/e/er/es
Stan.L.Rev.	Stanford Law Review
SZ	Süddeutsche Zeitung
Tex.Int'l.L.J.	Texas International Law Journal
Tex.L.Rev.	Texas Law Review
Trib.	tribunal / tribunale
T.U.	Testo Unico
u.a.	unter anderem / unter andere
UNESCO	United Nations Organization for Educational and Scientific Cooperation
UNIDROIT	Institute for the Unification of Law
U.L.R.	Uniform Law Review
Urt.	Urteil
U.S. / USA	United States / United States of America
v.	von / vom / versus
VersR	Versicherungsrecht
VG	Verwaltungsgericht
VGH	Verwaltungsgerichtshof
vgl.	vergleiche
Vol.	Volume (Band)
Warn	Warneyer Rechtsprechung des BGH in Zivilsachen
W.L.R.	The Weekly Law Reports
ZaöRVR	Zeitschrift für ausländisches öffentliches Recht und Völkerrecht
z.B.	zum Beispiel
ZfRV	Zeitschrift für Rechtsvergleichung, Internationales Privatrecht und Europarecht
ZGB	Schweizerisches Zivilgesetzbuch
zit.	zitiert

ZSR	Zeitschrift für Schweizerisches Recht
ZVglRWiss	Zeitschrift für vergleichende Rechtswissenschaft

Einleitung

Der Diebstahl von Kunstwerken und sonstigen Kulturgütern[1] ist zuletzt im Zusammenhang mit dem Krieg im Irak in den Mittelpunkt des Interesses der breiten Öffentlichkeit gerückt. Die Plünderung des irakischen Nationalmuseums in Bagdad erfolgte zeitweise vor laufenden Fernsehkameras und konnte von Millionen Zuschauern beobachtet werden. Das erst kürzlich vor seiner Plünderung wieder eröffnete Museum beherbergte die schönste Sammlung mesopotamischer Altertümer wie den 3500 Jahre alten geflügelten assyrischen Bullen. Der Diebstahl von Kulturgütern ist kein Phänomen, das lediglich zu Kriegszeiten oder in den Wirren der Nachkriegszeit eintritt. Berichte über Kunstdiebstähle können den Zeitungen immer wieder entnommen werden[2]. Die Tendenz ist steigend[3]. Beispiele dafür sind der Diebstahl expressionistischer Gemälde aus dem Brücke Museum in Berlin im Jahre 2002[4], der Diebstahl der Gemälde von Goya, Brueghel und Pissarro aus der Privatsammlung der Marquise Esther Koplowitz in Madrid im Jahre 2001[5], oder der Raub zweier Ölgemälde von William Turner und eines Bildes von Caspar David Friedrich aus der Schirn-Kunsthalle in Frankfurt am Main im Jahre 1994. Die Auflistung von Kunstdiebstählen könnte endlos weitergeführt werden[6]. Zu den Opfern zählen nicht nur Museen und Kirchen, sondern auch private Kunstsammler und Galerien[7]. In einigen Fällen erhalten die bestohlenen Eigentümer die Kunstwerke zurück[8]. So wurden die aus

---

[1] Die Begriffe „Kunstwerk" und „Kulturgut" werden entsprechend der Haager Konvention von 1954, BGBl. 1967 II, S. 1235 ff., verwandt. Kulturgut ist demnach der Oberbegriff.

[2] *Sager*, Zeit Magazin v. 3.11.1995; *Calonego/Brill*, SZ v. 6.5.1997, S. 3; SZ v. 5.5.1998, S. 13 (Diebstahl eines Bildes von Corot aus dem Louvre); *Brill*, SZ v. 22.5.1998, S. 12 (Diebstahl von drei Gemälden von Cezanne und Van Gogh aus der Galleria Nazionale d'Arte Moderna in Rom); F.A.Z. v. 30.1.1999, S. 9 (Diebstahl von zwei Bildern von Bellini und Rembrandt aus dem Kopenhagener Museum); F.A.Z. v. 3.1.2000, S. 47 (Diebstahl eines Bildes von Cezanne aus einem Museum in Oxford); F.A.Z. v. 26.5.2000, S. 46; *Uslucan*, F.A.Z. v. 9.8.2000, S. B 32; F.A.Z. v. 16.8.2000, S. 11; SZ v. 8.1.2001, S. 12; SZ v. 28.5.2001, S. 17 (Diebstahl von Fresken von Schulz in der Ukraine); SZ v. 10.5.2001, S. 13; *Blom*, SZ v. 18.5.2002, S. 12; SZ v. 7.10.2002, S. 13 (Diebstahl eines Liebermann-Bildes in Berlin); Berliner Zeitung v. 8.10.2002, S. 19 (In der Galerie im Hotel Adlon in Berlin kam es innerhalb von zwei Jahren zum dritten Diebstahl).

[3] Vgl. *Hanisch*, FS *Müller-Freienfels*, S. 193 ff., 214, zu finden.

[4] F.A.Z. v. 10.12.2002, S. 7.

[5] *Kügler*, Gelegenheit macht Kunstdiebe, in Spanien besonders gern im heißen Monat August, F.A.Z. v. 1.9.2001, S. 54

[6] Vgl. dazu *Freund/Winkenbach*, Auflagen des Denkmalschutzes erleichterten Berliner Kunstraub, Welt am Sonntag v. 28.04.2002 S. 12. 33000 Gemälde, Grafiken und Zeichnungen, 26000 Teppiche, 27000 Schmuckstücke sowie 53000 sonstige Kunstgegenstände waren im Jahre 2002 in Deutschland als gestohlen gemeldet.

[7] SZ v. 17.6.2001, S. 10.

[8] SZ v. 5.3.1997, S. 1; SZ v. 7.4.2001, S. 13; SZ v. 9.4.2001, S. 12 (Gestohlener Renoir gefunden); SZ v. 21.8.2001, S. 49 (Region München); SZ v.15.11.2002, S. 44 (NRW Panorama); F.A.Z. v. 21.12.2002, S. 33

dem Brücke Museum gestohlenen Gemälde nur Wochen später sichergestellt und die Täter gefaßt. In anderen Fällen kann es Jahrzehnte dauern, bis die Diebesbeute wieder auftaucht, weil sie etwa von international operierenden Kunstbanden bereits über Landesgrenzen hinweg verschoben worden ist. Der bestohlene Eigentümer kann nur darauf hoffen, daß er aufgrund der Ermittlungen der Polizei, beauftragter Privatdetektive oder auch nur aufgrund eines Zufalls eines Tages von dem Aufenthaltsort des Kunstwerks und der Identität des Besitzers Kenntnis erlangt.

I. Offene Fragen

Ist dem bestohlenen Eigentümer der Aufenthaltsort des Kunstwerks und die Identität des Besitzers bekannt, so bedeutet dies nicht, daß er das Kunstwerk immer wiederbekommt, wie die zwei folgend dargestellten Fälle zeigen.

Fall 1: Die Entscheidung des Landgerichts Hamburg vom 20.6.1996[9]

Der Republik Portugal wurden antike, aus dem portugiesischen Königshaus stammende Pistolen in Lissabon im Jahre 1973 gestohlen. Obwohl die Kulturgüter nach portugiesischem Recht extra commercium gestellt waren und ihre Ausfuhr verboten war, wurden sie in Lissabon veräußert, nach Deutschland verbracht und dort im Jahre 1980 weiterveräußert. Nachdem der Erwerber die Kulturgüter seit 1982 in Eigenbesitz gehabt hatte, verbrachte er sie im Jahre 1990 nach England, um sie dort bei einem Auktionshaus versteigern zu lassen. Nach englischem Recht konnte der gutgläubige Käufer nach sechs Jahren Eigenbesitz gemäß sec. 3 (1) und (2) des Limitation Act 1980 Eigentum an den Kulturgütern erwerben. Die zehnjährige Ersitzungsfrist des § 937 BGB war dagegen noch nicht abgelaufen. Die Klage der Republik Portugal auf Herausgabe der antiken Pistolen vor dem zuständigen Landgericht Hamburg hatte keinen Erfolg, weil nach der englischen lex rei sitae der Eigentumserwerb wirksam war. Das Verbringen der Kulturgüter nach England bewirkte einen Statutenwechsel[10]. Anwendbar war die lex rei sitae im Zeitpunkt der Vollendung des Rechtserwerbs.

---

[9] LG Hamburg, Urt. v. 20.6.1996 – 305 O 77/92: Unveröffentlicht, IPRspr. 1996 Nr. 55 S.119 ff.; vgl. dazu auch *Siehr*, IPR, S. 270.

[10] Die vom deutschen Recht gemäß Art. 4 Abs. 1 EGBGB ausgesprochene Gesamtverweisung wurde vom englischen Recht angenommen, denn auch im englischen Kollisionsrecht gilt die lex rei sitae-Regel.

Fall 2: Der Rechtsstreit *Winkworth v. Christie*[11]

Einem englischen Kunstsammler waren japanische Kunstwerke in England gestohlen worden. Sie wurden nach Italien verbracht, wo sie gemäß den Artt. 1153 ff. C.c.ital. gutgläubig erworben werden konnten. Der Erwerber brachte die Kunstwerke dann wieder nach England zurück, um sie bei einem Auktionshaus versteigern zu lassen. Die Klage des ursprünglichen Eigentümers wurde abgelehnt, weil der Eigentumserwerb nach italienischer lex rei sitae wirksam war. Der Wechsel des Belegenheitsorts hatte einen Statutenwechsel zur Folge. Die lex rei sitae im Zeitpunkt der Vollendung des Rechtserwerbs war anwendbar. Die Voraussetzungen für einen Eigentumserwerb nach englischem Recht gemäß sec. 3 (1) und (2) des Limitation Act 1980 lagen dagegen nicht vor.

Im Fall 1 hatte das LG Hamburg über die Rückgabe portugiesischer Kulturgüter zu entscheiden, die außer Landes gebracht wurden, obwohl ihre Ausfuhr verboten war. In der Bundesrepublik Deutschland werden nationale Kulturgüter auch geschützt. Das Gesetz zum Schutz deutschen Kulturgutes gegen Abwanderung stammt aus dem Jahre 1955[12] und wurde 1999 in der seit dem 22.10.1998 geltenden Fassung[13] neu bekanntgegeben[14]. Fraglich ist, ob deutsche Kulturgüter durch das Gesetz ausreichend geschützt werden. Insbesondere stellt sich die Frage, ob es sachgerecht ist, daß die §§ 18, 19 KgSchG das öffentliche und kirchliche Kulturgut grundsätzlich vom sachlichen Anwendungsbereich des Gesetzes ausnehmen[15].

Wird ein deutsches Kulturgut entgegen einem Ausfuhrverbot außer Landes gebracht, so stellt sich die Frage, ob der deutsche Staat seine Rückkehr verlangen darf. Durch zahlreiche bilaterale und multilaterale Staatsverträge wird versucht, den illegalen Handel mit Kulturgütern zu bekämpfen[16]. Staatliche Rückführungsansprüche sehen die UNESCO-Konvention über Maßnahmen zum Verbot und zur Verhütung der unzulässigen Einfuhr, Ausfuhr und Übereignung von

---

[11] *Winkworth v. Christie, Manson & Woods* (1980) 1 All E.R. 1121; (1980) 2 W.L.R. 937 (Ch.D.).

[12] Gesetz zum Schutz deutschen Kulturgutes gegen Abwanderung (KgSchG) v. 6.8.1955, BGBl. 1955 I, 501.

[13] Zuletzt geändert durch das Gesetz zur Umsetzung von Richtlinien der Europäischen Gemeinschaften über die Rückgabe von unrechtmäßig aus dem Hoheitsgebiet eines Mitgliedstaates verbrachten Kulturgütern und zur Änderung des Gesetzes zum Schutz deutschen Kulturguts gegen Abwanderung (Kulturgutsicherungsgesetz - KultgSiG) v. 15.10.1998, BGBl. 1998 I, 3162. Das Kulturgutsicherungsgesetz besteht aus dem Kulturgüterrückgabegesetz (Art. 1 KultgSiG) und dem Kulturgutschutzgesetzänderungsgesetz (Art. 2 KultgSiG).

[14] BGBl. 1999 I, 1754.

[15] Vgl. dazu *Hipp*, S. 97 ff.

[16] Eine Auflistung der Staatsverträge ist bei *v.Schorlemer*, S. 414 ff., zu finden.

Kulturgut von 1970[17] in Art. 7 (b) (ii) und das UNIDROIT-Übereinkommen über gestohlene oder rechtswidrig ausgeführte Kulturgüter vom 24. Juni 1995[18] in Art. 5 vor. In dem UNIDROIT-Übereinkommen wurde darüber hinaus in Art. 3 eine Norm festgeschrieben, nach der ein privatrechtlicher Rückgabeanspruch geltend gemacht werden kann. Für die Bundesrepublik Deutschland stellt sich die Frage, ob sie den Staatsverträgen beitreten soll.

Befindet sich das deutsche Kulturgut nach seiner unrechtmäßigen Ausfuhr innerhalb der EU, so kann die Bundesrepublik Deutschland eine Rückgabeklage gemäß Art. 5 der Richtlinie 93/7/EWG des Rats vom 15.3.1993 über die Rückgabe von unrechtmäßig aus dem Hoheitsgebiet eines Mitgliedstaats verbrachten Kulturgütern[19] in Verbindung mit der jeweiligen nationalen Umsetzungsvorschrift erheben. In der Bundesrepublik Deutschland wurde die Richtlinie durch das Gesetz zur Umsetzung von Richtlinien der EG über die Rückgabe von unrechtmäßig aus dem Hoheitsgebiet eines Mitgliedstaats verbrachten Kulturgütern und zur Abänderung des Gesetzes zum Schutz deutschen Kulturgutes gegen Abwanderung vom 15.10.1998[20] umgesetzt. Das Kulturgutsicherungsgesetz enthält in Art. 1 das Gesetz zur Umsetzung der Richtlinie 93/7/EWG des Rates über die Rückgabe von unrechtmäßig aus dem Hoheitsgebiet eines Mitgliedstaats verbrachten Kulturgütern und in Art. 2 das Gesetz zur Änderung des Gesetzes zum Schutz deutschen Kulturgutes gegen Abwanderung. Offene Fragen entstehen aufgrund der abweichenden Umsetzung der Richtlinie durch den deutschen Gesetzgeber. In erster Linie ist der § 5 Abs. 1 KultGüRückG zu nennen, der im Gegensatz zu dem Art. 1 Nr. 1 der Richtlinie 93/7/EWG die Rückgabepflicht davon abhängig macht, daß ein Kulturgut von dem ersuchenden Mitgliedstaat *vor* der Verbringung in einen anderen Staat unter Schutz gestellt wurde. Eine nachträgliche Einstufung als geschütztes Kulturgut soll nach Auffassung des deutschen Gesetzgebers nicht mehr möglich sein.

Wenn, wie in den dargestellten Fällen, ein Rückgabeanspruch gemäß den Normen der Richtlinie 93/7/EWG und der Staatsverträge nicht gegeben ist, so kommt nur ein privatrechtlicher Herausgabeanspruch gemäß den Normen des nationalen Sachrechts in Betracht.

Liegt kein Sachverhalt mit Auslandsberührung vor, so entscheidet das nationale Sachrecht, ob der ursprüngliche Eigentümer das Eigentum an dem Kulturgut verliert. Im deutschen Sachrecht ermöglichen die §§ 935 Abs. 2, 937 BGB einen

---

[17] ILM 10 (1971), S. 289 ff.; Übersetzung in BT-Drs. VI/3511, S. 3 ff.

[18] ILM 34 (1995), S. 1330 ff.; Übersetzung abgedr. in: ZVerglRWiss 95 (1996), S. 214 ff.

[19] Richtlinie 93/7/EWG des Rates v. 15.3.1993, ABl. EG Nr. L 74/74, geändert durch die Richtlinie 96/100/EG des Europäischen Parlaments und des Rates v. 17.12.1997, ABl. EG Nr. L 60/59.

[20] BGBl. I 1998, 3162; Vgl. zur Umsetzung *Mußgnug*, EuR 2000, S. 564 ff.

Verlust des Eigentums. Zudem verjährt der Herausgabeanspruch des ursprünglichen Eigentümers nach § 197 Abs. 1 Nr. 1 BGB in 30 Jahren. Das am 1. Januar 2002 in Kraft getretene Gesetz zur Modernisierung des Schuldrechts vom 26. November 2001[21] hat an der 30-jährigen Verjährungsfrist auch für Ansprüche auf Herausgabe abhanden gekommener Kunstwerke und anderer Kulturgüter festgehalten[22]. Auf Sonderregelungen für die von den Nationalsozialisten konfiszierten Kunstwerke wurde verzichtet[23]. In diesem Zusammenhang stellt sich die Frage, ob der gutgläubige Erwerb des Eigentums an abhanden gekommenen Kulturgütern nicht ganz ausgeschlossen werden sollte. Die §§ 935 Abs. 2, 937 BGB könnten entsprechend geändert werden. Zumindest ist in Betracht zu ziehen, die Konsultation von Datenbanken gestohlener Kulturgüter als Voraussetzung für den guten Glauben eines Erwerbers zu verlangen[24]. Eine weitere offene Frage ist, ob bestimmte Kulturgüter extra commercium gestellt werden sollten und welche gesetzgeberischen Möglichkeiten hierzu zur Verfügung stehen[25].

Liegt ein Sachverhalt mit Auslandsberührung vor, so entscheidet das Kollisionsrecht des Forum-Staats über das anwendbare Sachrecht (Fälle 1 und 2). In der Bundesrepublik Deutschland wurde das internationale Sachenrecht in den Artt. 43 ff. EGBGB durch das Gesetz zum Internationalen Privatrecht für außervertragliche Schuldverhältnisse und Sachen vom 21. Mai 1999 kodifiziert[26]. Hier stellt sich die Frage nach dem Regelungsgehalt der Artt. 43 ff. EGBGB. Zu fragen ist auch nach möglichen Änderungen der Artt. 43 ff. EGBGB. Hierbei wird zu untersuchen sein, inwieweit die lex originis zur Beurteilung sachenrechtlicher Tatbestände herangezogen werden kann.

II. Fragestellung der Arbeit

Diese Arbeit beschäftigt sich mit der Frage nach dem anwendbaren Sachrecht, wenn über die Eigentumsverhältnisse an abhanden gekommenen oder unrechtmäßig ausgeführten Kunstwerken und sonstigen Kulturgütern zu entscheiden ist. Berührt der einem privatrechtlichen Herausgabeanspruch zugrundeliegende Sachverhalt mehrere Rechtsordnungen, so bestimmt das Kollisionsrecht des Forum-Staats das auf sachenrechtliche Vorgänge anwendbare Sachrecht, soweit

---

[21] BGBl. I 2001, 3138. Vgl. dazu *Siehr*, ZRP, 2001, S. 346 f., 347; *v.Plehwe*, KUR 2001, S. 49 ff.; *Mansel*, NJW 2002, S. 89 ff., 90.

[22] Siehe dazu *Mußgnug*, Unehrliche Finder von Regenschirmen und Kunstwerken, F.A.Z. v. 10.11.1998, S. 12.

[23] Siehe dazu *Jayme*, Recht contra Moral?, F.A.Z. v. 16.1.2002, S. 43.

[24] Siehe dazu *Franz*, KUR 1999, S. 345 ff.; *Jayme*, Beutekunst als Rechtsfrage, Frankfurter Rundschau v. 13.7.2001, S. 19; *Seegers*, KUR 1999, S. 289 ff.

[25] *Mußgnug*, in: *Dolzer/Jayme/Mußgnug* (Hrsg.), Rechtsfragen des IKGS, S. 199 ff.; *Weidner*, S. 299 ff. Vgl. den Hamburger Stadtsiegel-Fall, BGH, NJW 1990, S. 899 ff.

[26] BGBl. I S.1026. Das Gesetz ist am 1. Juni 1999 in Kraft getreten.

der privatrechtliche Herausgabeanspruch nicht auf den Art. 3 des UNIDROIT-Übereinkommens über gestohlene oder rechtswidrig ausgeführte Kulturgüter vom 24. Juni 1995[27] gestützt wird.

Die im deutschen internationalen Sachenrecht in Art. 43 Abs. 1 EGBGB festgeschriebene Kollisionsnorm der lex rei sitae wird in Frage gestellt. In den dargestellten Fällen hatten die Klagen der ursprünglichen Eigentümer keinen Erfolg, weil die Kulturgüter ins Ausland verbracht wurden. Im Fall 1 verlor die Republik Portugal das Eigentum an den Pistolen, obwohl sie diese zu ihrem nationalen Kulturgut deklarierte und sie zu res extra commercium erklärte. Problematisch ist der Statutenwechsel, der Wandel des anwendbaren Rechts, der durch die Änderung des Belegenheitsorts eintritt, weil nationale Sachnormen zum gutgläubigen Erwerb, zur Ersitzung und zur Verjährung sehr verschieden sind. Für die Anknüpfung kommt es im Rahmen der jeweils berufenen Rechtsordnung auf den Belegenheitsort im Zeitpunkt der Verwirklichung des sachenrechtlichen Tatbestands an[28], so zufällig der jeweilige Belegenheitsort sein mag. Zudem besteht die Gefahr der Manipulation. Der Dieb kann den Belegenheitsort bewußt auswählen. Zu beklagen ist auch, daß die Kulturschutznormen des Herkunftsstaats nicht angewandt werden (siehe Fall 1).

Den ersten Schwerpunkt widmet diese Arbeit der Frage nach den Auswirkungen der in Art. 43 EGBGB festgeschriebenen Regelanknüpfung an den Ort der Belegenheit der Sache und des in Art. 43 Abs. 2 und 3 EGBGB fragmentarisch geregelten Statutenwechsels auf Fälle des Abhandenkommens und der unrechtmäßigen Ausfuhr von Kulturgütern. Der Regelungsinhalt des Art. 46 EGBGB wird zu erörtern sein. Hier stellt sich insbesondere die Frage, ob der Herkunftsort eines Kulturguts als Kriterium für eine enge Verbindung anzusehen ist und die Verkehrsinteressen ausnahmsweise zurücktreten. Abweichungen zu den Artt. 43, 46 EGBGB ergeben sich aus dem Tätigwerden des europäischen Gesetzgebers. Im Mittelpunkt steht hierbei die Frage nach dem Regelungsinhalt der Kollisionsnorm des Art. 12 der Richtlinie 93/7/EWG und der ihn ins nationale Recht umsetzenden §§ 4 und 8 KultGüRückG.

Darüber hinaus will diese Arbeit eine Antwort auf die Frage geben, ob das UNIDROIT-Übereinkommen über gestohlene oder rechtswidrig ausgeführte Kulturgüter vom 24. Juni 1995[29], das einen privatrechtlichen Anspruch auf Rückgabe gestohlener Kulturgüter vorsieht, die kunstrechtliche Problematik zu lösen vermag. Im Rahmen seines Anwendungsbereiches schafft das Übereinkommen einheitlich geltende Sachnormen auf zivilrechtlicher Ebene und ersetzt

---

[27] ILM 34 (1995), S. 1330 ff.; Übersetzung abgedr. in: ZVerglRWiss 95 (1996), S. 214 ff.
[28] BGH, Urt. v. 13.4.1994, NJW 1994, S. 2022 f., 2023; *Kegel/Schurig*, IPR, § 19 III; *Palandt-Heldrich*, Art. 43 EGBGB, Rn. 1 f.
[29] ILM 34 (1995), S. 1330 ff.; Übersetzung abgedr. in: ZVerglRWiss 95 (1996), S. 214 ff.

das nationale Recht zum Gutglaubenserwerb. Für die Bundesrepublik Deutschland stellt sich die Frage, ob sie dem Übereinkommen beitreten soll.

Auch bei einem Beitritt der Bundesrepublik Deutschland werden die Problematiken des Abhandenkommens und der illegalen Ausfuhr von Kulturgütern nicht gelöst, weil das Übereinkommen keine weltweite Geltung besitzt. Vorschläge zur Auflockerung oder zur Ersetzung der Kollisionsnorm der lex rei sitae-Regel werden diskutiert. Die Anwendung von Kulturschutznormen könnte mittels ihrer Sonderanknüpfung, ihrer materiellrechtlichen Berücksichtigung oder aufgrund des internationalen ordre publics begründet werden. Diese Ansätze helfen nur dann, wenn Kulturschutznormen existieren und im Falle des Abhandenkommens das Kulturgut von den Schutzgesetzen erfaßt wird. Der Vorschlag, abhanden gekommene oder unrechtmäßig ausgeführte Kulturgüter an den Herkunftsort anzuknüpfen, soll einer kritischen Überprüfung unterzogen werden. Im Mittelpunkt steht die Frage nach der Präzisierung der lex originis-Regel. Anknüpfungsgegenstand und –punkt sind zu bestimmen. Diese Problematik stellt sich auch bei Staatsverträgen und bei Art. 30 EG[30]. Hier geht es um die Objektabgrenzung und die Zuordnung eines Kulturguts zu einem Staat bzw. um die Nationalität eines Kulturguts. Die Antwort könnte für alle Bereiche gleich ausfallen[31].

III. Gang der Untersuchung

Zur Lösung der soeben aufgezeigten Fragestellung wird im ersten Kapitel Art. 43 EGBGB untersucht. Die in Art. 43 Abs. 1 EGBGB festgeschriebene lex rei sitae-Regel wird aufgezeigt[32]. In den Mittelpunkt der Untersuchung wird der im zweiten und dritten Absatz von Art. 43 EGBGB nur fragmentarisch geregelte Statutenwechsel gestellt und die Auswirkungen für abhanden gekommene und unrechtmäßige Kulturgüter untersucht. Die Prägungstheorie wird aufgezeigt. Anschließend wird sich mit der Behandlung von Rechtsinstituten auseinandergesetzt, die die deutsche Rechtsordnung nicht kennt. Die Transpositionstheorie und die Hinnahmetheorie werden im Hinblick auf Art. 43 Abs. 2 EGBGB erörtert.

Anschließend folgt eine Untersuchung über die Folgen eines Statutenwechsels für Ersitzungs- und Verjährungsfristen sowie über die Besonderheiten eines doppelten Statutenwechsels. Umstritten ist, ob unter dem alten Statut abgelau-

---

[30] Der EuGH hat zum 1.5.1999 eine neue Zitierweise für die Bestimmungen der Europäischen Verträge eingeführt. Dieser wird gefolgt. Vgl. dazu EuZW 2000, S. 14 f.

[31] Vgl. *Turner*, S. 48.

[32] Sonderregeln für Kulturgüter bestehen nicht. Vgl. Palandt-*Heldrich*, EGBGB 43, Rn. 2; BT-Drs 14/343, S. 15

fene Ersitzungszeiten auch dann angerechnet werden, wenn dem alten Statut das Rechtsinstitut der Ersitzung unbekannt ist, es aber das Rechtsinstitut einer prozeßrechtlichen Verjährung kennt. Dann wird sich mit der Anrechnung der Besitzzeit bei dem Rechtsinstitut der Verjährung befaßt. Es wird erörtert, ob bei einem doppelten Statutenwechsel die Besitzzeit mit dem Wechsel des Lageorts erlischt, wenn dem Durchgangsstatut das Rechtsinstitut der Verjährung unbekannt ist.

Daran schließt sich die Behandlung der Frage an, ob die Kollisionsnorm nur auf das ausländische Privatrecht oder auch auf das ausländische öffentliche Recht verweist. Probleme bei der Anerkennung hoheitlich begründeten Eigentums ergeben sich dann, wenn Staaten die illegale Ausfuhr eines Kulturguts mit dem Verfall des Eigentums an den Staat sanktionieren, oder noch nicht entdeckte archäologische Kulturgüter pauschal zu Staatseigentum erklären.

Im folgenden Kapitel konzentriert sich die Untersuchung auf die in Art. 46 EGBGB festgeschriebene Ausweichklausel. Der Anwendungsbereich der Ausweichklausel wird im Vergleich der von US-amerikanischen Gerichten angewandten Lehre der Gesamtbetrachtung aufgezeigt. Insbesondere wird untersucht, inwieweit durch die Ausweichklausel der Herkunftsort eines Kulturguts zu berücksichtigen ist. Schließlich wird auf die Problematik von Kulturgütern als res in transitu eingegangen.

Im dritten Kapitel steht die Untersuchung der Kollisionsnorm Art. 12 der Richtlinie 93/7/EWG und der die Norm in deutsches Recht umsetzenden §§ 4 und 8 KultGüRückG im Mittelpunkt. Aufgrund der Pflicht zur richtlinienkonformen Auslegung der nationalen Kollisionsnormen wird zunächst Art. 12 der Richtlinie 93/7/EWG untersucht. Nach der Darstellung der Ansichten und ihrer Auswirkung auf die Eigentumslage erfolgt die Auslegung von Art. 12 der Richtlinie 93/7/EWG. Danach wird auf die §§ 4 und 8 KultGüRückG eingegangen. Im Anschluß daran wird erörtert, ob die §§ 4 und 8 KultGüRückG auch im Fall einer freiwilligen bzw. zufälligen Rückführung des Kulturguts anzuwenden sind.

Dem schließt sich die Beschäftigung mit der Frage an, ob für Kulturgüter im Gegensatz zu anderen beweglichen Sachen außerhalb des Internationalen Privatrechts eigene Rechtsregeln oder Maßstäbe bestehen.

Das folgende Kapitel untersucht, inwiefern sich für den bestohlenen Eigentümer die Möglichkeit eröffnet, sein Eigentum mit Hilfe der UNIDROIT-Konvention von 1995[33] zurückzuerlangen. Nach einer kritischen Auseinandersetzung mit den zentralen Regelungen des Übereinkommens wird untersucht, welche Vor-

---

[33] Die Konvention ist von Deutschland noch nicht unterzeichnet und ratifiziert worden.

und Nachteile mit einem Beitritt der Bundesrepublik Deutschland verbunden sind.

Die in Art. 43 Abs. 1 EGBGB festgeschriebene Anknüpfung an den Ort der Belegenheit im deutschen internationalen Sachenrecht wird kritisch gewürdigt. Die mit dem Statutenwechsel zusammenhängenden Schwächen der lex rei sitae-Regel werden herausgearbeitet.

Das siebte Kapitel beschäftigt sich mit der Frage, auf welche Weise ausländische Kulturschutznormen vor deutschen Foren berücksichtigt werden können. Zunächst wird der Weg untersucht, den der Bundesgerichtshof in dem sog. Nigeria-Fall eingeschlagen hat[34]. Es handelt sich um die faktische Berücksichtigung solcher Schutzgesetze im Rahmen der lex causae. Die Grundlage für die Berücksichtung bietet die Datumstheorie. Der Bundesgerichtshof hatte über die Wirksamkeit eines Versicherungsvertrages zu entscheiden. Untersucht wird, ob die Ausführungen des Bundesgerichtshofs auf andere Verpflichtungsgeschäfte und auf Verfügungsgeschäfte übertragen werden können. Dem folgt eine Untersuchung über die Möglichkeit der Anwendung ausländischer Kulturschutznormen über den internationalen ordre public.

Das folgende Kapitel beschäftigt sich mit dem Vorschlag der Sonderanknüpfung ausländischer Kulturgutschutznormen im Bereich des Sachenrechts sowie dem Vorschlag, die Frage des Abhandenkommens als Vorfrage selbständig an den Ort des Abhandenkommens anzuknüpfen.

Im neunten Kapitel werden die Vorschläge diskutiert, die Rechtsverhältnisse an abhanden gekommenen Kunstwerken an den Ort des Abhandenkommens[35], oder die Rechtsverhältnisse an illegal exportierten Kulturgütern an den Ort der illegalen Ausfuhr anzuknüpfen[36].

Im folgenden Kapitel wird der Vorschlag des „Institut de Droit International“ diskutiert, sachenrechtliche Fragen an den Herkunftsstaat bzw. -ort anzuknüpfen. Zu der Resolution des „Institut de Droit International“[37] wird kritisch Stellung genommen. Um den Anknüpfungsgegenstand und den Anknüpfungspunkt zu bestimmen, werden die Haager Konvention von 1954, die UNESCO-Konvention von 1970 und die UNIDROIT-Konvention von 1995 daraufhin untersucht, welche Objekte geschützt werden und welchem Ort bzw. Staat sie zugeordnet werden.

---

[34] BGH, Urt. v. 22.6.1972, BGHZ 59, S. 82 ff.
[35] So *Mansel*, IPRax 1988, S. 268 ff., 271; ihm folgend *Kunze*, S. 138 ff.
[36] So *Armbrüster*, NJW 2001, S. 3581 ff., 3582.
[37] La vente internationale d'objets d'art sous l'angle de la protection du patrimoine culturel, AIDI 64 II (1992), S. 402 ff.; abgedr. in IPRax 1991, S. 432

Das zwölfte Kapitel beschäftigt sich mit den Fragen der Objektabgrenzung und Zuordnung im Europarecht. Zunächst wird untersucht, wann ein Kulturgut von künstlerischem, geschichtlichem oder archäologischem Wert im Sinne von Art. 30 EG vorliegt. Danach wird das rückgabepflichtige Kulturgut im Sinne der Richtlinie 93/7/EWG dargestellt. Daran schließt sich die Untersuchung an, wann ein nationales Kulturgut im Sinne von Art. 30 EG vorliegt. Die Auffassungen zu dem Tatbestandsmerkmal „national" werden vorgestellt und anhand von drei Fällen erörtert. Schließlich wird dazu Stellung genommen.

Im letzten Kapitel wird der Vorschlag unterbreitet, Eigentumsfragen an den Herkunftsort anzuknüpfen. Verfolgt wird ein dualer Ansatz. Die Fälle des Abhandenkommens und der unrechtmäßigen Ausfuhr werden gesondert behandelt. Für beide Fälle werden der Anknüpfungsgegenstand und der Anknüpfungspunkt präzisiert. Die Argumente für und gegen die vorgeschlagene Anknüpfungsregel werden diskutiert.

Kollisionsregelungen de lege lata

Der Erfolg eines sachenrechtlichen Anspruchs auf Herausgabe eines Kunstwerks oder sonstigen Kulturguts beurteilt sich nach nationalem Recht, soweit er nicht auf die Vorschriften des UNIDROIT-Übereinkommens über gestohlene oder rechtswidrig ausgeführte Kulturgüter vom 24.6.1995 gestützt wird[38]. Liegt ein Sachverhalt mit Auslandsberührung vor, so sind zur Ermittlung des Sachrechts die Kollisionsregeln des Forum-Staats anzuwenden[39]. Die Voraussetzung dafür ist, daß mit dem Lageortswechsel des Kulturgutes in einen anderen Rechtskreis rechtlich relevante Vorgänge verbunden sind. Dagegen erlangt die bloße Tatsache, daß eine Sache in einen anderen Rechtskreis gelangt und wieder in den Ausgangsstaat zurückkehrt, vielfach keine rechtliche Bedeutung. Das deutsche internationale Sachenrecht ist in den Artt. 43 ff. EGBGB durch das Gesetz zum Internationalen Privatrecht für außervertragliche Schuldverhältnisse und Sachen vom 21. Mai 1999, in Kraft getreten am 1. Juni 1999, kodifiziert worden[40]. Dafür wurde in die kollisionsrechtlichen Vorschriften des Einführungsgesetzes zum Bürgerlichen Gesetzbuch ein neuer sechster Abschnitt eingefügt[41]. Spezialgesetzliche Regelungen beruhen auf europarechtlichen Vorgaben. Die §§ 4, 8 Kulturgüterrückgabegesetz, die zur Umsetzung von Art. 12 Richtlinie 93/7/EWG erlassen wurden, sind spezielle Kollisionsnormen für nach dem Kulturgüterrückgabegesetz oder einem anderen nationalen Gesetz zur Umsetzung der Richtlinie 93/7/EWG restituierte Kulturgüter.

§ 1 Art. 43 EGBGB

Die zentrale Norm des deutschen internationalen Sachenrechts ist Art. 43 EGBGB. Der Grundsatz der lex rei sitae ist in Art. 43 Abs.1 EGBGB festgeschrieben. In Art. 43 Abs. 2 und 3 EGBGB finden sich fragmentarische Regelungen zum Statutenwechsel.

---

[38] ILM 34 (1995), S. 1330 ff.; nichtamtliche deutsche Übersetzung abgedr. in: ZVerglRWiss 95 (1996), S. 214 ff.

[39] Zur Kritik an der Legaldefinition des Art. 3 EGBGB siehe *v.Hoffmann*, IPR, § 1 Rn. 15 ff.; *MünchKomm-Sonnenberger*, Art. 3 EGBGB, Rn. 2 ff.

[40] BGBl. 1999 I, S. 1026 ff.; In der DDR galt seit dem 1.1.1976 das Rechtsanwendungsgesetz vom 5.12.1975 (GBl. I Nr.46, S. 748). Es bleibt im Gebiet der neuen Bundesländer gemäß Art. 236 § 1 EGBGB auf vor dem 3.10.1990 abgeschlossene Vorgänge i.d.F. v. 11.1.1990 (GBl. I, S.10; abgedr. in: *Jayme/Hausmann*, Internationales Privat- und Verfahrensrecht, S. 46 ff.) weiterhin anwendbar. Das bis zum 1.6.1999 gültige internationale Sachenrecht ist entsprechend Art. 220 Abs. 1 EGBGB auf die zu diesem Zeitpunkt bereits abgeschlossenen Vorgänge anzuwenden.

[41] Es handelt sich um autonomes deutsches Recht ohne staatsvertraglichem Hintergrund.

A. Art. 43 Abs. 1 EGBGB – Die lex rei sitae-Regel

Gemäß Art. 43 Abs. 1 EGBGB unterliegen Rechte an einer Sache dem Recht des Staats[42], in dem sich die Sache befindet. Dieser Grundsatz entsprach bereits vor der Kodifikation dem Richter- und Gewohnheitsrecht[43] und der herrschenden Auffassung in der Literatur[44]. Im Zuge der Kodifikation wurde auf eine spezielle Regelung für Kulturgut in den Artt. 43 ff. EGBGB bewußt verzichtet[45].

Der Anwendungsbereich der lex rei sitae-Regel umfaßt alle sachenrechtlichen Tatbestände und gilt für die Entstehung, die Änderung, den Übergang, den Untergang und den Inhalt dinglicher Rechte[46]. Die lex rei sitae regelt sowohl den Erwerb dinglicher Rechte durch Rechtsgeschäft als auch kraft Gesetzes[47]. Die lex rei sitae regelt alle Einzelfragen des gutgläubigen Erwerbs, insbesondere wann eine Sache als abhanden gekommen gilt und welche Anforderungen an den guten Glauben zu stellen sind[48]. Der weiten Fassung des Art. 43 Abs. 1 EGBGB kann entnommen werden, daß die lex rei sitae-Regel nicht nur über den Inhalt, sondern auch über die Ausübung dinglicher Rechte bestimmt[49]. Eine solche Auslegung der Vorschrift ist jedoch nicht zwingend, denn der Wortlaut von Art. 43 Abs. 1 EGBGB spricht nur von Rechten „an" einer Sache, nicht von Rechten „auf" eine Sache wie z.B. von einem Herausgabeanspruch nach § 985 BGB. Vereinzelt wurde die Auffassung vertreten, daß sich Rechtsschutzformen wie Herausgabeansprüche aus Eigentum nicht nach der lex rei sitae, sondern nur nach der lex fori richten[50]. Die Rechtsprechung sah hingegen die lex rei sitae als maßgeblich an[51]. Mit der Formulierung des Art. 43 Abs. 1 EGBGB wurde ein Sammelbegriff gewählt, der Inhalt und Wirkungen der Sachenrechte erfassen

---

[42] Vgl. *Kreuzer*, Gutachten, S. 37 ff., 54, der den Begriff „Lageort" bevorzugt.

[43] BGH Urt. v. 25.9.1996, NJW 1997, S. 461ff., 462; BGH Urt. v. 9.5.1996, NJW 1996, S. 2233 f., 2234; BGH Urt. v. 28.9.1994, NJW 1995, S. 58 f., 59; BGH Urt. v. 13.4.1994, NJW 1994, S. 2022 f., 2023; BGH Urt. v. 8.6.1989, NJW 1989, S. 2542 f., 2543.

[44] *Palandt-Heldrich*, Art. 43 EGBGB, Rn. 1 f.; *MünchKomm-Kreuzer*, Nach Art. 38 Anh.I, Rn. 13; *Kegel/Schurig*, IPR, § 19 I; *Kropholler*, IPR, § 54 I; *Soergel-Kegel*, Art. 38 Anh II, Rn. 45 ff.; *v. Hoffmann*, IPR, § 12 Rn. 7 ff.; *v. Bar*, IPR Bd. 2, Rn. 747.

[45] BT-Drs. 14/343, S. 15.

[46] BT-Drs. 14/343, S. 15.

[47] BGH, Entsch. v. 8.4.1987, BGHZ 100, S. 321 ff.; *Staudinger-Stoll*, Internationales Sachenrecht, Rn. 147, 267; *MünchKomm-Kreuzer*, Anh. I zu Art. 38, Rn. 27

[48] *Staudinger-Stoll*, Internationales Sachenrecht, Rn. 301 f.; BGH Urt. v. 11.3.1991, IPRax 1993, S. 176 f., 177.

[49] *Kreuzer*, RabelsZ 65 (2001), S. 383 ff., 442; BGH, Urt. v. 25.9.1997, NJW 1998, S. 1321.

[50] *Staudinger-Stoll*, Internationales Sachenrecht, Rn. 155 f.; *Stoll*, Anm. zum Urteil des OLG Frankfurt a.M. v. 6.3.1995 - II ZR 84/94, JZ 1995, S. 786.

[51] BGH, Urt. v. 22.9.1988, NJW 1989, S. 1352; OLG Köln Urt. v. 21.4.1993, NJW-RR 1994, S. 200; *MünchKomm-Kreuzer*, Anh. I zu Art. 38, Rn. 31. Vgl. zu Art. 43 EGBGB die Entscheidung *„August Macke im Sperrmüll"*, LG Bonn, Urt. v. 25.6.2002, NJW 2003, S. 673 ff., 674.

und insgesamt die alte Anknüpfung an die Belegenheit umschreiben sollte[52]. Diese Formulierung ist nicht die einzig mögliche. Noch der Referentenentwurf von 1984 zählte in Art. 43 Abs.1 die denkbaren Formen einer dinglichen Rechtsänderung auf, namentlich die Entstehung, die Änderung, den Übergang und den Untergang von Rechten an einer Sache[53]. *Kreuzer* beanstandete in seinem Gutachten zu dem Entwurf, daß die Enumeration unvollständig sei, weil zumindest der Inhalt der Sachenrechte fehle[54]. Darüber hinaus wäre noch an den Sachbegriff, den Besitz und an weitere Fragen zu denken[55]. Vorzuziehen ist die Fassung, die auf eine Enumeration verzichtet und einen Sammelbegriff („Rechte an einer Sache") verwendet, weil ansonsten die Gefahr der Unvollständigkeit besteht.

Ferner werden die Fragen der Übertragbarkeit und Akzessorietät nach der lex rei sitae beurteilt[56]. Der lex rei sitae sind Vermutungen für das Bestehen bzw. Nichtbestehen einer bestimmten dinglichen Rechtslage zu entnehmen[57]. Schließlich entscheidet die lex rei sitae auch darüber, ob eine Duldungspflicht gegenüber Einwirkungen auf das dingliche Recht besteht, sowie über Ansprüche bei Beeinträchtigung dinglicher Rechte[58]. So richtet sich z.B. der Anspruch auf Schadensersatz bei Unmöglichkeit der Herausgabe nach dem Recht der Belegenheit. Ein Beispiel dafür ist die Entscheidung des Hamburger Landgerichts vom 25.5.1977 in einem Rechtsstreit, in dem die Klägerin, eine portugiesische Staatsangehörige mit Wohnsitz in London, von dem Beklagten, einem deutschen Kunsthändler, zunächst die Herausgabe eines Gemäldes aus Eigentum sowie - zur Vorbereitung des Schadensersatzanspruchs wegen Nichterfüllung nach § 280 BGB a.F. - die Bestimmung einer Frist zur Herausgabe des Gemäldes im Urteil begehrte[59]. Dem lag folgender Sachverhalt zugrunde: Die Klägerin erwarb das Gemälde im November 1972 bei einem Auktionshaus in London käuflich zu Eigentum. Das Gemälde wurde ihr im September 1973 aus ihrer Londoner Wohnung gestohlen. Der Beklagte kam im Herbst des Jahrs 1973 in den Besitz des Bildes, verlor diesen allerdings durch Weitergabe des Bildes an eine dritte Person. Das Gericht führte aus, daß in gleicher Weise wie der Eigentumsherausgabeanspruch auch der sich daraus ableitende Schadensersatzanspruch nach § 280 BGB a.F. dem Recht der Belegenheit der Sache unterfalle, weil der Scha-

[52] *Kreuzer*, Gutachten, S. 37 ff., 53 f.
[53] Abgedr. bei *Erman-Hohloch*, BGB, Vor Art. 38 Rn. 2 ff; *Ferid*, IPR, § 7-156.
[54] *Kreuzer*, Gutachten, S. 37 ff., 53.
[55] Vgl. dazu *Stoll*, IPRax 2000, S. 259 ff., 260.
[56] *Staudinger-Stoll*, Internationales Sachenrecht, Rn. 149; BGH, Urt. v. 8.4.1987, BGHZ 100, S. 321 ff., 326.
[57] BGH, Urt. v. 9.5.1996, IPRspr. 1996, Nr. 54; *Staudinger-Stoll*, Internationales Sachenrecht, Rn. 152, 189 m.w.N.
[58] *v.Hoffmann*, § 12 Rn. 20; *MünchKomm-Kreuzer*, Anh. I zu Art. 38 Rn. 31 f.; *Staudinger-Stoll*, Internationales Sachenrecht, Rn. 149.
[59] LG Hamburg, Urt. v. 25.5.1977, IPRspr 1977, Nr. 48.

densersatz wegen Nichterfüllung nach dieser Bestimmung Rechtsfolge eines vereitelten Eigentumsherausgabeanspruchs sei und sich damit nicht nach einer anderen Rechtsordnung als der Herausgabeanspruch selbst bestimmen könne.

Für die Anknüpfung kommt es im Rahmen der jeweils berufenen Rechtsordnung auf den Lageort im Zeitpunkt des Eintritts der in Frage stehenden Rechtsfolge bzw. der Verwirklichung des sachenrechtlichen Tatbestands an[60]. So wird der gutgläubige Erwerb abhanden gekommener Sachen vom Nichtberechtigten nach Art. 43 Abs. 1 EGBGB an den Lageort im Zeitpunkt des Erwerbsvollzugs angeknüpft. Der Inhalt von Rechten und Pflichten bestimmt sich ex nunc nach dem Recht des neuen Belegenheitsstaats, z.B. der Herausgabeanspruch des Eigentümers[61].

Zu beachten ist das Trennungs- und Abstraktionsprinzip im deutschen materiellen Recht auch bei der kollisionsrechtlichen Behandlung sachenrechtlicher Fragen[62]. Dingliche Wirkungen unterstehen allein der lex rei sitae. Das Sachstatut bestimmt, ob ein dingliches Rechtsgeschäft von der Gültigkeit des Kausalgeschäfts abhängt. Wird in einer nach deutschem Kollisionsrecht anwendbaren Rechtsordnung für eine Übereignung ein wirksames Kausalverhältnis verlangt, so ist die Wirksamkeit des Kausalverhältnisses selbständig anzuknüpfen[63].

Die Verweisung auf das Lageortsrecht ist als Gesamtverweisung zu verstehen[64]. Rück- und Weiterverweisungen sind daher zu beachten (Art. 4 Abs. 1 EGBGB). Die Frage nach der Gesamt- oder Sachnormverweisung ist aber im internationalen Sachenrecht aufgrund der nahezu weltweiten Geltung der lex rei sitae für Mobilien grundsätzlich nicht entscheidungserheblich[65].

B. Der Statutenwechsel

Die Anknüpfung an den jeweiligen Belegenheitsort eines Kulturguts hat zur Folge, daß das maßgebliche Sachenrechtsstatut sich wandelt, wenn das Kulturgut durch Ortsveränderung aus beliebiger Ursache in den Geltungsbereich einer anderen Rechtsordnung gebracht wird und zwar ohne Rücksicht darauf, ob es legal oder illegal, mit oder ohne Willen des Berechtigten in das neue Rechtsge-

[60] BGH, Urt. v. 13.4.1994, NJW 1994, S. 2022 f., 2023; *Kegel/Schurig*, IPR, § 19 III; *Palandt-Heldrich*, Art. 43 EGBGB, Rn. 1 f.
[61] BGH, Urt. v. 22.9.1988, IPRax 1990, S. 398 ff.; KG, Urt. v. 29.9.1987, IPRax 1990, S. 393 ff., 395.
[62] *Soergel-Kegel*, Vor Art. 7 Rn. 558; *v.Hoffmann*, IPR, § 12 Rn. 21.
[63] So die h.M., vgl. dazu *MünchKomm-Kreuzer*, Nach Art. 38 Anh.I, Rn. 28.
[64] *MünchKomm-Kreuzer*, Nach Art. 38 Anh.I, Rn. 21; *Ferid*, IPR, § 7-34; KG, Urt. v. 29.9.1987, NJW 1988, S. 341 ff., 342.
[65] *Wagner*, IPRax 1998, S. 429 ff., 431.

biet gelangt[66]. Der Statutenwechsel ist fragmentarisch in Art. 43 Abs. 2 und 3 EGBGB geregelt. In den Fällen des Statutenwechsels ist bezüglich des Erwerbs und Verlusts von dinglichen Rechten zwischen rechtlich abgeschlossenen Tatbeständen mit Rechtsänderungswirkung (sog. schlichter Statutenwechsel) und nicht abgeschlossenen Tatbeständen (sog. qualifizierter Statutenwechsel) zu unterscheiden. Art. 43 Abs. 2 EGBGB betrifft den ersten Fall, Art. 43 Abs. 3 EGBGB primär den zweiten Fall.

I. Schlichter Statutenwechsel

1. Prägungstheorie

Bereits vor der Kodifikation des internationalen Sachenrechts entschied der Bundesgerichtshof, daß beim Verbringen einer Sache in das Gebiet der Bundesrepublik Deutschland die an ihr bestehenden Rechtsverhältnisse grundsätzlich in der sachenrechtlichen Prägung hinzunehmen seien, die sie durch das früher maßgebende Belegenheitsrecht erhalten hat, es sei denn, daß dies mit der geltenden Sachenrechtsordnung völlig unverträglich wäre (sog. Prägungstheorie)[67]. Begründet wird die Anerkennung von unter dem alten Sachstatut entstandenen Sachenrechten mit dem Gebot des Schutzes wohlerworbener Rechte.

Zur Verdeutlichung wird der folgende Beispielsfall gebildet: Ein Kunstwerk wird aus einer privaten Kunstsammlung in München gestohlen, vom Dieb nach Italien verbracht und dort an einen deutschen Kunsthändler veräußert. Der Erwerber bringt das Kunstwerk wieder zurück nach München, um es auf einer Auktion versteigern zu lassen. Der bestohlene Kunstsammler erfährt davon und erhebt Klage vor einem deutschen Gericht auf Herausgabe des Kunstwerks nach § 985 BGB.

Gemäß Art. 43 Abs. 1 EGBGB ist auf den Erwerbsvorgang italienisches Recht anwendbar, weil das Verbringen des Kunstwerks nach Italien einen Statutenwechsel bewirkte. Gemäß den Artt. 1153, 1154 C.c.it. konnte der Käufer Eigentum an dem gestohlenen Kunstwerk erwerben. Der Erwerbsvorgang ist damit in Italien abgeschlossen.

Die sachenrechtliche Prägung der Sache wird vom deutschen Statut übernommen. Ein Verstoß gegen den inländischen ordre public, Art. 6 S. 1 EGBGB, liegt

---

[66] Vgl. BGH, Urt. v. 8.4.1987, IPRax 1987, S. 374; *Jayme*, ZvglRWiss 95 (1996), S. 158 ff., 167; *MünchKomm-Kreuzer*, Nach Art. 38 Anh. I, Rn. 59 ff.; *Stoll*, IPRax 1987, S. 357 ff.

[67] BGH, Urt. v. 8.4.1987, BGHZ 100, S. 321 ff., 326; BGH, Urt. v. 11.3.1991, NJW 1991, S. 1415 ff., 1416.

nicht vor[68]. Der in Art. 6 EGBGB festgeschriebene ordre public bildet die Grenze für die Anerkennung von dinglichen Rechten, die nach dem maßgebenden ausländischen Sachstatut wirksam entstanden sind[69]. Der ordre public Vorbehalt greift dann ein, wenn das Ergebnis der Anwendung ausländischen Rechts im Einzelfall zu den Grundgedanken der deutschen Regelung und den in ihnen liegenden Gerechtigkeitsvorstellungen in einem so schwerwiegenden Widerspruch steht, daß seine Anwendung für untragbar angesehen werden muß[70]. Der in Italien erfolgte Eigentumserwerb an dem Kunstwerk steht nicht im Widerspruch zu der deutschen Rechtsordnung, die den gutgläubigen Erwerb an abhanden gekommenen Sachen kennt (vgl. §§ 935 Abs.2[71] und 937 BGB).

War als weiteres Beispiel die Ersitzungsfrist nach österreichischem Recht als dem Recht der Belegenheit der Sache nach drei Jahren gemäß § 1466 ABGB abgelaufen, so ist der Eigentumserwerb auch im neuen Belegenheitsstaat anzuerkennen, selbst wenn das deutsche Sachenrecht eine Ersitzungsfrist von zehn Jahren vorsieht (vgl. § 937 BGB).

Die Hinnahme bestehender Rechtsverhältnisse in der sachenrechtlichen Prägung des Altstatuts kann zur Folge haben, daß der Dieb oder Hehler die unterschiedliche Ausgestaltung des jeweiligen Sachrechts am Belegenheitsort ausnützen und das Kulturgut bewußt in eine Rechtsordnung transferieren, die einen gutgläubigen Erwerb gestohlener Sachen erlaubt[72] oder eine nur kurze Ersitzungs-

---

[68] So auch *Stoll*, in: *Dolzer/Jayme/Mußgnug* (Hrsg.), Rechtsfragen des IKGS, S. 53 ff., 56; *Berndt*, S. 126 f.; *Siehr*, IPR, S. 271; aA *Mußgnug*, Kunst und Recht, S. 23, bei Legalisierung „heißer Ware" durch eine kurzfristige Verschickung nach Italien.

[69] vgl. *MünchKomm-Kreuzer*, Nach Art. 38 Anh. I, Rn. 63.

[70] Vgl. BGH, Urt. v. 18.6.1970, BGHZ 54, S. 123 ff., 130, 132, 140.

[71] Vgl. BGH, Urt. v. 5.10.1989, NJW 1990, S. 899 ff.

[72] In Italien können verloren gegangene und gestohlene Sachen gemäß Artt. 1153 ff. C.c.ital. gutgläubig vom Nichtberechtigten erworben werden. Nach Art. 1147 Abs. 1 C.c.ital. ist der Erwerber bereits dann gutgläubig, wenn er keine positive Kenntnis hat, daß er fremdes Eigentum verletzt. In England war bis zum 3.1.1995 gemäß sec. 22 (1) des Sale of Goods Act 1979 ein gutgläubiger Erwerb gestohlener Sachen möglich, wenn die Sachen auf einem „market overt" erworben wurden. In der Schweiz ist ein gutgläubiger Erwerb auch bei abhanden gekommenen Sachen gemäß Artt. 714, 933 ZGB möglich. Gemäß Art. 934 Abs. 1 ZGB kann der Eigentümer im Fall des Abhandenkommens während einer Frist von fünf Jahren die Sache zurückfordern, muß aber unter bestimmten Voraussetzungen dem gutgläubigen Erwerber den Kaufpreis gemäß Art. 934 Abs. 2 ZGB ersetzen. In Deutschland kann ein gestohlenes Kunstwerk gemäß § 935 Abs. 2 BGB gutgläubig erworben werden, wenn der Händler gemäß § 34 b Abs. 5 GewO zum öffentlichen Versteigerer bestellt ist, § 383 Abs. 3 BGB. In Spanien kommt es bei dem Kauf einer gestohlenen beweglichen Sache auf einer Messe oder von einem Kaufmann, der mit Waren gleicher Art handelt, gemäß Artt. 1955 Abs. 3, 464 Abs. 4 C.c.es, 85 C.com.es. zum unmittelbaren Eigentumserwerb. Nach österreichischem Recht ist der Erwerb des Eigentums an abhanden gekommenen Sachen gemäß § 367 ABGB möglich, wenn der Käufer sie bei einer öffentlichen Versteigerung oder von einem Kaufmann, der mit ähnlichen Gütern Handel treibt, erwirbt.

frist kennt[73]. Dies wurde bereits in Anlehnung an den Ausdruck „forum shopping“ als „lex rei sitae shopping“ bezeichnet[74]. Nicht nur in Diebes- und Hehlerkreisen sondern auch auf Erwerberseite hat sich herumgesprochen, daß die Veräußerung eines Kulturguts in Italien für beide an der Übereignung beteiligten Parteien von Vorteil ist. Wer nicht gutgläubig ist, kann sich gutgläubig stellen[75].

Beispielsweise könnte ein sich seines Eigentums nicht sicher seiende Erwerber die unterschiedliche Ausgestaltung der Ersitzungsfristen in den verschiedenen Rechtsordnungen für sich ausnutzen, indem er das Kunstwerk in den Machtbereich einer Rechtsordnung verbringt, die eine kurze Ersitzungsfrist kennt, und dort bis zum Ablauf der Frist beläßt. Erwirbt z.B. ein Kunstsammler im badischen Kehl ein gestohlenes Kunstwerk in gutem Glauben an das vermeintliche Eigentumsrecht des Verkäufers, so kommt nur ein Eigentumserwerb nach zehnjähriger Ersitzungsfrist gemäß § 937 BGB in Betracht. Nachdem er das Kunstwerk drei Jahre in Eigenbesitz gehabt hatte, kommen ihm leichte Zweifel an der legalen Herkunft des Kunstwerks. Ein kurzer Ausflug mit dem Kunstwerk ins benachbarte Straßburg bewirkt einen Statutenwechsel. Anwendbar ist nunmehr französisches Recht. Gemäß Art. 2279 C.c.fr kann derjenige, dem eine Sache verlorengegangen ist oder dem sie gestohlen wurde, diese nur innerhalb von drei Jahren seit dem Verlust bzw. dem Diebstahl herausverlangen. Ein solcher Ausschluß der Klageerhebung wird in Frankreich als originärer Eigentumserwerb des Besitzers qualifiziert[76]. Weil der Kunstsammler in dem Beispielsfall das Kunstwerk bereits drei Jahre in Eigenbesitz hatte, ist ein solcher Eigentumserwerb möglich. Ein Ausflug ins benachbarte Frankreich für eine juristische Sekunde genügt, um einen Statutenwechsel herbeizuführen. Erkennt das französische Recht als das Recht des Lageorts die Besitzzeiten in Deutschland an, so hat der Kunstsammler gemäß Art. 2279 C.c.fr Eigentum erworben. In dem Beispielsfall wurde das Kunstwerk wieder nach Deutschland zurückgebracht und

---

[73] In Frankreich kann der bestohlene Eigentümer von dem gutgläubigen Erwerber die Sache gemäß Art. 2279 Abs. 2 C.c.fr. nur während drei Jahren ab dem Zeitpunkt des Diebstahls zurückfordern. Wurde das Kunstwerk auf einer Messe, einem Markt, einer öffentlichen Versteigerung oder von einem Kaufmann erworben, so kann das Kunstwerk gemäß Art. 2280 C.c.fr. nur gegen Erstattung des Kaufpreises zurückgefordert werden. In Österreich beträgt die Ersitzungsfrist bei beweglichen Sachen sechs Jahre, §§ 1453 ff., 1466, 1476 ABGB, bei Erwerb von einem redlichen Besitzer drei Jahre, § 1466; in der Schweiz beträgt die Ersitzungsfrist fünf Jahre, Art. 728 Abs. 1 ZGB; in Deutschland zehn Jahre, § 937 Abs. 1 BGB. In Italien ist Ersitzung bei Gutgläubigkeit nach zehn Jahren (Art. 1161 Abs. 1 C.c.ital.) und bei Bösgläubigkeit nach 20 Jahren (Art. 1161 Abs. 2 C.c.ital.) möglich. Nach spanischem Recht erwirbt der gutgläubige Käufer gemäß Art. 1955 Abs.1 C.c.es. Eigentum durch Ersitzung, soweit er die Sache drei Jahre ununterbrochen besitzt. Der Eigentumserwerb durch Ersitzung ist jedoch gemäß Art. 464 Abs. 1 S. 2 C.c.es. ausgeschlossen, wenn der Eigentümer den Gegenstand verloren hat oder er ihm rechtswidrig entzogen worden ist.

[74] *Gardella*, Dir.com.int. 1998, S. 997 ff., 1006.

[75] Vgl. *Mußgnug*, Kunst und Recht, S. 15 ff., 20.

[76] *Ferid*, IPR, § 7-71

dadurch ein reverser Statutenwechsel herbeigeführt. Das deutsche Recht als neue lex rei sitae wird den Eigentumserwerb nach französischem Recht anerkennen[77]. Das deutsche Recht übernimmt das Kunstwerk in der sachenrechtlichen Prägung, die ihr das Recht des letzten Belegenheitsstaats verliehen hat. Der Eigentumserwerb nach Art. 2279 C.c.fr. ist mit der deutschen Sachenrechtsordnung auch nicht völlig unverträglich, weil das deutsche Recht einen Eigentumserwerb an gestohlenen Sachen in § 937 BGB ebenfalls zuläßt.

2. Einschränkung der Prägungstheorie

Die Übernahme des Sachenrechts in der Prägung des bisherigen Statuts erfährt dann eine Beschränkung, wenn ein neuer rechtlich erheblicher Vorgang im Inland zu beurteilen ist[78]. Dies bestätigte der Bundesgerichtshof in dem schleswig-holsteinischen Münzen-Fall[79]. Aus einer öffentlichen Sammlung des Landes Schleswig-Holstein wurden zahlreiche Münzen gestohlen und weiterverkauft. Im Auftrag seiner deutschen Kunden ersteigerte ein Münzhändler zwei der gestohlenen Münzen auf einer Auktion in der Schweiz, brachte sie nach Deutschland und veräußerte sie an seine Kunden. Als das bestohlene Land Schleswig-Holstein die Münzen von dem Münzhändler zurückverlangte, erwarb er die Münzen von seinen Kunden zurück und übergab sie dem Land. Der Münzhändler klagte daraufhin gegen das Land Schleswig-Holstein auf Erstattung des bei der Versteigerung gezahlten Kaufpreises. Der Münzhändler vertrat die Auffassung, daß nach Art. 934 Abs. 2 ZGB ein Lösungsrecht an den Münzen entstanden sei, aufgrund dessen dem gutgläubigen Erwerber einer öffentlich versteigerten Sache die Vergütung des von ihm bezahlten Preises zustehe.

Das Gericht qualifizierte das Lösungsrecht[80] aufgrund seiner Kopplung an den dinglichen Herausgabeanspruch sachenrechtlich[81] und führte aus, daß ein einmal entstandenes Lösungsrecht nicht bereits durch einen schlichten Statutenwechsel wieder untergehe. Das Lösungsrecht an den Münzen sei aber durch die im Inland erfolgte Weiterveräußerung untergegangen. Die neue Prägung setze sich bei einem reversen Statutenwechsel fort. Das Lösungsrecht bestehe auch dann nicht mehr, wenn die Münzen wieder in die Schweiz gebracht werden.

---

[77] A.A. wohl *Mußgnug*, Kunst und Recht, S. 15 ff., 23, nach dessen Auffassung in einem ähnlich gelagerten Fall ein Rekurs auf den deutschen ordre public naheliegt.

[78] *Müller-Katzenburg*, Standards, S. 237; *Schmeinck*, S. 124 f.; *Stoll*, IPRax 1987, S. 357 ff.

[79] BGH, Urt. v. 8.4.1987, BGHZ 100, S. 321 ff.

[80] Siehe dazu *Thorn*, S. 245.

[81] So auch *MünchKomm-Kreuzer*, Nach Art. 38 Anh.I, Rn. 79; *Staudinger-Stoll*, Internationales Sachenrecht, Rn. 307.

3. Unbekannte Rechtsinstitute

Art. 43 Abs. 2 EGBGB[82] regelt gemäß dem allgemeinen Grundsatz der lex rei sitae, daß vor der Grenzüberschreitung entstandene Sachenrechte nach dem Recht des Lageorts ihrer Entstehung zu behandeln sind, ihre Wirkungen jedoch nach Grenzüberschreitung dem Recht des neuen Lageortes folgen[83]. Die Vorschrift ist dann anzuwenden, wenn ein Rechtsverhältnis an einer Sache im Altstatut begründet wurde, das dem neuen Statut unbekannt ist. Ein Beispiel dafür ist das Lösungsrecht nach schweizerischem und französischem Recht gemäß Art. 934 Abs. 2 ZGB bzw. Art. 2280 C.c.fr. Danach ist ein gutgläubiger Erwerber einer gestohlenen Sache nur gegen Erstattung des Kaufpreises zur Herausgabe an den ehemals Berechtigten verpflichtet. Das deutsche Recht kennt ein solches Lösungsrecht nicht.

Hierzu haben sich zwei Auffassungen gebildet. Nach der vom BGH befürworteten Transpositionslehre können fremde dingliche Rechte nur entsprechend dem funktionsäquivalenten deutschen Sachenrechtstyp ausgeübt werden[84]. Nach anderer Auffassung soll das unter dem alten Statut begründete Sachenrecht in dessen inhaltlicher Ausgestaltung übernommen werden (sog. Hinnahmetheorie)[85]. Gegen die Transpositionslehre wird vorgebracht, daß sie den Herrschaftsanspruch des neuen Statuts übertreibe und zu unangemessenen Ergebnissen führe[86]. Die Transposition könne dazu führen, daß das unter dem Altstatut begründete Sachenrecht zu einem inländischen aufgestockt werde und damit der Berechtigte in unangemessener Weise mehr Rechtsmacht erhalte als ihm nach dem Ursprungsstatut des Rechts zustehe[87].

Dem Wortlaut von Art. 43 Abs. 2 EGBGB ist zu entnehmen, daß der von den Vertretern der Hinnahmetheorie geforderte Schutz wohlerworbener Rechte durch den Schutz des inländischen Rechtsverkehrs beschränkt werden soll. Die im Altstatut begründeten Rechte können demnach nicht im Widerspruch zur Rechtsordnung des neuen Statuts ausgeübt werden. Aus der Begründung des Gesetzesentwurfs der Bundesregierung geht hervor, daß dem neuen Statut unbekannte Sachenrechte inhaltlich an verwandte Sachenrechtstypen des neuen Sta-

---

[82] Art. 43 Abs. 2 EGBGB lautet: „Gelangt eine Sache, an der Rechte begründet sind, in einen anderen Staat, so können diese Rechte nicht im Widerspruch zu der Rechtsordnung dieses Staates ausgeübt werden."
[83] BT-Drs. 14/343, S. 16.
[84] BGH Urt. v. 11.3.1991, IPRax 1993, S. 176 f.; *Kreuzer*, IPRax 1993, S. 157 ff. m.w.N.
[85] *Staudinger-Stoll*, Internationales Sachenrecht, Rn. 297 f.; *MünchKomm-Sonnenberger*, Einl. EGBGB, Rn. 493 m.w.N.
[86] *Stoll*, IPRax 2000, S. 259 ff., 260.
[87] Siehe z.B. zur italienischen Autohypothek, BGH, Urt. v. 11.3.1991, NJW 1991, S. 1415 ff.; dazu *Jayme*, FS *Serick*, S. 241 ff., 245; *Staudinger-Stoll*, Internationales Sachenrecht, Rn. 356.

tuts anzupassen sind[88]. Ihre Ausübung hat nach den Bestimmungen zu erfolgen, die für das funktionsäquivalente Rechtsinstitut des neuen Statuts gelten. Damit orientiert sich der Gesetzgeber an der Transpositionslehre[89]. Dies bedeutet aber nicht, daß die im Altstatut begründeten Rechte in Rechtsinstitute des neuen Statuts umgewandelt werden müssen oder erlöschen, wenn keine äquivalenten Rechtstypen des neuen Statuts gefunden werden; es genügt vielmehr, daß ihre Wirkung nach dem neuen Rechtsinstitut bestimmt wird[90]. Dies hat zur Folge, daß die Rechte nach einem weiteren Statutenwechsel wieder aufleben, soweit die nunmehr maßgebende Rechtsordnung die Rechtsausübung zuläßt[91]. Wenn es in dem schleswig-holsteinischen Münzen-Fall nicht zur Weiterveräußerung der Münzen in Deutschland gekommen wäre, dann würde dies zunächst gemäß den Grundsätzen der Prägungstheorie bedeuten, daß die deutsche Sachenrechtsordnung durch die Anerkennung eines Lösungsrechts nicht in unerträglicher Weise gestört wird, weil sie ein vergleichbares Rechtsinstitut in § 1000 BGB kennt[92].

Ferner stellt sich die Frage nach der Ausübung des Lösungsrechts. Nimmt man die Orientierung an der Transpositionslehre ernst, dann ist die Ausübung nur gemäß dem äquivalenten Rechtstyp des neuen Statuts möglich[93]. Sieht man als äquivalenten Rechtstyp das Zurückbehaltungsrecht des § 1000 BGB an, so sind dessen Voraussetzungen zu beachten[94]. In diesem Fall wäre das Zurückbehaltungsrecht nach § 1000 BGB erloschen, weil der klagende Händler die Münzen bereits freiwillig herausgegeben hat. Gestattet man dagegen die Hinnahme des Lösungsrechts in der inhaltlichen Ausgestaltung des Altstatuts, so kommt es auf die Ausgestaltung der Bestimmung im Altstatut an und zwar darauf, ob die Rückgabe der Münzen nach schweizerischem Recht zu einem Erlöschen des Lösungsrechts führt. Der Wortlaut des Art. 43 Abs. 2 EGBGB läßt beide Vorgehensweisen zu. Die Gesetzesbegründung spricht allerdings gegen den zuletzt genannten Weg[95]. Es wurde erwogen, Art. 43 Abs. 2 EGBGB als einseitige Kollisionsnorm auszugestalten, weil dies aus dem sachenrechtlichen Typenzwang folge. Hierdurch wäre die Vorgabe, ausländische Rechtsinstitute nur nach Maß-

---

[88] BT-Drs. 14/343, S. 16.

[89] Vgl. BT-Drs. 14/343, S. 16; *Staudinger*, DB 1999, S. 1589 ff., 1593; *Kreuzer*, RabelsZ 65 (2001), S. 383 ff., 444, sieht darin ein Hinauslaufen auf die Transpositionslehre.

[90] *v.Hoffmann*, IPR, § 12 Rn. 31; *Pfeiffer*, IPRax 2000, S. 270 ff., 273; *Stoll*, IPRax 2000, S. 259 ff., 260. Der Gesetzgeber ist somit der Lehre von der Ausübungsbeschränkung anstelle der Lehre von der Umwandlung gefolgt, vgl. zu den Unterschieden *Looschelders*, S. 409 ff.

[91] So die Wiedererweckungstheorie, vgl. *Kropholler*, IPR, § 54 III 1; *Pfeiffer*, IPRax 2000, S. 270 ff., 273; *Staudinger-Stoll*, Internationales Sachenrecht, Rn. 356, zum Referentenentwurf 1993; gegen ein Wiederaufleben durch einen erneuten Statutenwechsel *Kegel/Schurig*, IPR, § 19 III.

[92] So auch *MünchKomm-Kreuzer*, Nach Art. 38 Anh. I, Rn. 79; *Kropholler*, IPR, § 54 III 1.

[93] *MünchKomm-Kreuzer*, Nach Art. 38 Anh. I, Rn. 62.

[94] Gegen ein solches „Hineinpressen" in das Schema der §§ 994 ff. BGB, *Geyrhalter*, S. 119.

[95] BT-Drs. 14/343, S. 16.

gabe von deutschen Sachenrechtstypen auszuüben, klarer zum Vorschein gekommen. Man entschied sich letztendlich für eine allseitige negative Fassung, weil die Ausgestaltung der Vorschrift als einseitige Kollisionsnorm als zu eng befunden wurde. Die Fälle würden dann nicht erfaßt werden, in denen sich der Statutenwechsel nicht auf die Verbringung einer Sache aus einem ausländischen Staat in den Geltungsbereich des Bürgerlichen Gesetzbuchs beschränken, sondern in denen die Sache in einen Drittstaat verbracht werden würde. In diesen Fällen müßte der deutsche Richter das Sachrecht des Drittstaats anwenden. Andererseits wurde eine positive allseitige Regelung als zu weitgehend empfunden[96], weil nicht auszuschließen sei, daß die neue lex rei sitae den von ihren Regelungen abweichenden Inhalt des nach dem Recht des ersten Staats begründeten dinglichen Rechts sachrechtlich dulde[97].

II. Qualifizierter Statutenwechsel

Ist der Tatbestand einer Rechtsänderung bei einem gestreckten Erwerbstatbestand unter dem Altstatut noch nicht abgeschlossen, so entscheidet über die dingliche Lage das Recht des neuen Belegenheitsstaats[98]. Ein gestreckter Tatbestand liegt z.B. dann vor, wenn eine Vorschrift wie § 929 S.1 BGB für einen Eigentumsübergang neben der Einigung eine Übergabe verlangt. Erfolgt die Einigung in Deutschland, die Übergabe jedoch in Frankreich, so findet auf den gesamten sachenrechtlichen Vorgang französisches Recht Anwendung. Ein weiteres Beispiel ist die Ersitzung nach § 937 BGB, dessen Tatbestand zehnjährigen Eigenbesitz, guten Glauben bei Erwerb des Eigenbesitzes und keine spätere positive Kenntnis von dem dem Eigenbesitzer nicht zustehenden Eigentum voraussetzt. Erfolgt der Besitzerwerb in Deutschland, gelangt die Sache jedoch vor Ablauf der zehnjährigen Verjährungsfrist nach England, so beurteilt sich der gesamte Erwerbsvorgang nach englischem Recht. Maßgeblich ist der Zeitpunkt, in dem der sachenrechtliche Tatbestand verwirklicht wurde, z.B. durch den Ablauf der Ersitzungsfrist[99].

---

[96] BT-Drs. 14/343, S. 16; kritisch dazu *Kreuzer*, RabelsZ 65 (2001), S. 383 ff., 446 mit dem Verweis auf die positive allseitige Regelung im Schweizer Recht in Art. 100 Abs. 2 IPRG.

[97] *Pfeiffer*, IPRax 2000, S. 270 ff., 272.

[98] *Knott*, S. 73; *Kreuzer*, RabelsZ 65 (2001), S. 383 ff., 449; *Kropholler*, IPR, § 54 III 2; *Palandt-Heldrich*, Art. 43 EGBGB, Rn. 11.

[99] *MünchKomm-Kreuzer*, Nach Art. 38 Anh.I, Rn. 12; *v.Hoffmann*, IPR, § 12 Rn. 7; *Soergel-Lüderitz*, Art. 38 Anh.II, Rn. 1 f.; *Staudinger-Stoll*, Internationales Sachenrecht, Rn. 272.

1. Ersitzung

Bei abhanden gekommenen Kulturgütern ist der qualifizierte Statutenwechsel in erster Linie für die Ersitzung von Bedeutung. Viele Rechtsordnungen kennen eine dem § 937 Abs. 1 BGB vergleichbare Vorschrift.

a. Anrechnung von Besitzzeiten

Das neue Statut entscheidet über den gesamten Erwerbsvorgang, wenn die Ersitzungsfrist im alten Statut noch nicht abgelaufen war. Dem neuen Statut ist zu entnehmen, ob eine bewegliche Sache der Ersitzung zugänglich ist und wie lange die Ersitzungsfrist andauert. Das neue Statut entscheidet auch darüber, ob eine unter dem alten Statut abgelaufene Besitzzeit anzuerkennen und ob eine Hemmung oder Unterbrechung nach dem alten Statut zu beachten ist[100]. In der Regel wird das neue Statut die Bewertung des alten Statuts hinnehmen, weil sich die Beteiligten während der Herrschaft des Statuts auf dieses einzurichten hatten[101]. Ist z.B. nach dem alten Statut die Ersitzungsfrist unterbrochen, dann wird das neue deutsche Statut dies in der Regel beachten, weil es in den §§ 940 ff. BGB die Unterbrechung der Ersitzung kennt[102]. Im deutschen Kollisionsrecht stellt Art. 43 Abs. 3 EGBGB ausdrücklich klar, daß bei der Anwendung des deutschen Sachrechts bei einem gestreckten Erwerbstatbestand Vorgänge, die sich unter der Geltung einer ausländischen Rechtsordnung ereignet haben, wie inländische zu berücksichtigen sind. Nach dem Statutenwechsel wird die Anwendung des deutschen Sachenrechts auf einen Auslandssachverhalt angeordnet[103]. Darüber hinaus betrifft die Vorschrift auch abgeschlossene, nach dem Altstatut jedoch nicht voll wirksame Erwerbstatbestände[104]. Art. 43 Abs. 3 EGBGB ist auf die grenzüberschreitende Übereignung und den gesetzlichen Erwerb des Eigentums durch Ersitzung, soweit die Tatbestandsvoraussetzungen im Zeitpunkt des Statutenwechsels noch nicht verwirklicht waren, anzuwenden[105]. Obwohl Art. 43 Abs. 3 EGBGB vom Gesetzgeber als einseitige Kollisionsnorm formuliert wurde[106], ist zweifelhaft, ob es sich dabei um eine solche

---

[100] *v.Hoffmann*, IPR, § 12 Rn. 29; *MünchKomm-Kreuzer*, Nach Art. 38 Anh.I, Rn. 77; *Staudinger-Stoll*, Internationales Sachenrecht, Rn. 273; zur Ersitzung ausführlich *Kunze*, S. 143 ff.

[101] *Staudinger-Stoll*, Internationales Sachenrecht, Rn. 273.

[102] Dies ist eine Art „Anrechnungsprinzip"; vgl. *Erman-Hohloch*, Art. 43 EGBGB, Rn. 26. In anderen Rechtsordnungen ist die Anrechnung gesetzlich geregelt; vgl. dazu sec. 1 (3) und sec. 4 (1) (a) des Foreign Limitation Periods Act 1984 und *Staudinger-Stoll*, Internationales Sachenrecht, Rn. 273.

[103] *Stoll*, IPRax 2000, S. 259 ff., 263.

[104] Siehe bereits BGH, Urt. v. 2.2.1966, BGHZ 45, S. 95 ff.

[105] Vgl. zur Vorgeschichte der Vorschrift *Stoll*, IPRax 2000, S. 259 ff., 263; *Kreuzer*, Gutachten, S. 94 ff.

[106] BT-Drs. 14/343, S. 16; *v.Hoffmann*, IPR, § 12, Rn. 29; *Pfeiffer*, IPRax 2000, S. 270 ff.,

handelt, weil die Berücksichtigung der ausländischen Tatbestände weitgehend auf tatsächlicher Ebene liegt. Vielmehr ist darin eine sachenrechtliche Berücksichtigungsnorm für Auslandssachverhalte zu sehen, deren Anwendung die Bestimmung des deutschen Rechts als Sachstatut voraussetzt[107].

Die Auswirkung der Vorschrift soll am folgenden Beispielsfall erläutert werden. Wird ein Kunstwerk in Österreich gestohlen und von einem unredlichen Besitzer[108] an einen Gutgläubigen veräußert, so kann der Ersitzungsbesitzer gemäß den §§ 1453 ff., 1466, 1476 ABGB nach sechs Jahren gutgläubigen Eigenbesitzes Eigentum an dem Kunstwerk erwerben. Verbringt der Ersitzungsbesitzer ein Jahr vor Ablauf der österreichischen Ersitzungsfrist das Kunstwerk nach Deutschland, so entscheidet das deutsche Recht als neues Lageortsrecht über den Tatbestand in seiner Gesamtheit. Der Erwerb des Eigentums ist dann nicht mehr nach sechs sondern gemäß § 937 Abs. 1 BGB nach zehn Jahren Eigenbesitz möglich. Das deutsche Recht rechnet gemäß Art. 43 Abs. 3 EGBGB die Zeit, in der der Ersitzungsbesitzer das Kunstwerk in Österreich im Eigenbesitz hatte, auf die deutsche Ersitzungsfrist an. Statt nach einem Jahr, kann sich der Ersitzungsbesitzer somit nach seinem Umzug nach Deutschland erst nach weiteren fünf Jahren sicher sein, daß eine Herausgabeklage keinen Erfolg haben wird.

b. Ein Statut kennt die Ersitzung nicht

Das Rechtsinstitut des gutgläubigen Erwerbs des Eigentums durch Ersitzung ist nicht jeder Rechtsordnung bekannt. Es stellt sich die Frage, wie zu verfahren ist, wenn bei einem qualifizierten Statutenwechsel dem einen Statut die Ersitzung unbekannt ist. Umstritten ist, ob eine in England abgelaufene Besitzzeit auf die Ersitzungsfrist des § 937 BGB anzurechnen ist, obwohl das englische Recht das Rechtsinstitut der Ersitzung nicht kennt. Dies wird teilweise verneint und mit der Prägungstheorie sowie mit dem Prinzip der alleinigen Beherrschung der sachenrechtlichen Lage durch das Recht am Belegenheitsort, an dem die Vollendung der relevanten Tatsache eintritt, begründet[109]. Einerseits sei die Sache nicht von der Möglichkeit des Erwerbs durch Ersitzung geprägt und andererseits sei kein zu berücksichtigender Auslandssachverhalt vorhanden, weil der letzte Belegenheitsort an die Besitzzeit keine rechtlichen Wirkungen knüpfe[110].

273.

[107] *Kreuzer*, RabelsZ 65 (2001), S. 383 ff., 449; *Palandt-Heldrich*, Art. 43 Rn. 11; *Junker* RIW 2000, S. 241 ff., 254; Stoll, IPRax 2000, S. 263 ff.

[108] Bei Erwerb von einem redlichen Besitzer beträgt die Ersitzungsfrist gemäß § 1466 ABGB drei Jahre.

[109] *Kunze*, S. 147.

[110] *Kunze*, S. 147.

Dieser Auffassung kann nicht gefolgt werden. Aus dem Prinzip der alleinigen Beherrschung der sachenrechtlichen Lage durch das Recht des Belegenheitsortes läßt sich nur entnehmen, daß die Verwirklichung des Eigentumserwerbs, mithin der Ablauf der Ersitzungsfrist, am Ort der letzten Belegenheit eingetreten sein muß[111]. Übersehen wird, daß das englische Recht als Rechtsordnung der Belegenheit der Sache vor dem Statutenwechsel sehr wohl an die Besitzzeit eine rechtliche Wirkung knüpft. Die Besitzzeit ist dafür ausschlaggebend, ob ein gutgläubiger Besitzer nach Ablauf der Verjährungsfrist gemäß sec. 3 (2) des Limitation Act 1980 Eigentum an einer gestohlenen Sache erwerben kann. Die Anrechnung von im Ausland abgelaufenen Besitzzeiten kann nicht davon abhängig gemacht werden, ob das Rechtsinstitut als Ersitzung, prozeßrechtliche Verjährung oder Verwirkung ausgestaltet ist. Sec. 3 f. des Limitation Act 1980 übt im englischen Recht die gleiche Funktion aus wie § 937 BGB im deutschen Recht[112]. Die Verjährung nach sec. 3 des Limitation Act 1980 hat die gleiche Wirkung wie eine Ersitzung oder eine Verwirkung gemäß Art. 934 Abs.1 ZGB[113]. Sie bewirkt einen Eigentumsübergang und beinhaltet demzufolge materiellrechtliche Elemente[114]. Nicht notwendig ist, daß es sich um das gleiche Rechtsinstitut handelt. Zu einem anderen Ergebnis würde man dann gelangen, wenn eine Rechtsordnung den gutgläubigen Erwerb an gestohlenen Sachen ganz ausschließen würde.

Für die Anrechnung spricht auch der Wortlaut des Art. 43 Abs. 3 EGBGB, der nunmehr nach der Kodifikation des internationalen Sachenrechts für die Frage maßgeblich ist, ob eine unter dem alten Statut abgelaufene Besitzzeit angerechnet wird. Danach sind nur „Vorgänge“ in einem anderen Staat wie inländische zu berücksichtigen und nicht „Vorgänge, die eine rechtliche Wertung durch das gleiche Rechtsinstitut“ erfahren haben. Der Auslandssachverhalt wird so berücksichtigt, als sei er im Inland geschehen[115]. Demgemäß ist in dem gebildeten Fallbeispiel die in England abgelaufene Besitzzeit gemäß Art. 43 Abs. 3 EGBGB auf die Ersitzungsfrist nach § 937 BGB anzurechnen[116].

Bei einem doppelten Statutenwechsel ist ebenso zu verfahren. Wurde z.B. ein gestohlenes Kunstwerk im Jahre 1990 in Deutschland gutgläubig erworben, 1992 nach England und 1994 wieder zurück nach Deutschland verbracht, so kann der Erwerber der im Jahre 2001 erhobenen Herausgabeklage entgegenhal-

---

[111] *Knott*, S. 81.
[112] So auch LG Hamburg IPRspr. 1996 Nr. 55, S. 119 ff., 121.
[113] *Siehr*, in: *Carl/Güttler/Siehr* (Hrsg.), Kunstdiebstahl vor Gericht, S. 54.
[114] Gemäß sec. 3 des Foreign Limitation Period Act 1984 sind Entscheidungen ausländischer Gerichte aufgrund ausländischen oder englischen Verjährungsrechts als Entscheidungen in der Sache anzusehen. Abgedr. in RabelsZ 49 (1985), S. 371 ff.
[115] *MünchKomm-Kreuzer*, Nach Art. 38 Anh.I, Rn. 60.
[116] So auch *Knott*, S. 81.

ten, daß er gemäß § 937 BGB das Eigentum an dem Kunstwerk nach der im Jahre 2000 abgelaufenen zehnjährigen Ersitzungsfrist erworben hat. Die in England verstrichene Besitzzeit wird angerechnet.

2. Verjährung

Nach deutschem Recht verjährt der Herausgabeanspruch des Eigentümers gegen den Besitzer aus § 985 BGB in 30 Jahren seit dem Entstehen der Vindikationslage gemäß § 197 Abs.1 Nr.1 BGB, und zwar ungeachtet dessen, ob es sich bei dem Besitzer um den Dieb oder seine bösgläubigen Abnehmer handelt. Wartet der Dieb 30 Jahre, so kann von ihm die Sache nicht mehr herausverlangt werden. Die Verjährung des dinglichen Herausgabeanspruchs ist kollisionsrechtlich ebenso zu behandeln wie die Ersitzung[117]. Dafür spricht, daß einigen Rechtsordnungen nicht genau zu entnehmen ist, ob es sich materiellrechtlich um eine Verjährung oder eine Ersitzung handelt[118]. Im Falle eines Statutenwechsels während der Verjährungsfrist ist für den gesamten Tatbestand das Recht des Belegenheitsorts im Zeitpunkt der Vollendung der Verjährung maßgeblich.

a. Anrechnung von Besitzzeiten

Die Frage nach der Anrechnung der im Ausland verstrichenen Besitzzeit stellt sich auch bei dem Rechtsinstitut der Verjährung. Unbeachtlich ist, ob der Besitzer das Kunstwerk die gesamte Verjährungsfrist über besaß oder es von einem früheren Besitzer erwarb. Zwar entsteht der Herausgabeanspruch bei jedem Besitzer aufs Neue, jedoch kann der Besitzer die Besitzzeiten seiner Rechtsvorgänger gemäß § 198 BGB auf die Verjährungsfrist anrechnen. Im Unterschied zum Rechtsinstitut der Ersitzung ist Art. 43 Abs. 3 EGBGB bei der Verjährung hinsichtlich der Anrechnung von einer unter dem alten Statut abgelaufenen Besitzzeit nicht anzuwenden. Aufgrund der Formulierung als einseitige Kollisionsnorm setzt die Vorschrift einen Erwerb nach deutschem Recht voraus. Ein Erwerb durch Verjährung des Herausgabeanspruchs gemäß §§ 197 Abs. 1 Nr. 1, 198 BGB ist nach deutschem Recht jedoch nicht möglich, weil das Eigentum nicht auf den Besitzer übertragen wird, sondern ihm nur das Recht einer Einrede gibt[119]. Grundsätzlich ist auch bei der Verjährung davon auszugehen, daß das neue Statut die im Ausland verstrichene Besitzzeit voll anrechnet[120]. Jedoch ist

---

[117] *Staudinger-Stoll*, Internationales Sachenrecht, Rn. 271; *MünchKomm-Kreuzer*, Nach Art. 38 Anh.I, Rn. 77.

[118] *Staudinger-Stoll*, Internationales Sachenrecht, Rn. 271 mit dem Verweis auf Artt. 2219 ff. C.c.fr.

[119] Vgl. dazu *Palandt-Heinrichs*, Überblick vor § 194 BGB, Rn. 2 ff.

[120] *Siehr*, in: *Carl/Güttler/Siehr* (Hrsg.), Kunstdiebstahl vor Gericht, S. 53 ff., 58; *Staudinger-*

die rechtliche Prägung zu beachten, die die Sache in einem alten Statut erfahren hat. Die Beachtung dieser Prägung kann bei der Verjährung zu Besonderheiten führen. Nach deutschem Recht kann der bestohlene Eigentümer die Sache nach Ablauf der 30-jährigen Verjährungsfrist selbst vom Dieb nicht herausverlangen[121]. Eine solche Regelung kennt z.B. das englische Recht nicht. Gemäß sec. 4 des Limitation Act 1980 verjährt eine Klage auf Herausgabe der Sache gegen den Dieb und dessen bösgläubige Abnehmer niemals. Ebenso sind Herausgabeansprüche nach schweizerischem Recht unverjährbar[122].

Die Bedeutung dieser unterschiedlichen Regelungen zwischen dem deutschen und englischen Recht wird in dem vom englischen High Court entschiedenen Gotha-Fall ersichtlich[123]. Dem liegt der folgende Sachverhalt zugrunde: Um 1946 wurde in Deutschland ein Gemälde gestohlen und in die damalige Sowjetunion verbracht. Im Jahre 1987 kehrte das Bild nach Deutschland zurück. Es wurde dort unterschlagen und veräußert. Ein Jahr später gelangte das Bild nach London, wo es an die Beklagte weiterveräußert wurde. Im Auftrag der Beklagten bot ein Londoner Auktionshaus das Gemälde ab 1991 zum Kauf an. Die bestohlene Eigentümerin begehrte die Herausgabe des Bilds.

Das englische Gericht hatte sich u.a. mit der Frage zu beschäftigen, ob der Herausgabeanspruch nach deutschem Recht verjährt war. Dies hing davon ab, ob der Beklagten die Besitzzeiten ihrer Rechtsvorgänger gemäß § 198 BGB angerechnet werden sollten. Der High Court entschied, daß die 30-jährige Verjährungsfrist seit dem Abhandenkommen des Gemäldes im Jahre 1946 nicht abgelaufen sei, weil die 1987 erfolgte Unterschlagung keine Rechtsnachfolge im Sinne des § 198 BGB bedeute[124]. Das Gericht führte weiter aus, daß dem Herausgabeanspruch auch im Falle einer Verjährung nach deutschem Recht stattzugeben wäre, weil die deutschen Verjährungsvorschriften gegen den englischen

---

Stoll, Internationales Sachenrecht, Rn. 272 f.

[121] So die h.M., vgl. *MünchKomm-Medicus*, § 985 Rn. 24; *Palandt-Bassenge*, § 985 Rn. 13.

[122] *Siehr*, in: *Carl/Güttler/Siehr* (Hrsg.), Kunstdiebstahl vor Gericht, S. 53 ff., 71; *Zürcher Kommentar-Homberger*, ZGB, Art. 936 Nr. 4; *Berner Kommentar-Stark*, ZGB, Art. 936, Nr. 16.

[123] *City of Gotha v. (1) Sotheby's and (2) Cobert Finance S.A. and The Federal Republic of Germany v. (1) Sotheby's and (2) Cobert Finance S.A.*, Urt. des High Courts in London v. 9.9.1998 - 1993 C 3428 und 1997 G 185 (Q.B.) (rechtskräftig); abgedr. mit deutscher Übersetzung bei *Carl/Güttler/Siehr*, Kunstdiebstahl vor Gericht, S. 78 ff. Vgl. dazu auch *Redmond-Cooper*, Art, Antiquity and Law 5 (2000), S. 185 ff., 190 ff; *Lomas/Orton*, Art, Antiquity and Law 1999, Vol. 4, S. 159 ff.; F.A.Z. v. 11.9.1998, S. 41 und v. 4.11.1998, S. 41.

[124] Entscheidend war, ob eine Rechtsnachfolge im Sinne des § 198 BGB auch dann vorliegt, wenn sich der unmittelbare Fremdbesitzer zum Eigenbesitzer aufschwingt und entgegen seinem Besitzmittlungsverhältnis zum mittelbaren Besitzer die Sache veräußert. Vgl. dazu *Siehr*, in: *Carl/Güttler/Siehr* (Hrsg.), Kunstdiebstahl vor Gericht, S. 53 ff. 64 ff.; *Jayme*, Nationales Kunstwerk, S. 225 ff.; *Finkenauer*, JZ 2000, S. 241 ff.

ordre public verstießen[125]. Gemäß der englischen public policy solle der Ablauf einer Frist weder dem Dieb noch irgend jemandem, auf den der Besitz übertragen wurde und der kein gutgläubiger Käufer ist, zugute kommen. Steht bereits die Berücksichtigung einer im Ausland vollendeten Verjährung im Widerspruch zur englischen public policy, so muß dies auch für abgelaufene Besitzzeiten während der Herrschaft des englischen Belegenheitsorts gelten. Kennt eine Rechtsordnung die Verjährung von Herausgabeansprüchen gegen einen bösgläubigen Besitzer oder ein ähnliches Rechtsinstitut nicht, so sollte der Zeitraum, in dem sich die Sache in einer solchen Rechtsordnung befindet, auf die Verjährungsfrist des § 197 Abs.1 Nr.1 BGB nicht angerechnet werden. Die rechtliche Prägung der Sache durch die Rechtsordnung des ehemaligen Lageorts ist zu beachten.

b. Doppelter Statutenwechsel

Ein zusätzliches Problem ist beim doppelten bzw. reversen Statutenwechsel gegeben. Mit dieser Problematik hatten sich deutsche Gerichte im Rechtsstreit um das Bild „Sumpflegende“ von Paul Klee zu befassen[126]. Das Bild wurde 1937 von den Nationalsozialisten als „entartete Kunst“ eingezogen und 1941 in Deutschland veräußert. Danach wechselte der Besitzer des Bildes mehrfach. 1962 gelangte das Bild in die Schweiz. Eine Stiftung erwarb das Bild 1982 und brachte es nach Deutschland zurück. Es wurde der Städtischen Galerie im Lenbach-Haus in München zur Verfügung gestellt. Im Jahre 1992 verlangte der Erbe der ursprünglichen Eigentümerin die Herausgabe des Bildes von der Stadt München. Das Münchener Landgericht entschied, daß der Herausgabeanspruch gemäß § 195 BGB a.F. (jetzt § 197 Abs.1 Nr. 1 BGB) jedenfalls verjährt sei und somit die Einrede der Verjährung greife. Die Ausführungen des Gerichts zur Begründung der Verjährung wurden in der Literatur stark kritisiert[127]. Das Gericht übersah, daß der Herausgabeanspruch des Eigentümers bei jedem Besitzwechsel neu entsteht und dem gegenwärtigen Besitzer eine Anrechnung der Besitzzeiten seiner Rechtsvorgänger nur nach § 221 BGB a.F. (jetzt § 198 BGB) zustatten kommt, wenn die 30-jährige Verjährungsfrist in der Person des Besitzers noch nicht abgelaufen ist[128]. Problematisch war, ob in einer solchen Konstellation die Besitzzeiten früherer Besitzer auch dann auf die Verjährungsfrist anzurechnen sind, wenn sich das Kunstwerk in diesem Zeitraum in der Schweiz befand. Zu dieser Frage wurde bereits Stellung genommen und darauf hingewie-

---

[125] Siehe dazu auch *Müller-Katzenburg*, Art, Antiquity and Law 5 (2000), S. 105 ff., 121.
[126] KG, Beschl. v. 21.5.1992, NJW 1993, S. 1480 f.; LG München I, Urt. v. 8.12.1993, IPRax 1995, S. 43. Vgl. zur Geschichte der „Sumpflegende“ *Kunze*, S. 2 f. und auch S. 152 ff.
[127] *Jayme*, IPRax 1995, S. 43.
[128] *Jayme*, IPRax 1995, S. 43; *Müller-Katzenburg*, Art, Antiquity and Law 5 (2000), S. 105 ff., 121.

sen, daß die Prägung des Kunstwerks durch das vorherige Statut zu beachten ist. Umstritten ist, ob die Besitzzeit in der Bundesrepublik Deutschland vor dem ersten Statutenwechsel auf die Verjährungsfrist angerechnet werden sollte. Das LG München I führte aus, daß die Verjährung auch dann eingetreten sei, wenn man die Besitzzeit in der Schweiz nicht einrechne, weil sich das Bild in den Zeiträumen 1937 bis 1962 und 1982 bis 1992 in Deutschland befunden habe, so daß sich hier ein Zeitraum von über 30 Jahren ergebe[129]. In der Literatur wird dagegen vertreten, daß die Belegenheit des Bildes in der Schweiz einen „Reinigungseffekt" habe, d.h. die Besitzzeiten mit dem Wechsel des Lageortes untergehen und bei einem erneuten Statutenwechsel nicht berücksichtigt werden können[130]. Begründet wird dies mit der konsequenten Anwendung der Prägungstheorie. Vorzugswürdig ist, nicht ausschließlich auf die prägende Wirkung durch die in diesem Falle schweizerische Rechtsordnung abzustellen. Es wurde bereits erörtert, daß ein im alten Statut begründetes Rechtsinstitut wie das Lösungsrecht nicht erlischt, wenn für die Bestimmung seiner Wirkung keine äquivalenten Rechtstypen des neuen Statuts gefunden werden, und bei einem reversen Statutenwechsel wieder auflebt, soweit die nunmehr maßgebende Rechtsordnung die Rechtsausübung zuläßt. Dies sollte erst recht für die Berücksichtigung eines Auslandssachverhalts bei einem offenen Tatbestand gelten.

Die Reinigungstheorie führt auch zu unangemessenen Ergebnissen. In Abwandlung des Rechtsstreits um die „Sumpflegende" ist folgender Sachverhalt anzunehmen. Das Bild befindet sich seit dem Besitzverlust der ursprünglichen Eigentümerin seit 29 Jahren im Besitz eines Kunstsammlers in Deutschland. Für drei Tage wird das Bild zu einer Ausstellung in die Schweiz verbracht und kehrt dann wieder nach Deutschland zurück. Folgt man der Reinigungstheorie, hätte die Belegenheit im Durchgangsstatut bewirkt, daß die vor dem ersten Statutenwechsel abgelaufene Besitzzeit nicht mehr auf die Verjährungsfrist angerechnet werden kann. Die Prägung durch den Aufenthalt von nur drei Tagen würde sich gegenüber der Prägung des Kunstwerks durch die deutsche Rechtsordnung von 29 Jahren vor dem Aufenthalt und einem Jahr danach durchsetzen. Zu Recht wird selbst von den Vertretern der Reinigungstheorie betont, daß die verschiedenen Prägungen, die ein Kunstwerk bei der Wanderung durch verschiedene Länder aufnimmt, harmonisiert werden müssen. Eine Harmonisierung sollte jedoch nicht dergestalt aussehen, daß sich die Prägung durch eine Rechtsordnung, in dessen Machtbereich sich das Bild für eine „juristische Sekunde" befand, die jahrzehntelange Prägung durch eine vorherige Rechtsordnung zum Erlöschen bringt. Die Prägung durch die Schweizer Rechtsordnung sollte dadurch berücksichtigt werden, daß dieser Zeitraum nicht auf die Verjährungsfrist angerechnet wird. Der Lauf der Verjährungsfrist „ruht" während dieser Zeit. Nach der Rück-

---

[129] Vgl. dazu *Jayme*, IPRax 1995, S. 43.

[130] So *Jayme*, IPRax 1995, S. 43; *ders.*, „Entartete Kunst" und IPR, S. 28 f.; vgl. zum Streitstand *Kunze*, S. 152 f.

kehr sollte die frühere Besitzzeit in Deutschland wieder aufleben und auf die Verjährungsfrist angerechnet werden.

C. Anwendung des öffentlichen Rechts

Steht fest, welche nationale Rechtsordnung durch das deutsche Kollisionsrecht, z.B. gemäß Art. 43 Abs. 1 EGBGB, zur Anwendung berufen wird, so stellt sich die Frage, ob sich die Verweisung nur auf das Privatrecht oder auch auf das öffentliche Recht dieser Rechtsordnung bezieht. In den meisten Ländern sind Sonderregeln zum Schutz von Kulturgütern im öffentlichen Recht zu finden. Dies ist von der Problematik zu unterscheiden, ob ausländische öffentlich-rechtliche Eingriffsnormen berücksichtigt werden sollten, wenn die Kollisionsnorm zur Regelung eines Sachverhalts das Sachrecht einer anderen Rechtsordnung zur Anwendung beruft.

I. Verfügungsbeschränkungen und -verbote

Einige Staaten erklären bestimmte Kulturgüter zu „res extra commercium", mit der Konsequenz, daß sie dem dinglichen Regime der Unveräußerlichkeit und Unverjährbarkeit unterliegen[131]. Dabei handelt es sich nahezu ausschließlich um Kulturgut im Staatseigentum[132]. Der Grund für die Sonderregelungen ist die besondere Funktion der öffentlichen Sachen, die in ihrer Nutzung durch die Allgemeinheit liegt[133]. Die Anerkennung des extrakommerziellen Status eines ausländischen Kulturguts folgt aus der in Art. 43 Abs. 1 EGBGB normierten Situs-Regel. Das Sachenrechtsstatut entscheidet, ob die bewegliche Sache, über die verfügt wird, verkehrsfähig ist und sie somit Gegenstand dinglicher Rechte sein kann. Dem steht nicht entgegen, daß die Rechtsnormen, welche die Verkehrsfähigkeit von Kulturgütern einschränken, im öffentlichen Recht zu finden sind. Die frühere Rechtsprechung des Bundesgerichtshofs, die den Grundsatz der Nichtanwendung ausländischen Rechts aufstellte und die Verweisungen in den IPR-Regeln auf privatrechtliche Bestimmungen begrenzte, kann als überholt an-

---

[131] Siehe z.B. in Frankreich Art. L 52 Code du domaine de l'Etat v. 14.3.1962 und Artt. 18, 20 des Loi sur les monuments historiques v. 31.12.1913; in Spanien Art. 28 Ley del Patrimonio Histórico Español v. 25.6.1985; in Italien Art. 55 T.U. dei Beni Culturali, Decreto legislativo n. 490 v. 29.10.1999. Gemäß Art. 55 können Kulturgüter mit Genehmigung des Ministers veräußert werden. Vgl. dazu auch *Byrne-Sutton*, Le trafic, S. 75; *Mußgnug* in: *Dolzer/Jayme/Mußgnug* (Hrsg.), Rechtsfragen des IKGS, S. 205 ff., 209; *Kreuzer*, RdC 259 (1996), S. 159 ff.; *Siehr*, RdC 243 (1993), S. 64 ff.

[132] Vgl. *Siehr*, FS *Lorenz*, S. 525 ff., 528; *Müller-Katzenburg*, Standards, S. 73 ff.

[133] *Mußgnug*, in:*Dolzer/Jayme/Mußgnug* (Hrsg.), Rechtsfragen des IKGS, S. 199 ff.; *ders.*, in: *Reichelt* (Hrsg.), IKGS, S. 141 ff.

gesehen werden[134]. Die Anwendung von öffentlich-rechtlichen Verkehrsbeschränkungen wird auch in der Literatur befürwortet[135]. Soweit sich die Sachen im Zeitpunkt der Begründung des sachenrechtlichen Sonderstatuts im Hoheitsgebiet befunden haben, hat sich der Staat in den Grenzen seiner Macht gehalten[136]. Dafür spricht, daß manche Rechtsordnungen eine strikte Trennung zwischen dem Privatrecht und dem öffentlichen Recht nicht kennen[137]. Zwangsläufig würden Schwierigkeiten entstehen, eine Norm zum privaten oder öffentlichen Recht zuzuordnen[138]. Die Anwendung öffentlich-rechtlicher Normen entspricht auch dem internationalen Entscheidungseinklang, wie der von italienischen Gerichten entschiedene Fall *Repubblica dell'Ecuador contro Danusso*[139] zeigt. Kunstgegenstände, die mit einem „dominio eminente“ behaftet und daher unveräußerlich waren, wurden in Ecuador von dem Kunstsammler Danusso erworben und nach Italien gebracht. Das Turiner Gericht folgerte aus der Situs-Regel, daß auf einen etwaigen Eigentumserwerb Danussos das ecuadorianische Recht einschließlich der dort geltenden Sonderbestimmungen für nationales Kulturgut anzuwenden sei. Das Gericht sah die im öffentlichen Interesse erlassenen Vorschriften zum Schutz des „patrimonio culturale della nazione“ als von der sachenrechtlichen Verweisung mit umfaßt an. Dem Zusammenspiel aus Zivilgesetz, Verfassung und Kulturschutzgesetz entnahm das Gericht, daß die streitigen Grabungsfunde mit einem unverjährbaren und unveräußerlichen „dominio eminente“ des ecuadorianischen Staates behaftet waren, das den Staat auch nach der Verbringung der Gegenstände ins Ausland dazu berechtige, die Herausgabe der Sachen zu verlangen[140]. Das unter dem ecuadorianischen Recht begründete „dominio eminente“ hafte den Objekten auch noch nach dem Statutenwechsel an; lediglich der Inhalt dieser sachenrechtlichen Prägung bestimme sich nach dem Recht des neuen Belegenheitsorts[141]. Das Gericht stellte fest, daß es in der italienischen Rechtsterminologie zwar keinen dem ecuadorianischen „dominio eminente“ entsprechenden Begriff gebe, jedoch der Inhalt der ecuado-

[134] Vgl. BGH, Urt. v. 17.12.1959, BGHZ 31, S. 367 ff., 371, im Vergleich zu BGH, Urt. v. 20.6.1979, NJW 1979, S. 1776 ff., und BGH, Urt. v. 23.11.1971, BGHZ 57, S. 265 ff., 267 f.

[135] *Müller-Katzenburg*, Standards, S. 254; *v.Schorlemer*, S. 536; *Schwadorf-Ruckdeschel*, S. 96.

[136] Die Behandlung des ausländischen öffentlichen Rechts richtet sich nach dem Territorialitätsprinzip. Solange der Staat in seinem Hoheitsgebiet wirkt, wird dieses Handeln aus Gründen der internationalen Solidarität und dem Interessengleichlauf von den anderen Staaten beachtet. Dagegen kann ein Staat nicht die Durchsetzung seiner Ansprüche aus dem öffentlichen Recht vor den Gerichten eines fremden Staates verlangen. Vgl. dazu *Stoll*, in: *Dolzer/Jayme/Mußgnug* (Hrsg.), Rechtsfragen des IKGS, S. 53 ff., 64; *Staudinger-Stoll*, Internationales Sachenrecht, Rn. 179; *Turner*, S. 68 ff.; *Weidner*, S. 107.

[137] So auch *Schmeinck*, S. 87; *Siehr*, RabelsZ 52 (1988), S. 41 ff., 76. Vgl. die Regeln der Unverjährbarkeit im italienischen Recht, Artt. 822, 823 und 828 Abs. 2 C.c.ital.

[138] Vgl. *Stoll*, in: *Dolzer/Jayme/Mußgnug* (Hrsg.), Rechtsfragen des IKGS, S. 53 ff., 60.

[139] Trib. Torino, Entsch. v. 25.3.1982, Riv.dir.int.pr.proc. 1982, S. 625 ff.

[140] Trib. Torino, Entsch. v. 25.3.1982, Riv.dir.int.pr.proc. 1982, S. 629 f.

[141] Trib. Torino, Entsch. v. 25.3.1982, Riv.dir.int.pr.proc. 1982, S. 631.

rianischen Gesetze in Bezug auf Erwerb, Ausübung und Beschränkung des Eigentumsrechtes an archäologischen Kulturgütern mit dem italienischen Recht vereinbar sei. Daher bestünden keinerlei Hindernisse, die unter dem ausländischen Statut begründeten Rechte im Inland anzuerkennen[142].

II. Spezielle Fälle

Im Zusammenhang mit der Anwendung des ausländischen öffentlichen Rechts sind zwei Arten von Vorschriften besonders problematisch. Zum einen handelt es sich um Vorschriften, die Kulturgüter zum unveräußerlichen Eigentum des Staats erklären, selbst wenn die Gegenstände noch nicht entdeckt sind oder sich nicht im Besitz des Staats befinden[143]. Zum anderen sehen Schutzgesetze Regelungen vor, die dem Staat ein Recht zur Einziehung oder Beschlagnahme geben oder bestimmen, daß das Eigentum an illegal ausgeführten Kulturgütern automatisch an den Staat verfällt[144]. Begehrt der Staat vor einem ausländischen Gericht die Rückgabe des Kulturguts mittels einer privatrechtlichen Herausgabeklage, wird er sein Eigentumsrecht darlegen müssen. Hierbei kommt es darauf an, ob in diesen Fällen das hoheitlich begründete Eigentum eines Staats nach einem schlichten Statutenwechsel vom neuen Statut anerkannt wird.

1. Staatseigentum an Funden

Kulturgüter, die durch ein Gesetz zu Staatseigentum erklärt werden, befinden sich oftmals nicht im Besitz des Staats. In der Regel handelt es sich um archäologische Gegenstände, von dessen Entdeckung der Staat erst dann Kenntnis erlangt, wenn sie bereits aus dem Staatsgebiet gebracht worden sind. Erhebt ein ausländischer Staat vor einem deutschen Gericht eine privatrechtliche Herausgabeklage, so hat er das Eigentum an dem Kulturgut darzulegen. Über die Frage der Anerkennung eines derart gesetzlich begründeten Eigentums des griechischen Staats an Funden hatte in einem strafrechtlich gelagerten Fall das OLG Schleswig zu entscheiden[145]. Ein Grieche fand auf seinem Hausgrundstück in Griechenland 75 antike Münzen und verbrachte sie nach Deutschland. Nach

[142] Trib. Torino, Entsch. v. 25.3.1982, Riv.dir.int.pr.proc. 1982, S. 632 f.
[143] Vgl. z.B. das griechische Antiquitätengesetz Nr. 5351/1932 v. 9.8.1932, Art. 21 des chilenischen Gesetzes Nr. 17, 288 v. 17.1.1970, Art. 5 des türkischen Gesetzes zum Schutz von Kulturgütern und Naturschätzen, Nr. 2683 v. 1983, Art. 9 Abs. 1 des ecuadorianischen Gesetzes Nr. 3501 über das Kulturerbe von 1979. Weitere Beispiele bei *Fraoua*, Le trafic, S. 81.
[144] Vgl. z.B. in Spanien Art. 29 Abs. 1 Ley 16/1985 del Patrimonio Histórico Español v. 25.6.1985, sec. 9 (1) und (4) des australischen Protection of Movable Cultural Heritage Act 1986 oder sec. 10 des neuseeländischen Antiquities Act 1975.
[145] OLG Schleswig, Beschl. v. 10.2.1989, NJW 1989, S. 3105 f.

griechischen Kulturgutschutznormen[146] gehören alle in Griechenland auf Privatgrundstücken befindlichen beweglichen und unbeweglichen Antiquitäten dem Staat. Zu den Antiquitäten zählen auch Münzen bis zur Zeit des mittelalterlichen Griechentums. Der griechische Untersuchungsrichter sah in dem Verbringen der Münzen nach Deutschland eine rechtswidrige Zueignung. Das griechische Justizministerium ersuchte im Wege der Rechtshilfe, die aus Griechenland ausgeführten antiken Münzen sicherzustellen und an die Republik Griechenland herauszugeben. Voraussetzung des Rechtshilfeersuchens war die Strafbarkeit der Handlung nach deutschem Recht. Das OLG Schleswig sah in der Handlung des Beschuldigten die Verwirklichung einer Unterschlagung gemäß § 246 StGB. Hierbei kam es primär darauf an, ob die Münzen für den Beschuldigten fremd im Sinne des § 246 StGB waren. Das Gericht stellte zunächst fest, daß der Beschuldigte nach griechischem Recht kein Eigentum erworben habe. Gemäß den Grundsätzen der Prägungstheorie erkenne das deutsche Sachenrecht die sachenrechtliche Prägung des Altstatuts, das Eigentum des griechischen Staats an den Münzen, an. Das schlichte Verbringen nach Deutschland ändere nichts an den Eigentumsverhältnissen. Die sachenrechtliche Prägung sei auch nicht mit der deutschen Sachenrechtsordnung völlig unverträglich, weil im deutschen Recht Art. 73 EGBGB[147] gestatte, daß die Länder ein Schatzregal kodifizieren, und dies mit den griechischen Bestimmungen vergleichbar sei.

Die Entscheidung des OLG Schleswig hat in der Literatur überwiegend Zustimmung gefunden[148]. Die Gegenansicht vertritt die Auffassung, daß die pauschalen Eigentumserklärungen anderer Länder leere Formalien seien, weil in der Mehrzahl der Fälle keine Inbesitznahme, Registrierung oder Dokumentierung zu der Beanspruchung einer Eigentümerstellung hinzutrete[149]. Die Anerkennung des durch solche „rhetorischen Gesetze"[150] begründeten Eigentumsrechts sei deshalb vom neuen Statut zu versagen. Dieser Ansicht kann nicht gefolgt werden. Ein mangelndes Interesse an der Erhaltung ihres Kulturguts kann gerade den Staaten, die reich an archäologischen Fundstätten sind, nicht unterstellt werden. Gesetze, die gewisse Kulturgüter pauschal zu Staatseigentum erklären, sind häufig die einzige Möglichkeit, archäologische Fundstätten vor Plünderungen zu bewahren. Aufgrund der Vielzahl der möglichen Fundstätten und der oftmals unzureichenden technischen sowie finanziellen Mittel ist es für die Herkunfts-

---

[146] OLG Schleswig, (Fn. 111), S. 3105. Vgl. dazu *Jayme*, IPRax 1991, S. 357 f.; *Weidner*, S. 87 ff.

[147] Vgl. dazu *Müller-Katzenburg*, Standards, S. 66 f.

[148] Vgl. z.B. *MünchKomm-Kreuzer*, Nach Art. 38 Anh.I, Rn. 197; *Jaeger*, S. 79 f.

[149] *Knott*, S. 98; *Merryman*, ISWA I, S. 425 ff., 432; in Bezug auf *U.S. v. McClain*, U.S.C.A., 5th Cir., 545 F.2d 988 (1977), teilweise bestätigt, teilweise revidiert von U.S.C.A., 5th Cir., 593 F.2d 658; *Government of Peru v. Johnson*, 720 F.Supp. 810 (S.D.Cal.1989); *U.S. v. Hollinshead*, 495 F.2d 1154 (9th Cir.1974).

[150] So der Ausdruck von *Merryman*, ISWA I, S. 425 ff., 432; *ders.*, IJCP 1 (1992), S. 169 ff., 170.

staaten oft unmöglich, die Fundgegenstände in tatsächlicher Hinsicht zu schützen[151]. Zur Begründung staatlichen Eigentums ist nicht erforderlich, daß sich das Kulturgut im Besitz des Staats befindet. Weder im Common Law noch im kontinentaleuropäischen Zivilrecht müssen Besitz und Eigentum zwangsläufig zusammenfallen[152]. Jedem Staat steht das souveräne Recht zu, innerhalb seines Staatsgebiets seine Eigentumsordnung frei zu gestalten[153]. Ein Staat hält sich nach dem Territorialitätsprinzip[154] in den Grenzen seiner Macht, wenn er für sich im Staatsgebiet befindende Kulturgüter in seinen Kulturschutznormen festlegt, daß die Erlangung des Besitzes für die Begründung des Staatseigentums keine zwingende Voraussetzung ist[155]. Insoweit bedarf es auch keines weiteren Vollzugsakts. Gemäß dem Gebot des Schutzes wohlerworbener Rechte sollte die Prägung des sachenrechtlichen Status des Kulturguts vom neuen Statut auch anerkannt werden. Diese sachenrechtliche Prägung ist mit der deutschen Sachenrechtsordnung nicht völlig unverträglich. Teilweise wird die Überleitung von Eigentum, das unter einem früheren Sachstatut erworben wurde, in ein neues Sachstatut als gänzlich unproblematisch gesehen, weil es sich hierbei um die allgemeine Anerkennung des Sachenrechtstyps „Eigentum" als umfassende Zuordnung einer Sache zu einem Rechtssubjekt handele[156]. Dem deutschen Recht ist aber auch die Begründung von besitzlosem Staatseigentum nicht unbekannt. Das OLG Schleswig hat auf Art. 73 EGBGB Bezug genommen. Art. 73 EGBGB erlaubt landesrechtliche Ausnahmeregelungen zu § 984 BGB. Beispielsweise wird durch § 23 des bw DschG geregelt, daß Schatzfunde unter gewissen Voraussetzungen in das Eigentum des Landes Baden-Württemberg fallen[157].

---

[151] *Carducci*, S. 252; *Jaeger*, S. 77; *Weidner*, S. 113.

[152] Vgl. *Byrne-Sutton*, Le trafic, S. 89 f.

[153] *Müller-Katzenburg*, Standards, S. 245.

[154] Vgl. dazu *Staudinger-Stoll*, Internationales Sachenrecht, Rn. 198 ff. *Müller-Katzenburg*, Standards, S. 273 ff., 278: „Die Anerkennung 'wohlerworbener' dinglicher Rechte, seien sie nun mit den Mitteln des Privatrechts oder durch Hoheitsakt erworben, ist ein kollisionsrechtlicher Grundsatz, der sich aus der Situs-Regel ergibt. Ob ein kraft hoheitlicher Verfügung begründetes Recht 'wohlerworben' ist, bedarf dagegen der ergänzenden Beurteilung durch das Territorialitätsprinzip. Auf diese Weise wird klargestellt, daß das Territorialitätsprinzip nur funktional ein Sondergebiet des innerstaatlichen Kollisionsrechts regelt, seiner Kernaussage nach jedoch dem allgemeinen Völkerrecht entstammt."

[155] *Byrne-Sutton*, Le trafic, S. 90; *Müller-Katzenburg*, Standards, S. 245; *Stoll*, in: *Dolzer/Jayme/Mußgnug* (Hrsg.), Rechtsfragen des IKGS, S. 53 ff., 63 f.; *Weidner*, S. 111.

[156] *MünchKomm-Kreuzer*, Nach Art. 38 Anh.I, Rn. 197.

[157] § 23 lautet: „Bewegliche Kulturdenkmale, die herrenlos sind oder die so lange verborgen gewesen sind, daß ihr Eigentümer nicht mehr zu ermitteln ist, werden mit der Entdeckung Eigentum des Landes, wenn sie bei staatlichen Nachforschungen oder in Grabungsschutzgebieten entdeckt werden oder wenn sie einen hervorragenden wissenschaftlichen Wert haben." Vgl. dazu *Jayme*, in: *Reichelt* (Hrsg.), IKGS, S. 7 ff., 22 f.

2. Verfallsregelungen

Problematischer ist die Lage bei öffentlich-rechtlichen Normen, die im Falle eines illegalen Exports den automatischen Verfall des Eigentums an den Staat anordnen oder die Möglichkeit vorsehen, das Eigentum durch Verfügung für verfallen zu erklären und einzuziehen. Erhebt der ausländische Staat vor einem deutschen Gericht eine privatrechtliche Klage auf Herausgabe des außer Landes geschmuggelten Kulturguts, so sollte es im Hinblick auf die Anerkennung seines Eigentumsrechts darauf ankommen, wie die Verfallsregelung ausgestaltet ist. Voraussetzung für die Anerkennung hoheitlich begründeten Eigentums sollte sein, daß der dem Eigentumserwerb zugrunde liegende Hoheitsakt bereits vor der Verbringung ins Ausland tatsächlich vollzogen wurde, weil nur dann der Tatbestand als abgeschlossen betrachtet werden kann[158]. Bei konsequenter Befolgung des Territorialitätsprinzips verbietet sich eine tatsächliche Durchsetzung des von einem ausländischen Staat verfügten Hoheitsakts in Deutschland[159]. Setzt die Verfallsregelung des Herkunftsstaats zur Vollendung des staatlichen Eigentumserwerbs eine Verfügung voraus, so muß der staatliche Zugriff erfolgen, solange sich das Kulturgut noch im Hoheitsgebiet des Herkunftsstaats befindet. Sobald das Kulturgut außer Landes gebracht worden ist, können die Kulturgutschutzvorschriften staatliches Eigentum nicht mehr begründen[160]. Eine privatrechtliche Herausgabeklage hätte in diesem Fall aufgrund des fehlenden Eigentumsrechts des Herkunftsstaats keinen Erfolg. Das deutsche Kulturgutschutzgesetz[161] sieht in Art. 16 Abs. 3 auch eine Verfallsnorm vor, nach der illegal ausgeführtes Kulturgut zugunsten des betroffenen Bundeslands eingezogen werden kann. Bei Anwendung durch ein ausländisches Gericht wird die Verfallsnorm staatliches Eigentum nicht begründen können, weil die Einziehung in

---

[158] *Jaeger*, S. 83; *Müller-Katzenburg*, Standards, S. 241; *Weidner*, S. 108.

[159] Vgl. BGH, Urt. v. 18.2.1957, BGHZ 23, S. 333 ff., 337; *Müller-Katzenburg*, Standards, S. 241. Eine im Ausland erfolgte Enteignung ist zwar grundsätzlich als wirksam anzuerkennen, sie entfaltet aber keine Wirkungen über die Staatsgrenzen hinaus und ergreift nur Vermögen, das zum Zeitpunkt der Enteignung der Gebietshoheit des enteignenden Staates unterliegt (Territorialitätsprinzip), vgl. *Palandt-Heldrich*, EGBGB 43, Rn. 12.

[160] *Engstler*, S. 46 f.; *Knott*, S. 114 f.; *Jaeger*, S. 83; *v.Schorlemer*, S. 526; *Siehr*, in: *Dolzer/Jayme/Mußgnug* (Hrsg.), Rechtsfragen des IKGS, S. 83 ff., 88 ff.; *ders.*, FS *Lorenz*, S. 525 ff., 536; *Weidner*, S. 108 f. A.A. *Stoll*, in: *Dolzer/Jayme/Mußgnug* (Hrsg.), Rechtsfragen des IKGS, S. 53 ff., 64 f.; *Müller-Katzenburg*, Standards, S. 263 ff., nach dessen Auffassung es möglich sein solle, das durch Gesetz begründete Recht zur Inbesitznahme und Aneignung von illegal exportiertem Kulturgut in ein dingliches Herausgabe- und Aneignungsrecht zu übersetzen, das als solches auch im Ausland geltend gemacht werden könne. Dieser Ansicht kann nicht gefolgt werden, weil jeder Staat selbst dafür verantwortlich ist, wie er seine Rechtsordnung gestaltet, damit sie im Ausland so wirksam wie möglich durchgesetzt werden kann. Ein ausländischer Richter hat nicht die Aufgabe, das Recht des Herkunftsstaats besser auszugestalten, als es dieser Staat tut. Vgl. dazu *Siehr*, FS *Lorenz*, S. 525 ff., 528.

[161] Kulturgutschutzgesetz i.d.F. der Bek. v. 8.7.1999, BGBl. I, S.1754.

der Regel erst nach der illegalen Ausfuhr des Kulturguts erfolgen kann[162]. Für diese Auffassung spricht auch der internationale Entscheidungseinklang, wie der von englischen Gerichten entschiedene Fall *Attorney General of New Zealand v. Ortiz* verdeutlicht[163]. Ein Kunsthändler hatte 1973 in Neuseeland eine Maori-Schnitzerei gekauft und sie illegal nach New York ausgeführt. Dort erwarb der Kunstsammler Ortiz die Schnitzerei in Kenntnis der illegalen Ausfuhr und brachte sie nach London, um sie 1978 versteigern zu lassen. Nachdem die neuseeländische Regierung von ihrem Verbleib erfahren hatte, erhob sie gegen Ortiz in England Klage auf Herausgabe. Sie stützte ihr Eigentumsrecht auf eine Vorschrift des neuseeländischen Kulturschutzgesetzes, wonach Kulturgüter im Falle eines illegalen Exports dem Staat verfallen[164]. Die Klage wurde in zweiter Instanz abgewiesen, weil die neuseeländische Vorschrift gemäß den Ausführungen des Berufungsgerichts und des britischen Oberhauses keinen automatischen Verfall und damit Eigentumserwerb des Staats im Zeitpunkt der illegalen Ausfuhr vorsah, sondern den tatsächlichen Zugriff des Staats durch Beschlagnahme verlangte.

Eine andere Ausgestaltung einer Verfallsregelung enthält das spanische Recht. Gemäß Art. 29 des spanischen Kulturschutzgesetzes[165] fallen alle beweglichen Sachen, die Bestandteil des nationalen Kulturerbes sind und ohne Genehmigung exportiert werden, in das Eigentum des Staats[166]. Die Eigentumserlangung des Staats findet bereits bei Beginn des illegalen Exports statt und somit zu einem Zeitpunkt, in dem sich der Gegenstand noch auf spanischem Territorium befin-

---

162 *Hipp*, S. 189; *Jaeger*, S. 84; *Siehr*, FS *Lorenz*, S. 525 ff., 536.

163 *Attorney General of New Zealand v. Ortiz* (1982) Q.B. 349 = (1982) 2 W.L.R.10 = (1982) 3 All.E.R.432; C.A. (1984) A.C.1 = (1982) 3 W.L.R. 570; House of Lords, (1984) A.C.41 = (1983) 2 W.L.R. 809.

164 Sec. 12 (2) des Historic Articles Act von 1962. Die Vorschrift regelt, daß „(...) an historic article knowingly exported or attempted to export in breach of this Act shall be forfeited to Her Majesty".

165 Ley 16/1985 del Patrimonio Histórico Español v. 25.6.1985, B.O.E. n.155. Siehe auch sec. 9 (1) und (4) des australischen Protection of Movable Cultural Heritage Act von 1986; abgedr. bei *Müller-Katzenburg*, Standards, S. 83. Nach sec. 9 (4) gilt eine Sache als exportiert, wenn sie zur Beförderung ins Ausland auf ein Schiff oder Flugzeug geladen oder bei der Post abgegeben wurde und der Abtransport bereits begonnen hat.

166 Der Auslöser für das Gesetz von 1985 und die Verfallsregelung in Art. 29 war der Fall *Kingdom of Spain v. Christie, Manson & Woods Ltd.*, [1986] 1 W.L.R. 1120. Ein Gemälde von Goya wurde illegal aus Spanien ausgeführt und sollte in London versteigert werden. Das Königreich Spanien konnte vor dem Londoner Gericht nur die Feststellung erreichen, daß die Ausfuhr aufgrund gefälschter Bewilligung für den Export des Gemäldes gegen spanisches Recht verstoßen hatte. Der für eine privatrechtliche Herausgabeklage notwendige Eigentumstitel des spanischen Staates fehlte. Art. 29 des Gesetzes 16/1985 sieht bei illegaler Ausfuhr einen automatischen Verfall des Eigentums an den spanischen Staat vor. Vgl. dazu *Jayme*, ZVglRWiss 95 (1996), S. 158 ff., 164 f.; *Siehr*, FS *Lorenz*, S. 525 ff., 537f.

det[167]. Bei einer solchen Ausgestaltung der Verfallsnorm ist der gesetzliche Erwerbstatbestand bereits vor Verbringung des Gegenstands außer Landes abgeschlossen. Ein derart begründetes Eigentum des spanischen Staates sollte vor einem deutschen Gericht anerkannt werden[168]. Eine Verfallsnorm in dieser Ausgestaltung ist mit den Kulturgutschutzvorschriften vergleichbar, die gewisse Kulturgüter pauschal zum Eigentum des Staats erklären, selbst wenn die Gegenstände noch nicht entdeckt sind oder sich nicht im Besitz des Staats befinden. Gegenüber den weitergreifenden pauschalen Eigentumserklärungen ist eine solche Verfallsnorm zurückhaltender, weil sie nur diejenigen Gegenstände zum Staatseigentum erklärt, die ohne Genehmigung außer Landes geschafft werden sollen[169]. Ein Staat hält sich gemäß dem Territorialitätsprinzip in den Grenzen seiner Macht, wenn er bei anstehendem oder begonnenem Export einen Eigentumsübergang fingiert. Entscheidend ist nur, daß sich das Kulturgut zu diesem Zeitpunkt auf dem Territorium des Herkunftsstaats befindet und der Eigentumserwerb vor der Grenzüberschreitung abgeschlossen ist. Die sachenrechtliche Prägung des Kulturguts ist von dem deutschen Statut anzuerkennen, weil sie mit der deutschen Sachenrechtsordnung nicht völlig unverträglich ist. Erstens sieht Art. 16 Abs. 3 KgSchG die Möglichkeit einer Einziehung von illegal exportierten Kulturgütern vor. Zweitens ist die Besitzergreifung keine Voraussetzung für die Begründung von staatlichem Eigentum. Hierbei sollte unbeachtlich bleiben, ob Eigentum an gefundenen oder illegal ausgeführten Kulturgütern begründet wird.

§ 2 Art. 46 EGBGB

Im Rahmen der Kodifikation des deutschen internationalen Sachenrechts wurde eine Vorschrift hinzugefügt, die als wichtigste Neuerung zur bisherigen gewohnheitsrechtlich ausgeübten Praxis angesehen wird[170]. Art. 46 EGBGB eröffnet die Möglichkeit, von der Grundregel des Art. 43 Abs. 1 EGBGB[171] abzuweichen. Die Vorschrift lautet:

---

[167] *Gonzales Campos/Virgos Soriano*, ISWA II, S. 107 ff., 123.

[168] So auch *Müller-Katzenburg*, Standards, S. 263 ff.; *Stoll*, in: *Dolzer/Jayme/Mußgnug* (Hrsg.), Rechtsfragen des IKGS, S. 53 ff., 65; wohl auch *Jaeger*, S. 83 f.; *Siehr*, FS *Lorenz*, S. 525 ff., 536; a.A. *Knott*, S. 124; *Seidl-Hohenveldern*, Internationales Konfiskations- und Enteignungsrecht, S. 38 ff.; *Vischer*, IPRax 1991, S. 209 ff. Notwendig sei noch die tatsächliche Besitzergreifung durch den enteignenden Staat. Andernfalls handle es sich in Wahrheit um die Durchsetzung eines fremden Hoheitsaktes.

[169] *Müller-Katzenburg*, Standards, S. 263 ff.; *Stoll*, in: *Dolzer/Jayme/Mußgnug* (Hrsg.), Rechtsfragen des IKGS, S. 53 ff., 65.

[170] So auch *Kreuzer*, RabelsZ 65 (2001), S. 383 ff., 455.

[171] Die Artt. 44, 45 EGBGB betreffen Kunstwerke und Kulturgüter nicht.

„Besteht mit dem Recht eines Staates eine wesentlich engere Verbindung als mit dem Recht, das nach den Artikeln 43 bis 45 maßgebend wäre, so ist jenes Recht anzuwenden."

Nach der Intention des Gesetzgebers soll es sich dabei um eine Ausweichklausel handeln[172]. Die Grundregel bleibt also weiterhin die lex rei sitae-Regel in Art. 43 EGBGB. Notwendig wird nunmehr ein zweiter Prüfungsschritt. Besteht eine wesentlich engere Verbindung zu einer anderen Rechtsordnung, so ist diese anzuwenden[173].

Nach der Darstellung der allgemeinen Theorie einer Ausweichklausel wird der Frage nach der Relevanz der Ausweichklausel für die kollisionsrechtliche Behandlung von abhanden gekommenen oder unrechtmäßig ausgeführten Kulturgütern nachgegangen. Notwendig ist die Konkretisierung einer „wesentlich engeren Verbindung". Art. 46 EGBGB ist mit der von US-amerikanischen Gerichten ausgeübten Praxis der Gesamtbetrachtung („most significant contacts" bzw. „most significant relationship") vergleichbar. Nach dieser Praxis wird die Grundregel, die lex rei sitae bzw. lex loci delicti, durch eine Gesamtbetrachtung korrigiert. Aufgrund der fehlenden Rechtsprechung deutscher Gerichte zum Anwendungsbereich der Ausweichklausel empfiehlt es sich, zuvor die Kriterien zur Konkretisierung einer engen Verbindung in der US-amerikanischen Rechtsprechung Kulturgüter betreffend zu untersuchen und dazu Stellung zu nehmen. Der Herkunftsort eines Kulturguts als Kriterium für eine enge Verbindung wird erörtert.

Nach dem Willen des Gesetzgebers soll Art. 46 EGBGB die Entwicklung von Sonderanknüpfungen ermöglichen[174]. Der Gesetzgeber nennt die Möglichkeit zu Abweichungen von Art. 43 Abs. 1 EGBGB für res in transitu[175]. In einem zweiten Schritt soll nach der Bedeutung von Art. 46 EGBGB für Kunstwerke und sonstige Kulturgüter gefragt werden, die als res in transitu anzusehen sind.

---

[172] Vgl. BT-Drs. 14/343, S. 19.

[173] Bei Art. 46 EGBGB ist von einer Sachnormverweisung auszugehen, weil die Annahme einer Gesamtverweisung dem Sinn einer individualisierten Sachstatutbestimmung (materiellrechtlich aufgeladene Anknüpfung) widersprechen würde. Vgl. dazu *Erman-Hohloch*, Art. 46 Rn. 4; *Kreuzer*, RabelsZ 65 (2001), S. 383 ff., 455.

[174] BT-Drs. 14/343, S. 18; *Wagner*, IPRax 1998, S. 429 ff., 437.

[175] BT-Drs. 14/343, S. 14.

A. Allgemeine Theorie der Ausweichklausel

I. Bedürfnis für Ausweichklauseln

Im deutschen EGBGB bestehen Ausweichklauseln[176] für Schuldverträge (Art. 28 Abs. 5), außervertragliche Schuldverhältnisse (Art. 41) und das Sachenrecht (Art. 46). Sie ermöglichen, zugunsten der engsten oder engeren Verbindung von der Regelanknüpfung abzuweichen[177]. Davon zu unterscheiden sind Verweisungsnormen, die von vornherein auf die engsten Beziehungen als Anknüpfungspunkt abstellen, ohne eine andere Kollisionsnorm zu verdrängen[178].

Ein Bedürfnis für Ausweichklauseln ergibt sich aus der undifferenzierten Allgemeinheit der Regelanknüpfungsnormen[179]. Der IPR-Gesetzgeber kann nicht allen möglichen Fallgestaltungen Rechnung tragen. Deshalb ist eine gewisse Anpassungsfähigkeit des Kollisionsrechts für nicht vorhersehbare Sachlagen oder atypische Fälle erforderlich.

Die Entwicklung einer Ausweichklausel wird auf das *Savigny*sche Anknüpfungsprinzip zurückgeführt, nach dem ein transnationales Rechtsverhältnis grundsätzlich jener nationalen Rechtsordnung unterstellt wird, zu der es die engsten Beziehungen aufweist[180]. Für *Kreuzer* liegt die Funktion der Ausweichklausel hauptsächlich in der Berichtigung des kollisionsrechtlichen Anknüpfungsergebnisses, der Auslegung von Kollisionsnormen und der Lückenfüllung[181]. Er begründet die Ausweichklausel damit, daß sie eine ausdrückliche Ausformung des allgemeinen Rechtsgrundsatzes sei, gemäß diesem jeder Rechtssatz dem Normzweck unterworfen und damit durch ihn begrenzt ist. Kollisionsnormen, die am Schwerpunktgedanken orientiert sind, sind auf die Fälle teleologisch zu beschränken, in denen die Anknüpfungspunkte zu Ergebnissen führen, die dem Normzweck entsprechen. Die dann entstandene Ausnahmelücke oder verdeckte Lücke ist in Anwendung der ratio der Kollisionsnorm, der Suche nach der engsten Beziehung, zu schließen[182].

---

176 Synonym weden die Begriffe Ausnahmeklauseln, Ausnahmevorbehalte oder Berichtigungsklauseln verwandt. Vgl. dazu *Kreuzer*, ZfRV 1992, S. 168 f.; *Schreiber*, S. 5 f.

177 Statt aller *v.Hoffmann*, IPR, § 2 Rn. 54.

178 *v.Hoffmann*, IPR, § 2 Rn. 54; *Kreuzer*, ZfRV 1992, S. 168 f.; a.A. *v.Bar*, IPR Bd.1, Rn. 555 und *Kegel*, IPR, § 6 I 4.b), bis zur 7. Auflage, die jede Kollisionsnorm, welche die engste Verbindung für maßgeblich erklärt, als Ausweichklausel bezeichnen.

179 *Kreuzer*, ZfRV 1992, S. 168 ff., 184 f.

180 *Savigny*, System des heutigen Römischen Rechts VIII, insbesonders S. 108, 120 f. Vgl. dazu auch *Kreuzer*, ZfRV 1992, S. 168 ff., 170; *Schreiber*, S. 21 ff. nennt dies ein „Leitprinzip".

181 *Kreuzer*, ZfRV 1992, S. 168 ff., 191.

182 *Kreuzer*, FS *Zajtay*, S. 295 ff., 317.

Die Anwendung von Ausweichklauseln ist in der Literatur jedoch nicht unumstritten. Hingewiesen wird insbesondere auf eine mögliche Gefährdung der Rechtssicherheit und der Anknüpfungsbegriff „engste Verbindung“ als Formel ohne Inhalt oder in Anlehnung an *Ehrenzweig* als „non-rule“ bezeichnet[183]. Ferner wird eine Derogation der Regelanknüpfung zugunsten der lex fori oder des materiell besseren Rechts befürchtet[184].

Demgegenüber wird von den Befürwortern von Ausweichklauseln ein gewisses Maß an Rechtsunsicherheit in Kauf genommen, weil im kollisionsrechtlichen Bereich alle Sachverhaltskonstellationen nicht vorhergesehen werden können[185]. Im übrigen bilde der Normzweck der „stärksten Beziehung“ eine klare Richtschnur für die Anwendung der Ausweichklausel. Dem Richter sollte ein gewisser Spielraum für eine Abweichung von den gesetzlichen Regelanknüpfungen verbleiben, und er sollte die Abweichung offen begründen, statt mit unredlicher Qualifikation oder einem vorschnellen Rückzug auf den ordre public zu arbeiten[186].

II. Regelbildung modo legislatoris

Laut *Kreuzer* geht es bei der Anwendung der Ausweichklausel „um die Durchsetzung der Billigkeitsidee im Sinne der Einzelfallgerechtigkeit“[187]. Berichtigungsklauseln im internationalen Privatrecht seien Mittel zur Durchsetzung der kollisionsrechtlichen Einzelfallgerechtigkeit gegenüber dem starren Verweisungsrecht[188]. Dem folgend wird vertreten, die Korrektur des Anknüpfungsergebnisses auf die Beurteilung des Einzelfalls zu beschränken[189]. Teilweise wird zugestanden, daß eine Korrektur der regulären Kollisionsnorm durch eine Ausweichklausel auch dann zu bejahen ist, wo der Gesetzgeber regelungsbedürftige Fallgruppen übersehen hat und dort, wo verschiedene Fallgruppen zwar vom Gesetzgeber gesehen wurden, jedoch so selten vorkommen, daß sich eine Sonderanknüpfungsnorm für jede einzelne Fallgruppe nicht lohnte[190].

---

[183] *Kegel*, Vaterhaus und Traumhaus, FS *Beitzke*, S. 551 ff., 567; *Schurig*, Kollisionsnormen und Sachrecht, S. 341 f.; *MünchKomm-Sonnenberger*, Einl. IPR, Rn. 628 ff., hinsichtlich allgemeiner Ausweichklauseln.

[184] Vgl. dazu *Kreuzer*, ZfRV 1992, S. 168 ff., 189 ff.

[185] *Kreuzer*, ZfRV 1992, S. 168 ff., 190; *ders.*, FS *Zajtay*, S. 295 ff., 318; vgl. dazu auch *Mansel*, Personalstatut, Rn. 578.

[186] *Kropholler*, IPR, § 4 II c.

[187] *Kreuzer*, FS *Zajtay*, S. 295 ff., 315.

[188] *Kreuzer*, FS *Zajtay*, S. 295 ff., 315.

[189] *Geisler*, S. 97; *MünchKomm-Sonnenberger*, Einl. IPR, Rn. 631.

[190] *Kreuzer*, ZfRV 1992, S. 168 ff., 185.

Zu dieser Problematik ist wie folgt Stellung zu nehmen. Die Funktion einer Ausweichklausel sollte aufgrund der Rechtssicherheit in erster Linie in der Entwicklung einer verfeinerten Regelbildung bestehen. Die Herausbildung von typisierten Fallgruppen ermöglicht eine deutlichere Abgrenzung von den Grundregeln. Insbesondere durch die Ausweichklausel Art. 46 EGBGB wird dem Richter die Möglichkeit eröffnet, modo legislatoris eine Regel zu bilden, die auch für weitere, ähnliche Fälle anwendbar ist[191]. Die Ausweichklausel wird somit zu einem Instrument einer institutionalisierten Rechtsfortbildung.
Aus Gründen der Rechtssicherheit ist als notwendig zu erachten, am Normzweck ausgerichtete Unterregeln zu bilden[192]. Dies kann anhand von typisierten Fallgruppen erfolgen, in denen die Ausweichklausel grundsätzlich Anwendung findet. *Looschelders* nennt einzelne Fallgruppen des Art. 46 EGBGB, und zwar Internationale Verkehrsgeschäfte, res in transitu, Reisegepäck und den Eigentumsübergang eines gestohlenen Kfz an den Versicherer[193]. In ausländischen IPR-Gesetzen sind bereits Sonderanknüpfungen für res in transitu in gesonderten Vorschriften kodifiziert. Gemäß Art. 52 des italienischen Gesetzes v. 31 Mai 1995 Nr. 228[194] unterliegen Rechte an Sachen auf dem Transport dem Recht des Bestimmungsortes[195].

Die Gesetzesbegründung zu der Ausweichklausel Art. 46 EGBGB ist eindeutig. Dort wird ausdrücklich erklärt, daß die Ausweichklausel nicht nur die Abweichung von einer Kollisionsnorm im Einzelfall sondern auch die Entwicklung von Sonderanknüpfungen[196] ermöglichen solle und es Aufgabe der Rechtsprechung bleibe, Grundsätze hierfür zu entwickeln[197].

III. Konkretisierung einer engen Verbindung

Eine echte Ausweichklausel wie Art. 46 EGBGB kann nur durch eine Gesamtschau der Umstände konkretisiert werden[198]. Bei einer Gesamtabwägung sind zunächst alle die Umstände festzustellen, die einen Bezug zu einer Rechtsordnung begründen können. Hierbei sollte jeder Umstand berücksichtigt werden,

---

[191] Vgl. dazu *Jayme*, FS für die Universität Heidelberg, S. 567 ff., 573 f.
[192] So auch *Wolf*, S. 2 f., dessen Arbeit zum Gegenstand hat, typische Fallgruppen zu bilden.
[193] *Looschelders*, IPR, Art. 46, Rn. 12 ff.
[194] Legge 31 Maggio 1995, N. 218, Riforma del sistema Italiano di diritto internazionale privato, abgedr. mit deutscher Übersetzung in IPRax 1996, S. 356 ff.
[195] Art. 52 (Diritti reali su beni in transito) „1. I diritti reali su beni in transito sono regolati dalla legge del luogo di destinazione." Vgl. auch Art. 101 des Schweizer IPRG: „Rechtsgeschäftlicher Verlust dinglicher Rechte an Sachen im Transit unterstehen dem Recht des Bestimmungsstaates".
[196] BT-Drs. 14/343, S. 19.
[197] BT-Drs. 14/343, S. 14.
[198] *Looschelders*, IPR, Art. 46, Rn. 7.

der eine kollisionsrechtliche Indizwirkung hat[199]. Zweitens sind die Kriterien zu gewichten und gegeneinander abzuwägen, um auf diese Weise festzustellen, welche Verbindung die engste ist. Dieser Prüfungsschritt kann nur in Form einer Wertung vorgenommen werden[200]. *Mankowski* bezeichnet dies als ein „grouping and weighing of contacts"[201]. Die Kriterien rein numerisch gegenüber zu stellen, verbietet sich[202]. Schließlich ist in einem dritten Schritt sicherzustellen, daß das im zweiten Schritt gefundene Schwerpunktrecht auch das ist, mit dem der Sachverhalt wesentlich enger verbunden ist[203].

B. Anwendungsmöglichkeiten von Art. 46 EGBGB im Vergleich zur Praxis der Gesamtbetrachtung US-amerikanischer Gerichte

I. US-amerikanische Rechtsprechung zur Gesamtbetrachtung

1. Autocephalous Greek Orthodox Church of Cyprus v. Goldberg

Eine Auflockerung der starren Anknüpfung an den Belegenheitsort ist bei Entscheidungen amerikanischer Gerichte festzustellen. Der Southern U.S. District Court des Staats Indiana hatte über eine Herausgabeklage der griechisch-orthodoxen Kirche von Zypern und der Republik Zypern zu entscheiden[204]. Die Kläger begehrten die Rückgabe byzantinischer Kirchenmosaiken, die zwischen August 1976 und Oktober 1979 aus einer griechisch-orthodoxen Kirche im seit 1974 türkisch besetzten Norden Zyperns gestohlen wurden. Die vier Mosaiken gelangten 1988 gemäß einer Absprache zwischen dem Verkäufer und der Beklagten, der Kunsthändlerin Goldberg aus Indiana, von München nach Genf. Dort verblieben die Kunstwerke im zollfreien Bereich des Genfer Flughafens lagernd vier Tage. Sie wurden von Goldberg in Genf erworben und dann in die USA gebracht. Bei den Bemühungen von Goldberg, die Mosaiken in den USA weiterzuveräußern, fielen die Mosaiken einer Mitarbeiterin des Getty Museums auf, die die zypriotischen Behörden benachrichtigte.

Einer der Schwerpunkte der Entscheidung liegt in der Bestimmung des anwendbaren Rechts. Goldberg berief sich auf die Situs-Regel, nach der schweizerisches Recht zur Anwendung gelangen würde. Nach den Artt. 934 Abs. 1 i.V.m.

---

[199] *Schreiber*, S. 252 f.; *Wolf*, S. 18.
[200] *Wolf*, S. 18.
[201] *Mankowski* in *v.Bar/Mankowski*, § 7 Rn. 92.
[202] *Schreiber*, S. 253.
[203] *Wolf*, S. 20.
[204] *Autocephalous Greek Orthodox Church of Cyprus and Republic of Cyprus v. Goldberg & Feldman Fine Arts Inc., and Peg Goldberg*, 717 F.Supp., S. 1374 ff. (S.D.Ind.1989), affirmed 917 F.2d 278 (7th Cir. 1990).

714 ZGB sei sie Eigentümerin der Mosaiken geworden, weil seit dem Diebstahl mehr als fünf Jahre vergangen seien und sie bei dem Erwerb in gutem Glauben gehandelt habe. Dagegen hätte sie nach dem Recht des Staates Indiana gemäß der Common Law Regel des „nemo dat quod non habet“ kein Eigentum an den gestohlenen Mosaiken erwerben können. Das Gericht wandte zur Bestimmung des anwendbaren Sachrechts die „most significant contacts“-Regel, an[205]. Nach dieser Regel ist zunächst zu untersuchen, ob der Ort der unerlaubten Handlung eine geringe Verbindung zu dem Sachverhalt aufweist. Stellt sich die Verbindung als bedeutsam heraus, so ist das Sachrecht dieses Staats anzuwenden. Das Gericht sah die Schweiz als den Ort der unerlaubten Handlung an, weil Goldberg in Genf in den Besitz der Mosaiken gekommen ist. Das Gericht stellte fest, daß der Sachverhalt eine geringe Verbindung zum schweizerischen Recht habe. Keine der am Verkauf beteiligten Personen habe irgendwelche Verbindungen zur Schweiz. Die Mosaiken seien zu keiner Zeit in den Schweizer Handel gelangt, sondern befanden sich lediglich vier Tage auf Schweizer Boden im zollfreien Bereich des Genfer Flughafens[206]. Die Abwicklung des Kaufs in der Schweiz und die Finanzierung des Kaufpreises durch eine Bank in Indianapolis via einer Schweizer Bank sah das Gericht als nicht ausreichend an. Die Verbindung zur Schweiz sei vielmehr zufällig und vorübergehend. Nachdem das Gericht festgestellt hatte, daß die Schweiz nur eine geringe Verbindung zum Sachverhalt habe, prüfte es, zu welcher Rechtsordnung der Sachverhalt eine engere Verbindung hat. Zur Bestimmung einer engeren Verbindung seien vor allem der Ort, an dem sich das schädigende Verhalten ereignete, der Wohnsitz oder die Niederlassung der Parteien und der Ort, an dem die Rechtsbeziehung ihren Mittelpunkt hat, als Kriterien heranzuziehen[207].

Das Gericht kam zu dem Ergebnis, daß Indiana die engste Verbindung zu dem Fall habe. Dies ergebe sich bereits daraus, daß die Beklagte Goldberg eine Bürgerin Indianas sei und das Unternehmen Goldberg & Feldman Fine Arts, Inc., an dem sie mehrheitlich beteiligt war, seinen Sitz ebenfalls im Staat Indiana habe; es sei auch zu berücksichtigen, daß der Kauf durch eine Bank des Staats Indiana finanziert wurde und bei den Vertragsgesprächen ein Kunsthändler aus Indiana eine entscheidende Rolle spielte. Schließlich enthielt der Kaufvertrag eine Rechtswahlklausel, die vorsah, daß bei Streitigkeiten das Recht Indianas anzuwenden sei. Gründe, die zur Anwendung des Rechts eines anderen Staats sprechen könnten, führte das Gericht nicht an[208].

---

[205] Das Herausgabebegehren Zyperns wurde als deliktsrechtliche „replevin“-Klage angesehen, vgl. dazu *Knott*, S. 31 ff.
[206] *Cyprus v. Goldberg* 717 F.Supp. S. 1374 ff., 1393 f. (S.D.Ind.1989).
[207] *Cyprus v. Goldberg* 717 F.Supp. S. 1374 ff. , 1394 (S.D.Ind.1989).
[208] *Cyprus v. Goldberg* 717 F.Supp. S. 1374 ff., 1394 (S.D.Ind.1989).

Aus der Entscheidung des District Courts lassen sich die folgenden Schlüsse ziehen:

a. Das Gericht folgte der Anknüpfungsregel der most significant contacts bzw. der modifizierten lex loci delicti commissi. In einem ersten Schritt der Analyse der most significant contacts ging das Gericht von der lex loci delicti commissi aus und prüfte, ob der Sachverhalt zu dem Ort der unerlaubten Handlung eine enge Verbindung aufweist. Der Ort der unerlaubten Handlung war gemäß den Ausführungen des Gerichts die Schweiz, weil Goldberg in Genf in den Besitz der Mosaiken kam. Unberücksichtigt blieb die Möglichkeit der Anwendung des zypriotischen Rechts, obwohl die Mosaiken in Zypern gestohlen wurden[209]. Demzufolge liegt es nahe, Zypern und nicht die Schweiz als den Ort der unerlaubten Handlung anzusehen. Wenn der District Court ausführt, daß die Schweiz „no significant interest in the application of its law to this suit“[210] habe, so trifft dies nicht auf Zypern zu, weil die Mosaiken für das kulturelle Erbe Zyperns von unersetzbarem Wert sind[211].

b. In einem zweiten Schritt wird das Recht des Staats ermittelt, zu dem der zu beurteilende Sachverhalt die engste Verbindung aufweist. Dies erfolgt in der Form einer Gesamtbetrachtung, bei der insbesondere der Ort des schädigenden Verhaltens, der Wohnsitz oder die Niederlassung der beteiligten Parteien sowie der Ort, an dem die Rechtsbeziehung ihren Mittelpunkt hat, zu berücksichtigen sind. Der District Court gelangte zu dem Ergebnis, daß dies Indiana sei. Die Anwendung des Rechts des Staats Indiana wurde in der Literatur kritisiert und auf die engere Verbindung hingewiesen, die der Sachverhalt mit der Schweiz oder gar mit Zypern habe[212]. Eine Gesamtbetrachtung sei deshalb willkürlich und unvorhersehbar[213]. Auf der anderen Seite wird die Abwendung von einer starren Anknüpfungsregel befürwortet[214]. Auffallend ist, daß im Ergebnis das Recht des Forum-Staats zur Anwendung berufen wird.

---

209 Siehe dazu *Byrne-Sutton*, IJCP 1(1992), S. 59 ff., 67; *Crowell*, Tex.Int'l.L.J. 27 (1992), S. 173 ff., 181, insbesondere Fn. 43.

210 *Cyprus v. Goldberg* 717 F.Supp. S. 1374 ff., 1394 (S.D.Ind.1989)

211 *Cyprus v. Goldberg* 717 F.Supp. (S.D.Ind.1989), S. 1374 ff., 1377 f.: „These four mosaics were originally part of a larger mosaic (...). The original mosaic was affixed to the apse of the Church of the Panagia Kanakaria in the village of Lythrankomi, Cyprus, in 530 A.D. (...). This brief Background enables one to understand the origin of the four mosaics at issue in this case and their invaluable and irreplaceable significance to Cyprus's cultural, artistic, and religious heritage".

212 So *Byrne-Sutton*, IJCP 1(1992), S. 59 ff., 66f.; *Crowell*, Tex.Int'l.L.J. 27 (1992), S. 173 ff., 181.

213 Vgl. die Kritik von *Crowell*, Tex.Int'l.L.J. 27 (1992), S. 173 ff., 180.

214 *Jaeger*, S. 65.

2. Kunstsammlungen zu Weimar v. Elicofon

Ein weiteres Beispiel für eine Gesamtbetrachtung ist der Rechtsstreit *Kunstsammlungen zu Weimar v. Elicofon* aus dem Jahre 1981[215]. Es ging um zwei Bilder von Dürer aus der Weimarer Kunstsammlung, die während der amerikanischen Besetzung von Weimar im Jahre 1945 gestohlen wurden. 1946 erwarb der Beklagte Elicofon die Bilder in New York. Im Jahre 1966 erfuhr Elicofon von dem wahren Wert und der Herkunft der Bilder. Nach dem Bekanntwerden des Sachverhalts im Jahre 1969 klagten die Bundesrepublik Deutschland und die Erbgroßherzogin von Sachsen-Weimar-Eisenach gegen Elicofon auf Herausgabe der Dürer-Portraits. Im Jahre 1975 zog sich die Bundesrepublik aus dem Prozeß zurück und die in der DDR inzwischen zur eigenen juristischen Person erklärte Kunstsammlungen zu Weimar wurde als Kläger zugelassen[216]. Einer der Schwerpunkte der Entscheidung betraf die Frage nach dem anwendbaren Recht. Nach deutschem Recht hätte Elicofon nach dem Rechtsinstitut der Ersitzung gemäß § 937 BGB Eigentum durch zehnjährigen gutgläubigen Eigenbesitz erworben. Das New Yorker Sachrecht kennt dagegen keinen Gutglaubenserwerb an gestohlenen Sachen.

Das Gericht prüfte zunächst, welches das Recht des Belegenheitsorts im Zeitpunkt der Übereignung war[217]. Hierbei handelte es sich um das Recht New Yorks, weil Elicofon die Bilder in New York erwarb. Der District Court unternahm in einem zweiten Schritt eine Analyse der „most significant relationship", um feststellen zu können, ob in dem konkreten Fall die Anwendung der lex rei sitae nicht unangebracht sei. Das Gericht kam zu dem Ergebnis, daß der Sachverhalt eine engere Beziehung zu New Yorker als zu deutschem Recht aufwies und begründete dies wie folgt:

> „In contrast, the contacts of the case with New York, i.e., Elicofon purchased and holds the paintings here, are indeed relevant to effecting its interest in regulating the transfer of title in personal property in a manner which best promotes its policy. The fact that the theft of the paintings did not occur in New York is of no relevance. In applying the New York rule that a purchaser cannot acquire good title from a thief, New York courts do not concern themselves with the question of where the theft took place, but simply whether one took place. Similarly, the residence of the true owner is not significant for the New York policy is not to protect resident owners, but to protect owners generally as a

---

[215] *Kunstsammlungen zu Weimar v. Elicofon*, 536 F.Supp. (1981), S. 829 ff. Das Urteil wurde durch den U.S. C.A. 1982 bestätigt, vgl. 678 F.2d 1150 (2nd Cir. 1982).

[216] Dies war nur möglich, weil die USA die DDR ein Jahr zuvor förmlich anerkannt hatte.

[217] 536 F.Supp. S. 829 ff., 845 f. (E.D.N.Y. 1981): „New York's choice of law dictates that questions relating to the validity of a transfer of personal property are governed by the law of the state where the property is located at the time of the alleged transfer."

means to preserve the integrity of transactions and prevent the state from becoming a marketplace for stolen goods"[218].

Im Gegensatz zum Rechtsstreit *Cyprus v. Goldberg* wurde der Wohnsitz der Beklagten nicht berücksichtigt[219]. Als gänzlich irrelevant wird der Ort des Diebstahls angesehen. Der District Court hielt für ausschlaggebend, daß die Bilder in New York erworben wurden und sich die ganze Zeit über in New York befanden. Das Gericht betonte auch in dieser Entscheidung, daß es zur „New York policy" gehöre, New York nicht zu einem Marktplatz für gestohlene Waren werden zu lassen.

3. DeWeerth v. Baldinger

Der District Court von New York bezog sich im Rechtsstreit *DeWeerth v. Baldinger* hinsichtlich der kollisionsrechtlichen Problematik auf die Ausführungen des Gerichts im Rechtsstreit *Kunstsammlungen zu Weimar v. Elicofon*[220]. Im Fall *DeWeerth v. Baldinger* ging es um ein Gemälde von Monet, das der Klägerin DeWeerth gegen Ende des Zweiten Weltkriegs gestohlen wurde. Das Bild tauchte im Jahre 1956 in einer New Yorker Galerie auf, die es von einem Genfer Kunsthändler in Kommission genommen hatte. Im Jahre 1957 veräußerte die Galerie das Bild an die New Yorkerin Baldinger, die es seitdem ununterbrochen in ihrer New Yorker Wohnung aufbewahrt hatte. Im Jahre 1981 erfuhr die Klägerin vom Verbleib des Bildes und von der Identität des Besitzers. Daraufhin erhob sie Klage vor dem District Court. New Yorker Recht wurde für anwendbar erklärt, so daß ein gutgläubiger Erwerb des Bilds ausgeschlossen war[221]. Der Richter verwies in seinen Ausführungen zur kollisionsrechtlichen Frage darauf, daß es „New York policy" sei, Eigentümer zu schützen „as a means to preserve the integrity of transactions and preserve the state from becoming a market place for stolen goods"[222].

---

[218] 536 F.Supp. S. 829 ff., 846 (E.D.N.Y. 1981).

[219] Vgl. dazu *Suede*, Harv.J.Int'l.L. 31 (1991), S. 377 ff., 383.

[220] *DeWeerth v. Baldinger, v. Wildenstein & Co., Inc.*, 658 F.Supp. S. 688 ff. (US S.D.N.Y. 1987), aufgehoben durch Urteil des US C.A. 2nd Cir. v. 30.12.1987, Nos. 87-7392, 87-7402 (1987 U.S.App.LEXIS 17044).

[221] Das Urteil des District Courts wurde jedoch aus anderen Gründen aufgehoben, Urteil des US Ct. App. 2nd Cir. v. 30.12.1987, Nos. 87-7392, 87-7402 (1987 U.S.App.LEXIS 17044). Vgl. dazu *Mansel*, IPRax 1988, S. 268 ff.

[222] *DeWeerth v. Baldinger, v. Wildenstein & Co., Inc.*, 658 F. Supp. S. 688 ff., 693 (US D.Ct.S.N.Y.1987).

4. Zwischenergebnis

In den vorgestellten Fällen wurde in einem ersten Schritt von der lex rei sitae oder der lex loci delicti-Regel ausgegangen und die Verbindung des Sachverhalts zu diesem Recht geprüft. In einem zweiten Schritt wurde im Wege einer Gesamtbetrachtung die Verbindung des Sachverhalts zu anderen Rechtsordnungen untersucht. Zur Bestimmung einer engen Verbindung wurden verschiedene Kriterien herangezogen, so z.B. der Erwerbsort, die dauernde Belegenheit der Kunstwerke, der Wohnsitz aller beteiligten Parteien, das schädigende Verhalten, schuldrechtliche Rechtswahlklauseln und der Mittelpunkt der Rechtsbeziehung. Es hing vom jeweiligen Gericht ab, welche Kriterien es berücksichtigte bzw. welchen Kriterien es einen Vorrang einräumte. Der Nachteil der Gesamtbetrachtung besteht in der uneinheitlichen Berücksichtigung und Gewichtung der Kriterien. Zudem ist eine Tendenz dahin zu beobachten, das Recht des Forums für anwendbar zu erklären, um damit auch die „policy“ des Forum-Staats durchzusetzen. Dadurch werden Wertungen des Sachrechts in das IPR übertragen.

II. Die Anwendung von Art. 46 EGBGB auf kunstrechtliche Fälle

Abzuwarten bleibt, ob sich die deutsche Rechtsprechung an der US-amerikanischen Gesamtbetrachtung orientieren und in vergleichbarer Weise eine Abwägung zwischen verschiedenen Kriterien vornehmen wird. In der Gesetzesbegründung wird als mögliche Anwendung des Art. 46 EGBGB lediglich die Beachtung des Willens der Parteien nur für ihre Beziehungen zueinander genannt[223]. Zwischen Vertragsparteien erfährt das Sachenrecht jedoch eine geringere Bedeutung als gegenüber Dritten. *Siehr* drückt es so aus: „Sachenrechte entfalten nämlich ihre volle Schönheit gegenüber Dritten“[224]. Insbesondere besteht immer dann ein Drittinteresse und zwar das des ursprünglichen Eigentümers, wenn eine abhanden gekommene Sache veräußert wird. In diesem Fall stellt sich die Frage, welche Bedeutung der Ausweichklausel für kunstrechtliche Fälle zukommt.

1. Die Begrenzung der Anwendung der Ausweichklausel durch das Verkehrsinteresse

a. Anwendung der Ausweichklausel nur im Fall einer Belegenheitsenklave

Es mehren sich die Stimmen, die mahnen, bei der Anwendung der Ausweichklausel zurückhaltend vorzugehen, weil das Sachenrecht im Interesse des Ver-

---

[223] BT-Drs. 14/343, S. 19; vgl. dazu *Stoll*, IPRax 2000, S. 259 ff., 264.

[224] *Siehr*, IPR, S. 272 f.

kehrsschutzes Rechtsklarheit und Rechtssicherheit verlange[225]. Das maßgebliche Recht müsse nicht nur für die an einem sachenrechtlichen Vorgang beteiligten Parteien, sondern auch für Dritte einfach und zuverlässig zu ermitteln sein.

Der Gesetzgeber scheint die Richtung vorzugeben, wenn er die Ausweichklausel nur auf die Fälle anwenden möchte, in denen die allgemeinen Anknüpfungsregeln zur Anwendung extrem sachfremder Rechtsordnungen führen[226]. Als solche Fälle werden in der Literatur Verfügungen über res in transitu, Sachen mit unbekanntem Lageort, die akzessorisch an das Schuldstatut anzuknüpfen seien, sowie Verfügungen innerhalb einer Reisegruppe, bei denen die lex domicilii communis maßgeblich sein solle, erörtert[227]. Das letzte Beispiel wurde von *Pfeiffer* weiterentwickelt[228]. Die lex domicilii communis solle auch dann maßgeblich sein, wenn auf einer Busreise von Deutschen in Italien unter Mitreisenden ein mit einem Eigentumsvorbehalt des heimatlichen Verkäufers belasteter Photoapparat veräußert wird. Eine solche Belegenheitsenklave sei bei Vorgängen anzunehmen, die keinerlei Drittrechte außerhalb der Reisegruppe berühren bzw. nur solche, die dem gemeinsamen gewöhnlichen Aufenthalt unterliegen und faktisch keinerlei Publizität außerhalb der Reisegruppe erlangen. Entscheidend für die Annahme einer wesentlich engeren Beziehung im Sinne von Art. 46 EGBGB ist demnach das Kriterium des gewöhnlichen Aufenthalts. Dies betrifft nicht nur die an der Veräußerung beteiligten Parteien sondern auch den ursprünglichen Eigentümer, dem die Sache abhanden gekommen ist. Als weiteres Indiz für eine enge Verbindung mag die nur vorübergehende Belegenheit der veräußerten Sache in Italien angesehen werden.

Unklar bleibt, ob an dieser Auslegung auch dann festgehalten wird, wenn eine der an der Veräußerung beteiligten Parteien die „Vorzüge" der italienischen Rechtsordnung bewußt ausnützen wollte. Dann würden sowohl die Belegenheit der Sache als auch der Parteiwille[229] gegen die Anwendung deutschen Rechts sprechen. Nach der Auffassung von *Stoll* widerspricht die Berücksichtigung der sachenrechtlichen Vorschriften des Herkunftsstaats einer bestohlenen Person den Anschauungen des Verkehrs, wonach bei Verfügungen über eine Sache allein die sachenrechtlichen Vorschriften des Belegenheitsstaats Anwendung fin-

---

[225] *Kreuzer*, RabelsZ 65 (2001), S. 383 ff., 455; *Erman-Hohloch*, Art.46 Rn.6; *Junker*, RIW 2000, S. 241 ff., 245; *Palandt-Heinrich*, Art. 46 EGBGB, Rn. 2; *Siehr*, IPR, S. 272 f.; *Kropholler*, IPR, § 54 VI.

[226] BT-Drs. 14/343, S. 18; vgl. dazu *Kreuzer*, Gutachten, S. 37 ff., 159.

[227] Vgl. *Kreuzer*, Gutachten, S. 37 ff., 159; *ders.*, RabelsZ 65 (2001), S. 383 ff., 456; *v.Hoffmann*, § 12 Rn.12; *Erman-Hohloch*, Art. 46, Rn. 7; *Kropholler*, IPR, § 54 VI; *Pfeiffer*, IPRax 2000, S. 270 ff., 275.

[228] *Pfeiffer*, IPRax 2000, S. 270 ff., 275.

[229] Der Parteiwille hätte hier nicht nur eine „inter-partes-Wirkung" und dürfte der Intention des Gesetzgebers nach nicht berücksichtigt werden; vgl. BT-Drs. 14/343, S. 19.

den[230]. Eine Belegenheitsenklave dürfte nach dieser Auffassung demnach nur dann anzunehmen sein, wenn sämtliche Umstände des Einzelfalls mit Ausnahme der Belegenheit der Sache den Weg zur Anwendung eines von dem Recht des Belegenheitsortes abweichenden Sachrechts weisen.

Die genannten Beispielsfälle deuten darauf hin, daß eine wesentlich engere Verbindung nur im Falle einer solchen Belegenheitsenklave angenommen wird. Nur in diesen Fällen wird die Rechtsordnung des Belegenheitsorts als extrem sachfremd angesehen. Nach dieser Auffassung wird Art. 46 EGBGB als Ausweichklausel zu Art. 43 Abs. 1 EGBGB zur rechtlichen Bedeutungslosigkeit degradiert. Über eine derart einfache Sachverhaltskonstellation wird ein Gericht wohl nie entscheiden müssen.

b. Einschränkung des Verkehrsschutzes

Die Berücksichtigung von Verkehrsinteressen sollte nicht dazu führen, daß eine wesentlich engere Verbindung zu einer anderen Rechtsordnung a priori verneint wird, wenn am Belegenheitsort Verkehrsinteressen tangiert werden könnten[231]. Zu Recht weist *Looschelders* darauf hin, daß eine Abweichung von der Situs-Regel möglich ist, wenn Verkehrsinteressen ausnahmsweise zurücktreten[232]. Verkehrsinteressen werden auch gemäß dieser vorzugswürdigen Auffassung durch Art. 46 EGBGB in zweierlei Hinsicht berücksichtigt. Erstens ist bereits die Belegenheit der Sache in einem Staat als ein Kriterium für eine enge Verbindung anzusehen[233]. Zweitens erfordert ein Abweichen von der Grundregel eine „wesentlich" engere Verbindung zu dem Recht eines anderen Staates. Eine grundsätzliche Beschränkung des Anwendungsbereiches der Ausweichklausel ergibt sich weder aus dem Wortlaut der Vorschrift noch aus der Gesetzesbegründung. Vielmehr ist die Ausweichklausel ebenso formuliert wie die in Art. 41 Abs. 1 EGBGB für den Bereich des außervertraglichen Schuldrechts und folglich genauso auszulegen.[234] Dafür spricht auch, daß die Ausweichklausel im Regierungsentwurf dem Wortlaut nach Art. 41 Abs. 1 EGBGB durch Streichung des Wortes „offensichtlich" angepaßt worden ist[235]. Gemäß Art. 43 Abs. 4 des Referentenentwurfes vom 1.12.1993 war eine von den Grundregeln abweichende Anknüpfung nur im Falle einer „offensichtlich wesentlich engeren Beziehung" möglich[236].

---

230 *Stoll*, IPRax 2000, S. 259 ff., 269.
231 So aber *v.Hoffmann*, IPR, § 12 Rn. 12.
232 *Looschelders*, IPR, Art. 46, Rn. 7 ff.
233 So auch *Stoll*, IPRax 2000, S. 259 ff., 269.
234 So auch *Kropholler*, IPR, § 54 VI.
235 *Wagner*, IPRax 1998, S. 429 ff., 437.
236 Art. 43 Abs. 4 des Referentenentwurfes eines Gesetzes zur Ergänzung des Internationalen

Um den Anwendungsbereich der Ausweichklausel nicht zu sehr zu beschränken, sollte überlegt werden, sich gemäß dem US-amerikanischen Beispiel einer Gesamtbetrachtung und wie bei jeder anderen Ausweichklausel im EGBGB auch auf die Suche nach weiteren Kriterien zu begeben, mit deren Hilfe eine enge Verbindung konkretisiert werden kann. Hierbei sind sämtliche Umstände des Einzelfalls zu beachten. Als objektive Kriterien werden neben dem Belegenheitsort in erster Linie der gewöhnliche Aufenthalt und die Staatsangehörigkeit der Parteien des Rechtsgeschäfts, aber auch die Sprache und die Währung des dinglichen Vertrages sowie der Ort der Vornahme der rechtsgeschäftlichen Handlung genannt[237]. Hierzu wird jedoch vertreten, daß dies nur in den Fällen taugliche Kriterien seien, in denen Drittinteressen nicht bestehen bzw. nicht gefährdet sind[238] Zudem wird diskutiert, ob als subjektive Kriterien die Ausrichtung der Parteien auf eine bestimmte Rechtsordnung und die Parteierwartungen Berücksichtigung finden sollten[239].

c. Der Herkunftsort als Kriterium für eine enge Verbindung

Der Parteiwille oder der gewöhnliche Aufenthalt der am Rechtsgeschäft Beteiligten sind keine Kriterien, die die Besonderheit von Kulturgütern berücksichtigen. Deshalb sollte es Kriterien geben, die die Sache selbst betreffen, unabhängig von den am sachenrechtlichen Vorgang beteiligten Personen sind und sich auch nicht durch Handlungen dieser Parteien beeinflussen lassen[240]. Zu Recht stellt *Looschelders* heraus, daß im internationalen Sachenrecht der starke örtliche Bezug der Sache zu ihrer Umwelt zu beachten ist. Wenn die Sache keinen örtlichen Bezug zum gegenwärtigen Lageort aufweise, heiße das nicht, daß kein kollisionsrechtlich relevanter örtlicher Bezug zu einer anderen Rechtsordnung besteht[241]. Bei bestimmten Kunstwerken und anderen Kulturgütern, die einmalig und daher unersetzbar sind, sollte dies die Verbindung mit dem Herkunftsort

---

Privatrechts (außervertragliche Schuldverhältnisse und Sachen) lautete: „Besteht mit dem Recht eines Staates offensichtlich eine wesentlich engere Verbindung als mit dem Recht, das nach diesen Vorschriften maßgebend wäre, so ist jenes Recht anzuwenden", abgedr. in IPRax 1995, S. 133.

[237] *Schreiber*, S. 253; *Wolf*, S. 22 ff.; Vgl. dazu auch *Mansel*, Personalstatut, S. 267. Er schreibt dem gewöhnlichen Aufenthalt große Bedeutung zu, weil soziale Integration und längeres Verweilen am selben Ort in der Regel zu innerer Verbundenheit mit dem Aufenthaltsstaat führen.

[238] *Wolf*, S. 29 f., 35, 38.

[239] Bejaht wird die Berücksichtigung von *Einsele*, RabelsZ 60 (1996), S. 441 ff.; *Schreiber*, S. 253; *Staudinger-Stoll*, Internationales Sachenrecht, Rn. 282 ff.; Siehe zum Streitstand *Wolf*, S. 55 ff.

[240] Jedenfalls für „denkbar" hält dies *Wolf*, S. 40.

[241] *Looschelders*, IPR, Art. 46, Rn. 7 ff.

sein[242]. In einem zweiten Schritt ist jedes Kriterium zu gewichten und gegenüber anderen abzuwägen. Bei abhanden gekommenen und unrechtmäßig ausgeführten Kulturgütern beschränkt sich die Abwägung in erster Linie darauf, ob die lex rei sitae oder die lex originis angewandt werden soll. Der Anwendung der lex originis stehen in diesem Fall nur die Verkehrsinteressen am Ort der Vollendung des dinglichen Rechtsgeschäfts entgegen. Nach der Präzisierung der lex-originis-Regel wird auf die Interessenabwägung und die Interessengewichtung umfassend eingegangen. Das Ergebnis der Abwägung und Gewichtung sollte sein, daß die Verbindung zum Herkunftsort als wesentlich enger angesehen wird[243].

In diese Richtung weist auch der Vorschlag von *Pfeiffer*, der Art. 46 EGBGB in Fällen von verspäteter oder fehlerhafter Umsetzung von Vorgaben des EG-Richtlinien-Rechts durch den nationalen Gesetzgeber auf dem Gebiet des Internationalen Privatrechts sowohl zur Effektuierung der Rechtsangleichung als auch zur Vermeidung der in solchen Fällen drohenden Staatshaftung als „Reservesicherung" sieht. Dies versetze die Rechtsprechung in die Lage, allfälligen Divergenzen zwischen EG-rechtlichen Vorgaben und nationalem Transformationsrecht durch richtlinienkonforme Auslegung nationaler Generalklauseln vorzubeugen. Wie jede zivilrechtliche Generalklausel diene daher auch die Ausweichklausel des Art. 46 EGBGB der Öffnung für eine Auslegung, die den Vorgaben höherrangiger Rechtsquellen entspreche, wie sie etwa im EG-Recht zu finden seien[244]. *Pfeiffer* nennt ausdrücklich die verspätete Umsetzung der EG-Kulturgüterschutzrichtlinie 93/7/EWG als Beispiel. Dies bedeutet, daß das Gericht mit Hilfe von Art. 46 EGBGB die lex originis anwenden kann, vorausgesetzt, eine Bestimmung der Richtlinie enthält die Kollisionsnorm der lex originis.

2. Auswirkung auf kunstrechtliche Fälle

Zu untersuchen ist die Auswirkung der Ausweichklausel auf die rechtliche Beurteilung von Sachverhalten im Fall von abhanden gekommenen Kunstwerken und sonstigen Kulturgütern. Wird einem Kunstsammler mit gewöhnlichem Aufenthalt in Deutschland und deutscher Staatsangehörigkeit in Deutschland ein Kunstwerk gestohlen, vom Dieb[245] nach Italien gebracht und an einen gutgläubigen Italiener veräußert, so stellt sich die Frage nach der Anwendung der Kolli-

[242] Vgl. zu den Begriffsbestimmungen § 13 B und C.

[243] Vgl. zur Begründung § 13 D; a.A. *Stoll*, IPRax 2000, S. 259 ff., 269 für unrechtmäßig ausgeführte Kulturgüter; *Wolf*, S. 109 ff., 121 mit dem Argument der zwingenden Beachtung von Verkehrsinteressen.

[244] *Pfeiffer*, IPRax 2000, S. 270 ff., 275.

[245] Es soll unterstellt werden, daß er seinen gewöhnlichen Aufenthalt in Deutschland hat.

sionsnorm Art. 46 EGBGB zur Bestimmung des anwendbaren Sachrechts auf den Erwerbsvorgang. Nach der Grundregel des Art. 43 Abs. 1 EGBGB gelangt man zur Anwendung italienischen Rechts als dem Recht der Belegenheit des Kunstwerks im Zeitpunkt der Verwirklichung des Erwerbstatbestands. Ein Herausgabeanspruch des bestohlenen Eigentümers scheitert daran, daß der gutgläubige Käufer das Eigentum an dem gestohlenen Kunstwerk nach den Artt. 1153, 1154 C.c.it. erworben hat. Denkbar ist aber eine wesentlich engere Verbindung zum deutschen Recht.

Die Anhänger einer restriktiven Auslegung der Ausweichklausel würden dies wohl ablehnen und mit dem Schutz des Verkehrsinteresses begründen, welches hier überwiegt bzw. zwingend zu beachten ist. Schließlich mußte der Erwerber in Italien nicht mit der Anwendung ausländischen Rechts rechnen. Offen bleibt, ob sich nach dieser Ansicht auch ein Erwerber mit gewöhnlichem Aufenthalt in Deutschland auf den Verkehrsschutz in Italien berufen darf.

Neben dem Belegenheitsort der Kunstwerke im Zeitpunkt der Veräußerung spricht der gewöhnliche Aufenthalt des Erwerbers für das italienische Recht. Der gewöhnliche Aufenthalt des Veräußerers und des Bestohlenen, der Ort des Diebstahls und die Herkunft der Kunstwerke aus einer Kunstsammlung in Deutschland sprechen für eine enge Verbindung zum deutschen Recht. Das Gericht wird abwägen müssen, ob es die Verbindung zum deutschen Recht als wesentlich enger erachtet. Wird der Herkunftsort des Kunstwerks als entscheidendes Kriterium für eine enge Verbindung erachtet, so kann auf den Erwerbsvorgang mittels Art. 46 EGBGB die Anwendung der lex originis begründet werden, insbesondere in dem Fall, in dem es sich bei dem Erwerber um einen Deutschen mit gewöhnlichem Aufenthalt in Deutschland handelt. Die Verkehrsinteressen treten in diesem Fall ausnahmsweise zurück.

Art. 46 EGBGB könnte auch bei dem der Entscheidung des LG Hamburgs vom 20.6.1996 zugrunde liegenden Sachverhalt einschlägig sein[246]. Gestohlene Kulturgüter Portugals wurden in Deutschland gutgläubig erworben und nach acht Jahren nach England verbracht, um sie dort von einem Auktionshaus versteigern zu lassen. Im englischen Recht kann ein gutgläubiger Erwerber nach Ablauf der Verjährungsfrist von sechs Jahren gemäß sec. 3 (1) des Limitation Act 1980 Eigentum erwerben. Die Grundregel in Art. 43 Abs. 1 EGBGB verweist auf englisches Recht. Nach Art. 46 EGBGB könnte auf einen Eigentumserwerb durch Ersitzung deutsches Recht anwendbar sein. Verkehrsinteressen sind nicht beeinträchtigt, weil in England über die Kulturgüter noch nicht verfügt worden ist. Es stellt sich die Frage, ob sich der Besitzer auf den Schutz der englischen Rechtsordnung berufen darf. Für eine Verbindung zum englischen Recht sprechen die

---

[246] LG Hamburg, Urt. v. 20.6.1996, IPRspr. 1996 Nr. 55, S.119 ff.

aktuelle Belegenheit der Kulturgüter in England und die Absicht des Besitzers, diese dort zu veräußern. In dieser Fallkonstellation tritt deutlich hervor, wie wenig Gewicht das Kriterium des Belegenheitsortes zum Zeitpunkt der Vollendung des Erwerbstatbestands für eine enge Verbindung besitzt. Der gewöhnliche Aufenthalt des Besitzers und die Belegenheit der Kulturgüter zum Zeitpunkt der letzten Veräußerung weisen den Weg zur Anwendung deutschen Rechts. Der Herkunftsort der Pistolen spricht für die Anwendung portugiesischen Rechts. Selbst wenn das LG Hamburg der hier vorgeschlagenen Anwendung des Rechts des Herkunftsortes aufgrund der besonderen Verbindung von Kulturgütern zu einem Ort nicht folgt, so hätte das Gericht eine wesentlich engere Verbindung zum deutschen Recht feststellen und dies mit dem gewöhnlichen Aufenthalt des Besitzers und der mehrjährigen Belegenheit der Pistolen in Deutschland begründen können.

3. Ergebnis

Zusammenfassend läßt sich sagen, daß eine restriktive Anwendung von Art. 46 EGBGB zu seiner rechtlichen Bedeutungslosigkeit führen würde. Ein Bedürfnis für eine Ausweichklausel bei Verfügungen unter Mitreisenden auf einer Busfahrt im Ausland, in der keinerlei Drittrechte betroffen sind, besteht nicht. Vielmehr ist in einem ersten Schritt eine Gesamtbetrachtung sämtlicher Umstände des Einzelfalls vorzunehmen und sie dann in einem zweiten Schritt nach ihrer Bedeutung für die Konkretisierung einer wesentlich engeren Verbindung zu gewichten. Sowohl der Begriff „enge Verbindung" als auch der Begriff „wesentlich" sind einer Wertung zugänglich. Das Abweichen von einer starren Anknüpfung an den Belegenheitsort ist zu begrüßen. Die in den besprochenen US-amerikanischen Entscheidungen aufgezeigte Uneinheitlichkeit der Auswahl und Gewichtung der Kriterien läßt sich dadurch lösen, daß bei abhanden gekommenen oder unrechtmäßig ausgeführten Kulturgütern der Herkunftsort als wesentliches Kriterium für eine enge Verbindung gewählt wird. Kritikwürdig ist, daß dem Gesetzgeber der Mut gefehlt hat, für die kunstrechtliche Problematik eine eigene Kollisionsnorm festzuschreiben[247].

C. Kulturgüter als res in transitu

Unter res in transitu sind die Sachen zu verstehen, die sich auf der Reise von einem Staat in einen anderen befinden und auf ihrer Reise Durchgangsländer be-

---

[247] So formuliert *Kegel*, daß es mäßigen Eindruck mache, wenn das Gesetz Anknüpfungen nennt, dann aber ängstlich die engere Verbindung vorgehen läßt nach dem Motto: „Drum prüfe wer sich ewig bindet, ob sich nicht noch was besseres findet", *Kegel*, IPR, 7. Auflage, § 6 I 4 cc.

rühren. In Abgrenzung zum internationalen Versendungskauf kommt als weiteres Merkmal hinzu, daß über diese Sachen nicht bereits vor, sondern erst während eines internationalen Transports verfügt wird[248]. Der Gesetzgeber hat bei der Kodifikation des internationalen Sachenrechts auf eine gesonderte Regelung für res in transitu verzichtet. Begründet wird der Verzicht mit der geringen Bedeutung dieser Frage in der Gerichtspraxis und damit, daß sich eine mögliche Lösung für diese Fälle schon aus Art. 43 Abs. 3 und Art. 46 EGBGB ableiten lasse[249]. Art. 46 EGBGB in seiner Funktion als Ausweichklausel wird in solchen Fällen regelmäßig nicht zur Anwendung kommen, wenn an dem Erfordernis einer Belegenheitsenklave zur Konkretisierung einer wesentlich engeren Verbindung festgehalten wird. Die an einer Veräußerung beteiligten Personen werden nur in Ausnahmefällen einen gemeinsamen Aufenthalt haben.

Dem Art. 46 EGBGB kommt auch die Funktion eines Einfalltors für Sonderanknüpfungen zu. Dies ergibt sich aus der Gesetzesbegründung zu den Artt. 43 ff. EGBGB. Dort wird ausgeführt, daß ohne die Ausweichklausel die Entwicklung von Sonderanknüpfungen nicht möglich sei[250] und es Aufgabe der Rechtsprechung bleibe, Grundsätze hierfür zu entwickeln[251]. Der Gesetzgeber gibt zu erkennen, daß die bisherigen in der Literatur entwickelten Grundsätze für res in transitu als Maßstab für die Entwicklung einer Sonderanknüpfung dienen könnten[252]. In der Literatur und in der hierzu spärlichen Rechtsprechung[253] wird für eine Sonderanknüpfung plädiert, denn oftmals sei die Lage der Sache nicht zu ermitteln, zufällig oder mangels Lageortsrecht als Anknüpfungspunkt untauglich[254]. Nach herrschender Ansicht ist nicht das Recht des Durchreiselands und somit des Belegenheitsorts, sondern das Recht des Bestimmungsorts maßgeblich, weil die sachenrechtlichen Beziehungen zum Absendeort bereits abgebrochen seien[255].

---

[248] So die h.M., vgl. dazu *MünchKomm-Kreuzer*, Nach Art. 38 Anh. I, Rn. 126 ff.; *v.Hoffmann* IPR, § 12 Rn. 39; *Palandt-Heldrich*, Art. 43, Rn. 9.

[249] BT-Drs. 14/343 S. 14; *Palandt-Heldrich*, Art. 43 Rn. 2, 9; Art. 45 EGBGB ist auf res in transitu nicht übertragbar.

[250] BT-Drs. 14/343, S. 19.

[251] BT-Drs. 14/343, S. 14.

[252] BT-Drs. 14/343, S. 14.

[253] In der Gerichtspraxis hat diese Frage kaum Bedeutung erlangt, vgl. dazu *Soergel-Lüderitz*, Anh. II zu Art. 38, Rn. 89 ff. m.w.N.

[254] So z.B. bei *MünckKomm - Kreuzer*, Nach Art. 38 Anh. I, Rn. 126.

[255] *MünchKomm-Kreuzer*, Nach Art. 38 Anh. I, Rn. 127; *Kreuzer*, RabelsZ 65 (2001), S. 383 ff., 456; *v.Hoffmann*, § 12 Rn. 39; *Palandt-Heldrich*, Art. 43 Rn. 9; *Junker*, RIW 2000, S. 241 ff., 252; *Kropholler*, IPR, § 54 IV; *Siehr*, IPR, S. 276; einschränkend *Erman-Hohloch*, Art. 45 EGBGB Rn. 13; a.A. *Soergel-Lüderitz*, Anh. II zu Art. 38, Rn. 90; *Staudinger-Stoll*, Internationales Sachenrecht, Rn. 369. Nach der Ansicht von *Lüderitz* stört das Sich-Berufen auf ein (nicht erreichtes) Bestimmungsortsrecht Drittinteressen ebenso wie die Parteiautonomie, wogegen *Stoll* die Zulassung einer Rechtswahl bevorzugt.

In der Entscheidung *Autocephalous Greek Orthodox Church of Cyprus v. Goldberg*[256] setzte sich das Gericht mit der Frage auseinander, ob Kulturgüter als res in transitu angesehen werden können. Die griechisch-orthodoxe Kirche von Zypern begehrte die Rückgabe von Kirchenmosaiken, die im türkisch besetzten Teil Zyperns in den siebziger Jahren gestohlen wurden und sich zum Zeitpunkt der Klageerhebung im Besitz der amerikanischen Kunsthändlerin Goldberg befanden, die die Mosaiken in der Schweiz erworben und sogleich nach Indiana verbracht hatte[257]. Der Southern U.S. District Court kam im kollisionsrechtlichen Teil der Entscheidung gemäß der Analyse der „most significant relationship" zur Anwendung des Rechts des Staats Indiana, prüfte allerdings zur Bestätigung des Ergebnisses, welches Sachrecht nach den Kollisionsregeln der Schweiz Anwendung gefunden hätte. Die Ausführungen des Gerichts zum Schweizer Kollisionsrecht sollen folgend im Mittelpunkt stehen.

Das Gericht stellte zunächst fest, daß in der Schweiz die lex rei sitae-Regel gilt[258]. Weil sich die Mosaiken im Zeitpunkt der Vollendung des Erwerbs in der Schweiz befanden, wäre demnach Schweizer Sachrecht anwendbar. Der District Court erachtete jedoch die in Art. 101 des Schweizer IPRG festgeschriebene Ausnahme von der lex rei sitae-Regel für Sachen im Transit für anwendbar. Gemäß Art. 101 des Schweizer IPRG unterstehen der rechtsgeschäftliche Erwerb und Verlust dinglicher Rechte an Sachen im Transit dem Recht des Bestimmungsstaats[259]. Das Gericht vertrat die Auffassung, daß die Ausnahmeregelung anzuwenden sei. Zur Begründung führte es aus: Auf ihrer Reise von München nach Indianapolis verblieben die Mosaiken insgesamt nur vier Tage im zollfreien Bereich des Genfer Flughafens. Nach dem Willen der Parteien des Kaufvertrags sollten die Kunstwerke nur vorübergehend in der Schweiz gelagert werden[260]. Bei einem Fehlschlagen des Verpflichtungsgeschäfts wären die Mosaiken wieder nach München zurückgebracht worden. Obwohl der Abschluß des Kaufvertrags und die Übergabe der Sachen in Genf erfolgten[261], wurden sämtliche Details des Kaufs einige Tage zuvor in Amsterdam besprochen[262]. Der Verkäufer brachte die Mosaiken sodann nach Genf, damit Goldberg diese vor dem Kaufabschluß begutachten konnte.

---

[256] *Autocephalous Greek Orthodox Church of Cyprus v. Goldberg & Feldman Fine Arts Inc., and Peg Goldberg*, 717 F.Supp.1374 (S.D.Ind.1989), affirmed 917 F.2d278 (7th Cir. 1990)
[257] Der Fall wurde unter Punkt A. I. 1. dargestellt.
[258] *Cyprus v. Goldberg*, 717 F.Supp. S. 1374 ff., 1395 (S.D.Ind.1989). Vgl. zum Schweizer Kollisionsrecht Art. 99 Abs. 1 IPRG; *Schnyder*, S. 92 ff.; *Schwander*, S. 181 ff.; *Bucher/Bonomi*, Droit international privé, S. 222 ff.
[259] Vgl. dazu auch *Schwander*, S. 190 f.
[260] *Cyprus v. Goldberg*, 717 F.Supp., S. 1374 ff., 1395 (S.D.Ind.1989)
[261] *Cyprus v. Goldberg*, 717 F.Supp., S. 1374 ff., 1383 (S.D.Ind.1989)
[262] *Cyprus v. Goldberg*, 717 F.Supp., S. 1374 ff., 1382 (S.D.Ind.1989)

Das Gericht übersah, daß auch im schweizerischen Recht die Sache im Zeitpunkt des Vorgangs, an den eine bestimmte Rechtsfolge geknüpft wird, bereits unterwegs sein muß[263]. Im Fall *Cyprus v. Goldberg* verblieben die Mosaiken während der gesamten Kaufabwicklung von der Inspektion der Sachen über den Abschluß des Kaufvertrages bis zur Übertragung des Besitzes in der Schweiz[264]. Bei einem Scheitern des Verpflichtungsgeschäfts wären die Mosaiken wieder nach München zurückgebracht worden. Im Ergebnis handelte es sich bei den Mosaiken um keine res in transitu.

Wird an der Definition der res in transitu festgehalten und eine Verfügung während des Transports vorausgesetzt, so hat eine solche Sonderanknüpfung für Kulturgüter nur eine geringe praktische Relevanz. Bei res in transitu handelt es sich typischerweise um Rohstoffe oder Getreide, die während des Transports auf hoher See oder per Flugzeug an einer Warenbörse weiterverkauft werden. Die Verfügung über ein Kulturgut während einer Ausstellungsreise rechtfertigt nicht die Annahme einer res in transitu. Jedenfalls ist der herrschenden Ansicht nach das Recht des Bestimmungsorts anzuwenden, so daß die Kulturschutznormen des Herkunftsorts nicht berücksichtigt werden. Insofern ist zu bezweifeln, daß die Behandlung der res in transitu als Ausnahme von der Situs-Regel für den illegalen Kunsthandel von großer Relevanz ist, etwa wenn Kunstwerke nach dem Diebstahl zunächst über viele Ländergrenzen verschoben werden[265].

Gleichwohl wird in der Literatur der Vorschlag unterbreitet, Kunstwerke auf Wanderausstellungen als res in transitu zu betrachten[266] oder ein Kunstwerk dann als im Transit befindlich anzusehen, wenn der Transport über mehrere Staatsgrenzen hinweg führe, so daß der genaue Lageort im Zeitpunkt der fraglichen sachenrechtlichen Verfügung nicht bestimmt werden könne[267]. Zur Begründung des zuletzt genannten Vorschlags wird vorgebracht, daß eine Anknüp-

---

[263] *Bucher/Bonomi*, Droit international privé, S. 228; *Schnyder*, S. 93.

[264] In diese Richtung geht auch die Kritik von *Byrne-Sutton*, IJCP 1(1992), S. 59 ff., 69 ff.

[265] So aber *Jaeger*, S. 65 f.

[266] *Kunze*, S.129.

[267] *Byrne-Sutton*, Le trafic, S. 117; ihm folgend *Jaeger*, S. 65 f.; *Byrne-Sutton* nennt die Entscheidung des Schweizer Bundesgerichts vom 6.2.1985 in der Rs. *Staat Italien gegen R. Becchina und Fa. Palladion* (P618/84/kl, unveröffentlicht). Das Gericht sah italienische Kulturgüter als res in transitu an. Dem lag folgender Sachverhalt zugrunde. Im staatlichen Eigentum stehende Grabplatten wurden in Italien gestohlen und illegal in die Schweiz gebracht. Von dort aus sollten sie nach Belgien weiterveräußert werden. Obwohl die Platten in der Schweiz zwischenzeitlich weiterveräußert wurden und sich in der Schweiz bis zum geplanten und aufgrund einer Beschlagnahme nicht realisierten Exports fünf Jahre befanden, entschied das Schweizer Bundesgericht, daß die Sachen als res in transitu zu klassifizieren seien, da nicht die Schweiz der definitive Aufenthaltsort der Sachen sein sollte, sondern ein Export ins Ausland vorgesehen war. Um das Eigentumsrecht Italiens an den Sachen zu bestimmen, wandte das Gericht italienisches Recht an und zwar „(...) en tant que loi du lieu d'origine et de situation actuelle (au moment du procès) des pierres tombales."

fung nach der lex rei sitae in solchen Fällen schwierig oder gar unmöglich sei, so daß eine subsidiäre Anknüpfung erforderlich werde[268]. Eingestanden wird aber, daß der Vorschlag von geringer praktischer Relevanz ist[269].

Beide Ansätze favorisieren nicht eine Anknüpfung an den Bestimmungsort, sondern an den Ausgangs- oder Absendeort. Die Vertreter des ersten Ansatzes, Wanderausstellungen betreffend, begründen die Anknüpfung an das Recht des endgültigen Bestimmungsorts damit, daß er sich regelmäßig mit dem Ausgangspunkt, nämlich dem Sitz des Kunstwerks decken wird[270]. Die Vertreter der zweiten Ansicht räumen der Anwendung des Rechts des Absendeorts den Vorrang ein, weil auf diese Weise die Gesetzgebung des Herkunftsstaats zum Tragen komme. Im Regelfall beginne der Transport eines Kulturgutes über mehrere Ländergrenzen hinweg in dem Land, in dem es gestohlen wurde. Dies sei in der Regel auch das Land, welches schützende Normen der Unveräußerlichkeit oder ein Exportverbot in Bezug auf die Sache erlassen habe[271]. Diese Vorschläge setzen eine neue Definition von res in transitu voraus.

§ 3 §§ 4, 8 Kulturgüterrückgabegesetz

Die Richtlinie 93/7/EWG des Rates vom 15.3.1993 über die Rückgabe von unrechtmäßig aus dem Hoheitsgebiet eines Mitgliedstaats verbrachten Kulturgütern[272] verfolgt das Ziel, die Rückkehr unrechtmäßig ausgeführten Kulturguts in das Hoheitsgebiet der Mitgliedstaaten zu ermöglichen[273]. Zur Erreichung des Ziels sieht die Richtlinie ein gerichtliches Verfahren für die Rückgabe rechtswidrig ausgeführter nationaler Kulturgüter vor und fördert die Zusammenarbeit der Mitgliedstaaten bei der Suche und Sicherstellung des Kulturguts. Das in Art. 2 der Richtlinie normierte Rückführungsrecht dient dem rechtlichen Schutz der Interessen der Staaten an der Erhaltung der Objekte auf ihrem Territorium und setzt nicht eine Eigentumsposition des Staats voraus[274]. Eine Rückgabeklage gemäß Art. 5 der Richtlinie kann nur der Staat erheben. Dennoch enthält die Richtlinie 93/7/EWG in den Artt. 9, 12 auch privatrechtlich relevante Regelungen, die den staatlichen Rückgabeanspruch ergänzen. Gemäß der in Art. 12 festgeschriebenen Kollisionsnorm bestimmt sich die Frage des Eigentums an dem Kulturgut nach erfolgter Rückgabe nach dem Recht des ersuchenden Mitglied-

---

[268] *Byrne-Sutton*, Le trafic, S. 117; ihm folgend *Jaeger*, S. 65 f.
[269] *Byrne-Sutton*, Le trafic, S. 118.
[270] *Kunze*, S. 129.
[271] siehe dazu *Jaeger*, S. 65 f.
[272] Richtlinie 93/7/EWG des Rates v. 15.3.1993, ABl. EG Nr. L 74/74, geändert durch die Richtlinie 96/100/EG des Europäischen Parlaments und des Rats v. 17.12.1997, ABl. EG Nr. L 60/59.
[273] Vgl. die Präambel der Richtlinie 93/7/EWG.
[274] Vgl. dazu *Carducci*, S. 299.

staats. Der Anwendungsbereich der Kollisionsnorm ist demzufolge auf die Fälle beschränkt, in denen ein Kulturgut aufgrund des staatlichen Rückgabeanspruches zurückgeführt wurde[275].

In der Bundesrepublik Deutschland wurde die Richtlinie durch das Gesetz zur Umsetzung von Richtlinien der EG über die Rückgabe von unrechtmäßig aus dem Hoheitsgebiet eines Mitgliedstaats verbrachten Kulturgütern und zur Abänderung des Gesetzes zum Schutz deutschen Kulturgutes gegen Abwanderung vom 15.10.1998[276] (Kulturgutsicherungsgesetz) umgesetzt. Das Kulturgutsicherungsgesetz enthält in Art. 1 das Gesetz zur Umsetzung der Richtlinie 93/7/EWG des Rates über die Rückgabe von unrechtmäßig aus dem Hoheitsgebiet eines Mitgliedstaats verbrachten Kulturgütern und in Art. 2 das Gesetz zur Änderung des Gesetzes zum Schutz deutschen Kulturgutes gegen Abwanderung. Art. 12 der Richtlinie wurde durch §§ 4 und 8 KultGüRückG umgesetzt. Die Schaffung von zwei Kollisionsnormen entspricht der Systematik des Kulturgüterrückgabegesetzes. Im ersten Abschnitt (§§ 1 bis 4) wird die Geltendmachung des öffentlich-rechtlichen Rückgabeanspruchs für deutsches Kulturgut geregelt. Im zweiten Abschnitt (§§ 5 bis 13) wird der Rückgabeanspruch anderer Mitgliedstaaten geregelt. §§ 4 und 8 KultGüRückG gehen den sachenrechtlichen Kollisionsnormen des EGBGB vor[277]. Aus Art. 10 EG (früher Art. 5 EG-Vertrag) ergibt sich die Pflicht zur richtlinienkonformen Auslegung von nationalen Normen, die in Vollzug einer EG-Richtlinie erlassen worden sind[278]. Deshalb ist zunächst Art. 12 der Richtlinie auszulegen, bevor auf §§ 4 und 8 KultGüRückG eingegangen werden kann.

A. Art. 12 der Richtlinie 93/7/EWG

Art. 12 der Richtlinie ordnet an, daß sich die Frage des Eigentums an dem Kulturgut nach erfolgter Rückgabe nach dem Recht des ersuchenden Mitgliedstaats bestimmt. Der Regelungsgehalt der Vorschrift ist in der Literatur sehr umstritten[279]. Dies ist nicht zuletzt auf den unklaren Wortlaut der Vorschrift[280] und auf

---

[275] Die Voraussetzungen sind, daß es sich um ein in Art. 1 Nr. 1 der Richtlinie definiertes Kulturgut handelt, daß nach dem 31.12.1992 unrechtmäßig aus dem ersuchenden Mitgliedstaat ausgeführt wurde.

[276] BGBl. I 3162; Vgl. zur Umsetzung *Mußgnug*, EuR 2000, S. 564 ff.

[277] *Kreuzer*, RabelsZ 65 (2001), S. 383, 437; *Turner*, S. 253.

[278] Vgl. zur richtlinienkonformen Auslegung, *Von der Groeben/Thiesing/ Ehlermann - Zuleeg*, EGV, Art. 5 Rn. 6; *Streinz*, Europarecht, Rn. 393a.

[279] Die Umsetzungspraxis der Vorschrift ist nicht einheitlich. Die Gesetzgeber einiger Mitgliedstaaten haben auf eine Umsetzung ganz verzichtet; vgl. dazu *Siehr*, ZvglRWiss 95 (1996), S. 180.

[280] Die Formulierungen in anderen Sprachen der Mitgliedstaaten helfen aufgrund vergleichbarer Formulierungen auch nicht weiter. Vgl. z.B. die englische Fassung: „Ownership of the

die nicht eindeutige Begründung des Richtlinienentwurfs[281] zurückzuführen. Weitgehend Übereinstimmung herrscht nur darüber, daß es sich dem Wortlaut nach um eine Kollisionsnorm handelt[282].

I. Vorstellung der Ansichten

Zum Regelungsgehalt des Art. 12 der Richtlinie werden verschiedene Ansichten vertreten. Nach einer Ansicht bewirkt Art. 12 der Richtlinie eine Korrektur der üblichen lex rei sitae-Regel zur Zeit des Erwerbs zugunsten der Anwendbarkeit der lex originis, soweit das unrechtmäßig exportierte Kulturgut zurückgeführt wurde[283]. Die Sachnormen der lex originis entscheiden rückwirkend über Erwerbsvorgänge nach unrechtmäßiger Verbringung und vor Rückgabe. Nach einer zweiten Ansicht wird gemäß Art. 12 der Richtlinie eine Veränderung der Eigentumsrechtslage nach fremden Lageortsrechten in dem Zeitraum zwischen der unrechtmäßigen Verbringung und der Rückgabe vom Recht des Herkunftsstaats negiert; im Gegensatz zur ersten Ansicht findet keine rückwirkende Ersetzung der zwischenzeitlich maßgeblichen Lageortsrechte durch das Sachrecht des Herkunftsstaats statt[284]. Die Eigentumslage vor der unrechtmäßigen Ausfuhr verändert sich nach dieser Auffassung nicht[285]. Teilweise wird auch vertreten, daß sich Art. 12 der Richtlinie nicht in der Negierung fremdrechtlicher Rechtsfolgen erschöpfe, sondern auch Kulturgutschutzrechte des Herkunftsstaats berufen wolle, die die unrechtmäßige Ausfuhr des Kulturguts mit dem Verfall des

---

cultural object after return shall be governed by that law of the requesting Member State", die französische: „La propriété du bien culturel après la restitution est régie par la législation de l'État membre requérant" oder die italienische: „La proprietà del bene culturale dopo la restituzione è disciplinata dalla legge dello Stato membro richiedente".

[281] Begründung zu dem Art. 12 der Richtlinie 93/7/EWG entsprechenden Art. 13 des Richtlinienentwurfs Dok. KOM (91) 447 endg. - SYN 382, S. 29 f.

[282] Begründung zu dem Art. 12 der Richtlinie 93/7/EWG entsprechenden Art. 13 des Richtlinienentwurfs Dok. KOM (91) 447 endg. - SYN 382, S. 29 f.; *MünchKomm-Kreuzer*, Nach Art. 38 Anh.I, Rn. 195 ff.; *Fuchs*, IPRax 2000, S. 281 ff., 285; *Palandt-Heldrich*, EGBGB 43, Rn. 2; *Jayme*, ZvglRWiss 95 (1996), S. 158 ff., 168; *Müller-Katzenburg*, Standards, S. 285; *Pfeiffer*, IPRax 2000, S. 270 ff., 278; *Roth*, IPRax 1994, S. 165 ff., 173; *Siehr*, RabelsZ 59 (1995), S. 455 ff., 466; *Siehr* lehnt eine Kollisionsnorm i.E. wohl ab, vgl. *Siehr*, ZvglRWiss 95 (1996), S. 180; *ders.*, KUR 1999, S. 225 ff.

[283] *Jayme*, IPRax 1993, S. 360; *Soergel-Lüderitz*, BGB, Anh. II Art. 38 Rn. 110; *Roth*, IPRax 1994, S. 165 ff., 173; *Pfeiffer*, IPRax 2000, S. 270 ff., 278; *Staudinger-Stoll*, Internationales Sachenrecht, Rn. 115; *Schmeinck*, S. 196 f., die dies i.E. aber ablehnt.

[284] *MünchKomm-Kreuzer*, Nach Art. 38 Anh.I, Rn. 195.; *Siehr*, RabelsZ 59 (1995), S. 455 ff., 466 f. Nach der Auffassung von *Siehr* müßte die Vorschrift richtig lauten: „Nach erfolgter Rückgabe werden Rechte, die nach der unrechtmäßigen Verbringung im Ausland wohlerworben wurden, vom ersuchenden Staat nicht anerkannt und geschützt". Kollisionsrechtsdogmatisch könnte man nach dieser Ansicht die bewußte Herbeiführung eines Normenmangels annehmen.

[285] Die Ansicht geht von einer Sachnormverweisung aus.

Eigentums an den Herkunftsstaat sanktionieren[286]. Eine dritte Ansicht will nach Rückgabe des unrechtmäßig ausgeführten Kulturguts die zwischenzeitlich unter einem ausländischen Belegenheitsstatut wirksam begründeten Eigentums- und sonstigen dinglichen Rechte grundsätzlich bestehen lassen[287]. Eine Ausnahme zugunsten der Anwendung der lex originis sei nur bei dinglich wirkenden Kulturgutschutznormen gegeben, und zwar dann, wenn der Herkunftsstaat in seinem Sachrecht die Unveräußerlichkeit geschützten Kulturguts angeordnet habe[288]. In diesen Fällen sollen die Kulturschutznormen die Rechtsfolgen der zwischenzeitlich erfolgten Erwerbsvorgänge korrigieren, soweit dies erforderlich sei. Wenn das Recht des Herkunftsstaats dagegen keine dinglich wirkenden Sonderregeln für Kulturgüter vorsehe, dann müsse der Staat wirksam begründete Rechte anderer an seinen illegal ausgeführten Kulturgütern gegen sich gelten lassen. Art. 12 der Richtlinie 93/7/EWG sei dann als Gesamtverweisung auf die sachenrechtlichen Sach- und Kollisionsregeln des Herkunftsstaats zu verstehen[289]. Nach einer vierten Ansicht beschränkt sich der Regelungsgehalt des Art. 12 der Richtlinie darauf, dem ersuchenden Mitgliedstaat zu gestatten, den illegalen Export von Kulturgütern mit deren Einziehung zu ahnden[290]. Mit der durch die Richtlinie 93/7/EWG vorgeschriebenen Rückführung gehe „ein Übergang des betreffenden Kulturguts in das Eigentum der zuständigen Stelle im rückgabeberechtigten Herkunftsland einher“[291]. Von dieser Ausnahme abgesehen berühre die Rückgabe die Eigentums- und Besitzrechte des Rückgabepflichtigen nicht. Nach einer fünften Ansicht enthält die Vorschrift keine eigenständige Kollisionsnorm über das anwendbare Recht des Herkunftsstaats, sondern überläßt dem Herkunftsstaat die Beurteilung der sachenrechtlichen Lage nach Rückgabe des unerlaubt verbrachten Kulturgutes[292]. Der Herkunftsstaat könne die Sache als dem Staat verfallen konfiszieren, die Eigentumsfrage nach den herkömmlichen Regeln des internationalen Sachenrechts beurteilen oder eine neue Regel nach dem Vorbild des Art. 12 schaffen[293].

---

[286] So ausdrücklich *MünchKomm-Kreuzer*, Nach Art. 38 Anh.I, Rn. 195; Bei *Siehr*, RabelsZ 59 (1995), S. 455 ff., 466 f., bleibt dies offen.

[287] *Hipp*, S. 290; *Müller-Katzenburg*, Standards, S. 285 f.

[288] *Hipp*, S. 290; *Müller-Katzenburg*, Standards, S. 285 f. In dem Fall, in dem das Sachrecht des Herkunftsstaats die Unveräußerlichkeit des Kulturguts anordnet, sei eine Veränderung der Eigentumsverhältnisse in jedem Fall von vornherein ausgeschlossen.

[289] So ausdrücklich *Müller-Katzenburg*, Standards, S. 285 f.

[290] So *Mußgnug*, FS *Bernhardt*, S. 1241.

[291] *Mußgnug*, FS *Bernhardt*, S. 1241.

[292] *Siehr*, ZVglRWiss 95 (1996), S. 170 ff., 181; *ders.*, KUR 1999, S. 225 ff., 232.

[293] Nach der Auffassung von *Siehr*, KUR 1999, S. 225 ff., 232, enthält die Vorschrift keine eigenständige Kollisionsnorm über das anwendbare Recht des Herkunftsstaates, denn sie regele nur die Situation „nach erfolgter Rückgabe".

II. Auswirkung der Ansichten auf die Eigentumslage

Die Auswirkung der verschiedenen Ansichten[294] auf die Eigentumslage nach erfolgter Rückgabe des Kulturguts in den Herkunftsstaat wird anhand der folgenden Beispielsfälle verdeutlicht. Unstrittig ist, daß das Eigentum nach der Rückgabe im Herkunftsstaat ausgeübt werden muß. In den ersten zwei Beispielsfällen wird die illegale Ausfuhr gestohlener Sachen aus einem Herkunftsstaat behandelt, dessen Rechtsordnung keine dinglich wirkenden Kulturgutschutznormen vorsieht.

Beispielsfall 1: Einem Kunstsammler in Deutschland wird ein Kulturgut im Sinn der Richtlinie gestohlen, vom Dieb nach Italien illegal ausgeführt und dort an einen in Bezug auf die Eigentümerstellung des Veräußerers gutgläubigen Käufer veräußert. Wer ist Eigentümer des Kulturguts nach erfolgter Rückgabe in die Bundesrepublik Deutschland?

Nach der ersten Ansicht kommt deutsches Sachrecht als das Recht des Herkunftsstaats zur Anwendung. Ein gutgläubiger Erwerb des Eigentums an gestohlenen Sachen ist wegen § 935 Abs. 1 BGB nicht möglich[295]. Unbeachtlich ist, daß die lex rei sitae im Zeitpunkt der Verfügung einen gutgläubigen Erwerb des Eigentums an gestohlenen Sachen gemäß Artt. 1153, 1154 C.c.it. ermöglichte. Der Kunstsammler bleibt Eigentümer des Kulturguts. Nach der zweiten Ansicht wird die zwischenzeitliche Veränderung der Eigentumslage nach italienischem Recht negiert. Das Kulturgut wird so behandelt, als ob es Deutschland nie verlassen hätte. Das Eigentum steht auch in diesem Fall dem Kunstsammler zu. Nach der dritten Ansicht wird das nach italienischem Recht erworbene Eigentum nach dem Statutenwechsel in dieser Prägung von der deutschen Rechtsordnung anerkannt. Mangels dinglich wirkender Anordnung der Unveräußerlichkeit des Kulturguts im deutschen Recht erfolgt auch keine Korrektur der sachenrechtlichen Lage. Der Kunstsammler verliert das Eigentum an dem Kulturgut an den italienischen Käufer. Die vierte Ansicht kommt zu dem gleichen Ergebnis, weil das deutsche Recht den illegalen Export nicht mit der automatischen Einziehung des Kulturguts ahndet[296].

Beispielsfall 2: Einem Kunstsammler in Deutschland wird ein Kulturgut im Sinn der Richtlinie gestohlen, nach England illegal ausgeführt und dort von einem in Bezug auf die Eigentümerstellung des Veräußerers gutgläubigen Käufer auf ei-

---

[294] Die fünfte Ansicht wird hier nicht berücksichtigt, da sie dem nationalen Gesetzgeber überläßt, wie zu verfahren ist.

[295] Die §§ 935 Abs. 2, 937 Abs. 1 und 2 BGB sollen vorliegend außer acht bleiben.

[296] Offen bleibt, ob nach dieser Auffassung das Kulturgut gemäß § 16 Abs. 3 KgSchG eingezogen werden kann.

ner öffentlichen Auktion[297] erworben. Wer ist der Eigentümer des Kulturguts nach erfolgter Rückgabe in die Bundesrepublik Deutschland?

Nach der ersten Ansicht wird der Erwerb in England nach deutschem Sachrecht beurteilt. Die §§ 932 Abs. 1 und 2, 935 Abs. 2 BGB gestatten den gutgläubigen Erwerb des Eigentums an gestohlenen Sachen, wenn diese im Wege einer öffentlichen Versteigerung veräußert werden. Unbeachtlich bleibt, daß nach englischem Recht ein gutgläubiger Erwerb des Eigentums an gestohlenen Sachen nicht möglich ist[298]. Eigentümer des Kulturguts ist der gutgläubige Erwerber. Nach der zweiten Ansicht wird das Kulturgut so behandelt als ob es Deutschland nie verlassen hätte. Auf die Verfügung in England wird nicht rückwirkend deutsches Sachrecht angewandt. Der Kunstsammler bleibt Eigentümer. Nach der dritten und vierten Ansicht wird der Erwerb in England nach englischem Recht beurteilt. Der gutgläubige Käufer hat danach das Eigentum an dem Kulturgut nicht erworben. Diese Rechtslage wird nach dem Statutenwechsel vom neuen Statut übernommen. Die fehlgeschlagene dingliche Rechtsänderung ist deshalb endgültig gescheitert. Eine Korrektur der Rechtslage wird aufgrund fehlender dinglich wirkender Kulturschutznormen im deutschen Recht als dem Recht des Herkunftsstaats nicht vorgenommen. Eigentümer bleibt der Kunstsammler.

Beispielsfall 3: In Deutschland wird ein Kulturgut im Sinn der Richtlinie gestohlen, nach Italien illegal ausgeführt und dort von einem in Bezug auf die Eigentümerstellung des Veräußerers gutgläubigen Käufer erworben. Wer ist der Eigentümer des Kulturguts nach erfolgter Rückgabe in die Bundesrepublik Deutschland, wenn das deutsche Sachrecht die Unveräußerlichkeit des Kulturguts angeordnet hat und den illegalen Export mit der Einziehung des Kulturguts sanktioniert?

Nach der ersten Ansicht führt bei rückwirkender Anwendung der lex originis die Unveräußerlichkeit des Kulturguts nach deutschem Sachrecht zur Unwirksamkeit der Veräußerung in Italien, weil die §§ 935 Abs. 2, 937 BGB unanwendbar sind. Ein Eigentumswechsel ist ausgeschlossen. Bei Anwendung der Einziehungsnorm in dieser Konstellation verliert der ursprüngliche Eigentümer sein Eigentum an den Staat. Nach der zweiten Ansicht wird der zwischenzeitliche Erwerb nach italienischem Recht negiert. Soweit eine Einziehungsnorm des

[297] Es soll unterstellt werden, daß den §§ 34 b Abs. 5 GewO, 383 Abs. 3 BGB vergleichbare Voraussetzungen vorlagen. Zu den Anforderungen an eine Auktion im Ausland, vgl. *Pfeiffer*, IPRax 2000, S. 270 ff., 280.

[298] Vgl. sec. 21 (1) des Sale of Goods Act 1979. In England war bis zum 3.1.1995 gemäß sec. 22 (1) des Sale of Goods Act 1979 ein gutgläubiger Erwerb gestohlener Sachen möglich, wenn die Sachen auf einem „market overt" erworben wurden. Die einzige Möglichkeit, nach englischem Recht gutgläubig Eigentum zu erwerben, besteht nunmehr nur noch gemäß sec. 3 (1) und (2) des Limitation Act 1980. Der Anspruch auf Herausgabe erlischt durch Verjährung (limitation for actions) nach sechs Jahren. Der Käufer erwirbt das Eigentum.

Herkunftstaats berufen wird[299], führt dies zu den gleichen Ergebnissen wie bei der ersten Ansicht. Nach der dritten Ansicht gelangen die besonderen Kulturschutznormen des Herkunftsstaats in Abweichung zur Grundregel der Anerkennung der nach der jeweiligen lex rei sitae erworbenen Eigentumsrechte zur Anwendung. Damit führt die Ansicht zu dem gleichen Ergebnis wie die beiden ersten Ansichten. Nach der vierten Ansicht wird nur die Einziehungsnorm berufen.

Beispielsfall 4: Der Eigentümer selbst verbringt unrechtmäßig ein ihm gehörendes Kulturgut im Sinn der Richtlinie aus Deutschland nach Italien. Bleibt er nach erfolgter Rückgabe Eigentümer?

In diesem Fall ändert sich die Eigentumslage nach allen Ansichten nur dann, wenn das deutsche Recht die illegale Ausfuhr mit der Einziehung des Kulturguts ahndet.

Die Untersuchung hat ergeben, daß die Ansichten dann zu unterschiedlichen Ergebnissen gelangen, wenn gestohlenes Kulturgut illegal ausgeführt wird und das Recht des Herkunftsstaats weder die Unveräußerlichkeit des Kulturguts angeordnet hat, noch den illegalen Export mit der Einziehung des Kulturguts sanktioniert (Beispielsfälle 1 und 2).

III. Auslegung des Art. 12 der Richtlinie

Art. 12 der Richtlinie bedarf der Auslegung. Der EuGH folgt grundsätzlich den allgemein anerkannten Auslegungsmethoden[300].

1. Der Wortlaut

Dem Wortlaut des Art. 12 der Richtlinie 93/7/EWG ist zunächst zu entnehmen, daß die lex originis zur Anwendung gelangen soll. Für Eigentumsfragen wird nach Rückgabe das Recht des Herkunftsstaats für anwendbar erklärt. Eine von der dritten Ansicht befürwortete Beschränkung auf die Anwendung dinglich wirkender besonderer Kulturschutznormen ist dem Wortlaut nicht zu entnehmen; es wird generell das „Recht" des Herkunftsstaats berufen. Ebensowenig entspricht der Wortlaut der Vorschrift der Annahme einer bloßen Negation eines zwischenzeitlichen Eigentumserwerbs (zweite Ansicht). Art. 12 der Richtlinie ist seinem Wortlaut nach nicht als Anordnung eines Normenmangels, sondern als kollisionsrechtliche Vorgabe zugunsten der Anwendung eines bestimmten Rechts gefaßt. Die Vertreter der zweiten Ansicht müssen davon ausgehen, daß

---

[299] So *MünchKomm-Kreuzer*, Nach Art. 38 Anh.I, Rn. 195.

[300] *Streinz*, Europarecht, Rn. 498.

ein gesetzgeberischer Formulierungsfehler vorliegt. Demgemäß wird vorgeschlagen, daß die Vorschrift richtig folgendermaßen lauten müsse: „Nach erfolgter Rückgabe werden Rechte, die nach der unrechtmäßigen Verbringung im Ausland wohlerworben wurden, vom ersuchenden Staat nicht anerkannt und geschützt“[301]. Die Vertreter der fünften Ansicht, die davon ausgehen, daß die Vorschrift keine eigenständige Kollisionsnorm enthalte, müssen sich über den Wortlaut der Richtlinienvorschrift, die als Kollisionsnorm zugunsten der Anwendung des Rechts des Herkunftsstaates gefaßt ist, hinwegsetzen und ebenso von einem gesetzgeberischen Formulierungsfehler ausgehen[302].

Dem Wortlaut des Art. 12 der Richtlinie ist dagegen nicht zu entnehmen, ob zwischenzeitlich erworbene Eigentumsrechte Bestand haben sollen oder nicht. Die anderen sprachlichen Fassungen der Vorschrift geben aufgrund vergleichbarer Formulierungen keine weiteren Aufschlüsse[303]. Dem Wortlaut ist auch nicht zu entnehmen, ob die lex originis auf Vorgänge vor der Rückgabe, also während des Zeitraums der unrechtmäßigen Ausfuhr, anzuwenden ist[304] (erste Ansicht). Die Formulierung „nach erfolgter Rückgabe“ ist nicht eindeutig. Sie kann auf zwei verschiedene Weisen verstanden werden. Erstens kann damit der Zeitpunkt gemeint sein, ab dem Erwerbsvorgänge nach dem Recht des Herkunftsstaats zu beurteilen sind. Dies würde bedeuten, daß die Wirksamkeit eines zwischenzeitlich erfolgten Eigentumserwerbs sich nach dem Recht des jeweiligen Belegenheitsorts richtet. In diesem Fall wäre die Vorschrift rechtlich bedeutungslos[305], denn sie würde die ohnehin in den Mitgliedstaaten geltende Situs-Regel bestätigen. Mit der Rückgabe des Kulturguts und dem Wechsel des Belegenheitsorts geht ein Statutenwechsel einher. Die neue lex rei sitae wäre nach dieser Auffas-

---

301 So der Vorschlag von *Siehr*, RabelsZ 59 (1995), S. 455 ff., 466f.

302 Nach der Auffassung von *Siehr*, KUR 1999, S. 225 ff., 232, enthalte die Vorschrift keine eigenständige Kollisionsnorm über das anwendbare Recht des Herkunftsstaats, weil sie nur die Situation „nach erfolgter Rückgabe" regele.

303 Vgl. z.B. die englische Fassung: „Ownership of the cultural object after return shall be governed by that law of the requesting Member State"; die französische „La propriété du bien culturel après la restitution est régie par la législation de l'État membre requérant"; oder die spanische: „La propiedad del bien cultural tras su restitución se regirá por la legislación interna del Estado miembro requirente".

304 So auch *Hipp*, S. 290; *Pfeiffer*, IPRax 2000, S. 270 ff., 278; a.A. *Müller-Katzenburg*, Standards, S. 285, nach deren Auffassung der Wortlaut gegen eine automatische Ersetzung der Eigentumsnormen des früheren Belegenheitsstatuts durch die der lex originis spricht.

305 Konsequenterweise hat z.B. der britische (The Return of Cultural Objects Regulations 1994, Statutory Instrument 1994, No. 501), irische (European Communities Return of Cultural Objects Regulations, 1994, Statutory Instrument Nr. 182 of 1994) und spanische Gesetzgeber (Ley 36/1994, de 23 de diciembre, de incorporatión al ordenamiento jurídico español de la Directiva 93/7/CEE del Consejo, de 15 de marzo, relativa a la restitución de bienes culturales que hayan salido de forma ilegal del territorio de un Estado miembro de la Unión Europea, B.O.E n. 307 v. 24.12.1994, 28512) bei der Umsetzung der Richtlinie 93/7/EWG in nationales Recht auf eine Art. 12 entsprechende Bestimmung verzichtet.

sung zugleich auch die lex originis. Zweitens kann damit der Zeitpunkt gemeint sein, ab dem sich der Geltungsanspruch des Rechts des Herkunftsstaats durchsetzt. Voraussetzung für die Anwendung des Art. 12 der Richtlinie und der durch sie berufenen Eigentumsnormen des Herkunftsstaats wäre demnach die Rückgabe als letzter Schritt des Rückgabeverfahrens. So hat der französische Gesetzgeber bei der Umsetzung der Richtlinie in das nationale Recht bei der dem Art. 12 der Richtlinie entsprechenden Norm die Formulierung „procédure de retour" für „Rückgabe" gewählt[306].

2. Die Begründung des Europäischen Gesetzgebers

Der Erläuterung zu dem Art. 12 der Richtlinie entsprechenden Art. 13 des Richtlinienentwurfs[307] ist zu entnehmen, daß „die nationalen Bestimmungen ab dem Zeitpunkt der Rückkehr des Kulturguts in das Staatsgebiet des ersuchenden Mitgliedstaats gelten, auch wenn der Besitzer des Gegenstands sein Eigentum nach den Rechtsvorschriften des ersuchten Mitgliedstaats, eines anderen Mitgliedstaats oder eines Drittlands erworben hatte". Demnach stehen der Anwendung der lex originis Rechtsvorschriften der genannten Staaten, die vor der Rückgabe anwendbar waren („erworben hatte"), nicht entgegen. Daraus läßt sich zunächst negativ ableiten, daß ein Eigentumserwerb nach den Rechtsvorschriften der genannten Staaten nicht anerkannt wird[308]. Diese Begründung des Europäischen Gesetzgebers spricht gegen die Ansichten, die grundsätzlich während der unrechtmäßigen Ausfuhr unter einem ausländischen Belegenheitsstatut wirksam begründete Eigentums- und sonstige dingliche Rechte anerkennen wollen. Positiv ist der Begründung dagegen nicht klar zu entnehmen, ob für Vorgänge vor der Rückgabe die nationalen Bestimmungen des Herkunftsstaats gelten sollen. Für eine rückwirkende Anwendung könnte die folgende Überlegung sprechen. Wenn für einen Eigentumserwerbsvorgang vor der Rückgabe die Anwendung der Bestimmungen aller Rechtsordnungen außer der des Herkunftsstaats ausgeschlossen werden, dann ergibt sich im Umkehrschluß die Anwendung der nationalen Bestimmungen der Rechtsordnung, die nicht ausgeschlossen wurde[309]. Darüber hinaus ist der Begründung eine Beschränkung auf Einziehungsnormen nicht zu entnehmen. Wollte der Europäische Gesetzgeber nur zu verstehen ge-

---

[306] Art. 23 des Loi n. 95-877 du 3 août 1995 portant transposition de la directive 93/7 du 15 mars 1993 du Conseil des Communautés européennes relative à la restitution des biens culturels ayant quitté illicitement le territoire d'un Etat membre, JCP 1995, III, 67565: „La propriété du bien culturel ayant fait l'objet d'une procédure de retour sur le territoire d'un État membre est régie par la législation de l'État requérant."

[307] Dok. KOM (91) 447 endg. - SYN 382, S. 30.; BR-Drs. 137/92 vom 25.2.1992, S. 31.

[308] *Bila*, S. 178; *de Ceuster*, S. 33 ff., 47; *Pfeiffer*, IPRax 2000, S. 270 ff., 278.

[309] Nach der Auffassung von *Pfeiffer*, IPRax 2000, S. 270 ff., 278, „läßt sich positiv weder folgern, daß ein Eigentumserwerb nach den Sachvorschriften der lex originis ausgeschlossen ist, noch daß er möglich sein soll".

ben, daß ein Eigentumserwerb nach bestimmten Rechtsvorschriften nicht möglich sei, dann wäre die Nennung der Anwendung nationaler Bestimmungen des Herkunftsstaats in der Begründungserwägung nicht notwendig.

Der Begründung ist weiter zu entnehmen, daß Art. 12 der Richtlinie als einheitliche Kollisionsnorm zu verstehen ist, die von dem Grundsatz der Anknüpfung an das jeweilige Lageortsrecht im Zeitpunkt des Erwerbsvorgangs abweichen soll[310]. Dieses Verständnis von Art. 12 der Richtlinie entspricht der Auffassung, die die Vorschrift als Kollisionsnorm begreift, die das Recht des Herkunftsstaats zur Anwendung beruft. Eine Kollisionsnorm ist eine Verweisungsnorm, die bestimmt, welche Rechtsordnung auf einen Sachverhalt zur Anwendung kommen soll[311]. Die Annahme eines Normenmangels läßt sich damit nicht vereinbaren (zweite Ansicht). Konsequenterweise wird von den Vertretern der fünften Ansicht, die dem nationalen Gesetzgeber überlassen will, ob er die Vorschrift umsetzt oder nicht, entgegen der Intention des Europäischen Gesetzgebers verneint, daß die Vorschrift eine eigenständige Kollisionsnorm ist. Wenn es sich um eine Kollisionsnorm handelt, dann besteht gemäß Art. 249 Abs. 3 EG auch die Verpflichtung für die Mitgliedstaaten, sie in das nationale Recht umzusetzen. Grundsätzlich sind für die Mitgliedsstaaten nur die Ziele einer Richtlinie verbindlich, nicht jedoch die Form und die Mittel für die Erreichung der Ziele[312], weil eine Richtlinie im Gegensatz zu einer Verordnung das nationale Recht in der Regel nur angleichen und nicht vereinheitlichen will. Der Inhalt der Richtlinie muß aber stets vollständig und so wirksam wie möglich in das nationale Recht umgesetzt werden[313]. Wenn Art. 12 der Richtlinie als Kollisionsnorm verstanden wird, dann muß er auch in das nationale Recht umgesetzt werden. Den Vertretern der fünften Ansicht ist nicht nur entgegenzuhalten, daß ihre Auffassung nicht dem Willen des Gesetzgebers entspricht, sondern auch, daß die mit der Richtlinie bezweckte Angleichung nationalen Rechts nicht erreicht werden kann, wenn einige Mitgliedstaaten das Kulturgut als verfallen konfiszieren, andere die Eigentumsfrage nach ihren herkömmlichen IPR-Regeln beurteilen und wiederum andere Staaten die Vorschrift umsetzen. Dem Verständnis von Art. 12 als einheitliche Kollisionsnorm entspricht ebensowenig die Auffassung, die die Vorschrift „als Gesamtverweisung auf die Sach- und Kollisionsregeln des ersuchenden Mitgliedstaates in dem Sinn“ versteht, daß „seine dinglich wirkenden

---

[310] Danach legt die Vorschrift „eine einheitliche Kollisionsnorm fest, die von einem Grundsatz des internationalen Privatrechts abweicht, demzufolge das Recht der Belegenheit je nach den Rechtsvorschriften des Landes , in dem sich der Gegenstand zum Zeitpunkt der Transaktion befindet, durch einen reinen Transfer des Gegenstandes in das Staatsgebiet eines anderen Landes nicht berührt wird"; vgl. die Begründung zu dem Art. 12 der Richtlinie 93/7/EWG entsprechenden Art. 13 des Richtlinienentwurfs Dok. KOM (91) 447 endg. - SYN 382, S. 29 f.; BR-Drs. 137/92 v. 25.2.1992, S. 30 f.

[311] *Ferid*, IPR, § 1-10; *v.Hoffmann*, IPR, § 4 Rn.1.

[312] *Streinz*, Europarecht, Rn. 384.

[313] *Grabitz/Hilf-Grabitz*, EGV, Art. 189 Rn. 59; *Oppermann*, Europarecht, S. 178.

besonderen Kulturschutznormen spätestens bei der ex post-Betrachtung der zwischenzeitlich erfolgten Erwerbsvorgänge deren Rechtsfolgen erforderlichenfalls „korrigieren“"[314] (dritte Ansicht).

3. Systematische Auslegung

Gegen die Annahme eines Normenmangels spricht die Begründung des Europäischen Gesetzgebers zu Art. 9 der Richtlinie. Danach steht dem gutgläubigen Rückgabeschuldner ein Entschädigungsanspruch gegen den ersuchenden Mitgliedstaat zu. Nach der Begründungserwägung muß das Gericht bei der Entschädigung vor allem die Frage beachten, ob der zwischenzeitliche Erwerber nach den Rechtsvorschriften des ersuchenden Mitgliedstaats Eigentümer des zurückgegebenen Kulturguts bleibt[315]. Die Möglichkeit eines Eigentumserwerbs wird somit vorausgesetzt.

Der Begründung zu Art. 9 der Richtlinie ist darüber hinaus zu entnehmen, daß eine rückwirkende Anwendung der lex originis zur Beurteilung der zwischenzeitlichen Erwerbsvorgänge gewollt ist. Zur Beantwortung der Frage, ob der Erwerber Eigentümer „bleibt“, sind notwendigerweise die Rechtsvorschriften des Herkunftsstaats rückwirkend auf Erwerbsvorgänge während der unrechtmäßigen Ausfuhr anzuwenden. Eine Beschränkung auf Einziehungsnormen ist der Begründung nicht zu entnehmen. Genannt werden allgemein „Rechtsvorschriften“ des Herkunftsstaats. Hat der Erwerber keinen Anspruch auf eine angemessene Entschädigung gemäß Art. 9 der Richtlinie, dann bestimmen sich Entschädigungsansprüche gegen den Verkäufer oder Verantwortlichen der unrechtmäßigen Ausfuhr nach den nationalen Rechtsvorschriften, die gemäß den Kollisionsnormen der lex fori zur Anwendung gelangen.

Ein weiteres Argument für die rückwirkende Anwendung der lex originis ergibt sich aus der Begründung zu Art. 1 Nr. 6 der Richtlinie. Gemäß dieser Vorschrift gilt als Eigentümer im Sinne der Richtlinie „die Person, die die tatsächliche Sachherrschaft über das Kulturgut für sich selbst ausübt“, also auch der bloße Besitzer der Sache im Sinne von § 872 BGB. Demgemäß kann auch dem gutgläubigen Besitzer gemäß Art. 9 der Richtlinie ein Entschädigungsanspruch zustehen. Es bleibt offen, ob der durch Art. 1 Nr. 6 der Richtlinie definierte Besit-

---

[314] So *Müller-Katzenburg*, Standards, S. 285 f.; Bei *Hipp*, S. 290, bleibt offen, ob Art. 12 der Richtlinie 93/7/EWG als Kollisionsnorm verstanden wird. Nach der Auffassung von *Hipp*, S. 290, soll mit Art. 12 die internationalprivatrechtliche Eigentumsordnung nicht grundsätzlich umgestaltet werden. Damit wird wohl eine Kollisionsnorm „lex originis“ abgelehnt.

[315] Begründung zu dem Art. 9 der Richtlinie 93/7/EWG entsprechenden Art. 10 des Richtlinienentwurfs Dok. KOM (91) 447 endg. - SYN 382, S. 28; BR-Drs. 137/92 v. 25.2.1992, S. 29.

zer auch Eigentümer ist. Die Eigentümerstellung wird aber vom zuständigen Gericht im ersuchten Mitgliedstaat zu klären sein, weil von ihr auch die Höhe der Entschädigung abhängt[316]. Gemäß der Begründung zu Art. 1 Nr. 6 der Richtlinie 93/7/EWG wird „vorbehaltlich des Artikels 13" (des Richtlinienentwurfs = Art. 12 der Richtlinie 93/7/EWG) die Frage der Eigentümerstellung „weiterhin durch das nationale Recht geregelt, das entsprechend den Kollisionsnormen des befassten Gerichts anzuwenden ist". Art. 12 der Richtlinie 93/7/EWG ist aber „nach" erfolgter Rückgabe anzuwenden. Die Entschädigung ist dagegen gemäß Art. 9 letzter Satz der Richtlinie 93/7/EWG „bei" der Rückgabe zu zahlen. Das zuständige Verwaltungsgericht bzw. Zivilgericht[317] wird bei der Frage nach der Höhe der Entschädigung in einem ersten Schritt feststellen müssen, ob der „Eigentümer" im Sinne der Richtlinie tatsächlich Eigentümer im Sinne des nationalen Rechts ist. Dies entscheidet das nationale Sachrecht, das gemäß den Kollisionsnormen der lex fori anzuwenden ist. Nur nach Klärung dieser Frage ist das Gericht in der Lage, in einem zweiten Schritt zu prüfen, ob der Eigentümer nach der Rückgabe gemäß den Rechtsvorschriften des ersuchenden Staates Eigentümer bleibt.

4. Teleologische Auslegung

Die Ratio des Art. 12 der Richtlinie kann der Begründung zum Richtlinienentwurf entnommen werden. Sie besteht darin, eventuelle Eigentumsübertragungen, auch durch gutgläubigen Erwerb, aufgrund einer zwischenzeitlich als lex rei sitae anwendbaren ausländischen Rechtsordnung, die nur infolge der unrechtmäßigen Ausfuhr aus dem Herkunftsstaat möglich waren, ungeschehen zu machen[318]. Sachenrechtliche Vorschriften des Herkunftsstaats, die einen Gegenstand als unveräußerlich bestimmen, oder bei illegaler Ausfuhr den automatischen Verfall des Eigentums an den Staat anordnen, sollen zur Anwendung gelangen[319]. Teilweise wird der Zweck der Vorschrift nur darin gesehen, „die Anerkennung der dinglich wirkenden Sonderregelungen zum Schutz des nationalen

---

[316] Begründung zu dem Art. 9 der Richtlinie 93/7/EWG entsprechenden Art. 10 des Richtlinienentwurfs Dok. KOM (91) 447 endg. - SYN 382, S. 28; BR-Drs. 137/92 v. 25.2.1992, S. 29.

[317] *Mußgnug*, FS *Bernhardt*, S. 1244 f.; *ders.*, in: *Hohmann/John*, Kommentar zum Ausfuhrrecht, S. 1846 f.

[318] *Bila*, S. 177; *de Ceuster*, S. 33 ff., 46; Begründung zu dem Art. 12 der Richtlinie 93/7/EWG entsprechenden Art. 13 des Richtlinienentwurfs Dok. KOM (91) 447 endg. - SYN 382, S. 29 f.; BR-Drs. 137/92 v. 25.2.1992, S. 30 f. Vgl. dazu auch *Pfeiffer*, IPRax 2000, S. 270 ff., 278. Laut *Pfeiffer* herrscht Übereinstimmung darüber, daß dies die Ratio der Vorschrift ist.

[319] Begründung zu dem Art. 12 der Richtlinie 93/7/EWG entsprechenden Art. 13 des Richtlinienentwurfs Dok. KOM (91) 447 endg. - SYN 382, S. 29 f.; BR-Drs. 137/92 v. 25.2.1992, S. 30 f.

Kulturguts sicherzustellen"[320]. Beispielsfall 3 hat gezeigt, daß nach allen Ansichten sachenrechtliche Verfallsregelungen oder Rechtsvorschriften des Herkunftsstaats, denen zufolge das Kulturgut als unveräußerlich angesehen wird, anzuwenden sind. Unterschiede zwischen den Ansichten ergeben sich dann, wenn das Recht des Herkunftsstaats solche Kulturschutznormen nicht vorsieht (siehe Beispielsfall 1). Im Beispielsfall 1 hat der Kunstsammler das Eigentum an dem Kulturgut nur infolge der unrechtmäßigen Ausfuhr verloren. Die Anwendung der Artt. 1153, 1154 C.c.it. war nur infolge der unrechtmäßigen Ausfuhr aus dem deutschen Staatsgebiet möglich. Nach deutschem Sachenrecht wäre es nicht zu einem Eigentumsverlust gekommen[321]. Ein Eigentumserwerb nach einem zwischenzeitlich als lex rei sitae anwendbaren ausländischen Sachrechts, der nur infolge der unrechtmäßigen Ausfuhr aus dem Herkunftsstaat erfolgte, soll aber gerade unbeachtlich bleiben. Aus diesem Grund entspricht nur eine rückwirkende Anwendung der lex originis auf zwischenzeitliche Erwerbsvorgänge nach fremdem Lageortsrecht der Ratio der Richtlinienvorschrift in vollem Umfang.

5. Ergebnis

Die Untersuchung hat gezeigt, daß nur die erste Ansicht mit dem Wortlaut, der Ratio und der systematischen Stellung von Art. 12 der Richtlinie vereinbar ist. Dafür spricht auch die Begründung des Gesetzgebers zu der Vorschrift. Gegen die bloße Negationsfunktion der Vorschrift spricht nicht nur der Wortlaut, sondern auch die Begründung zu Art. 9 der Richtlinie. Der dritten Ansicht ist entgegenzuhalten, daß gemäß der Begründung zu Art. 12 der Richtlinie ein Eigentumserwerb nach den Rechtsvorschriften des ersuchten Mitgliedsstaats oder eines Drittstaats nicht Bestand haben soll. Von der fünften Ansicht wird entgegen dem Wortlaut und der Begründung verneint, daß in Art. 12 der Richtlinie 93/7/EWG eine Kollisionsnorm festgeschrieben ist.

Gegen eine rückwirkende Anwendung der lex originis wird eingewandt, daß erst nach ihren Rechtsvorschriften ein Eigentumswechsel während der Zeit der unrechtmäßigen Ausfuhr ermöglicht werde (vgl. Beispielsfall 2). Nach englischem Recht als der lex rei sitae war ein Eigentumserwerb nicht möglich. Nach deutschem Recht als der lex originis konnte das Eigentum am gestohlenen Kulturgut gemäß § 935 Abs. 2 BGB gutgläubig erworben werden. Dies entspreche nicht dem Schutzzweck der Richtlinie[322] bzw. dem Sinn von Art. 12 der Richtlinie[323]. Dem ist entgegenzuhalten, daß durch die Richtlinie nicht der Schutz des Eigen-

---

[320] *Müller-Katzenburg*, Standards, S. 285.
[321] Vgl. § 935 Abs. 1 BGB.
[322] MünchKomm-*Kreuzer*, Nach Art. 38 Anh.I, Rn. 195.
[323] *Siehr*, RabelsZ 59 (1995), S. 455 ff., 467.

tums, sondern die Bewahrung des Kulturguts innerhalb des Staatsgebiets eines Mitgliedstaats bzw. dessen Rückkehr dorthin bezweckt wird[324]. Die Beschränkung auf öffentlich-rechtliche Fragen des Kulturgüterschutzes ist auch „e contrario“ aus Art. 15 der Richtlinie abzuleiten[325]. Der Richtlinie 93/7/EWG stehen gemäß Art. 15 zivilrechtliche Maßnahmen nicht entgegen, die dem Eigentümer eines entwendeten Kulturguts nach nationalen Rechtsvorschriften zur Verfügung stehen. Ist der Staat Eigentümer des Kulturguts, so muß er nicht mittels einer Klage nach Art. 5 vorgehen, sondern kann eine zivilrechtliche Herausgabeklage gegen den Erwerber anstrengen. Im Beispielsfall 2[326] wird dem Staat diese Vorgehensweise auch dringend zu empfehlen sein, weil er dann weiterhin Eigentümer des Kulturguts bleibt. Nach englischem Kollisionsrecht ist auf einen sachenrechtlichen Tatbestand zum Zeitpunkt seiner Verwirklichung das Recht des Belegenheitsorts anzuwenden, mithin englisches Recht, nach dessen Vorschriften ein gutgläubiger Eigentumserwerb an gestohlenen Sachen ausgeschlossen ist. Der rückwirkenden Anwendung der lex originis steht auch nicht der Sinn und Zweck des Art. 12 entgegen. Wenn die Rechtsvorschriften des Herkunftsstaats einen gutgläubigen Erwerb an gestohlenen Kulturgütern zulassen, wie z.B. § 935 Abs. 2 BGB im deutschen Recht[327], dann verändert die unrechtmäßige Ausfuhr die Wertung des nationalen Gesetzgebers im Herkunftsstaat nicht.

Bei der Kollisionsnorm kann es sich nur um eine Sachnormverweisung handeln[328]. Die Annahme einer Gesamtverweisung würde Art. 12 der Richtlinie leerlaufen lassen, weil in den IPR-Gesetzen aller Mitgliedstaaten sachenrechtliche Verhältnisse gemäß der lex rei sitae-Regel an den Belegenheitsort angeknüpft werden.

B. §§ 4 und 8 KultGüRückG

Aufgrund des unklaren Wortlauts und der Begründung des Art. 12 der Richtlinie 93/7/EWG fehlt eine einheitliche Umsetzungspraxis in den verschiedenen Mit-

---

[324] Dok. KOM (91) 447 endg. - SYN 382, S. 18 (Allgemeine Bemerkungen), S. 30 (Begründung zu dem Art. 13 RL 93/7/EWG entsprechenden Art. 14 des RL-Entwurfs). BR-Drs. 137/92 v. 25.2.1992, S. 19 und 31.

[325] *Reichelt*, ÖJZ 1994, S. 339 ff., 342.

[326] Im Falle eines Kulturguts, das im öffentlichen Eigentum steht.

[327] Vgl. BGH, Urt. v. 5.10.1989, NJW 1990, S. 899 ff. (Hamburger Stadtsiegel-Fall).

[328] So auch *Jayme*, ZvglRWiss 95 (1996), S. 158 ff., 168; *Jayme/Kohler*, IPRax 1994, S. 405 ff., 408; *MünchKomm-Kreuzer*, Nach Art. 38 Anh. I, Rn. 195; *de Ceuster*, S. 33 ff., 46; *Fuchs*, IPRax 2000, S. 281 ff., 285; *Palandt-Heldrich*, EGBGB 43, Rn. 2; *Pfeiffer*, IPRax 2000, S. 270 ff., 278; *Roth*, IPRax 1994, S. 165 ff., 173; *Siehr*, RabelsZ 59 (1995), S. 455 ff., 467; a.A. *Müller-Katzenburg*, Standards, S. 285.

[328] *Jayme*, IPRax 1993, S. 360; *Roth*, IPRax 1994, S. 165 ff., 173; *Pfeiffer*, IPRax 2000, S. 270 ff., 279; *Schmeinck*, S. 196 f.

gliedstaaten. Einige Mitgliedstaaten haben die Vorschrift nicht umgesetzt, andere haben sie wörtlich übernommen[329]. Die Richtlinie 93/7/EWG wurde in der Bundesrepublik Deutschland durch das Kulturgutsicherungsgesetz vom 15.10.1998[330] umgesetzt. Im ersten Abschnitt wird die Geltendmachung des öffentlich-rechtlichen Rückgabeanspruchs für deutsches Kulturgut geregelt. Gemäß § 4 Abs.1 KultGüRückG richtet sich das Eigentum an Kulturgut, das nach den Bestimmungen dieses Gesetzes auf Verlangen in das Bundesgebiet zurückgegeben wird, nach den deutschen Sachvorschriften. Gemäß § 4 Abs. 2 KultGüRückG werden bürgerlich-rechtliche Ansprüche und Rechte auf das Kulturgut durch Rückgabeansprüche i.S.v. § 5 dieses Gesetzes nicht berührt[331]. Im zweiten Abschnitt wird der Rückgabeanspruch anderer Mitgliedstaaten geregelt. Gemäß § 8 KultGüRückG bestimmt sich das Eigentum an Kulturgut nach erfolgter Rückgabe nach den Sachvorschriften des ersuchenden Mitgliedstaats. Der deutsche Gesetzgeber hat sich bei der Schaffung der §§ 4 und 8 KultGüRückG für Sachnormverweisungen entschieden. Gemäß Art. 4 Abs. 1 KultGüRückG sind bei richtlinienkonformer Auslegung deutsche Sachvorschriften rückwirkend auf sachenrechtliche Vorgänge während der unrechtmäßigen Ausfuhr anzuwenden. Erwerbsvorgänge beurteilen sich dementsprechend nicht nach dem Lageortsrecht im Zeitpunkt der Verfügung, sondern nach deutschem Sachrecht[332]. Aufgrund fehlender dinglich wirkender Kulturschutznormen im deutschen Sachrecht wäre Art. 4 Abs. 1 KultGüRückG ansonsten ohne Regelungsgehalt. Klarer ist die Regelung in § 20 des österreichischen Umsetzungsgesetzes[333]. Sie lautet: „Der Erwerb und der Verlust des Eigentums an Kulturgütern ist nach der Rückgabe nach den Sachnormen des ersuchenden Mitgliedstaates zu beurteilen, wenn der Erwerb oder Verlust des Eigentums auf Sachverhalten beruhen, die sich zwischen der unrechtmäßigen Verbringung und der Rückgabe vollendet haben.“ In § 4 Abs. 2 KultGüRückG stellt der deutsche Gesetzgeber klar, daß öffentlichrechtliche Rückgabeansprüche, die die Voraussetzungen von § 5 KultGüRückG erfüllen, die bürgerlich-rechtlichen Ansprüche und Rechte unberührt lassen. Der Gesetzesbegründung ist zu entnehmen, daß damit die Rechte und Ansprüche des Berechtigten gemeint sind[334]. Der Eigentümer eines

---

[329] Vgl. die Umsetzungsnormen anderer Mitgliedstaaten bei *Siehr*, ZVglRWiss 95 (1996), S. 170 ff., 180; *Jayme/Kohler*, IPRax 1998, S. 426.

[330] BGBl. I 3162; Vgl. zur Umsetzung *Mußgnug*, EuR 2000, S. 564 ff.

[331] Die Vorschrift des § 4 beruht auf der Regelungskompetenz des Bundes aus Artikel 74 Abs. 1 Nr.1 GG im Gegensatz zu den anderen Vorschriften des ersten Abschnitts, die auf Artikel 75 Abs. 1 Satz 1 Nr. 6 GG beruhen; vgl. BT-Drs. 13/10789, S. 9.

[332] So auch *Fuchs*, IPRax 2000, S. 281 ff., 285; *Pfeiffer*, IPRax 2000, S. 270 ff., 278; a.A. *Mußgnug*, in: *Hohmann/John*, Kommentar zum Ausfuhrrecht, S. 1843, der § 4 nur deklaratorisches Gewicht beimißt.

[333] BGBl.1998 I, Nr. 67 v. 15.5.1998.

[334] Vgl. die Gesetzesbegründung zu Abschnitt I, Drs. 13/10789, S. 9: „Selbstverständlich bleibt es den Berechtigten überlassen, alle öffentlichen und privaten Rechte an und in bezug auf ausgeführte Gegenstände vor deutschen und ausländischen Behörden und Gerichten gel-

Kulturguts, dem es in Deutschland abhanden kommt, kann auch nach unrechtmäßiger Ausfuhr seinen privatrechtlichen Herausgabeanspruch geltend machen, ohne eine staatliche Rückgabeklage befürchten zu müssen. Nach Auffassung des deutschen Gesetzgebers ist es gar seine Sache, den abhanden gekommenen Gegenstand aufzuspüren und zurückzuführen. § 4 Abs. 2 KultGüRückG ist jedoch nicht zu entnehmen, daß ein gutgläubiger Eigentumserwerb an gestohlenem Kulturgut gemäß ausländischen Rechtsvorschriften nach der Rückgabe grundsätzlich anerkannt wird[335]. Ansonsten müßte § 4 Abs. 2 KultGüRückG lauten: „Nach ausländischen Rechtsvorschriften erworbene Eigentums- oder sonstigen dinglichen Rechte des Rückgabeschuldners bleiben nach erfolgter Rückgabe bestehen".

Bei ausländischem Kulturgut wird gemäß § 8 KultGüRückG bei der Rückgabe des Kulturguts an den ausländischen Mitgliedstaat seinen Sachvorschriften überlassen, wem das Eigentum an dem Kulturgut nach der Rückgabe zusteht. Auswirkungen hat dies auf die Höhe der Entschädigung, die der ersuchende Mitgliedstaat bei der Rückgabe zu zahlen hat. Gegen eine rückwirkende Anwendung der lex originis spricht § 9 Abs. 3 KultGüRückG. Die Norm bestätigt die Ansicht, die den Regelungsgehalt der §§ 4, 8 KultGüRückG darauf beschränkt, dem ersuchenden Mitgliedstaat zu gestatten, den illegalen Export von Kulturgütern mit deren Einziehung zu ahnden[336]. § 9 Abs. 3 KultGüRückG steht jedoch nicht in Einklang mit Art. 9 der Richtlinie, der eine entsprechende Regelung nicht enthält. Bei der Formulierung des § 9 Abs. 3 KultGüRückG bleibt unklar, ob mit „Rechte des Rückgabeschuldners" Eigentumsrechte gemeint sind. Nach der Definition in § 6 Abs. 2 KultGüRückG ist Rückgabeschuldner, „wer für sich selbst oder für einen anderen die tatsächliche Sachherrschaft über das Kulturgut ausübt". Der Rückgabeschuldner muß also nicht zwangsläufig der Eigentümer sein. Gemäß § 9 Abs. 3 KultGüRückG dürfte dann eine Zusicherung dergestalt ausreichend sein, daß lediglich die Besitzrechte des Rückgabeschuldners durch die Rückgabe nicht berührt werden. Eine Zusicherung gemäß der genannten Vorschrift kann sich nur darauf beziehen, von dem Recht zur Einziehung keinen Gebrauch zu machen. Die Eigentumsfrage bestimmt sich aber nach der hier vertretenen Auffassung generell nach den Sachvorschriften des ersuchenden Mitgliedstaats. Ist der Rückgabeberechtigte nach der unrechtmäßigen Ausfuhr nach den Sachvorschriften einer zwischenzeitlich anwendbaren lex rei sitae Eigentümer geworden und bleibt er es nach den Sachvorschriften des ersuchenden Mitgliedstaats nicht, dann ist dies bei der Höhe der Entschädigung zu berücksichti-

---

tend zu machen. Das gilt insbesondere für abhanden gekommene Gegenstände, deren Aufspürung und Rückführung nach wie vor Sache des Berechtigten bleibt (...)."

[335] A.A. *Mußgnug*, in: *Hohmann/John*, Kommentar zum Ausfuhrrecht, S. 1843, der in § 4 die Klarstellung des Gesetzgebers sieht, daß dem Rückgabepflichtigen seine Rechte an dem Kulturgut nach der Rückgabe ungeschmälert erhalten bleiben.

[336] *Mußgnug*, FS *Bernhardt*, S. 1240 f.

gen[337]. Nach der hier vertretenen Ansicht ist § 9 Abs. 3 KultGüRückG richtlinienkonform auszulegen.

C. Die Anwendung von Art. 4 Abs. 1 KultGüRückG im Fall einer freiwilligen Rückgabe

Unklar ist, ob gemäß § 4 Abs. 1 KultGüRückG deutsche Sachvorschriften anzuwenden sind, wenn das Kulturgut nicht infolge der öffentlichrechtlichen Rückgabeklage, sondern aufgrund einer Erwerbskette „zufällig" in das Bundesgebiet gelangt oder freiwillig zurückgegeben wird. Der Sinn dieser Vorschrift ist richtlinienkonform zu ermitteln. Zunächst ist Art. 12 der Richtlinie 93/7/EWG auszulegen. Zu Art. 12 der Richtlinie 93/7/EWG haben sich zu dieser Problematik zwei Ansichten gebildet. Nach einer Ansicht ist die Rückkehr aufgrund des öffentlichrechtlichen Rückgabeanspruchs der Rückkehr aufgrund einer Erwerbskette gleichzustellen[338]. Eine Unterscheidung zwischen freiwilliger und erzwungener Rückgabe sei willkürlich; Art. 12 sei „eine auch außerhalb der Richtlinie zu beachtende europäische Kollisionsnorm, die das bisher geltende Internationale Sachenrecht verdrängt, soweit es um Kulturgüter im Sinne der Richtlinie und deren unerlaubte Verbringung innerhalb der EU geht"[339]. Eine zweite Ansicht verneint die Anwendung der Kollisionsnorm, wenn die Rückkehr nicht aufgrund des staatlichen Rückgabeanspruchs erfolgte[340]. Die Funktion des Art. 12 erschöpfe sich in der Koordination zwischen dem öffentlich-rechtlichen Rückführungsverfahren und der Zivilrechtslage[341].

Dem Wortlaut des Art. 12 der Richtlinie ist zunächst nicht zu entnehmen, ob sich die Frage des Eigentums an dem Kulturgut nach dem Recht des ersuchenden Mitgliedstaats nur bei einer Rückkehr aufgrund der staatlichen Rückgabeklage bestimmt. Die Rückgabe wird in Art. 1 Nr. 5 der Richtlinie als „materielle Rückkehr" definiert. Für die zweite Ansicht spricht die folgende Erwägung. Bei Anwendung der Rechtsvorschriften des Herkunftsstaats gemäß Art. 12 der Richtlinie besteht die Möglichkeit, daß der gutgläubige Erwerber das Eigentum an dem Kulturgut verliert. Die Entschädigung wird aber nach Art. 9 der Richtlinie nur vom Gericht gewährt, wenn es die Rückgabe anordnet. Art. 9 der Richt-

---

[337] Zu beachten ist, daß in der Gesetzesbegründung zu Art. 9 der Richtlinie 93/7/EWG bei der Höhe der Entschädigung zunächst der vom Erwerber gezahlte Kaufpreis als Orientierungspunkt gelten soll. Vgl. die Begründung zu dem Art. 9 der Richtlinie 93/7/EWG entsprechenden Art. 10 des Richtlinienentwurfs Dok. KOM (91) 447 endg. - SYN 382, S. 28.

[338] *Siehr*, RabelsZ 59 (1995), S. 455 ff., 466; *Staudinger-Stoll*, Internationales Sachenrecht, Rn. 115.

[339] *Siehr*, RabelsZ 59 (1995), S. 455 ff., 466.

[340] *Fuchs*, IPRax 2000, S. 281 ff., 285; *Soergel-Lüderitz*, Anh II Art. 38 Rn. 110; *MünchKomm-Kreuzer*, Nach Art. 38 Anh. I, Rn. 195.

[341] *MünchKomm-Kreuzer*, Nach Art. 38 Anh. I, Rn. 195.

linie ist demnach nicht im Fall einer freiwilligen Rückgabe oder Rückkehr des Kulturguts aufgrund einer Erwerbskette anzuwenden. Bei Anwendung des Art. 12 der Richtlinie außerhalb eines staatlichen Rückgabeanspruchs bestünde die Gefahr, daß der gutgläubige Rückgabeschuldner entschädigungslos das Eigentum an dem Kulturgut verliert. Beide Normen sind jedoch systematisch verbunden[342]. Aus diesem Grund sollte Art. 12 der Richtlinie auch nur dann angewendet werden, wenn das Kulturgut aufgrund der staatlichen Rückgabeklage zurückkehrt. Eine Unterscheidung zwischen freiwilliger und erzwungener Rückgabe ist auch nicht als willkürlich anzusehen, weil nur bei der Rückkehr aufgrund einer staatlichen Rückgabe gerichtlich geprüft werden kann, ob es sich um ein Kulturgut im Sinne der Richtlinie handelt. Oft steht bis zu diesem Zeitpunkt nicht einmal fest, wer der „ersuchende Mitgliedstaat" ist, nach dessen Sachvorschriften sich die Eigentumsfrage bestimmt[343]. Die vorstehende Auslegung des Art. 12 der Richtlinie wird durch § 4 Abs. 1 KultGüRückG bestätigt. Voraussetzung für die Anwendung deutscher Sachvorschriften ist, daß das Kulturgut „nach den Bestimmungen dieses Gesetzes auf Verlangen in das Bundesgebiet zurückgegeben wird".

§ 4 Sonderbehandlung von Kunstwerken und anderen Kulturgütern

A. Methodisch-historischer Ansatz

Zu untersuchen bleibt, ob Kulturgüter im Vergleich zu anderen beweglichen Sachen bereits eine Sonderbehandlung außerhalb des Internationalen Privatrechts erfahren haben. Ausfuhr- und Schutzregelungen sind im nationalen öffentlichen Recht, im Europarecht und im Völkerrecht zu finden. Die Ausfuhr von bestimmten Kulturgütern aus dem deutschen Hoheitsgebiet wird gemäß § 1 Abs. 4 KgSchG von einer Genehmigung abhängig gemacht. Die Verordnung 3911/92 sichert einheitliche Kontrollen an den Außengrenzen der Europäischen Gemeinschaft und macht die Ausfuhr von Kulturgütern aus dem Zollgebiet der Europäischen Gemeinschaft von einer Ausfuhrgenehmigung des Herkunftslandes abhängig[344]. In ihrem Bestand und vor Zerstörung werden Kulturgüter nicht nur durch die nationalen Denkmalschutzgesetze[345] und Staatsverträge[346] geschützt,

---

[342] Für die Höhe der Entschädigung nach Art. 9 der Richtlinie vor allem die Frage zu berücksichtigen, ob der Rückgabeschuldner Eigentümer nach den Rechtsvorschriften des ersuchenden Mitgliedstaates bleibt; vgl. die Begründung zu dem Art. 9 der Richtlinie 93/7/EWG entsprechenden Art. 10 des Richtlinienentwurfs Dok. KOM (91) 447 endg. - SYN 382, S. 28.

[343] So auch *Fuchs*, IPRax 2000, S. 281 ff., 285.

[344] Verordnung (EWG) Nr. 3911/92 des Rates vom 9.12.1992, Abl. Nr. L 395/92, S. 1.

[345] Vgl. dazu *Bernsdorff/Kleine-Tebbe*, Teil C.

[346] Vgl. dazu *v. Schorlemer*, S. 87 ff.; *Berndt*, S. 7 ff. Siehe z.B. den Vertrag über gute Nachbarschaft, Partnerschaft und Zusammenarbeit v. 9.11.1990 zwischen der Bundesrepublik und der ehemaligen Sowjetunion (BGBl. 1991 II S. 702).

sondern auch in Kriegszeiten durch die Haager Konvention zum Schutz von Kulturgut bei bewaffneten Konflikten vom 14. Mai 1954, die die Bundesrepublik Deutschland im Jahre 1967 gezeichnet hat[347].

Im Steuerrecht wird ebenso zwischen Kunstwerken und anderen beweglichen Sachen unterschieden[348]. Der gewerbliche Verkauf von Kunstgegenständen und Sammlungsstücken unterliegt gemäß § 12 Abs. 2 Satz 1 Nr. 1 UstG i.V.m. Nr. 53 und 54 der Anlage dem ermäßigten Steuersatz von 7 %. Nach § 224a AO kann die oberste Finanzbehörde eines Bundeslandes durch öffentlich-rechtlichen Vertrag zulassen, daß ein Steuerpflichtiger Erbschafts- oder Vermögenssteuer durch die Hingabe von Kunstgegenständen, Kunstsammlungen, wissenschaftlichen Sammlungen, Bibliotheken, Handschriften und Archiven an Zahlungs statt tilgt.

Für Kunstwerke als Handelsware bestehen Sonderregelungen, wie zum Beispiel im Urhebergesetz. Zu nennen ist neben dem Recht des Urhebers auf Anerkennung seiner Urheberschaft gemäß § 13 UrhG, dem Recht des Urhebers auf Zugang gemäß § 25 UrhG insbesondere das Folgerecht (droit de suite) in § 26 UrhG. Das Folgerecht will dem Urheber, der das Original veräußert hat, einen Anteil am Verkaufserlös sichern, wenn der Erwerber das Kunstwerk später, meist gewinnbringend, weiterveräußert.[349]

Im „Nigeria"-Fall war die Herkunft der Kulturgüter entscheidend für die Wirksamkeit einer Seetransportversicherung. Der Bundesgerichtshof hat entschieden, daß einem Versicherungsvertrag, der die Ausfuhr von Kulturgütern zum Gegenstand hat, die unter ein ausländisches Exportvervot fallen, ein gemäß § 2 Abs. 1 der Allgemeinen Deutschen Versicherungsbedingungen vorausgesetztes erlaubtes versicherbares Interesse wegen Verstoßes gegen die guten Sitten gemäß § 138 BGB nicht zugrunde liegt.[350] Die Ausfuhr von Kulturgut entgegen einem Verbot des Ursprungslandes verdiene im Interesse der Anständigkeit im internationalen Verkehr mit Kunstgegenständen keinen bürgerlich-rechtlichen Schutz[351].

Die Gerichte setzten sich auch mit der Frage auseinander, ob im Vertragsrecht die mangelnde Echtheit eines Bildes als Fehler im Sinne des § 459 Abs. 1 BGB

---

[347] G. v. 11.4.1967, BGBl. II S. 1233 f.; in Kraft seit dem 11.11.1967, Bek. v. 26.10.1967, BGBl. II S. 2471; geändert durch G. v. 10.8.1971, BGBl. II S. 1025.

[348] Vgl. dazu *Berndt*, S. 101 ff.

[349] *Rehbinder*, Urheberrecht, Rn. 250. Der Anspruch auf den Urheberanteil entsteht allerdings nur bei solchen Geschäften, an denen ein Kunsthändler oder Versteigerer als Erwerber, Veräußerer oder Vermittler beteiligt ist, vgl. § 26 I 1UrhG. Ausgenommen vom Folgerecht sind gemäß § 26 VIII UrhG Werke der Baukunst und der angewandten Kunst.

[350] BGH Urt. v. 22.6.1972, BGHZ 59, S. 82 ff.

[351] BGH Urt. v. 22.6.1972, BGHZ 59, S. 82 ff., 86.

a. F. anzusehen ist[352]. Sofern die Urheberschaft eines bestimmten Künstlers Vertragsgegenstand ist, handelt es sich um einen nach den §§ 459 ff. BGB a. F. zu beurteilenden Gewährleistungsfall; § 119 Abs. 2 BGB wird verdrängt[353]. Der nach dem Vertrag vorausgesetzte Gebrauch bestehe beim Erwerb darin, dem Käufer die Möglichkeit zu verschaffen, sich des Besitzes eines Werkes gerade dieses Meisters zu erfreuen, sich in die Malweise und sonstige Eigenart dieses Künstlers zu vertiefen und sie sich jederzeit vor Augen zu halten. Andere Vorteile, besonders geldlicher Art, die vom Ruf des Künstlers oder des Werkes abhängen, seien unwesentlich. Rührt dagegen das Werk nicht von dem Künstler her, als dessen Werk es nach beiderseitiger Anschauung gekauft ist, so liege stets ein Fehler der Kaufsache vor[354]. Ein Fehler im Sinne von § 459 Abs. 1 BGB a. F. ist auch dann zu bejahen, wenn es sich um eine Fälschung handelt[355].

Der Bundesgerichtshof hat auch entschieden, daß in der Urheberschaft eines Gemäldes eine verkehrswesentliche Eigenschaft zu sehen ist[356]. Ein Anfechtungsrecht ist nicht ausnahmslos deswegen ausgeschlossen, weil der Anfechtende durch die angefochtene Erklärung wirtschaftlich keinen Nachteil erlitten hat[357]. Bei dem Verkauf von Kunstgegenständen sei der wirtschaftliche Wert nicht allein ausschlaggebend. Der Bundesgerichtshof beanstandete die Ausführungen des Berufungsgerichts nicht, daß einem Bild von *Leibl* in München unabhängig vom reinen Geldwert höhere Wertschätzung als einem Gemälde *Duvenecks* zukommt[358].

Eine Sonderbehandlung erfahren Kunstwerke durch die Gerichtsentscheidungen zur Haftung des Auktionators bei unrichtigen Katalogangaben. Ein Gewährleistungsausschluß könne danach nur dann als rechtswirksam angesehen werden, wenn der Auktionator dem Kaufinteressenten Gelegenheit gibt, während einer angemessenen Frist die zur Versteigerung gelangenden Werke zu besichtigen, ihre Echtheit zu prüfen und gegebenenfalls selbst weitere Auskünfte einzuholen[359]. Der Auktionator könne sich allerdings nicht dann auf eine formularmäßige Freizeichnung berufen, wenn er bei der Annahme des Werkes die ihm gegenüber dem Ersteigerer obliegende Sorgfaltspflicht verletzt hat, indem er nicht die Vertrauenswürdigkeit von Einlieferern überprüft hat[360]. Außerdem befaßten sich die Gerichte mit der Frage, unter welchen Umständen von einer Zusicherung der

---

[352] RG Urt. v. 11.3.1932, RGZ 135, S. 339 ff.
[353] OLG Düsseldorf, Urt. v. 9.8.1991, NJW 1992, S. 1326 f.
[354] RG Urt. v. 11.3.1932, RGZ 135, S. 339 ff., 342.
[355] OLG Hamm, Urt. v. 28.9.1993, NJW 1994, S. 1967 f.
[356] BGH Urt. v. 15.1.1975, BGHZ 63, S. 369 ff.; BGH Urt. v. 8.6.1988, NJW 1988, S. 2597 ff., 2599.
[357] BGH Urt. v. 8.6.1988, NJW 1988, S. 2597 ff., 2599.
[358] BGH Urt. v. 8.6.1988, NJW 1988, S. 2597 ff., 2599.
[359] BGH Urt. v. 15.1.1975, BGHZ 63, S. 369 ff., 375.
[360] BGH Urt. v. 13.2.1980, NJW 1980, S. 1619 ff., 1621.

Echtheit durch den Kunsthändler bzw. den Auktionator im Sinne von §§ 459 Abs. 2, 463 BGB a. F. auszugehen ist[361]. Ein Auktionator erfülle die ihm obliegende Prüfungspflicht hinsichtlich der Echtheit eines eingelieferten Bildes nicht schon dadurch, daß er sich auf die vagen Ausführungen im Kurzgutachten eines fragwürdigen Experten verlasse; insbesondere dann nicht, wenn der Einlieferer selbst nur ungenaue Angaben über die Herkunft und Erwerb des Bildes mache[362]. Zweifel, die bei Nachfragen entstehen, verpflichten den Auktionator zu weiteren Nachforschungen[363].

Im Sachenrecht besteht eine Erkundigungspflicht des Erwerbers beim Kauf von Kunstwerken. Davon hängt ab, ob der Erwerber gutgläubig im Sinne von § 932 BGB ist. Die Veräußerungen von Kunstgegenständen wird als verkehrstypische Gefahrensituation bewertet, bei der Nachforschungspflichten bestehen[364]. Bleiben Fragen ungeklärt oder tauchen Zweifel auf, so trifft den Erwerber die Pflicht, weitere Nachforschungen zu unternehmen[365]. Tut er dies nicht, so verletzt er seine Sorgfaltspflichten. Der Erwerber muß beispielsweise nach der Herkunft des Erwerbsgegenstandes und bei einem importierten Kunstwerk nach möglichen Belegen für die Rechtmäßigkeit der Ausfuhr fragen. Zudem muß sich der Erwerber über die Person des Veräußerers und seine Verfügungsbefugnis informieren[366].

Der Bundesgerichtshof hat im Rechtsstreit „*Emil Nolde*“ entschieden, daß ein Beseitigungsanspruch wegen einer Verletzung des allgemeinen Persönlichkeitsrechts (§§ 823 Abs. 1, 1004 BGB i.V.m. Art. 1 Abs. 1 GG) nicht bereits wegen Zeitablaufs, nachdem mehr als 30 Jahre seit dem Tod des Künstlers vergangen sind, zu verneinen sei[367]. Das Gericht führte aus, daß „anders als bei einem ausübenden Künstler, der z.B. als Theaterschauspieler oder -regisseur in der Regel nur seinen Zeitgenossen in Erinnerung bleiben wird, das künstlerische Ansehen und die künstlerische Wertschätzung bei einem bildenden Künstler, der seiner Nachwelt ein bleibendes Werk hinterläßt, noch Jahrzehnte nach seinem Tode fortbestehen kann, ohne daß der erforderliche Bezug zur Person des Verstorbenen verlorengeht“[368].

---

[361] BGH Urt. v. 15.1.1975, BGHZ 63, S. 369 ff.
[362] OLG Hamm, Urt. v. 28.9.1993, NJW 1994, S. 1967 f.
[363] OLG Hamm, Urt. v. 28.9.1993, NJW 1994, S. 1967 f.
[364] *MünchKomm-Quack*, § 932, Rn. 48.
[365] OLG München, Urt. v. 10.1.1973, Warn 1973 Nr. 3.
[366] *Müller-Katzenburg*, Standards, S. 315 ff.
[367] BGH Urt. v. 8.6.1989 („Emil Nolde“), MDR 1989, S. 1076 f.
[368] BGH Urt. v. 8.6.1989 („Emil Nolde“), MDR 1989, S. 1076 f.

B. Ergebnis

Die vorangegangene Untersuchung hat gezeigt, daß die Tendenz besteht, bei der Behandlung von Kunstwerken und anderen Kulturgütern besondere Maßstäbe und Rechtsregeln anzuwenden[369]. Auch außerhalb der Denkmalpflege und des Kulturgüterschutzes auf nationaler, europäischer und internationaler Ebene erfahren Kulturgüter eine Sonderbehandlung. Zurückzuführen ist dies nicht nur auf das Interesse der Allgemeinheit an der Pflege und Bewahrung von Kulturgütern. Im Gegensatz zu anderen beweglichen Sachen sind sie nicht nur einzigartig, unersetzbar[370] und daher meist besonders wertvoll, sondern haben zudem eine eigene Geschichte, die ihren Ausgangspunkt in der Regel in der schöpferischen Tätigkeit des Künstlers hat. Rechtliche Bedeutung erlangt somit die Herkunft von Kulturgütern.

Im Urheberrecht wird die besondere schöpferische Tätigkeit des Künstlers gefördert. Die Beteiligung des Künstlers an Wertsteigerungen stellt die Besonderheit von Kunstwerken im Vergleich zu anderen Sachen und Handelswaren heraus. Durch das Folgerecht wird verdeutlicht, daß die Wertsteigerung bei Weiterveräußerung letztlich auch auf der Leistung des Künstlers beruht. Der postmortale Perönlichkeitsschutz von Künstlern, die ein Werk geschaffen haben, unterliegt besonderen Maßstäben. Im Steuerrecht wird der Handel mit Kunstgegenständen privilegiert. Zudem tritt das Interesse des Staates am Besitz und am Eigentum an für ihn wertvollen Kunstwerken hervor, indem gestattet wird, Steuerschulden durch die Hingabe von Kunstwerken zu begleichen.

Der Kulturgüterschutz hat Auswirkungen auf die allgemeinen Rechtsvorschriften. Die Wirksamkeit eines Versicherungsvertrages hängt davon ab, ob das Kulturgut aus einem Drittstaat unrechtmäßig ausgeführt wurde. Die Herkunft bzw. Urheberschaft eines Kunstwerkes ist ausschlaggebend für die Frage, ob Gewährleistungsansprüche bestehen. Nachforschungspflichten bestehen sowohl für den Auktionator, der sich auf eine formularmäßige Freizeichnung berufen möchte, als auch für den Erwerber, der behauptet, im guten Glauben gehandelt zu haben. In beiden Fällen sind, insbesondere bei Zweifeln, Erkundigungen über die Herkunft eines Kunstwerkes, bei einem importierten Kunstwerk nach möglichen Belegen für die Rechtmäßigkeit der Ausfuhr und über die Person des Veräußerers bzw. Einlieferers einzuholen. *Jayme* bezeichnete diese Sonderbehandlung als „Kryptoregeln für Kunstwerke, welche sich im Rahmen der allgemeinen Rechtsvorschriften entwickeln“[371].

---

[369] Laut *Müller-Katzenburg* ist eine solche rechtliche „Sonderbehandlung“ auf nationaler und internationaler Ebene nicht zu übersehen, KUR 2001, S. 1 ff., 7.

[370] Vgl. dazu auch *Kunze*, S. 99; *Müller-Katzenburg*, KUR 2001, S. 1 ff., 3.

[371] *Jayme*, Rechtsbegriffe und Kunstgeschichte, S. 11 ff., 12.

Obwohl bisher nicht abschließend geklärt ist, ob das „Kunstrecht“ auch rechtssystematisch als eigenständiges Rechtsgebiet anzuerkennen ist, kann davon ausgegangen werden, daß Kulturgüter nicht nur im öffentlichen Recht, sondern auch im Privatrecht eine Sonderbehandlung erfahren[372]. Der Vorschlag, im Falle von abhanden gekommenen oder unrechtmäßig ausgeführten Kulturgütern den Herkunftsort als öffentlichen Recht, sondern auch im Privatrecht eine Sonderbehandlung erfahren[373]. Der Vorschlag, im Falle von abhanden gekommenen oder unrechtmäßig ausgeführten Kulturgütern den Herkunftsort als entscheidendes Kriterium für eine „enge Verbindung“ im Sinne des Art. 46 EGBGB zu berücksichtigen, fügt sich in die Tendenz zur Entwicklung eines Sonderrechts ein. Der Belegenheitsort im Zeitpunkt der Vollendung des sachenrechtlichen Tatbestandes oder der gewöhnliche Aufenthalt der am Rechtsgeschäft beteiligten Parteien sind Kriterien, die die Herkunft und Geschichte der Kulturgüter unberücksichtigt lassen.

---

[372] Vgl. dazu *Jayme*, Die Washingtoner Erklärung, S. 247 ff., 250: „Kunstwerke verdienen nicht nur ein eigenständiges Kunstrecht, sondern haben – ähnlich wie die Personen – eigene Rechte oder sollten sie wenigstens haben.“; *Kunze*, S. 99 f.; *Müller-Katzenburg*, KUR 2001, S. 1 ff.

[373] Vgl. dazu *Jayme*, Die Washingtoner Erklärung, S. 247 ff., 250: „Kunstwerke verdienen nicht nur ein eigenständiges Kunstrecht, sondern haben – ähnlich wie die Personen – eigene Rechte oder sollten sie wenigstens haben.“; *Kunze*, S. 99 f.; *Müller-Katzenburg*, KUR 2001, S. 1 ff.

Vereinheitlichung des Sachenrechts

§ 5 Das UNIDROIT-Übereinkommen von 1995

Ein Sonderprivatrecht für den grenzüberschreitenden Kulturgüterverkehr wurde durch das UNIDROIT-Übereinkommen über gestohlene oder rechtswidrig ausgeführte Kulturgüter vom 24. Juni 1995[374] mittels einheitlich geltender Sachnormen auf zivilrechtlicher Ebene geschaffen[375]. Einen dualen Ansatz verfolgend, enthält das Übereinkommen zwei voneinander zu trennende Ansprüche[376]. Neben einem staatlichen Anspruch auf Rückführung unrechtmäßig ausgeführter Objekte in Art. 5 sieht das Übereinkommen in Art. 3 auch einen privatrechtlichen Anspruch auf Rückgabe gestohlener Kulturgüter vor. Die Bundesrepublik Deutschland ist dem Übereinkommen bisher nicht beigetreten.

Kollisionsnormen sind dann nicht mehr erforderlich, wenn das Übereinkommen die Problematik der Eigentumsfrage an abhanden gekommenen oder unrechtmäßig ausgeführten Kulturgütern mittels Vereinheitlichung des Sachenrechts lösen würde und das Übereinkommen weltweit anwendbar wäre. Insoweit stellt sich die Frage, ob die Bundesrepublik dem Übereinkommen beitreten sollte.

A. Das Übereinkommen

I. Entstehungsgeschichte

Die Initiative zur Ausarbeitung des UNIDROIT-Übereinkommens kam von Seiten der UNESCO. Der Grund für das Vorhaben war die mangelnde Akzeptanz der UNESCO-Konvention von 1970 über die Mittel zur Bekämpfung des illegalen Imports, Exports und Eigentumsübergangs. Zurückgeführt wurde dies auf die Unbestimmtheit der Regelungen der Konvention von 1970 sowie auf die mangelnde Berücksichtigung ihrer praktischen Vereinbarkeit mit nationalen Sa-

---

[374] ILM 34 (1995), S. 1330 ff.; nichtamtliche deutsche Übersetzung abgedr. in: ZVerglRWiss 95 (1996), S. 214 ff. Verbindlich ist die englische und die französische Sprachfassung. Das Übereinkommen ist am 1.7.1998 für China, Ecuador, Litauen, Paraguay und Rumänien in Kraft getreten. Es gilt darüber hinaus für Peru (seit 1.9.1998), Ungarn (seit 1.11.1998), Brasilien (seit 1.9.1999), Bolivien (seit 1.10.1999), Finnland (seit 1.12.1999), El Salvador (seit 1.1.2000), Italien (seit 1.4.2000), Argentinien (seit 1.2.2002), Norwegen (seit 1.3.2002), Spanien (seit 1.11.2002), Portugal (seit 1.1.2003) und Kambodscha (seit 1.1.2003). Vgl. >www.unidroit.org/english/implement/l-95.htm<.

[375] *Müller-Katzenburg*, Standards, S. 102; *Reichelt*, in: *Sladek* (Hrsg.), Das kulturelle Erbe, S. 61 ff.; *Siehr*, RabelsZ 1995, S. 460 f.

[376] Zweck des Übereinkommens ist nicht nur der Schutz des kulturellen Erbes der Staaten, sondern auch der des Eigentums; vgl. dazu *Turner*, S. 230.

chenrechtsvorstellungen[377]. Zur Behebung dieser Unzulänglichkeiten beschloß die UNESCO, ihre öffentlich-rechtliche Konvention von 1970 mit privatrechtlichen Strukturen zu ergänzen[378]. Hierzu wandte sie sich an das Internationale Institut für die Vereinheitlichung des Privatrechts (UNIDROIT), das bereits 1968 und 1974 Entwürfe für ein Einheitliches Gesetz über den Eigentumserwerb kraft guten Glaubens an beweglichen Sachen erarbeitet hatte (LUAB)[379]. Die UNESCO vergab 1984 und 1986 zwei wissenschaftliche Forschungsaufträge zur Aufbereitung der Rechtsfragen des Internationalen Kulturgüterschutzgesetzes, und zwar zur Vereinheitlichung des gutgläubigen Erwerbs vom Nichteigentümer und zu Fragen des Eigentumsübergangs von beweglichen Sachen[380]. Im Anschluß an die vorbereitenden Studien wurde 1988 eine internationale Studienkommission eingesetzt, die am 26. Januar 1990 einen ersten Konventionsentwurf vorlegte[381]. Von 1990 bis 1994 wurde der Konventionsentwurf von einer Regierungsexpertenkommission auf vier Sitzungen diskutiert und überarbeitet. Am 24. Juni 1995 wurde im Rahmen der diplomatischen Abschlußkonferenz die endgültige Fassung verabschiedet.

---

[377] Insbesondere wurde der in Art. 7 (b) (ii) der Konvention normierte öffentlich-rechtliche Rückgabeanspruch von gutgläubig erworbenem Eigentum kritisiert. Vgl. dazu *Prott*, ZVglRWiss 95 (1996), S. 188 ff., 190; *Müller-Katzenburg*, Standards, S. 100.

[378] *Raschèr*, S. 67; *Reichelt*, in: *Reichelt* (Hrsg.), Neues Recht zum Schutz von Kulturgut, S. 55 ff., 58 f.; *Weidner*, S. 249 f.

[379] Projet de loi uniforme d'UNIDROIT sur la protection de l'acquéreur de bonne foi d'objets mobiliers corporels (LUAB 1986), UNIDROIT 1986, Etude XLV-Doc.37 und Projet de loi uniforme d'UNIDROIT sur l'acquisition de bonne foi d'objets mobiliers corporels (LUAB de 1974), UNIDROIT 1974, Etude XLV-Doc.55 (1975) = U.L.R. 1975 I, S. 79 ff.

[380] *Reichelt*, La protection internationale des biens culturels, UNIDROIT (Rom) 1986, C.D.65-Doc.11 = U.L.R. 1985, Bd.I, S. 42 ff. (erste Studie); *dies.*, La protection internationale des biens culturels, UNIDROIT (Rom) 1988, C.D.67-Doc.8 = U.L.R. 1988, Bd.I, S. 52 ff. (zweite Studie). Das Ergebnis der ersten Studie war, daß die Ausarbeitung eines eigenständigen Konventionstexts vorzugswürdig sei. Die Schaffung eines Annexprotokolls zu Art. 7 der UNESCO-Konvention wurde nicht empfohlen, weil die Vorschrift nur einen geringen Teil der Kulturgüter umfasste. Die Reaktivierung des LUAB-Entwurfs von 1974 und das Erreichen eines Konsenses in der komplexen Frage des gutgläubigen Erwerbs wurde als nahezu aussichtslos gesehen. In der zweiten Studie wurde ein Lösungsrecht bei einem bona fide-Erwerb und die Schaffung spezieller Eingriffsnormen für Kulturgüter vorgeschlagen. Vgl. dazu auch *Reichelt*, in: *Reichelt* (Hrsg.), Neues Recht zum Schutz von Kulturgut, S. 55 ff., 56 ff; *dies.*, in: *Sladek* (Hrsg.), Das kulturelle Erbe, S. 61 ff., 66 ff.

[381] Avant-Projet de Convention d'Unidroit sur les biens culturels volés ou illicitement exportés vom 26.1.1990, UNIDROIT 1990, études LXX doc.19; deutsche Übersetzung in: *Sladek* (Hrsg.), Das kulturelle Erbe. Siehe dazu *Bila*, S. 26; *Jaeger*, S. 141 ff.; *Reichelt*, in: *Dolzer/Jayme/Mußgnug*, Rechtsfragen des IKGS, S. 67 ff.

II. Anwendungsbereich

Der Anwendungsbereich ist gemäß Art. 1 auf Ansprüche „internationaler Art“[382] beschränkt. Diese Formulierung ist unklar und führt im Fall des Diebstahls von Kulturgütern zu Abgrenzungsproblemen. Unstrittig ist, daß reine Inlandsfälle aus dem Anwendungsbereich der Konvention herausfallen. Wird z.B. ein Kulturgut in einem Vertragsstaat gestohlen und in einen anderen Vertragsstaat verbracht, so ist der Rückgabeanspruch des ursprünglichen Eigentümers als ein Anspruch „internationaler Art“ anzusehen. Problematisch ist eine Sachverhaltskonstellation in Fällen wie z.B. bei *Winkworth v. Christie*[383]. In dem Fall wurden Kunstwerke in England gestohlen, nach Italien verbracht, dort gemäß Artt. 1153, 1154 C.c.ital. gutgläubig erworben und anschließend wieder nach England zurückgebracht. Obwohl der Vertragsstaat, in dem das Kulturgut gestohlen wurde, zugleich der Vertragsstaat ist, in dem es sich zum Zeitpunkt der Rückgabeklage befindet, handelt es sich um einen Anspruch „internationaler Art“. Die Formulierung „Ansprüche internationaler Art“ ist gemäß dem Zweck des Übereinkommens auszulegen[384]. Bezweckt wird, eine Zurückdrängung des bestehenden illegalen Kunsttransfers sowie eine strengere Beachtung der handelsüblichen Sorgfalt im Warenverkehr zu erreichen[385]. Durch das Übereinkommen soll vermieden werden, daß ein Dieb Kulturgüter umgehend nach dem Diebstahl in einen anderen Staat bringt, um diese dort unter Ausnutzung der den ursprünglichen Eigentümer nicht schützenden Rechtsvorschriften abzusetzen. Der einmal entstandene Rückgabeanspruch sollte nicht dadurch verloren gehen, daß der Erwerber das Kulturgut wieder in den Staat zurückbringt, in dem es gestohlen wurde. Insbesondere der Fall *Winkworth v. Christie* hat die Arbeiten im Kreise von UNIDROIT richtungsweisend beeinflußt[386].

Ferner ist problematisch, ob ein Anspruch „internationaler Art“ vorliegt, wenn das Kulturgut in einem Vertragsstaat gestohlen und nach den nationalen Vorschriften gutgläubig erworben wurde, sich aber zur Zeit der Klageerhebung in einem anderen Vertragsstaat befindet. Der folgende Beispielsfall soll die Problematik verdeutlichen: Einem Italiener wird in Italien ein Kulturgut gestohlen und vom Dieb in Italien an einen gutgläubigen Erwerber veräußert. Letzterer erwirbt das Eigentum an dem Kulturgut nach den Artt. 1153, 1154 C.c.it. In der Folgezeit verbringt er das Kulturgut nach London, um es dort zu verkaufen. In

---

[382] Vgl. die englische Originalfassung: „(...) claims of an international character (...)“.

[383] *Müller-Katzenburg*, Standards, S. 102, Fn. 196; *Siehr*, RabelsZ 1995, S. 461 ff.

[384] *Carducci*, S. 203; *Droz*, Rev.cr.dr.pr.int. 86 (1997), S. 239 ff., 249; *Frigo*, Riv.dir.int.pr.proc. 32 (1996), S. 435 ff., 440; *Hipp*, S. 203.

[385] *Reichelt*, in: *Reichelt* (Hrsg.), Neues Recht zum Schutz von Kulturgut, S. 55 ff., 62.

[386] *Reichelt*, FS *Schwind*, S. 209 f.; *dies.*, in: *Reichelt* (Hrsg.), Neues Recht zum Schutz von Kulturgut, S. 55 ff., 61, nach deren Auffassung die Terminologie „grenzüberschreitender Sachverhalt“ statt „Ansprüche internationaler Art“ treffender gewesen wäre.

dieser Fallkonstellation wurde das Kulturgut in Italien gestohlen und an einen Erwerber veräußert. Der Staat, in dem das Kulturgut gestohlen wurde, ist in diesem Fall zugleich der Staat, in dem Eigentum erworben wurde. Deshalb wird die Auffassung vertreten, daß in diesem Fall ein Rückgabeanspruch nach dem UNIDROIT-Übereinkommen nicht bestehe[387]. Wenn ein Rückgabeanspruch gegen den Besitznachfolger nicht im Herkunftsstaat entstanden sei, dann könne ein Anspruch nicht durch einen späteren Statutenwechsel begründet werden. Ein in Italien Bestohlener erlange nicht dadurch einen staatsvertraglichen Rückgabeanspruch, daß der gutgläubige Erwerber die Sache später ins Ausland bringe[388]. Diese Ansicht versucht zu Recht, den Anwendungsbereich des Übereinkommens zu beschränken. Ansonsten müßte ein gutgläubiger Erwerber des Eigentums an dem gestohlenen Kulturgut (z.B. nach § 937 BGB) immer damit rechnen, dieses nach den Vorschriften des UNIDROIT-Übereinkommens noch nach Jahrzehnten[389] zurückgeben zu müssen, sobald er es in einen anderen Vertragsstaat verbringt[390]. Dies würde zu einer starken Beeinträchtigung der Rechtssicherheit führen. Eine Vereinheitlichung des nationalen materiellen Sachenrechts für Kulturgüter in der Form, daß ein gutgläubiger Erwerb des Eigentums an gestohlenem Kulturgut auch im innerstaatlichen Bereich ausgeschlossen wird, ist aber nicht das Ziel des UNIDROIT-Übereinkommens. Ein „internationaler Charakter" ist dagegen im Fall *Repubblica dell'Ecuador contro Danusso*[391] zu bejahen. Rechtswidrig ausgegrabene archäologische Kulturgüter[392] wurden in Ecuador erworben und gegen die ecuadorianischen Exportbestimmungen nach Italien verbracht. Im Unterschied zu dem letzten Beispielsfall konnte der Käufer nach ecuadorianischem Recht nicht wirksam Eigentum erwerben. In diesem Fall ist ein Rückgabeanspruch nach dem UNIDROIT-Übereinkommen gegen den Besitznachfolger nicht im Herkunftsstaat entstanden. Jedoch entsteht ein Anspruch „internationaler Art" dann, wenn das Kulturgut in einen anderen Vertragsstaat verbracht wird[393]. Werden die ecuadorianischen Kulturgüter in Italien von einem Gutgläubigen gemäß den Artt. 1153, 1154 C.c.it. zu Eigentum erworben, dann steht der Republik Ecuador ein Rückgabeanspruch gemäß Art. 3 Abs. 1 des Übereinkommens zu, weil sich der Diebstahl in Ecuador ereignete. Die Republik Ecuador darf auch nicht auf den Rückführungsanspruch nach Art. 5 Abs. 1 verwiesen werden, weil Art. 5 Abs. 3 des Übereinkommens strengere Voraussetzungen für die Rückführung enthält. Entscheidendes Kriterium für die Entste-

---

[387] So *Hipp*, S. 203; *Siehr*, RabelsZ 1995, S. 454 ff., 462; wohl a.A. *Carducci*, S. 204 f.
[388] *Siehr*, RabelsZ 1995, S. 454 ff., 462.
[389] Der Anspruch darf nicht gemäß Art. 3 Abs. 3 bis 8 des Übereinkommens verjährt sein.
[390] Es wird unterstellt, die Bundesrepublik Deutschland sei Vertragsstaat.
[391] Trib. Torino, Entsch. v. 25.3.1982, Riv.dir.int.pr.proc. 18 (1982), S. 625 ff.
[392] Rechtswidrig ausgegrabenes Kulturgut wird gemäß Art. 3 Abs. 2 einem Diebstahl gleichgestellt.
[393] *Reichelt*, in: *Reichelt* (Hrsg.), Neues Recht zum Schutz von Kulturgut, S. 55 ff., 61: „Das Kulturgut muß sich in einem Vertragsstaat befinden, nachdem es in einem anderen Vertragsstaat gestohlen oder rechtswidrig ausgeführt worden ist."

hung eines Anspruchs „internationaler Art“ ist, daß das Kulturgut in einem Staat gestohlen wurde und sich danach in einem anderen Staat befindet oder befunden hat. Eine Einschränkung aus Gründen der Rechtssicherheit ist nur dann vorzunehmen, wenn das Kulturgut in dem Staat, in dessen Hoheitsgebiet es gestohlen wurde, nach den nationalen Rechtsvorschriften gutgläubig zu Eigentum erworben werden konnte. Unbeachtlich ist hierbei, daß der ausländische Eigentümer stärker geschützt wird als der inländische[394]. Jedem Vertragsstaat steht es frei, sein nationales Recht und insbesondere die Vorschriften, die einen gutgläubigen Erwerb an gestohlenen Sachen ermöglichen, an die Vorschriften des UNIDROIT-Übereinkommens anzupassen[395].

Die Artt. 3 bis 7 des Übereinkommens haben gemäß Art. 10 Abs. 1 und 2 keine Rückwirkung. Gemäß Art. 10 Abs. 1 des Übereinkommens muß im Fall des Diebstahls der Forum-Staat zum Zeitpunkt der Klageerhebung Vertragsstaat sein. Darüber hinaus muß entweder der Staat, auf dessen Territorium der Gegenstand gestohlen wurde, zum Zeitpunkt des Diebstahls, oder der Staat, in dem sich der Gegenstand befindet, Vertragsstaat des Übereinkommens sein (Art. 10 Abs. 1 lit. a und b). Für die Anwendung des Übereinkommens ist demgemäß nicht notwendig, daß der Gegenstand in einem Vertragsstaat gestohlen wurde[396]. Gemäß Art. 10 Abs. 2 des Übereinkommens müssen im Fall der rechtswidrigen Ausfuhr der ersuchende und der Forum-Staat im Zeitpunkt der Ausfuhr Vertragsstaaten sein. Das Übereinkommen tritt für einen Staat sechs Monate nach der Ratifizierung in Kraft (Art.12).

III. Die Rückgabe von gestohlenem Kulturgut

Im zweiten Kapitel, den Artt. 3 und 4 des Übereinkommens, wird die Rückgabe gestohlener Kulturgüter geregelt. Art. 3 Abs. 1 des Übereinkommens bestimmt, daß der Besitzer eines gestohlenen Kulturguts dieses zurückzugeben hat. Der Rückgabeanspruch gemäß Art. 3 Abs. 1 des Übereinkommens ist privatrechtlicher Natur[397]. Aus Art. 3 Abs. 1 des Übereinkommens geht nicht hervor, wer Anspruchsberechtigter ist. Bei den Vorarbeiten des Übereinkommens wurde be-

---

[394] Vgl. dazu *Droz*, Rev.cr.dr.pr.int. 86 (1997), S. 239 ff., 249.

[395] So könnten z.B. in Deutschland in den §§ 935, 937 BGB weitere Absätze eingeführt werden, die den gutgläubigen Eigentumserwerb an Kulturgütern grundsätzlich ausschließen. Die Verjährungsfrist des § 197 Abs. 1 Nr. 1 BGB könnte für Kulturgüter auf 50 Jahre erhöht werden.

[396] So auch *Carducci*, S. 195; *Jaeger*, S. 142; *Weidner*, S. 252, Fn.175. Nach der Auffassung von *Siehr*, U.L.R. 1998, S. 671 ff., 675, ist der Gegenstand auch dann zurückzugeben, wenn er sich im Zeitpunkt des Diebstahls nicht in einem Vertragsstaat befand, weil er z.B. dorthin zum Zwecke einer Ausstellung ausgeliehen wurde. Vorausgesetzt wird nur, daß der Gegenstand sich gewöhnlich in einem Vertragsstaat befindet

[397] Vgl. dazu *MünchKomm-Kreuzer*, Nach Art. 38 Anh. I, Rn. 177; *Raschèr*, S. 76.

schlossen, diese Frage offenzulassen und es dem zuständigen Gericht zu überlassen, im konkreten Fall zu befinden, ob der Kläger Tatsachen vorbringt, die eine Rückgabe an ihn rechtfertigen[398]. Als in Betracht kommende Anspruchsberechtigte werden sowohl der bestohlene Eigentümer als auch der frühere Besitzer, soweit er ein Besitzrecht hatte, genannt[399]. Vorzugswürdig ist, nur den bestohlenen Eigentümer als Anspruchsberechtigten zu sehen[400]. Nur ihm sollte freigestellt bleiben, ob er gemäß Art. 3 Abs. 1 des Übereinkommens gegen den aktuellen Besitzer vorgehen oder er sich außergerichtlich mit dem Besitzer einigen möchte.

Dem Art. 3 Abs. 1 des Übereinkommens kann entnommen werden, daß der bestohlene Eigentümer wieder in den Besitz des Objektes gelangen soll[401]. Problematisch ist, inwieweit durch die UNIDROIT-Konvention die Eigentumslage geregelt wird. Die Frage nach der Eigentumslage stellt sich dann, wenn der Besitzer nach dem durch die Kollisionsregeln der lex fori berufenen Sachrecht gutgläubig Eigentum erworben hat. Art. 4 Abs. 1 des Übereinkommens bestimmt, daß ein gutgläubiger Eigentumserwerb des Besitzers dem Rückgabeanspruch des bestohlenen Eigentümers nach Art. 3 Abs. 1 des Übereinkommens nicht entgegensteht. Im Falle eines gutgläubigen Erwerbs steht dem Besitzer gemäß Art. 4 Abs. 1 des Übereinkommens lediglich ein Anspruch auf Entschädigung zu. Das UNIDROIT-Übereinkommen regelt dagegen nicht, ob ein gutgläubiger Eigentumserwerb an Kulturgut möglich sein soll[402]. Der gutgläubige Erwerb wird lediglich indirekt geregelt, und zwar durch die Behandlung seiner Rechtsfolgen[403]. Das UNIDROIT-Übereinkommen läßt auch die Frage offen, ob der bestohlene Eigentümer das Eigentum an dem Gegenstand wieder erlangt. Die Eigentumslage wird somit durch das Übereinkommen nicht berührt. Der Rückgabeanspruch gemäß Art. 3 Abs. 1 des Übereinkommens ist als eigenständiger Anspruch zu betrachten[404].

---

[398] Vgl. dazu *Jaeger*, S. 145.
[399] Vgl. dazu *Jaeger*, S. 145; *MünchKomm-Kreuzer*, Nach Art. 38 Anh. I, Rn. 177, mit Verweis auf Study LXX - Doc.49 Nr.43, Rom 1994; *Siehr*, IJCP 1992, S. 321 ff., 326, ist der Auffassung, diese Frage sei nach dem Prozeßrecht und Kollisionsrecht der lex fori zu entscheiden. *Weidner*, S. 259, sieht die Schwierigkeit einer Anspruchsberechtigung in dem Fall, in dem nach der Rechtsordnung eines Staates sämtliche Kulturgüter im Staatseigentum stehen, andererseits aber Besitzrechte Privater begründet und übertragen werden können.
[400] So auch *Turner*, S. 230 f.
[401] Vgl. dazu *Turner*, S. 231.
[402] *Carducci*, S. 143; *Jaeger*, S. 143. Diese Frage ist nach dem nationalen Recht zu beantworten.
[403] *Reichelt*, in: *Dolzer/Jayme/Mußgnug* (Hrsg.), Rechtsfragen des IKGS, S. 67 ff., 73. *Siehr*, RabelsZ 1995, S. 454 ff., 461, bezeichnet dies als eine Änderung des Inhalts dinglicher Berechtigungen im internationalen Rechtsverkehr.
[404] *Carducci*, S. 143 f.; *Turner*, S. 231.

1. Definition des Diebstahls

Nach Art. 3 Abs. 1 des Übereinkommens ist nur gestohlenes Kulturgut zurückzugeben. Das UNIDROIT-Übereinkommen definiert den Begriff des Diebstahls nicht. Der Begriff ist vom zuständigen Gericht zu bestimmen, das die Qualifizierung nach den IPR-Regeln der lex fori vorzunehmen hat[405]. Von Art. 3 Abs. 1 des Übereinkommens nicht erfaßt werden diebstahlsähnliche Handlungen wie z.B. Unterschlagung oder Betrug[406]. Ein „weiter“ Diebstahlsbegriff, der u.a. auch die Unterschlagung und den Betrug beinhaltet, war in früheren Entwürfen vorgesehen[407], wurde jedoch wieder verworfen, weil nur „der Diebstahl im engeren Sinne“ in allen Ländern in gleicher Weise als strafbare Handlung verstanden werde, wohingegen diebstahlsähnliche Fälle wie Unterschlagung oder Betrug unterschiedlich behandelt würden[408]. Die noch im Vorentwurf vom 26.1.1990 enthaltene Vorschrift[409], die den Vertragsstaaten die Möglichkeit gab, die Regeln über die Rückgabe gestohlenen Kulturguts auch auf diebstahlsähnliche Delikte zu erstrecken, wurde gestrichen. Als gestohlen im Sinne des Übereinkommens gilt gemäß Art. 2 Abs. 3 auch ein rechtswidrig ausgegrabenes oder rechtmäßig ausgegrabenes, jedoch rechtswidrig einbehaltenes Kulturgut, wenn dies mit den Rechtsvorschriften des Staats, in dem die Ausgrabungen stattgefunden haben, vereinbar ist. Damit wird das besondere kulturelle und wissenschaftliche Schutzbedürfnis hinsichtlich archäologischer Kulturgüter herausgestellt[410]. Diese können sowohl nach Art. 5 Abs. 1 des Übereinkommens als auch nach Art. 3 Abs. 1 des Übereinkommens restituiert werden. Bei einer Restitution nach Art. 3 Abs. 1 des Übereinkommens unterliegt das archäologische Kulturgut nicht den einschränkenden Kriterien des Art. 5 Abs. 3 des Überein-kommens[411]. Eine Restitution nach Art. 5 Abs. 1 des Übereinkommens ist für die Fälle gedacht, in denen nur die illegale Ausfuhr, nicht aber die illegale Ausgrabung bewiesen werden kann[412].

---

[405] *Raschèr*, S. 77.
[406] Kritisch dazu *Mußgnug*, ISWA IV, S. 63 ff., 70; vgl. dazu Art. 11 lit. a des Entwurfs vom 26.1.1990: „Each Contracting State shall remain free in respect of claims brought before its courts or competent authorities (...) for the restitution of a stolen cultural object: to extend the provisions of Chapter II to acts other than theft whereby the claimant has wrongfully been deprived of possession of the object."; vgl. zum Entwurf v. 26.1.1990 auch UNIDROIT, Study LXX-Doc.19 (1990) 20: „(...) that it is for the court seized of the case to decide whether the act is wrongful, the court being free to chose between the direct application of its own law and the application of its rules of private international law to determine the applicable law."
[407] Vgl. z.B. Art. 2 Abs. 1 des *Loewe*-Entwurfs v. Juni 1988, UNIDROIT, Study LXX-Doc.3 (1988), S. 1.
[408] *Jaeger*, S. 145; UNIDROIT, Study LXX-Doc.18 (1990), S. 12.
[409] Art. 11 des Vorentwurfs v. 26.1.1990.
[410] *Reichelt*, in: *Reichelt* (Hrsg.), Neues Recht zum Schutz von Kulturgut, S. 55 ff., 63.
[411] Kritisch zu der Ausdehnung *Merryman*, IJCP 5 (1996) S. 11 ff., 14 f., der auch in diesem Fall eine Anwendung von Art. 5 Abs. 3 für gerechtfertigt hält.
[412] *Reichelt*, in: *Reichelt* (Hrsg.), Neues Recht zum Schutz von Kulturgut, S. 55 ff., 63.

2. Verjährung

Das UNIDROIT-Übereinkommen sieht relative und absolute Verjährungsfristen vor. Der Rückgabeanspruch verjährt gemäß Art. 3 Abs. 3 des Übereinkommens innerhalb von drei Jahren, nachdem der Anspruchsberechtigte positive Kenntnis von der Belegenheit des Kulturguts und der Identität des Besitzers erlangt hat[413], aber spätestens 50 Jahre nach dem Diebstahl[414]. Art. 3 Abs. 4 und 5 des Übereinkommens enthält Sonderregelungen für Kulturgüter, die Bestandteil eines Denkmals, einer archäologischen Stätte oder einer öffentlichen Sammlung sind. Ein Anspruch auf Rückgabe solcher Kulturgüter unterliegt nur einer relativen Verjährungsfrist von drei Jahren, aber grundsätzlich keiner absoluten Verjährungsfrist. Die Vertragsstaaten können jedoch durch entsprechende Erklärung bewirken, daß solche Kulturgüter einer absoluten Verjährungsfrist von 75 oder mehr Jahren unterliegen. Als öffentliche Sammlung im Sinne des Übereinkommens ist nach Art. 3 Abs. 7 jede Sammlung inventarisierter oder anderweitig identifizierter Kulturgüter zu verstehen, die (a) einem Vertragsstaat; (b) einer regionalen oder lokalen Behörde eines Vertragsstaats; (c) einer in einem Vertragsstaat belegenen religiösen Einrichtung oder (d) einer Einrichtung, die hauptsächlich zu kulturellen, pädagogischen oder wissenschaftlichen Zwecken in einem Vertragsstaat gegründet wurde und deren öffentliches Interesse in diesem Staat anerkannt ist, gehören. Art. 3 Abs. 8 des Übereinkommens stellt den öffentlichen Sammlungen sakrales oder für die Gemeinschaft bedeutungsvolles Kulturgut gleich, das einer Eingeborenen- oder Stammesgemeinschaft in einem Vertragsstaat gehört und von ihr als Teil eines traditionellen oder rituellen Brauchs verwendet wird. Die besondere Regelung der Verjährung für Kulturgüter in öffentlichen Sammlungen ergibt sich daraus, daß sie in den nationalen Rechtsordnungen von einigen Staaten als unverjährbar und unveräußerbar angesehen werden[415]. Dem entspricht der besondere Schutz für Kulturgüter von Eingeborenen- oder Stammesgemeinschaften aufgrund ihrer spirituellen Bedeutung für diese Gemeinschaften[416].

---

[413] *Droz*, Rev.cr.dr.pr.int. 86 (1997), S. 239 ff., 252, vertritt die Ansicht, daß lediglich die Kenntnis von der Identität des rückgabepflichtigen Besitzers nicht ausreicht, weil er das Kulturgut in einem Staat, der nicht Vertragsstaat des Übereinkommens ist, verstecken könnte.

[414] Vgl. dazu Art. 3 Abs. 2 des Entwurfs v. 26.1.1990: „Any claim for the restitution of a stolen cultural object shall be brought within a period of three years from the time when the claimant knew or ought reasonably to have known the location, or the identity of the possessor of the object, and in any case within a period of thirty years from the time of the theft." Die absolute Verjährungsfrist betrug nur 30 Jahre. Die relative Verjährungsfrist begann ab dem Zeitpunkt zu laufen, in dem der Berechtigte die Belegenheit des Guts *oder* die Identität des Besitzers kannte oder *hätte kennen müssen*. Dieser Schutz wurde nicht als ausreichend betrachtet. Vgl. dazu *Prott*, I.C.L.Q. 41 (1992), S. 160 ff., 163.

[415] UNIDROIT, Etude LXX-Doc.25 (1992) 7f.; Doc.48 (1994) 18; *Poli*, La protection, S. 448 f., hält die Frist für zu kurz und schlägt eine Frist von 150 Jahren vor.

[416] *Droz*, Rev.cr.dr.pr.int. 86 (1997), S. 239 ff., 253.

3. Entschädigung

Der Art. 4 Abs. 1 des Übereinkommens gibt dem rückgabepflichtigen Besitzer des gestohlenen Kulturguts bei der Rückgabe einen Anspruch auf Zahlung einer angemessenen Entschädigung, sofern der Besitzer weder wußte, noch vernünftigerweise hätte wissen müssen, daß das Gut gestohlen war, und nachweisen kann, bei dem Erwerb des Guts mit gebührender Sorgfalt gehandelt zu haben. Bei der Prüfung der gebührenden Sorgfalt sind gemäß Art. 4 Abs. 4 des Übereinkommens alle für den Erwerb erhebliche Umstände zu berücksichtigen. Genannt werden die Eigenschaften der Parteien, das gezahlte Entgelt, die Tatsache, ob der Besitzer in einem vernünftigerweise zugänglichen Verzeichnis gestohlener Kulturgüter nachgeschlagen hat, sonstige diesbezügliche Auskünfte und Unterlagen, die er vernünftigerweise hätte erlangen können, ob er Organisationen zu Rate gezogen hat, zu denen er Zugang haben konnte, und ob er jeden anderen Schritt unternommen hat, den eine vernünftige Person unter denselben Umständen unternommen hätte. Der Sorgfalt des Besitzers gleichgestellt ist gemäß Art. 4 Abs. 5 des Übereinkommens diejenige seines Rechtsvorgängers, von dem er das Kulturgut durch Erbschaft oder auf sonstige unentgeltliche Weise erworben hat. Die Einführung einer Entschädigungspflicht ist als Kompromißlösung zwischen den Regelungen eines vorbehaltlosen gutgläubigen Erwerbs an gestohlenen Kulturgütern und denen des Fehlens eines solchen zu sehen[417]. Der herausgabepflichtige Besitzer muß beweisen, daß er bei dem Erwerb des Kulturguts mit der gebotenen Sorgfalt vorgegangen ist. Mit dieser Beweislastumkehr[418] weicht das UNIDROIT-Übereinkommen von der nach den meisten nationalen Rechtsordnungen[419] üblichen Gutglaubensvermutung ab. Die Höhe der Entschädigung wird nicht konkretisiert, sollte aber in der Regel dem gezahlten Kaufpreis zuzüglich entstandener Aufbewahrungs- und Erhaltungskosten, die z.B. durch eine notwendige Restaurierung entstanden sind, entsprechen[420], weil mit der Rückgabe des Kulturguts de facto ein Eigentumsverlust verbunden ist. Abzulehnen ist die Berücksichtigung des aktuellen Werts, weil er einerseits schwer zu bestimmen ist und andererseits dadurch Spekulationsgeschäfte gefördert werden[421]. Problematisch ist, ob bei der Höhe der Entschädigung der Umstand zu beachten ist, daß es sich bei der bestohlenen Partei um einen wirtschaftlich schwachen Staat handelt[422]. Diesbezüglich wird vorgeschlagen, einen Fonds zu etablieren, der bei der Zahlung der Entschädigung einen Beitrag leisten könn-

---

[417] *Reichelt*, in: *Reichelt* (Hrsg.), Neues Recht zum Schutz von Kulturgut, S. 55 ff., 64.
[418] Vgl. dazu *Reichelt*, in: *Reichelt* (Hrsg.), Neues Recht zum Schutz von Kulturgut, S. 55 ff., 64.
[419] Vgl. z.B. § 932 BGB, Art. 434 C.c.es.; Art. 2268 C.c.fr.; Art. 1147 C.c.it.
[420] Vgl. auch Art. 2280 C.c.fr. und Art. 934 Abs. 1 und 2 ZGB.
[421] *Jaeger*, S. 146.
[422] *Jaeger*, S. 146; *Raschèr*, S. 85.

te[423]. Letztlich steht es im Ermessen des zuständigen Gerichts, unter Berücksichtigung der Gesamtumstände des Falls über die Höhe der Entschädigung zu entscheiden. Die in Art. 4 Abs. 4 des Übereinkommens beschriebenen Anforderungen an die notwendige Sorgfalt sind derart hoch, daß die Zahlung einer Entschädigung in der Mehrheit der Fälle nicht in Betracht kommen wird. Gerechtfertigt werden die hohen Anforderungen dadurch, daß nur der Käufer die Möglichkeit hat, vom Verkäufer eine vollständige Dokumentation über die Herkunft des Kulturguts zu verlangen, um sicher zu gehen, daß es sich um keine gestohlenen Kulturgüter handelt.

IV. Die Rückführung von rechtswidrig ausgeführtem Kulturgut

Im dritten Kapitel des Übereinkommens wird die Rückführung rechtswidrig ausgeführter Kulturgüter geregelt. Gemäß Art. 5 Abs. 1 und 2 des Übereinkommens kann ein Vertragsstaat, aus dessen Hoheitsgebiet ein Kulturgut rechtswidrig ausgeführt oder vorübergehend, namentlich zu Ausstellungs-, Forschungs- oder Restaurierungszwecken, rechtmäßig ausgeführt, aber nicht frist- oder bedingungsgerecht zurückgeführt wurde, vom Gericht oder einer anderen zuständigen Stelle eines Vertragsstaats die Anordnung der Rückführung verlangen[424]. Bei dem Rückführungsanspruch handelt es sich um einen öffentlich-rechtlichen Anspruch, der in einem gerichtlichen oder administrativen Verfahren durchgesetzt wird. Er ist auf die Rückführung des Kulturgutes auf das Territorium des Ausfuhrstaats gerichtet. Das führt zu einer indirekten Anerkennung der Ausfuhrverbotsgesetze des ausländischen öffentlichen Rechts vor den Gerichten des Forum-Staats[425]. Bei Art. 5 des Übereinkommens handelt es sich um eine eigenständige materiellrechtliche Regelung, die das Vorliegen eines Ausfuhrverbots voraussetzt, aber nicht die Anwendung von Normen des ausländischen öffentlichen Rechts im Forum-Staat regelt und somit keinen Bezug auf Eigentumsregelungen wie Verfallsregelungen und Veräußerungsverbote nimmt[426]. Die Eigentumslage bleibt somit durch die Anordnung der Rückführung unberührt[427].

---

[423] *Raschèr*, S. 85, m.w.N.

[424] Für *Droz*, Rev.cr.dr.pr.int. 86 (1997), S. 239 ff., 258, erscheint Kapitel III des Übereinkommens als eine „convention d'entraide judiciaire et administrative permettant à un État contractant de faire respecter ses règles de droit public concernant la protection de son patrimoine culturel".

[425] *Droz*, Rev.cr.dr.pr.int. 86 (1997), S. 239 ff., 258; *Fraoua*, AJP 1995, S. 317 ff., 321; *Kreuzer*, RdC 259 (1996), S. 178: „Il s'agit donc d'un cas d'applicabilité de règles d'application immédiate étrangères et par là même de droit public étranger."; *Reichelt*, in: *Reichelt* (Hrsg.), Neues Recht zum Schutz von Kulturgut, S. 55 ff., 64 f.

[426] Vgl. dazu *Carducci*, S. 141; *Turner*, S. 237 f.

[427] *Droz*, Rev.cr.dr.pr.int. 86 (1997), S. 239 ff., 259; *Turner*, S. 234.

1. Besondere Voraussetzung des Rückführungsanspruchs

Nicht jedes Kulturgut kann nach Art. 5 Abs. 1 des Übereinkommens zurückverlangt werden. Der Herkunftsstaat muß nachweisen, daß die Entfernung des Kulturguts aus seinem Hoheitsgebiet wesentliche Interessen beeinträchtigt oder das Gut für ihn von wesentlicher kultureller Bedeutung ist (Art. 5 Abs. 3). Ein Rückführungsanspruch ist auch dann gerechtfertigt, wenn das Kulturgut für einen Staat nicht von wesentlicher kultureller Bedeutung ist, vgl. Art. 5 Abs. 3, 1. Alternative, lit. a bis d des Übereinkommens. Die Beeinträchtigung der materiellen Erhaltung oder der Unversehrtheit genügen. Eine Beschränkung in Bezug auf die Rückführung sieht Art. 7 Abs. 1 des Übereinkommens vor. Die Bestimmungen des zweiten Kapitels finden keine Anwendung auf Güter lebender oder verstorbener Künstler bis 50 Jahre nach ihrem Tod. Davon ausgenommen sind nach Art. 7 Abs. 2 Kulturgüter, die zum traditionellen oder rituellen Gebrauch einer Eingeborenen- oder Stammesgemeinschaft bestimmt sind.

2. Verjährung

Die Verjährungsfrist des Rückführungsanspruchs in Art. 5 Abs. 5 des Übereinkommens stimmt mit der in Art. 3 Abs. 3 des Übereinkommens überein. Die absolute Verjährungsfrist von 50 Jahren beginnt ab der Ausfuhr oder dem Zeitpunkt an zu laufen, in dem das Gut aufgrund der in Art. 5 Abs. 2 des Übereinkommens genannten Genehmigung hätte zurückgeführt werden müssen. Besondere Verjährungsfristen für Kulturgut aus öffentlichen Sammlungen sieht Art. 5 Abs. 3 des Übereinkommens nicht vor. Nach einer Ansicht wird dies auch nicht als notwendig erachtet, weil die illegale Ausfuhr von Kulturgut, das dem Vertragsstaat oder einer religiösen Einrichtung gehört, nur Folge eines Diebstahls sein könne[428]. Für diese Fälle sehe Art. 3 Abs. 1 des Übereinkommens einen Rückgabeanspruch vor, der den besonderen Verjährungsfristen in Art. 4 Abs. 4 und 5 des Übereinkommens unterliege. Dagegen wird zu Recht vorgebracht, daß von Art. 3 Abs. 1 des Übereinkommens die Fälle nicht erfaßt werden, in denen ein öffentlich-rechtlicher Eigentümer den Besitz an Kulturgut durch Betrug oder Unterschlagung verliert[429].

3. Entschädigung

Nach Art. 6 Abs. 1 des Übereinkommens kann der rückgabepflichtige Besitzer, der das Kulturgut nach dessen rechtswidriger Ausfuhr erworben hat, vom ersuchenden Vertragsstaat die Zahlung einer angemessenen Entschädigung verlan-

---

[428] *Droz*, Rev.cr.dr.pr.int. 86 (1997), S. 239 ff., 262 f., *Siehr*, U.L.R. 1998, S. 671 ff., 680.
[429] *Mußgnug*, ISWA IV, S. 63 ff., 70.

gen, wenn er zum Zeitpunkt des Erwerbs von der rechtswidrigen Ausfuhr des Kulturguts nicht wußte oder vernünftigerweise nicht hätte wissen müssen. Zur Feststellung der Gutgläubigkeit ist gemäß Art. 6 Abs. 2 des Übereinkommens das Vorliegen einer Ausfuhrbescheinigung des Herkunftsstaats notwendig. Der ersuchende Vertragsstaat hat den Nachweis zu erbringen, daß der Erwerber nicht gutgläubig war[430]. Dies ergibt sich aus dem Vergleich der Formulierung des Art. 6 Abs. 1 des Übereinkommens zu der in Art. 4 Abs. 1 des Übereinkommens. Der Beweis wird in der Regel leicht zu führen sein, denn das ausschlaggebende Kriterium ist, ob eine Ausfuhrbescheinigung vorlag. Dem Eigentümer, der das Kulturgut selbst illegal ausführt, steht dem Wortlaut des Art. 6 Abs. 1 des Übereinkommens[431] nach eine Entschädigung nicht zu.

Eine Entschädigung ist gemäß Art. 6 Abs. 3 des Übereinkommens nicht zu zahlen, wenn der Besitzer, der das Kulturgut in das Hoheitsgebiet des ersuchenden Staats zurückzuführen hat, sich dafür entscheidet, Eigentümer des Guts zu bleiben oder das Eigentum auf eine im ersuchenden Staat ansässige Person seiner Wahl zu übertragen. Voraussetzung dafür ist, daß der ersuchende Vertragsstaat damit einverstanden ist.

4. Verhältnis der Ansprüche aus Art. 3 Abs. 1 und Art. 5 Abs. 1 des Übereinkommens

Das UNIDROIT-Übereinkommen regelt die Frage nach dem Verhältnis der beiden Anspruchsgrundlagen nicht. Ist der Staat Eigentümer eines Kulturguts und liegen sowohl Diebstahl als auch illegaler Export vor, dann stehen dem Staat beide Anspruchsgrundlagen zur Verfügung[432]. Der Staat wird sich in der Regel auf den für ihn günstigeren Art. 3 Abs. 1 des Übereinkommens stützen, um die Einschränkungen in Art. 5 Abs. 3 und Art. 7 Abs. 1 zu vermeiden. Wird einem privaten Eigentümer ein Kulturgut gestohlen und unrechtmäßig ausgeführt, so kann der Staat die Rückführung gemäß Art. 5 Abs. 1 des Übereinkommens verlangen und der Eigentümer die Rückgabe nach Art. 3 Abs. 1 des Übereinkommens beanspruchen. Beide Ansprüche können aufgrund unterschiedlichen Inhalts nebeneinander geltend gemacht werden.

---

[430] So auch *Raschèr*, S. 96; *Siehr*, FS *Lalive*, S. 763 ff., 770; a.A. *Renold*, in: *Breitler/Byrne-Sutton/Geisinger-Mariéthoz/Renold* (Hrsg.), La Convention d'Unidroit, S. 19 ff., 31.

[431] Vgl. auch die englische Originalfassung: „The possessor of a cultural object who acquired the object after it was illegaly exported (...)".

[432] Vgl. dazu auch *Carducci*, S. 360 f.

V. Weitere Vorschriften

Gemäß Art. 9 Abs. 1 des Übereinkommens hindert das UNIDROIT-Übereinkommen einen Vertragsstaat nicht, alle Vorschriften anzuwenden, die für die Rückgabe oder Rückführung gestohlener oder rechtswidrig ausgeführter Kulturgüter günstiger sind als in diesem Übereinkommen vorgesehen. Art. 13 Abs. 3 des Übereinkommens enthält die Möglichkeit einer „clause de déconnexion". Nach dieser Vorschrift können Vertragsstaaten, die Mitglieder von Organisationen zur wirtschaftlichen Integration oder von regionalen Körperschaften sind, in ihren wechselseitigen Beziehungen erklären, daß sie die internen Satzungen dieser Organisationen oder Körperschaften anwenden und in diesen Beziehungen folglich die Bestimmungen dieses Übereinkommens nicht anwenden, deren Anwendungsbereich mit jenen Satzungen übereinstimmt. Bedeutung hat dies für die Mitglieder der Europäischen Union im Hinblick auf die Richtlinie 93/7/EWG.

B. Sollte das UNIDROIT-Übereinkommen von der Bundesrepublik Deutschland unterzeichnet und ratifiziert werden?

Die Bundesrepublik Deutschland hat sich bisher nicht dafür entschieden, dem Übereinkommen beizutreten. Es stellt sich die Frage, ob der Bundesrepublik ein Beitritt empfohlen werden kann.

I. Errungenschaften des UNIDROIT-Übereinkommens

Das UNIDROIT-Übereinkommen hat sich zum Ziel gesetzt, den bestehenden illegalen Kulturgüterverkehr zurückzudrängen und das kulturelle Erbe der Staaten zu schützen[433]. Das große Verdienst des UNIDROIT-Übereinkommens ist, daß es zur Erreichung des Ziels nicht nur einen staatlichen Rückführungsanspruch von rechtswidrig ausgeführten Kulturgütern in Art. 5 Abs.1 vorsieht, sondern auch einem privaten Eigentümer die Möglichkeit eröffnet, das gestohlene Kulturgut gemäß Art. 3 Abs. 1 zurückzuverlangen. Einen privatrechtlichen Rückgabeanspruch sehen weder die Richtlinie 93/7/EWG noch die UNESCO-Konvention von 1970 vor. Im Rechtsstreit *Winkworth v. Christie* könnte Winkworth trotz eines Statutenwechsels und der Artt. 1153, 1154 C.c.it. die Rückgabe der gestohlenen japanischen Kunstwerke verlangen. Das Übereinkommen berücksichtigt nicht nur die Interessen des früheren Besitzers, des bestohlenen Eigentümers, sondern auch die des aktuellen Besitzers, des gutgläubigen Erwerbers. Der Erwerber hat gemäß Art. 4 Abs. 1 des Übereinkommens einen An-

[433] Siehe Abs. 3 bis 7 der Präambel; *Reichelt*, in: *Reichelt* (Hrsg.), Neues Recht zum Schutz von Kulturgut, S. 55 ff., 62.

spruch auf Zahlung einer angemessenen Entschädigung, sofern er bei dem Erwerb mit der gebotenen Sorgfalt gehandelt hat. Positiv zu bewerten ist, daß der Erwerber die gebotene Sorgfalt nachzuweisen hat. Im Gegensatz zum schutzlosen bestohlenen Eigentümer kann er ein Kaufangebot zurückweisen, wenn er Zweifel an der legalen Herkunft des ihm angebotenen Kulturguts hegt und weitere Nachforschungen seine Zweifel nicht ausgeräumt haben. Kunstdiebe sind darauf angewiesen, die gestohlene Ware abzusetzen. Werden die potentiellen Erwerber zu einer strengen Beachtung der gebührenden Sorgfalt im Warenverkehr angehalten, so wird der Absatz gestohlener Ware erschwert[434].

Zweitens ist positiv hervorzuheben, daß sich die Bestimmung der „gebührenden Sorgfalt" gemäß Art. 4 Abs. 4 des Übereinkommens u.a. danach richtet, ob der Erwerber in einem vernünftigerweise zugänglichen Verzeichnis gestohlener Kulturgüter nachgeschlagen hat. Ein Nachschlagen in Fachzeitschriften erfordert einen erheblichen Zeitaufwand, insbesondere dann, wenn das Kulturgut bereits vor vielen Jahren gestohlen wurde. Jedem Erwerber eines Kulturguts kann aber ohne weiteres zugemutet werden, Datenbanken gestohlener Kulturgüter zu konsultieren[435]. Ein Beispiel für eine Datenbank ist das Art Loss Register[436]. Das Art Loss Register wurde 1991 auf Initiative von Händlerverbänden, Versicherungsunternehmen, Auktionshäusern und der International Foundation for Art Research gegründet. Ziel der Datenbank ist das Auffinden und die Wiederbeschaffung gestohlener Kunstgegenstände, die Beschränkung der Verkehrsfähigkeit der Gegenstände, der Schutz gutgläubiger Erwerber und die Verhinderung von Kunstdiebstahl[437]. Im Fall eines Diebstahls können alle Details über das gestohlene Kulturgut an ein Büro des Art Loss Registers weitergeleitet werden[438]. Die erhaltenen Informationen über den Gegenstand werden dann in die Datenbank eingegeben. In dem Art Loss Register können Gemälde, Zeichnungen, Drucke, Skulpturen, Plastiken, Antiquitäten, Bücher, Manuskripte, wissenschaftliche Instrumente, seltene Münzen, Briefmarken, Waffen, Schmuck, Oldtimer, Tapisserien oder Teppiche registriert werden[439]. Eine Suchanfrage kann neben Auktionshäusern, Händlern, Museen jeder interessierte Kunstsammler an das Art Loss Register richten. Vor dem Kauf eines Kunstgegenstands kann somit überprüft werden, ob das Objekt in der Datenbank als gestohlen registriert ist. Die Konsultation der Datenbank erfordert nur einen geringen Aufwand an Zeit

---

[434] Dies entspricht auch dem Ziel des Übereinkommens, den illegalen Kunsthandel zu bekämpfen.

[435] Vgl. dazu *Franz*, KUR 1999, S. 345 ff.

[436] <www.artloss.com>. Vgl. dazu *Seegers*, KUR 10/1999, S. 289 ff.

[437] Vgl. dazu *Müller-Katzenburg*, Standards, S. 324 ff.; Pressemitteilung des Bundesverbandes Deutscher Galerien e.V. vom 15.3.99, KUR 1999, S. 92.

[438] Die durchschnittliche monatliche Wachstumsrate der Schadensmeldungen liegt bei 1.100 Neueinträgen. Vgl. dazu *Seegers*, KUR 1999, S. 289 ff., 290.

[439] Sie müssen allerdings einen finanziellen Mindestwert besitzen. Vgl. dazu *Müller-Katzenburg*, Standards, S. 324 ff.

und Kosten[440]. Ein Auskunftsverlangen kann telefonisch oder schriftlich an ein Büro des Art Loss Register gerichtet werden, so daß es nicht darauf ankommt, ob der Erwerber in London oder Rom lebt[441]. Die Existenz einer internationalen und allgemein zugänglichen Datenbank, die einen kostengünstigen und schnellen Zugriff ermöglicht, stellt ein wirksames Mittel zur Bekämpfung des illegalen Kunsthandels dar[442]. Der UNIDROIT-Konvention ist es zu verdanken, daß sie die juristische Bedeutung einer solchen Datenbank im Zusammenhang mit der Sorgfaltsanforderung beim Erwerb in begrüßenswerter Weise herausgestellt hat.

Eine weitere Besonderheit des UNIDROIT-Übereinkommens ist die weit gefasste Definition von rückgabepflichtigem Kulturgut in Art. 2. Der Rückgabeanspruch aus Art. 3 Abs. 1 erstreckt sich auf alle in Art. 2 definierten Kulturgüter, d.h. auf alle z.B. für die Kunst, Geschichte oder Wissenschaft bedeutende Güter, die zu einer in der Anlage aufgeführten Kategorien gehören. Dies können Gemälde, Originallithographien, Skulpturen und auch über hundert Jahre alte Möbelstücke sein. Im Gegensatz zur UNESCO-Konvention von 1970 ist nicht erforderlich, daß ein Staat das Kulturgut zuvor als schützenswert bezeichnet[443]. Um den Rückgabeanspruch des Art. 3 Abs. 1 des Übereinkommens auf Kulturgüter von wesentlicher kultureller Bedeutung für eine Nation zu beschränken, wird vorgeschlagen, Art. 5 Abs. 3 des Übereinkommens analog auf den Rückgabeanspruch anzuwenden[444]. Eine analoge Anwendung des Art. 5 Abs. 3 des Übereinkommens hätte zur Folge, daß der ursprüngliche Eigentümer in dem Fall *Winkworth v. Christie* die gestohlenen japanischen Kunstwerke nicht gemäß Art. 3 Abs. 1 zurückfordern könnte. Bei den in Privateigentum stehenden japanischen Kunstwerken dürfte es sich nicht um Gegenstände handeln, die zum kulturellen Erbe Großbritanniens gehören bzw. für dieses von wesentlicher Bedeutung sind. Die überwiegende Anzahl von Objekten, die sich sowohl in privaten Kunstsammlungen als auch in staatlichen Museen befinden, dürfte keine wesentliche kulturelle Bedeutung für eine Nation haben. Im zweiten Kapitel des UNIDROIT-Übereinkommens steht die Bekämpfung des Diebstahls von Kulturgütern im Vordergrund, und zwar unabhängig von der Zugehörigkeit der Güter zu dem kulturellen Erbe einer Nation[445]. Den international operierenden Kunstbanden soll erschwert werden, die Unterschiede in nationalen Gesetzen zum gutgläubigen Erwerb an gestohlenen Sachen auszunutzen[446]. Die Vorschrif-

---

[440] *Müller-Katzenburg*, Standards, S. 330.
[441] *Jaeger*, S. 154, übersieht in ihrer Kritik die besondere Bedeutung von Datenbanken.
[442] Zur Erfolgsbilanz des Art Loss Registers siehe *Seegers*, KUR 1999, S. 289 ff., 291.
[443] Siehe *Carducci*, S. 238 f.; *Prott*, U.L.R. 1996, S. 59 ff., 62f.
[444] *Reichelt*, in: *Reichelt* (Hrsg.), Neues Recht zum Schutz von Kulturgut, S. 55 ff., 63; *Mußgnug*, ISWA IV, S. 63 ff., 68.
[445] *Siehr*, U.L.R.1998, S. 671 ff., 674, formuliert dies dergestalt: These objects „are protected not because of their importance in terms of national heritage, but because they are objects likely to be endangered or divided up in the event of robbery or theft."
[446] Vgl. dazu *Lalive*, Rev.dr.unif. 1996, S. 40 ff., 45: „Il est évident que les voleurs ignorent

ten im zweiten Kapitel des UNIDROIT-Übereinkommens kollidieren auch nicht mit den Interessen des Kunsthandels, weil die Regelungen im UNIDROIT-Übereinkommen weitestgehend dem Verhaltenskodex des Bundesverbandes des deutschen Kunst- und Antiquitätenhandels e.V. für den internationalen Handel mit Kunstwerken entsprechen[447]. Eine Unterscheidung zwischen Kulturgütern in Privateigentum und denen in öffentlichen Sammlungen erfolgt in Art. 3 Abs. 4 bis 7 des Übereinkommens. Der Anspruch gemäß Art. 3 Abs. 1 des Übereinkommens auf Rückgabe von Kulturgut, das dem Staat, einer kirchlichen oder einer im öffentlichen Interesse stehenden kulturellen Einrichtung gehört, unterliegt grundsätzlich nur der dreijährigen relativen Verjährungsfrist, es sei denn, der betroffene Vertragsstaat erklärt, daß eine Klage innerhalb einer Frist von 75 Jahren oder einer längeren in seinen Rechtsvorschriften vorgesehenen Frist verjährt. Der Anspruch auf Rückgabe von Kulturgut, das vor dem Diebstahl einem privaten Eigentümer gehörte, verjährt dagegen spätestens in 50 Jahren. Das UNIDROIT-Übereinkommen unterscheidet demgemäß, ob es sich um ein berühmtes Gemälde in einem staatlichen Museum handelt oder ob eine im Privateigentum stehende Zeichnung betroffen ist.

II. Kritik an dem UNIDROIT-Übereinkommen

Das UNIDROIT-Übereinkommen gibt jedoch auch in einigen Punkten Anlaß zur Kritik.

Erstens erfaßt der Anspruch auf Rückgabe gemäß Art. 3 Abs. 1 des Übereinkommens nur gestohlenes und nicht anderweitig abhanden gekommenes Kulturgut. Wird das Kulturgut z.B. zur Restaurierung gegeben und bei dieser Gelegenheit unterschlagen, so steht dem ursprünglichen Eigentümer kein Rückgabean-

---

les frontières et que deux motifs au moins les incitent à transporter des biens culturels volés dans un autre pays: (...), d' autre part, la plus grande facilité de revendre l' objet volé dans un pays étranger, en profitant de la diversité des lois nationales et, notamment, des règles sur l' acquisition de bonne foi „a non domino"."

[447] Ziffer 1: Der deutsche Kunsthandel wird sich nicht am Import, Export oder Handel solcher Gegenstände beteiligen, bei denen hinreichender Grund zur Annahme besteht, daß (a) der Verkäufer nach geltendem Recht nicht zur Verfügung über den Gegenstand berechtigt ist, insbesondere der Gegenstand mittels Diebstahl oder in anderer Weise unrechtmäßig erworben wurde, (b) ein importierter Gegenstand in seinem Herkunftsland unter Verstoß gegen das dort geltende Recht erworben oder exportiert wurde, (c) ein importierter Gegenstand ohne die erforderliche Erlaubnis ausgegraben oder aus Ausgrabungsstätten erworben wurde. Ziffer 3: Im Rahmen der gegebenen Möglichkeiten wird sich der deutsche Kunsthandel ferner für die Rückführung gestohlener oder illegal ausgeführter Gegenstände in ihr Ursprungsland einsetzen, sofern der Nachweis unrechtmäßiger Ausfuhr aus diesem Lande erbracht worden ist, die Rückführung innerhalb angemessener Zeit verlangt und im Falle eines rechtmäßigen Erwerbs eine angemessene Entschädigung gewährt wird; abgedr. bei *Müller-Katzenburg*, Standards, Anh. I.

spruch aus Art. 3 Abs. 1 des Übereinkommens zu. Eine Beschränkung auf gestohlene Kulturgüter entspricht nicht dem Ziel des Übereinkommens, den illegalen Kulturgüterverkehr zurückzudrängen. Die Rückgabepflicht sollte sich auch auf Kulturgüter erstrecken, die durch Unterschlagung, Betrug oder widerrechtliche Aneignung von verlorenem Eigentum abhanden gekommen sind.

Zweitens ist versäumt worden, die Begriffe „Anspruch internationaler Art" in Art. 1 Abs. 1 und „angemessene Entschädigung" in Art. 4 Abs. 1 und Art. 6 Abs. 1 des Übereinkommens zu präzisieren. Die Begriffe könnten von den Gerichten auf Kosten der Rechtssicherheit unterschiedlich ausgelegt werden. Zur Vermeidung der Schwierigkeiten, einen Anspruch „internationaler Art" zu definieren, erscheint aber nicht notwendig, das gesamte materielle Sachenrecht für Kulturgüter dadurch zu vereinheitlichen, daß ein gutgläubiger Erwerb von Kulturgütern auch im innerstaatlichen Bereich gänzlich ausgeschlossen werde[448]. Eine Ausweitung des Anwendungsbereichs auf innerstaatliche Fälle ist nicht erforderlich, weil es jedem Staat unbenommen bleibt, die nationale Gesetzgebung an die Bestimmungen des Übereinkommens entsprechend anzupassen.

Drittens regelt das UNIDROIT-Übereinkommen nicht, an wen ein gestohlenes Kulturgut gemäß Art. 3 Abs. 1 zurückzugeben ist und welche eigentumsrechtlichen Wirkungen mit der Rückgabe des Kulturguts verbunden sind. Die letzte Frage stellt sich, wenn der Erwerber, wie im Fall *Winkworth v. Christie*, nach dem Sachrecht des Einfuhrstaats das Eigentum an dem Kulturgut erworben hat. Unstreitig dürfte sein, daß das Kulturgut wieder in den Besitz des bestohlenen Eigentümers übergehen soll, wenn, wie zumeist, früherer Eigentümer und Besitzer identisch sind[449]. Der Verlust des Besitzes bedeutet für den Erwerber aber de facto den Verlust des Eigentums, vergleichbar mit dem Eigentümer einer Sache nach deutschem Recht, dessen Herausgabeanspruch gemäß § 197 Abs.1 Nr.1 BGB verjährt ist. Das Übereinkommen sollte in Art. 3 Abs. 1 den ursprünglichen Eigentümer als Anspruchsberechtigten nennen und bestimmen, daß ein gutgläubiger Erwerb nach dem durch das Kollisionsrecht der lex fori anwendbaren Sachrecht einer nationalen Rechtsordnung nicht möglich ist.

Hinsichtlich des Rückführungsanspruchs in Art. 5 Abs. 1 ist zu kritisieren, daß der Begriff „wesentliche kulturelle Bedeutung" in Art. 5 Abs. 3, 2. Alternative nicht konkret gefaßt ist und dadurch dem gemäß Art. 8 des Übereinkommens zuständigen Gericht erlaubt, den Begriff nach seinen Vorstellungen auszulegen. Deshalb wird befürchtet, daß das Gericht den Rückführungsanspruch des ersuchenden Staats zum Schutz des inländischen Rechtsverkehrs tendenziell als nicht gegeben ansehen wird, und vorgeschlagen, die Entscheidung über die Rückführung einem unabhängigen internationalen Schiedsgerichtshof zu über-

---

[448] *Siehr*, RabelsZ 1995, S. 454 ff., 463.
[449] Vgl. dazu *Carducci*, S. 143 f., 349 f.

lassen[450]. Andererseits ist bedenklich, daß ein Staat gemäß Art. 5 Abs. 3, 2. Alternative des Übereinkommens die Rückführung mit der besseren Erhaltung des Kulturguts begründen kann, weil er über die notwendigen finanziellen und fachlichen Mittel verfügt, die der Staat, zu dessen Kulturerbe das Kulturgut zu rechnen ist, nicht besitzt.

III. Umsetzung

Die Bestimmungen des UNIDROIT-Übereinkommens sind direkt anwendbar und bedürfen nicht einer Umsetzung in das nationale Recht[451]. Das Übereinkommen kann daher nach amtlicher Übersetzung übernommen werden[452]. Eine Änderung der §§ 929 ff. BGB ist nicht notwendig, weil die Eigentumslage durch das Übereinkommen nicht berührt wird. Das Übereinkommen gewährt eigenständige Ansprüche[453]. Die indirekte Anerkennung ausländischer Exportverbote würde angesichts der Nigeria-Entscheidung des BGH und der Umsetzung der Richtlinie 93/7/EWG keinen systemfremden Eingriff in das deutsche Recht bedeuten.

Die Übernahme des Übereinkommens sollte durch ein Einführungsgesetz ergänzt werden[454]. In dem Einführungsgesetz könnten die Begriffe „angemessene Entschädigung“ in Art. 4 Abs. 1 und Art. 6 Abs. 1, „Ansprüche internationaler Art“ in Art. 1 Abs. 1 oder „wesentliche kulturelle“ Bedeutung in Art. 5 Abs. 3 konkretisiert werden. Dadurch würde das Gericht bei seiner Entscheidungsfindung weitere Orientierungspunkte erhalten. Geregelt werden sollte auch die ad-

---

[450] *Mußgnug*, ISWA IV, S. 63 ff., 68.
[451] *Reichelt*, in: *Reichelt* (Hrsg.), Neues Recht zum Schutz von Kulturgut, S. 55 ff., 62.
[452] Durch die Konvention werden die folgenden Regelungsbereiche berührt: durch die Regelungen zu Eigentum und Besitz an Kulturgütern einschließlich der Behandlung des gutgläubigen Erwerbers in Art. 3 bis 7 das bürgerliche Recht (Punkt 1), durch die Schaffung zusätzlicher Gerichtsstände in Art. 8 die Gerichtsverfassung und das gerichtliche Verfahren (Punkt 2), durch die Möglichkeit zur Durchsetzung ausländischer Ausfuhr- und Verbringungsverbote in Art. 5 mittelbar der Warenverkehr vom Ausland (Punkt 3) und durch die Möglichkeit zur Durchsetzung nationaler Ausfuhr- und Verbringungsverbote im Ausland in Art. 5 mittelbar der Schutz deutschen Kulturguts gegen Abwanderung ins Ausland (Punkt 4). Die Gesetzgebungskompetenz des Bundes ergibt sich hinsichtlich der Punkte 1 und 2 aus Art. 74 Abs. 1 Nr. 1 GG. Es handelt sich um die konkurrierende Gesetzgebungszuständigkeit des Bundes, von der durch den Erlaß von BGB, ZPO oder VwGO bereits in der Vergangenheit umfänglich im Sinne des Art.71 Abs.1 und 2 GG Gebrauch gemacht wurde. Der Warenverkehr (Punkt 3) ist gemäß Art. 73 Nr. 5, 2. Alternative GG Gegenstand der ausschließlichen Gesetzgebungskompetenz des Bundes. Bezüglich Punkt 4 besteht nach Art. 75 Abs.1 Satz 1 Nr. 6 GG die Rahmenkompetenz des Bundes, wobei das Vorliegen von Art. 72 Abs. 2 GG aufgrund des unmittelbaren Auslandsbezugs indiziert ist. Vgl. dazu *Schweizer*, KUR 2003, S. 25 ff., 36 f.
[453] Vgl. dazu *Carducci*, S. 143.
[454] Dahingehend auch der Vorschlag von *Klein*, ZSR 118 (1999), S. 263 ff., 284.

ministrative Zusammenarbeit für die Rückführung rechtswidrig ausgeführter Kulturgüter[455].

IV. Ergebnis

Die Schwächen im dritten Kapitel des Übereinkommens werden durch Art. 9 relativiert. Innerhalb der Europäischen Union kann die Rückführung eines illegal ausgeführten Kulturguts auf Art. 5 der Richtlinie 93/7/EWG bzw. auf die entsprechende Vorschrift in dem nationalen Umsetzungsgesetz gestützt werden. Die Bundesrepublik könnte von der „clause de déconnexion" im Sinne von Art. 13 Abs. 3 Gebrauch machen. Aufgrund der kritisierten Ungenauigkeit einiger Normen und Begriffe im zweiten und dritten Kapitel des Übereinkommens ist eine Zeichnung des Regelungswerkes in nächster Zeit nicht zu empfehlen[456]. Bedenklich stimmt insbesonders, daß im Art. 5 Abs. 3 des Übereinkommens nicht klar festgeschrieben ist, daß ein Bezug zwischen Kulturgut und rückforderndem Staat zwingend erforderlich ist. Das Einlegen eines Vorbehalts gegen die Vorschriften des dritten Kapitels ist nicht möglich[457]. Das Übereinkommen kann nur als Ganzes gezeichnet werden. Es bleibt abzuwarten, wie die notwendige gesetzliche Ergänzung des Übereinkommens in anderen Staaten erfolgt. Mittelfristig dürfte sich hinsichtlich der Rückgabe gestohlener Kulturgüter der in dem Übereinkommen angedachte Lösungsweg durchsetzen. Die Rückgabe des gestohlenen Kulturguts sollte gegen Erstattung des von einem in Bezug auf die Eigentümerstellung des Verkäufers gutgläubigen Erwerbers gezahlten Kaufpreises erfolgen.

---

[455] Hier kann auf die im Zusammenhang mit der Umsetzung der Richtlinie 93/7/EWG bestimmten Stellen zurückgegriffen werden.

[456] Vgl. zu den Bemühungen des französischen Gesetzgebers hinsichtlich der Genehmigung der Ratifizierung, Erste Schritte, Die Konvention Unidroit, F.A.Z. v. 9.2.2002, S. 57. Kritisiert wird insbesondere die Ungenauigkeit der Definition von Kulturgütern, die Beweislast bei Erwerbsvorgängen und die Entschädigungsfrage.

[457] Vgl. Art. 18 des Übereinkommens.

Kollisionsregelungen de lege ferenda

§ 6 Vor- und Nachteile der Situs-Regel

Solange die Bundesrepublik Deutschland dem UNIDROIT-Übereinkommen nicht beitritt, ist ein privatrechtlicher Anspruch auf Herausgabe eines abhanden gekommenen oder unrechtmäßig ausgeführten Kulturguts auf die Vorschriften im nationalen Sachrecht zu stützen. Bei einem Sachverhalt mit Auslandsberührung bestimmen die Kollisionsregeln des Forum-Staats, welches nationale Sachrecht auf einen Erwerbsvorgang anzuwenden ist. Die in Art. 43 Abs. 1 EGBGB festgeschriebene Anknüpfung an den jeweiligen Belegenheitsort ist insbesondere in den Fällen zu kritisieren, in denen es um die Beurteilung sachenrechtlicher Verhältnisse bei Kulturgütern geht.

A. Gründe für die Situs-Regel

Als Grund für die Anknüpfung an den jeweiligen Belegenheitsort wird erstens das Verkehrsinteresse genannt[458]. Der inländische Rechtsverkehr müsse nur mit solchen dinglichen Belastungen einer Sache rechnen, die dem inländischen Recht bekannt seien. Für die Form aller sachenrechtlicher Geschäfte lasse Art. 11 Abs. 5 EGBGB auch allein die lex rei sitae gelten[459]. Der inländische Rechtsverkehr wird deswegen als schutzbedürftig angesehen, weil sachenrechtliche Beziehungen meist zwischen Personen entstehen, die dort leben, wo die Sachen liegen[460]. Für diese Personen sei wichtig, zu wissen, wem eine Sache gehöre. Zweitens wird mit der weltweiten Verbreitung der Anknüpfung an den Belegenheitsort argumentiert[461]. Aufgrund der internationalen Verbreitung der Kollisionsregel werde der internationale Entscheidungseinklang und damit die Anerkennung ausländischer Urteile im Belegenheitsstaat gesichert[462]. Dies habe im Interesse der Rechtssicherheit und der Vorhersehbarkeit des Inhalts von Gerichtsentscheidungen auch im IPR volles Gewicht. Drittens wird vorgebracht, daß die lex rei sitae leicht zu ermitteln sei[463]. Dies schaffe Rechtsklarheit[464]. Hinzu kämen praktische Erwägungen. Die Anwendung ausländischen Rechts sei schwierig und teuer, entspreche nicht der Ausbildung des nationalen Richters

---

[458] *v.Hoffmann*, IPR, § 12 Rn. 9; *Staudinger-Stoll*, Internationales Sachenrecht, Rn. 125, 302; *Wagner*, IPRax 1998, S. 429 ff, 435.

[459] *Großfeld/Berndt*, RIW 1996, S. 625; *Kegel/Schurig*, IPR, § 2 II 2; *Kropholler*, IPR, § 54 I 2.

[460] *Kegel/Schurig*, IPR, § 19 I.

[461] Vgl. dazu *Byrne-Sutton*, Le trafic, S.110 f.

[462] *v. Bar*, IPR, Bd. 2, S. 547; *v. Hoffmann*, IPR, § 12 Rn. 9; *Kegel/Schurig*, IPR, § 2 II 2a; *MünchKomm-Kreuzer*, Nach Art. 38 Anh.I, Rn. 74.

[463] *v. Hoffmann*, IPR, § 12 Rn. 9; *Kegel/Schurig*, IPR, § 2 II 2; *Kropholler*, § 54 I 1.

[464] *Berndt*, S. 125.

und sei von den Rechtssuchenden nicht erwünscht[465]. Viertens spreche für die lex rei sitae die Durchsetzbarkeit einer Entscheidung, zum Beispiel in Form einer Vollstreckung. Zur Veranschaulichung wird folgender Beispielsfall[466] gebildet: Ein deutsches Gericht verurteilt den Beklagten zur Herausgabe eines in den Niederlanden hängenden Bildes. Zu diesem Fall wird die Auffassung vertreten, daß das Urteil in den Niederlanden wohl nicht anerkannt werde, wenn der Beklagte das Bild nach niederländischem Recht gutgläubig erworben habe und dem Kläger daher kein Herausgabeanspruch zustehe. Der vom LG Hamburg entschiedene Rechtsstreit[467] zeigt, daß zumindest das dritte und vierte für die Anwendung der lex rei sitae vorgebrachte Argument nicht zutreffend sind. Trotz Situs-Regel mußte der deutsche Richter ausländisches Recht anwenden. Eine mögliche Vollstreckung der Entscheidung hätte ebenso im Ausland durchgeführt werden müssen, weil sich die Kulturgüter nicht in Deutschland befanden. Auch ist der jeweilige Lageort nicht immer bekannt und leicht feststellbar, wenn die Sache nacheinander mehrere Rechtsordnungen passiert[468]. Als wesentliches Argument für die Situs-Regel verbleibt der Schutz der Verkehrsinteressen am Belegenheitsort.

B. Kritik an der Situs-Regel

Die Geltung der lex rei sitae-Regel für unersetzbare Kulturgüter ist zu kritisieren. Kulturgüter können den Belegenheitsort wechseln und unterliegen dann einem fortlaufenden Statutenwechsel, ohne daß zu dem jeweiligen Belegenheitsort eine besondere Verbindung bestehen müßte. Häufig ist der Ort der Belegenheit zufällig[469]. Die Ausweichklausel in Art. 46 EGBGB löst dieses Problem nicht, wenn sie restriktiv ausgelegt wird. Zu kritisieren ist im Besonderen, daß die Verbringung einer beweglichen Sache an einen Ort für eine „juristische Sekunde" zu einem Statutenwechsel führt. Ein offener Tatbestand beurteilt sich dann in seiner Gesamtheit nach dem neuen Statut, das über die Vollendung des sachenrechtlichen Tatbestands entscheidet. Insbesondere gilt dies für die Rechtsinstitute der Ersitzung und der Verjährung. In der Entscheidung des LG Hamburg vom 20.6.1996[470] wurden die nach portugiesischem Recht als res extra commercium qualifizierten Pistolen von Deutschland aus nach England gebracht. Die Verbringung der Pistolen für eine „juristische Sekunde" nach England reichte aus, um die zehnjährige Ersitzungsfrist des § 937 BGB zu verkürzen. Das Ar-

---

[465] *Berndt*, S. 125; *Lüderitz*, FS *Kegel*, S. 31 ff., 36.
[466] Vgl. *Berndt*, S. 125.
[467] LG Hamburg, Urt. v. 20.6.1996, IPRspr. 1996 Nr. 55 S.119 ff.
[468] *Byrne-Sutton*, Le trafic, S. 111.
[469] Vgl. dazu *Autocephalous Greek Orthodox Church of Cyprus v. Goldberg*, 717 F.Supp. (S.D. Ind. 1989), S. 1374 ff., 1393 f.
[470] LG Hamburg, Urt. v. 20.6.1996, IPRspr. 1996 Nr. 55 S.119 ff.

gument des Schutzes des inländischen Rechtsverkehrs läuft in diesem Fall leer, weil ein Erwerb in England nicht stattfand.

Zweitens ist ein Statutenwechsel bei beweglichen Sachen leicht herbeizuführen. Im Falle des Abhandenkommens bietet die Anknüpfung an die Belegenheit der Sache einen leicht zu manipulierenden Anknüpfungspunkt[471]. Durch Verbringung der Sache in ein bestimmtes Land kann die anwendbare Rechtsordnung von dem Dieb oder Hehler vorherbestimmt werden[472]. Aufgrund der Unterschiede in den verschiedenen nationalen Rechtsordnungen werden Kulturgüter bewußt in die Länder gebracht, deren Rechtsordnungen den gutgläubigen Erwerb an abhanden gekommenen Sachen zulassen oder eine kurze Ersitzungs- bzw. Verjährungsfrist vorsehen[473].

Drittens führt die Anknüpfung an den jeweiligen Belegenheitsort zur Nichtberücksichtigung ausländischer öffentlich-rechtlicher Vorschriften zum Schutz von Kulturgütern, wenn nicht auf die Rechtsordnung dieses Staates verwiesen wird. Die Grenze der Berücksichtigung ausländischer Vorschriften bildet jedenfalls der inländische Verkehrsschutz[474].

Viertens kollidiert die lex rei sitae mit der in Art. 12 der Richtlinie 93/7/EWG normierten Anknüpfung der sachenrechtlichen Fragen an den Herkunftsort. Der Erfolg einer privatrechtlichen Herausgabeklage kann davon abhängen, ob das Kulturgut aufgrund einer staatlichen Rückgabeklage gemäß Art. 5 der Richtlinie 93/7/EWG in das Hoheitsgebiet des ersuchenden Mitgliedstaats zurückgekehrt ist. Ist die Bundesrepublik Deutschland der ersuchende Mitgliedstaat, so beurteilt sich der Herausgabeanspruch nach deutschem Recht. Ein nach der unrecht-

---

471 *Jayme*, IPRax 1990, S. 347; *ders.*, The Status of Cultural Property in German Private International Law, S. 87 ff., 94.

472 *Garro*, ISWA I, S. 503 ff., 514: „However, the problem with this classical choice-of-law rule is that it may encourage laundering of stolen art through jurisdictions with very generous protection of bona fide purchasers. Thus the very reason that the goods are where they are may be that their present possessor believes that the law in that jurisdiction may be favorable to him".

473 *Lalive*, FS *Schwind*, S. 51 ff., 61; *Raschèr*, S. 84; Vgl. auch Fraoua, Le trafic, S. 124: „Nous voyons donc que l'incertitude du droit et l'absence de règles de conflit internationales font que l'action judiciaire n'assure pas de manière efficace la restitution de biens culturels – de propriété publique ou privée – à leur pays d'origine. De plus, les trafiquants de biens culturels, connaissant les législations des pays où ils opèrent, s'arrangent pour transporter le produit de leur trafic dans des pays où ils seront à l'abri de toute action en revendication; ce sera le cas soit parce que le délai pour agir est dépassé, soit parce que la législation du lieu où les biens se trouvent n'admet pas d'action en revendication ou ne l'admet que dans certains cas particuliers. En fait, les trafiquants profitent de la diversité des législations nationales et s'en servent habilement afin d'échapper à toute poursuite judiciaire et de donner ainsi à leur activité une apparence de légalité".

474 *Staudinger-Stoll*, Internationales Sachenrecht, Rn. 179.

mäßigen Ausfuhr eingetretener Statutenwechsel wird ignoriert. Bringt der gutgläubige Erwerber das Kulturgut freiwillig in das Bundesgebiet zurück, dann werden sachenrechtliche Fragen von einem deutschen Gericht gemäß Art. 43 Abs. 1 EGBGB an den Lageort der Sache zu dem Zeitpunkt angeknüpft, in dem der sachenrechtliche Tatbestand verwirklicht wurde. Ein Statutenwechsel ist zu beachten. Wird das Kulturgut in Italien gutgläubig gemäß den Artt. 1153, 1154 C.c.ital. erworben, so ist die sachenrechtliche Prägung des Kulturguts bei einem Statutenwechsel in Deutschland anzuerkennen.

Die Schwächen der lex rei sitae – Regel wurden aufgezeigt. Fraglich ist, ob eine andere kollisionsrechtliche Lösung für Kulturgüter besser geeignet ist.

§ 7 Berücksichtigung von ausländischen Kulturschutznormen vor inländischen Foren

Eine Auflockerung der lex rei sitae-Regel kann durch die Berücksichtigung von ausländischen Eingriffsnormen erreicht werden, und zwar dann, wenn der zu beurteilende Sachverhalt einer anderen Rechtsordnung unterliegt. Bestimmungen zum Schutz von Kulturgütern wie Export- und Veräußerungsverbote gehören nach überwiegender Ansicht zu den zwingenden Normen, den sog. Eingriffsnormen, die im öffentlichen Interesse auch und besonders darauf gerichtet sind, in private Rechtsverhältnisse einzugreifen[475]. Die Beachtung ausländischer Kulturschutznormen im Inland kann auf verschiedene Weise erfolgen. In Betracht kommt die Sonderanknüpfung solcher Schutzvorschriften, ihre Anwendung aufgrund des internationalen ordre publics und ihre materiellrechtliche Berücksichtigung.

A. Materiellrechtliche Beachtung von ausländischen Kulturschutznormen

I. Berücksichtigung im Rahmen der lex causae

Der Bundesgerichtshof nahm in der Entscheidung vom 22. Juni 1972[476] in dem sog. Nigeria-Fall zur Berücksichtigung ausländischer Eingriffsnormen Stellung. Die Parteien stritten um die Wirksamkeit eines nach deutschem Recht zu beur-

---

[475] *Jaeger*, S. 90; *Hanisch*, FS *Müller-Freienfels*, S. 193 ff., 199; *Vrellis*, Le statut, S. 221 ff., 247.

[476] Urt. v. 22.6.1972, BGHZ 59, S. 82 ff.; *Berndt*, S. 117 ff.; *Byrne-Sutton*, Le trafic, S. 156 f.; *Knott*, S. 132; *Müller-Katzenburg*, Standards, S. 182; *Reichelt*, in: *Reichelt* (Hrsg.), IKGS, S. 31 ff., 32 f.; *dies.*, Rev.dr.unif. 1985 I, S. 42 ff., 91 f.; *Rudolf*, FS *Doehring*, S. 835 ff., 853 ff.; *Schmeinck*, S. 87 f.; *v.Schorlemer*, S. 527 f.; *Siehr*, SJZ 1981, S. 196; *ders.*, in: *Frank* (Hrsg.), Recht und Kunst, S. 57 ff., 66.

teilenden Versicherungsvertrags, der bei einem deutschen Versicherungsunternehmen für den Seetransport afrikanischer Masken und Bronzefiguren von Nigeria nach Hamburg abgeschlossen wurde. Der Kläger verlangte aus abgetretenem Recht des nigerianischen Versicherungsnehmers die Auszahlung der Versicherungssumme für den Verlust der nigerianischen Kunstwerke, die unter Verletzung nigerianischer Exportverbote[477] aus Nigeria ausgeführt worden waren und auf der Seereise verloren gingen. Das beklagte Versicherungsunternehmen machte die Unwirksamkeit des Versicherungsvertrags geltend, weil der versicherte Transport gegen ein nigerianisches Ausfuhrverbot für Kunstgegenstände verstieß. Der Bundesgerichtshof entschied, daß der Versicherungsvertrag nach dem auf ihn anwendbaren Recht mangels eines rechtmäßigen versicherbaren Risikos[478] im Sinne von § 138 BGB sittenwidrig sei und führte zur Begründung aus: Eine Anwendung des § 134 BGB komme bei einem ausländischen Verbotsgesetz nicht in Betracht, weil dieses im Inland unmittelbar keine Verbindlichkeit besitze. Das ausländische Gesetz könne aber mittelbar für die Frage beachtlich sein, ob die versicherte Unternehmung gegen die guten Sitten im Sinne von § 138 BGB verstoße und der Versicherungsvertrag deshalb unwirksam sei. Bei dem nigerianischen Kulturschutzgesetz handele es sich um ein Verbot, das die Erhaltung des künstlerischen Erbes im Ursprungsland und den Schutz des Landes vor einer Ausplünderung durch ausländische Kunstliebhaber und Händler bezwecke. Die Umgehung eines solchen Schutzgesetzes müsse, da sie dem nach heutiger Auffassung allgemein zu achtenden Interesse aller Völker an der Erhaltung von Kulturwerten an Ort und Stelle zuwider sei, als verwerflich betrachtet werden. Der Bundesgerichtshof bezog sich zur Begründung des Sittlichkeitsmaßstabs auf die UNESCO-Konvention von 1970, die die Bundesrepublik Deutschland zwar nicht unterzeichnet habe, die aber bestätige, daß in der Völkergemeinschaft bestimmte grundsätzliche Überlegungen über das Recht jedes Landes auf den Schutz seines kulturellen Erbes und über die Verwerflichkeit von 'Praktiken' bestünden, die es beeinträchtigen und die bekämpft werden müßten. Die Ausfuhr von Kulturgut entgegen einem Verbot des Ursprungslandes verdiene daher im Interesse der Wahrung der Anständigkeit im internationalen Verkehr mit Kunstgegenständen keinen bürgerlichrechtlichen und damit auch keinen versicherungsrechtlichen Schutz.

Der Bundesgerichtshof hat das ausländische Ausfuhrverbot bei der Anwendung des deutschen Rechts mittelbar berücksichtigt, indem er es für die Beurteilung der Sittenwidrigkeit des Vertrags im Sinne des § 138 BGB heranzog. In der Literatur ist vorgeschlagen worden, die Entscheidung des Bundesgerichtshofs, die nur die Sittenwidrigkeit des Versicherungsvertrags betraf, auf andere Verpflich-

---

[477] Gemäß sec. 22 des nigerianischen Kulturgüterschutzgesetzes von 1953 durfte kein Kulturgut ohne Genehmigung exportiert werden. Vgl. dazu *Shyllon*, IJCP 5 (1996), S. 235 ff., 237.
[478] Nach § 2 Abs.1 ADS (Allgemeine Deutsche See-Versicherungsbedingungen) setzt eine wirksame Versicherung ein erlaubtes versichertes Risiko voraus.

tungsgeschäfte zu übertragen[479]. Ein Rechtsgeschäft sei als sittenwidrig anzusehen, wenn wissentlich unmittelbar gegen ein ausländisches Ausfuhrverbot verstoßen werde. Allerdings stellt sich hier die Frage, ob damit nur solche Kaufverträge gemeint sind, die die illegale Ausfuhr des Kulturguts bezwecken, oder auch solche, die über ein bereits illegal ausgeführtes Kulturgut geschlossen werden. Nach einer Ansicht könne allenfalls gegenüber dem selbst exportierenden Erwerber geltend gemacht werden, sein Kaufvertrag verstoße gegen Verbotsgesetze des Exportstaats und sei deshalb nichtig[480]. Nach einer zweiten Ansicht könne mit derselben Begründung, mit der der Bundesgerichtshof den Versicherungsvertrag für sittenwidrig erklärt hat, auch der bewußte Erwerb eines illegal exportierten Kulturguts für sittenwidrig erklärt werden[481]. Für die zweite Ansicht sprechen die Begründungserwägungen des LG Hamburg in dem Rechtsstreit um die antiken Pistolen[482]. Das Gericht prüfte im Rahmen eines Bereicherungsanspruchs die Sittenwidrigkeit eines Kaufvertrags über illegal exportiertes Kulturgut gemäß § 138 BGB, lehnte sie aber ab, weil die Voraussetzung einer Sittenwidrigkeit in einem solchen Fall sei, daß beiden Vertragsparteien des Kaufvertrages die eine Sittenwidrigkeit begründenden Umstände bekannt seien, was nach dem Ergebnis der Beweisaufnahme nicht der Fall sei.

Vorzugswürdig ist die erste Ansicht. Es sollten nur die Kaufverträge für sittenwidrig erklärt werden, mit denen die illegale Ausfuhr von Kulturgütern bezweckt wird. Dafür sprechen die folgenden Ausführungen des Bundesgerichtshofs in dem Nigeria-Fall: „Die Ausfuhr von Kulturgut entgegen einem Verbot des Ursprungslandes verdient (...) keinen bürgerlich-rechtlichen Schutz, auch nicht durch die Versicherung einer Beförderung, durch die Kulturgut aus dem von der ausländischen Rechtsordnung beherrschten Gebiet dem seiner Sicherung dienenden Ausfuhrverbot zuwider ausgeführt werden soll“[483]. Abgestellt wird auf eine noch zu erfolgende Ausfuhr. Eine beabsichtigte Umgehung des Ausfuhrverbots ist nur dann möglich, wenn sich das Kulturgut bei Vertragsschluß noch innerhalb des Hoheitsgebiets des Staats befindet, der das Ausfuhrverbot erlassen hat[484]. Wurde das Kulturgut bereits ausgeführt, ist die Verletzung des Exportverbots durch die Vornahme von Handlungen, die auf den Verpflichtun-

[479] *Berndt*, S. 118; *Weidner*, S. 149. Siehe dazu auch Art. 31 Abs. 2 des portugiesischen Gesetzes über Kulturgüter von 1985. Danach werden die in Portugal geschlossenen Verträge über Kulturgüter, die unter Verstoß ausländischer Ausfuhrverbote importiert worden sind, für ungültig erklärt. Allerdings ist dies nur unter der Bedingung der Gegenseitigkeit der Fall. Vgl. das Gesetz Nr.13/85 vom 6.7.1985 über das „Património Cultural Português“, Diário da República 1985 (6.7.1985), 1865 ff. (Nr. 153).

[480] *Siehr*, FS *Lorenz*, S. 525 ff., 538 f.; *Sandrock*, ISWA I, S. 457 ff., 479 f.

[481] *Müller-Katzenburg*, Standards, 298.

[482] LG Hamburg, Urt. v. 20.6.1996, IPRspr. 1996 Nr. 55 S.119 ff.

[483] BGH, Urt. v. 26.6.1972, NJW 1972, S. 1575 ff., 1577.

[484] Vgl. BGH, Urt. v. 26.6.1972, NJW 1972, S. 1575 ff., 1576: „Die Umgehung eines solchen Schutzgesetzes (...) muß als verwerflich betrachtet werden.“

gen der Vertragsparteien beruhen, nicht mehr möglich[485]. Für diese Auffassung spricht auch der internationale Entscheidungseinklang. In dem Rechtsstreit *Attorney General of New Zealand v. Ortiz*[486] haben die englischen Gerichte die Wirksamkeit des Kaufvertrags nicht in Frage gestellt.

II. Datumtheorie als methodische Grundlage

Als methodische Grundlage der Berücksichtigung ausländischer Eingriffsnormen im Rahmen der lex causae kommt die von *Currie* erwähnte, von *Ehrenzweig* entwickelte und von *Jayme* in den europäischen Rechtskreis eingeführte Datumtheorie[487] in Betracht. Danach kann der Auslandssachverhalt auch im Rahmen des berufenen Sachrechts und nicht nur durch eine Verweisung auf ausländische Rechtsregeln berücksichtigt werden. Die Datumtheorie will sowohl ausländische „local data" bei der Anwendung inländischer Sachnormen als auch „moral data" der lex fori im Rahmen ausländischer Sachnormen berücksichtigen. „Local data" sind ortsgebundene Regeln, die aufgrund ihrer faktischen Auswirkung zur Konkretisierung der Tatbestandsmerkmale des anwendbaren Rechts mitberücksichtigt werden müssen[488]. Ein Beispiel hierfür sind die ausländischen Verkehrsregeln, die berücksichtigt werden, obwohl das Deliktsstatut inländisches Sachrecht ist. Unter „moral data" versteht man wertausfüllungsbedürftige Begriffe wie Sitte, Brauch und Anstand[489]. Bei *Ehrenzweig* sind die Begriffe vom Richter aus psychologischen Gründen immer nur nach der Wertvorstellung seines eigenen Rechts auszufüllen. Diese Einschränkung ist in der deutschen Rezeption nicht übernommen worden[490]. Auch ausländische Moralvorstellungen können bei der Anwendung inländischer Generalklauseln Anwendung finden, wenn sich dafür im ausländischen Recht bereits feste Maßstäbe gebildet haben[491]. Im Vordergrund stehen dann nicht mehr die psychologische Sichtweise des erkennenden Richters, sondern die Rechtswirkungen für die beteiligten Parteien sowie deren Rechtserwartungen. Die Datumtheorie dient auch als Ausgangspunkt für die Zwei-Stufen-Theorie des IPR, die von *Jayme* entwi-

---

[485] So auch *Sandrock*, ISWA I, S. 457 ff., 479 f.

[486] *Attorney General of New Zealand v. Ortiz* (1982) Q.B.D.349; Court of Appeal (1984) A.C.1 = (1982) 3 W.L.R. 570; House of Lords, (1984) A.C.41.

[487] Vgl. dazu *Currie*, S. 66 ff.; *Ehrenzweig*, Buffalo Law Review (1966), S. 55 ff.; *Jayme*, GS Ehrenzweig, S. 35 ff.; *Mülbert*, IPRax 1986, S. 140 ff.; *Müller-Katzenburg*, Standards, S. 299 ff.

[488] *Jayme*, GS *Ehrenzweig*, S. 35 ff., 46.

[489] *Jayme*, GS *Ehrenzweig*, S. 35 ff., 46.

[490] Vgl. *Jayme*, GS *Ehrenzweig*, S. 35 ff., 46; *Schulze*, S. 155 ff., 158.

[491] *Schulze*, S. 155 ff., 158; *Hessler*, S. 140.

ckelt wurde[492]. So soll zum Beispiel wegen des islamischen Adoptionsverbotes statt der nach dem Adoptionsstatut vorgesehenen Volladoption eine nach dem Recht des Herkunftslandes des Kindes mögliche schwache Adoption oder Pflegekindschaft zur Verfügung gestellt werden. In einer ersten Stufe wird somit das anwendbare Recht mit Hilfe von Anknüpfungsmerkmalen bestimmt. In einem zweiten Schritt können mit Hilfe von Generalklauseln die Rechtsvorstellungen des Landes berücksichtigt werden, mit dem das Kind durch seine kulturelle Identität verbunden ist.

Im internationalen Vertragsrecht geht es um die Berücksichtigung ausländischer öffentlich-rechtlicher Normen, die weder dem Schuldstatut noch der lex fori unterliegen. Nach einer Auffassung werden die ausländischen Verbotsnormen im Rahmen von § 138 BGB als ausländische „moral data" berücksichtigt, die sich durchsetzen, wenn ihre Zwecke von der inländischen Rechtsauffassung her unterstützt werden[493]. Nach anderer Auffassung basieren ausländische Exportverbote auf Sachgesichtspunkten und sind daher als „local data" zu qualifizieren, die zur Präzisierung inländischer „data moralia" geeignet sind[494]. In der Nigeria-Entscheidung prüfte der Bundesgerichtshof die Sittenwidrigkeit des Versicherungsvertrags gemäß § 138 BGB und bejahte diese aufgrund des Verstoßes gegen das nigerianische Ausfuhrverbot. Zur Begründung der Berücksichtigung ausländischer Eingriffsnormen greift er auf bestimmte internationale Überlegungen in der Völkergemeinschaft zurück, die ihren Ausdruck in der UNESCO-Konvention von 1970 gefunden haben, und deshalb im Interesse der Wahrung der Anständigkeit im internationalen Verkehr zu beachten sind. Deshalb wird zu Recht vorgeschlagen, zur Konkretisierung inländischer „moral data" nicht nur ausländische Maßstäbe als „local data" heranzuziehen, die sich zu Rechtsregeln konsolidiert haben, sondern auch Maßstäbe, die sich zu international anerkannten Standards verdichtet haben[495].

III. Sittenwidrigkeit des Verfügungsgeschäfts

In der Literatur wird vertreten, daß die Nichtigkeitsfolge aus § 138 Abs.1 BGB sowohl das Verpflichtungsgeschäft als auch das Verfügungsgeschäft erfasse[496]. Grundsätzlich bezieht sich die Sittenwidrigkeit nach § 138 BGB nur auf das

---

[492] *Jayme*, Versorgungsausgleich mit Auslandsberührung und Theorie des Internationalen Privatrechts, S. 423 ff.; *ders.*, IPRax 1996, S. 237 ff., 242; *Schulze*, S. 155 ff., 161 f.; kritisch dazu *MünchKomm-Sonnenberger*, IPR, Einl. IPR Rn. 556; *v.Hoffmann*, IPR, § 1 Rn. 129.

[493] *Jayme*, GS *Ehrenzweig*, S. 35 ff., 46.

[494] *Mülbert*, IPRax 1986, S. 141 Fn. 13; *Müller-Katzenburg*, Standards, S. 302.

[495] *Müller-Katzenburg*, Standards, S. 302.

[496] *Berndt*, S. 119; *Fechner*, Rechtlicher Schutz, S. 77; *Hipp*, S. 192; *Jaeger*, S. 92; *Knott*, S.130 f.; *Müller-Katzenburg*, Standards, S. 298; *Siehr*, IPR, S. 280.

Verpflichtungsgeschäft und nicht auf das wertneutrale Verfügungsgeschäft, welches lediglich auf eine Änderung der Güterzuordnung abzielt[497]. Ausnahmsweise kann die Wirkung des § 138 BGB auf die Verfügung erstreckt werden, wenn gerade durch die Nichtigkeit der Verfügung der von der Rechtsordnung mißbilligte Erfolg vermieden wird bzw. der Sittenverstoß gerade in der Veränderung der Güterzuordnung liegt[498]. Die Sittenwidrigkeit muß sich also in der verbotswidrigen Übereignung außer Landes auswirken[499]. Für eine Erstreckung der Nichtigkeitsfolge auf das Verfügungsgeschäft spricht, daß, rechtsvergleichend gesehen, die auf den Abstraktionsgrundsatz zurückgehende Unabhängigkeit des Verfügungs- von dem Verpflichtungsgeschäft die Ausnahme ist. In den meisten Rechtsordnungen kommt gemäß dem nach dem Sachstatut anwendbaren Recht bereits dem Grundgeschäft eigentumsübertragende Wirkung zu. Ein nichtiger Verpflichtungsvertrag schließt einen Eigentumsübergang aus. Deswegen würden sich deutsche Gerichte dazu in Widerspruch setzen, wenn sie das Verfügungsgeschäft von der Verbotswirkung ausnehmen würden[500]. Voraussetzung sollte jedoch auch bei dem Verfügungsgeschäft sein, daß die Parteien bewußt gegen ein ihnen bekanntes fremdes Exportverbot verstoßen haben[501].

IV. Kein Herausgabeanspruch

Die Nichtigkeit der Rechtsgeschäfte wirkt nur zwischen Veräußerer und Erwerber. Ein Herausgabeanspruch des Staats, gegen dessen Exportverbot verstoßen wurde, ergibt sich daraus allerdings nicht, wenn der Staat nicht Eigentümer des illegal exportierten Kulturguts war[502]. Die Nichtigkeitsfolge kann aber zu einem Herausgabeanspruch des Staats führen, wenn er selbst ein in seinem Eigentum befindliches Kulturgut entgegen einem Exportverbot ins Ausland veräußert. Zu denken ist an einen Verkauf und eine Übereignung durch einen Museumsleiter, der seine Vollmacht, die ihn im Außenverhältnis generell zur Veräußerung der sich im staatlichen Eigentum befindlichen Kulturgüter berechtigt, mißbraucht[503]. Wird die Übereignung außer Landes entgegen dem Exportverbot bezweckt, so könnten das Verpflichtungs- und das Verfügungsgeschäft sittenwidrig und somit nichtig sein, soweit deutsches Recht nach der lex causae und lex rei sitae berufen ist.

---

[497] Vgl. dazu *Brox*, BGB AT, Rn. 287; *Larenz*, BGB AT, § 22 III c.
[498] *Brox*, BGB AT, Rn. 288; *Larenz*, BGB AT, § 22 III c.
[499] *Hanisch*, FS *Müller-Freienfels*, S. 193 ff., 212.
[500] *Berndt*, S. 119; *Schwadorf-Ruckdeschel*, S. 106.
[501] *Müller-Katzenburg*, Standards, S. 298; *Siehr*, IPR, S. 280; Nach der Auffassung von *Knott*, S. 132, genügt bedingter Vorsatz.
[502] *Berndt*, S. 119; *Hipp*, S. 192 f.; *Jaeger*, S. 92.
[503] Vgl. dazu *Mußgnug*, in: *Dolzer/Jayme/Mußgnug*, Rechtsfragen des IKGS, S. 199 f.

B. Beachtung über den internationalen ordre public

Die Berücksichtigung ausländischer Eingriffsnormen vor inländischen Foren könnte man auch im Einzelfall damit begründen, daß die Anwendung der ausländischen lex rei sitae gegen den internationalen ordre public verstoße. Diesen Ansatz hat die niederländische „Rechtebank“ in dem strafrechtlich gelagerten Rechtsstreit *De Raad v. OvJ*[504] verfolgt. In diesem Fall ging es um eine im Eigentum des französischen Staats stehende Madonnenstatue, die aus einer Kirche im französischen Batz-sur-Mer im Februar 1978 gestohlen worden war. Ein niederländischer Antiquitätenhändler erwarb die Madonna im Juni 1979 in Brüssel und stellte sie auf Messen aus. Im Oktober 1981 wurde die Statue auf einem Antiquitätenmarkt in Maastricht von der niederländischen Polizei als gestohlen erkannt und beschlagnahmt. Obwohl die niederländische Strafprozeßordnung vorsieht, daß die Rückgabe bei ungeklärten Eigentumsverhältnissen grundsätzlich an den letzten Besitzer, hier den Antiquitätenhändler, zu erfolgen hat, wollte der zuständige Staatsanwalt die Madonna dem französischen Staat übergeben. Gegen diese Entscheidung legte der Händler Beschwerde bei der niederländischen Rechtebank ein. Gemäß Art. 18 des französischen Kulturgutschutzgesetzes von 1913 war das Werk unveräußerlich. Nach der auch in den Niederlanden maßgeblichen Situs-Regel war auf den Eigentumsübergang niederländisches Recht anwendbar. Nach Art. 2014 Abs. 2 des niederländischen Zivilgesetzbuchs hatte der Antiquitätenhändler bereits vor der Beschlagnahme Eigentum erworben, weil mehr als drei Jahre seit dem Diebstahl vergangen waren und er nicht bösgläubig war. Das Beschwerdegericht entschied in einem summarischen Verfahren, daß primär französisches Recht berücksichtigt werden müsse. Der Anwendung niederländischen Rechts stehe der ordre public entgegen, weil hierdurch die französischen Regelungen zum Schutz des nationalen Kulturguts leerlaufen würden[505]. Die Entscheidung wurde von dem niederländischen Kassationshof aufgehoben[506]. Das Gericht sah es als nach dem ersten Anschein billig an, die Madonna an den Antiquitätenhändler zurückzugeben, weil er mangels Bösgläubigkeit offensichtlich Eigentum nach dem niederländischen Recht erworben hatte. Die französische Kulturschutznorm fand damit keine Beachtung. Zu einem späteren Zivilprozeß kam es nicht mehr, weil sich der Händler in einem Vergleich verpflichtete, die Madonna an den französischen Staat gegen Ersatz des von ihm gezahlten Kaufpreises zurückzugeben[507].

---

[504] Die erstinstanzliche Entscheidung der Rechtebank wurde nicht veröffentlicht. Die Kernsätze sind abgedr. bei *Knott*, S. 129, und in englischer Übersetzung bei *Verheul*, NILR 1984, S. 419 ff. Vgl. auch *Byrne-Sutton*, Le trafic, S. 158 f.; *Carducci*, S. 328; *Jaeger*, S. 71 f.; *Knott*, S. 129 f.; *Müller-Katzenburg*, Standards, S. 187 f.; *Siehr*, RdC 243 (1993), S. 84 f.; *Verheul*, NILR 1984, S. 419 ff., 420 ff.

[505] Vgl. *Verheul*, NILR 1984, S. 419 ff., 420.

[506] HR, Entsch. v. 18.1.1983 (*De Raad v. OvJ*), NJ 1983, Nr.445, S. 1402.

[507] *Verheul*, NILR, S. 419 ff., 420, 422 Fn. 10.

Die niederländische „Rechtebank" stellte fest, daß die Anwendung der lex rei sitae, die zugleich lex fori war, gegen den ordre public verstieß. Gemeint war der internationale ordre public, der aus völkerrechtlichen Verträgen und grundlegenden Überzeugungen und Prinzipien der Völkergemeinschaft abgeleitet wird[508]. Auf dem Gebiet des Kulturgüterschutzes hat für die Bestimmung allgemeiner Prinzipien des internationalen ordre publics die UNESCO-Konvention von 1970 eine zentrale Bedeutung[509].

Gegen die Anwendung des internationalen ordre publics wird vorgebracht, daß völkerrechtliche Verträge die Vertragsstaaten nur im Rahmen ihres Anwendungsbereichs binden[510]. Internationale Überzeugungen sind auch nicht bindend, so daß der internationale ordre public kein zwingender Vorbehalt für die Anwendung eines Sachstatuts sein kann[511]. Zudem würde es zur Rechtsunsicherheit führen, wenn der Richter der lex fori mittels des ordre publics in jedem Einzelfall entscheiden könnte, ob eine ausländische Kulturgutschutznorm internationalen Überzeugungen entspricht und ihr auf Kosten der lex rei sitae Wirkung zu verleihen ist.

---

[508] *Bleckmann*, ZaöRV, 34 (1974), S. 112 ff.; *v.Hoffmann*, IPR, § 6, Rn. 147, m.w.N.

[509] Auf die UNESCO-Konvention von 1970 stützte sich der BGH in seiner Entscheidung v. 22.6.1972 (BGHZ 59, 82ff., Nigeria-Fall) zur Begründung grundsätzlicher Überlegungen in der Völkergemeinschaft über das Recht jedes Landes auf den Schutz seines kulturellen Erbes und über die Verwerflichkeit von 'Praktiken', die es beeinträchtigen und die bekämpft werden müßten. Vgl. dazu *Jayme*, Methoden der Konkretisierung des ordre public im Internationalen Privatrecht, S. 51 f.; *Bleckmann*, ZaöRV, 34 (1974), S. 112ff.; *Reichelt*, U.L.R. 1985, S. 42 ff., 91 ff. Ebenso zog das Turiner Gericht in der Rs. *Repubblica dell'Ecuador c. Danusso* (Trib. Torino 25.3.1982, 18 Riv.dir.int.priv.proc. 1982, S. 625 ff.) die UNESCO-Konvention von 1970 heran. Das Gericht stellte fest, daß auf dem Gebiet des Kulturgüterverkehrs die UNESCO-Konvention von 1970 die allgemeinen Prinzipien des internationalen ordre publics bestimme. In beiden Entscheidungen war die UNESCO-Konvention von 1970 nicht anwendbar.

[510] *v.Hoffmann*, IPR, § 6, Rn. 147.

[511] *Weidner*, S. 171. Vgl. dazu *Jayme*, Methoden der Konkretisierung des ordre public im Internationalen Privatrecht, S. 53: „Bei der hier vorgetragenen Methode stehen solche internationalen Standards nicht für sich; sie helfen nur bei der Unterscheidung wesentlicher und unwesentlicher Sätze des deutschen Rechts." Vgl. dazu noch *Reichelt*, U.L.R. 1985, S. 42 ff., 91 ff., 129 ff.: „(...) the international protection of cultural property could be conceived at universal level by means of the concept of international 'ordre public' ".

§ 8 Ergänzung und Überlagerung der Grundregel lex rei sitae durch Sonderanknüpfungen

A. Sonderanknüpfung ausländischer Kulturschutznormen

In der Literatur wird eine kollisionsrechtliche Sonderanknüpfung ausländischer Kulturschutznormen vor inländischen Foren vorgeschlagen[512]. Dadurch soll neben der klassischen Situs-Regel ein zweites Anknüpfungssystem geschaffen werden. Der Vorschlag basiert auf der für das Internationale Vertragsrecht entwickelten Lehre von der Sonderanknüpfung, wonach unter bestimmten Voraussetzungen ausländische Eingriffsnormen[513] mit Hilfe einer kollisionsrechtlichen Sonderanknüpfung vor inländischen Gerichten angewandt werden und zwar unabhängig von dem auf den Vertrag anwendbaren Recht.

I. Gesetzliche Regelung der Sonderanknüpfung drittstaatlicher Eingriffsnormen in Art. 7 Abs. 1 EuSchVÜ

Eine kollisionsrechtliche Sonderanknüpfung drittstaatlicher Eingriffsnormen wurde bereits in Art. 7 Abs.1 des EG-Übereinkommens über das auf vertragliche Schuldverhältnisse anzuwendende Recht (EuSchVÜ) vom 19. Juni 1980[514] normiert. Die mit Art. 7 Abs. 1 EuSchVÜ inhaltsgleiche Fassung des Art. 34 Abs. 1 EGBGB lautete als Entwurf[515]: „Bei Anwendung des Rechts eines bestimmten Staates auf Grund dieses Unterabschnitts kann den zwingenden Bestimmungen des Rechts eines anderen Staates, mit dem der Sachverhalt eine enge Verbindung aufweist, Wirkung verliehen werden, soweit diese Bestimmungen nach dem Recht des letztgenannten Staates ohne Rücksicht darauf anzuwenden sind, welchem Recht der Vertrag unterliegt. Bei der Entscheidung, ob diesen zwingenden Bestimmungen Wirkung zu verleihen ist, sind ihre Natur und ihr Gegenstand sowie die Folgen zu berücksichtigen, die sich aus ihrer Anwendung oder ihrer Nichtanwendung ergeben würden."

Die Bundesrepublik Deutschland hat diesen Entwurf letztendlich verworfen und gegen Art. 7 Abs. 1 EuSchVÜ einen gemäß Art. 22 Abs.1 lit. a EuSchVÜ zulässigen Vorbehalt eingelegt[516]. Begründet wurde die Einlegung des Vorbehalts

---

[512] *Fraoua*, Le trafic, S. 124 f.; *Hanisch*, FS *Müller-Freienfels*, S. 193 ff., 213; *Jaeger*, S. 103; *Müller-Katzenburg*, Standards, S. 290 f.; *Reichelt*, IPRax 1986, S. 73 ff., 74.
74; *v.Schorlemer*, S. 550 f.; *Siehr*, FS *Lorenz*, S. 525 ff., S. 539 ff.; *Weidner*, S. 168.

[513] Vgl. zur Terminologie *Jaeger*, S. 90.

[514] Abl. EG 1980 L 266/1. G. v. 25.7.1986, BGBl. 1986 II, S. 809 ff. i.d.F. des 3.Beitrittsübereinkommens v. 29.11.1996, BGBl. 1999 II, S. 7 ff.; für die Bundesrepublik Deutschland in Kraft getreten am 1.4.1991, Bek. v. 12.7.1991, BGBl. 1991 II, S. 871.

[515] BT-Drs.10/504, 1983, S. 14

[516] BT-Drs.10/5632, S. 45; BT-Drs.10/504, S. 100.

damit, daß Art. 7 Abs. 1 EuSchVÜ eine nicht zu vertretbare Rechtsunsicherheit zur Folge habe, weil die Parteien die von der Auslegung unbestimmter Rechtsbegriffe abhängige und im freien Ermessen des Richters stehende Anwendung von zwingenden Vorschriften eines anderen Staats nicht voraussehen könnten; im übrigen würde die Vorschrift zu einer unzumutbaren Mehrbelastung der Gerichte führen, weil sie jeweils ermitteln müßten, welche Vorschriften einer möglicherweise anzuwendenden Rechtsordnung zwingenden Charakter haben[517]. Das Einlegen eines Vorbehalts durch den Gesetzgeber wird in der Literatur nicht als prinzipielle Ablehnung der Berücksichtigung ausländischer Eingriffsnormen aufgefaßt, so daß es mangels gesetzlicher Regelung der Rechtsprechung überlassen bleibe, ob sie den in Art. 7 Abs. 1 EuSchVÜ enthaltenen Lösungsansatz weiterverfolgt[518]. Die Rechtsprechung hat es bisher unterlassen, ausländische Kulturgutschutznormen im Wege der Sonderanknüpfung anzuwenden. In der Nigeria-Entscheidung des BGH wurde ein ausländisches Ausfuhrverbot auf materiellrechtlicher Ebene durch die Generalklausel § 138 Abs.1 BGB berücksichtigt[519].

II. Sonderanknüpfung von Kulturgutschutznormen

Die folgenden Voraussetzungen für eine kollisionsrechtliche Sonderanknüpfung ausländischer Kulturschutznormen (Export- und Veräußerungsverbote) vor inländischen Foren wurden vorgeschlagen[520]: (1) Eine enge Verbindung des Sachverhalts zum normsetzenden Staat. Der Sachverhalt habe in der Regel dadurch den geforderten deutlichen Bezug zum normierenden Staat, daß die ausländische Norm gerade das nationale Kulturgut seines Geltungsbereichs schützen und dem Herkunftsland erhalten wolle[521]. (2) Die Normen müssen im Ausland Geltung beanspruchen. Dies liege bei einem Export- und Veräußerungsverbot für Kulturgüter in der Natur der Sache[522]. (3) Die Regeln müssen legitime Interessen des Herkunftslandes normieren, die mit inländischen Wertvorstellungen vereinbar sind. Dies gehe schon daraus hervor, daß die meisten Staaten ähnliche Regelungen zum Schutz ihres Kulturguts erlassen haben[523].

---

[517] BT-Drs.10/504, S. 100; BR-Drs. 224/1/83, S. 2: „Der Vorbehalt hindert nicht, daß in gewissem Umfange Tatsachen berücksichtigt werden, die durch zwingendes ausländisches Recht geschaffen wurden, wie dies auch bisher von der Rechtsprechung zugelassen wurde."

[518] *Müller-Katzenburg*, Standards, S. 288; *Schmeinck*, S. 86; *Schurig*, RabelsZ 54 (1990), S. 217 ff.; 235; *Zimmer*, IPRax 1986, S. 65 ff.

[519] Urt. v. 22.6.1972, BGHZ 59, S. 82 ff.

[520] Vgl. *Jaeger*, S. 100 f.; zu res extra commercium-Bestimmungen *Weidner*, S. 164 ff.

[521] *Hanisch*, FS *Müller-Freienfels*, S. 193 ff., 207; *Jaeger*, S. 100.

[522] *Jaeger*, S. 101; a.A. *Byrne-Sutton*, Le trafic, S.162 f., der verlangt, daß der extraterritoriale Anwendungswille ausdrücklich im Gesetz normiert sein müsse.

[523] *Byrne-Sutton*, Le trafic, S.153; *v. Schorlemer*, S. 551; *Siehr*, SJZ 77 (1981), S. 196.

Problematisch ist, ob auch exzessive Export- und Veräußerungsverbote eines anderen Staats von einem deutschen Gericht zu berücksichtigen sind. Grundsätzlich ist man sich einig, daß Kulturschutznormen kein Blanko-Scheck[524] für exterritoriale Geltung eingeräumt werden soll. Im Rahmen der ersten Voraussetzung solle der Richter der lex fori im Einzelfall überprüfen, ob die ausländische Norm gerechtfertigt sei, und in Zweifelsfragen den inländischen ordre public (Art. 6 Abs. 1 EGBGB) heranziehen[525]. Teilweise wird vertreten, daß im Verhältnis zu anderen EG-Mitgliedstaaten der als Ausnahmevorschrift eng auszulegende Art. 36 EGV (jetzt Art. 30 EG) zu berücksichtigen sei, wonach im Rahmen des Erforderlichen Maßnahmen nur zum Schutz des insoweit ebenfalls restriktiv auszulegenden nationalen Kulturguts getroffen werden dürften[526].

III. Sonderanknüpfung ausländischer Kulturgutschutznormen im Bereich des Sachenrechts

Die Grundsätze der Lehre von der Sonderanknüpfung ausländischer Eingriffsnormen wurden für das Internationale Vertragsrecht entwickelt und werden in diesem Zusammenhang auch am meisten diskutiert[527]. Der Anwendungsbereich des Art. 7 Abs. 1 EuSchVÜ beschränkt sich ebenso auf vertragliche Schuldverhältnisse[528]. Eine Übertragung der Grundsätze auf das internationale Sachenrecht ist umstritten[529]. Zwei Fälle sind hier zu unterscheiden[530].

Erstens geht es um die Berücksichtigung von ausländischen Eingriffsnormen, die sich im Zivilrecht als Verbotsgesetze auswirken und zur Unwirksamkeit des schuldrechtlichen Vertrags führen. Beispiele dafür sind die einem Verbot unterliegenden oder genehmigungsbedürftigen Veräußerungen, die entsprechend dem Regelungsziel der fremden Eingriffsnorm als vorläufig oder endgültig unwirksam zu behandeln sind[531]. In diesem Fall wird die Auffassung vertreten, daß kein zwingender Grund ersichtlich sei, warum eine kollisionsrechtliche Sonderanknüpfung nicht auch im Sachenrecht möglich sein sollte, denn auch hier

---

[524] Der Begriff wurde von *Bator* verwandt, Stan.L.Rev. 34 (1982), S. 275ff., 328.

[525] *Jaeger*, S. 100.

[526] *MünchKomm-Kreuzer*, Nach Art. 38 Anh.I, Rn. 205.

[527] Vgl. dazu *Müller-Katzenburg*, Standards, S. 287 ff., 290 f.

[528] Art. 19 des schweizerischen IPR-Gesetzes beschränkt sich im Gegensatz zu Art. 7 Abs. 1 EuSchVÜ nicht auf das internationale Schuldrecht. Vgl. das Schweizer Bundesgesetz über das internationale Privatrecht v. 18.12.1987, abgedr. in IPRax 1988, S. 376 ff.

[529] Bejahend *Fraoua*, Le trafic, S. 124 f.; *Gonzales Campos/Virgos Soriano*, ISWA I, S. 333 ff., 348 ff.; *Hanisch*, FS *Müller-Freienfels*, S. 193 ff., 213; *Jaeger*, S. 103; *Müller-Katzenburg*, Standards, S. 290 f.; *Weidner*, S. 168. Ablehnend *Byrne-Sutton*, Le trafic, S. 158 ff.; *Knott*, S. 130.

[530] Diese Unterscheidung nimmt auch *Turner*, S. 128, vor.

[531] *MünchKomm-Kreuzer*, Nach Art. 38 Anh.I, Rn. 205.

spiele die Förderung internationaler Zusammenarbeit und Entscheidungsharmonie eine große Rolle[532]. Zudem wird vorgebracht, daß bereits die Unwirksamkeit des schuldrechtlichen Veräußerungsvertrags einen wirksamen Eigentumsübergang verhindere, wenn die lex rei sitae eine kausale Übereignung kenne und nicht dem Abstraktionsprinzip folge[533]. Das Ergebnis dürfe kein anderes sein, wenn die lex rei sitae dem Abstraktionsprinzip folge, das, rechtsvergleichend gesehen, die Ausnahme und nicht die Regel sei[534]. Ein privatrechtlicher Herausgabeanspruch des Staats ergibt sich jedoch hieraus nur dann, wenn er infolge einer Verfallsregelung Eigentümer geworden ist[535].

Zweitens geht es um die sachenrechtlichen Fragen der Veräußerbarkeit des Kulturguts und des Eigentumserwerbs vom Nichtberechtigten. Konkret stellt sich die Frage, ob die Anwendung ausländischer Normen, die Kulturgüter zu res extra commercium erklären und sie unter das Regime der Unveräußerbarkeit und Unverjährbarkeit stellen, Vorrang vor den Normen der lex rei sitae, die aus Gründen des Verkehrsschutzes einen Eigentumserwerb vom Nichtberechtigten zulassen, haben sollten. Zu dieser Frage haben sich zwei Auffassungen herausgebildet.

Nach einer Auffassung ist eine Sonderanknüpfung in diesem Bereich abzulehnen[536]. Zur Begründung wird vorgetragen, daß, anders als im internationalen Vertragsrecht, Eingriffsnormen kein legitimes und beherrschendes Interesse auf die Frage, ob Eigentum übergegangen ist, haben könnten. Hier habe stets die lex rei sitae ein beherrschendes Interesse, Anwendung zu finden. Im internationalen Vertragsrecht seien Situationen denkbar, in denen das von den Parteien gewählte Recht nur eine sehr schwache Beziehung zu den Parteien oder dem Vertrag hat. Eine solche Lage könne bei einer Eigentumsübertragung regelmäßig nicht eintreten[537].

Als weiteres Argument wird genannt, daß eine Sonderanknüpfung den vindizierenden Herkunftsstaat in überzogener Weise bevorzuge. Zwar seien die Interessen des Herkunftsstaats beachtlich, jedoch schütze die lex rei sitae, die einen

---

[532] *Müller-Katzenburg*, Standards, S. 290.
[533] Hierzu *Siehr*, FS *Trinkner*, S. 703 ff., 713 f. m.w.N.
[534] *Hanisch*, FS *Müller-Freienfels*, S. 193 ff., 212; *Weidner*, S. 163.
[535] *Hipp*, S. 197; *Weidner*, S. 162 f.; *Jaeger*, S. 103, die die Auffassung vertritt, daß eine Sonderanknüpfung ausländischer Eingriffsnormen auch dann zu Herausgabeansprüchen für Staaten führen solle, wenn deren Gesetzgebung eine Verfallklausel vergleichbar der Neuseelands enthält, die die Sache erst dann zu Staatseigentum macht, wenn sie bereits dem innerstaatlichen Zugriff entzogen ist. Eine solche extraterritoriale Beschlagnahme erscheint bedenklich und ist weder mir dem Territorialitätsgrundsatz noch mit dem Grundsatz des Schutzes wohlerworbener Rechte zu begründen.
[536] *Byrne-Sutton*, Le trafic, S. 159 f.; *Knott*, S. 130 f.
[537] *Byrne-Sutton*, Le trafic, S. 159 f.; *Knott*, S. 130 f.

gutgläubigen Eigentumserwerb vom Nichtberechtigten zuläßt, auch wichtige Interessen[538].

Nach einer zweiten Auffassung wird eine solche Beeinträchtigung der Verkehrsinteressen für gerechtfertigt gehalten[539]. Die Fälle *Winkworth v. Christie* und *Cyprus v. Goldberg* seien Beispiele dafür, daß auch im Sachenrecht Situationen eintreten, in denen die lex rei sitae nur schwache Beziehungen zu den Parteien und dem Gegenstand habe. Zudem komme bei Kulturgütern neben den privatrechtlichen Interessen noch ein öffentliches Interesse an der Sache hinzu. Der Verlust eines Kulturguts könne für den Herkunftsstaat so groß sein, daß die Abwägung der beteiligten Belange für ein überwiegendes Interesse an der Anwendung des Rechts des Herkunftsstaats spreche. Auch sei nicht einzusehen, weshalb die Anwendung der Normen des einen Staats in dem anderen unzulässig sein solle, wenn der Forum-Staat und der vindizierende Staat ihr nationales Kulturerbe auf gleiche oder ähnliche Weise schützen. Um den Verkehrsschutzinteressen des Belegenheitsstaats Rechnung zu tragen, wird von einigen Anhängern der Sonderanknüpfung vorgeschlagen, sie als zwingendes Recht der lex rei sitae vorrangig anzuwenden[540]. Nach dieser Auffassung beschränkt sich die Sonderanknüpfung auf ausländische Kulturschutznormen, wie z.B. auf Veräußerungsverbote, die zur Unwirksamkeit der Veräußerung führen.

Grundsätzlich ist die Sonderanknüpfung ausländischer Eingriffsnormen des Kulturgüterschutzes positiv zu bewerten, jedoch ist zu bezweifeln, daß sich Staaten ohne Absicherung durch Gegenseitigkeit dazu durchringen werden, einseitig entsprechende Regelungen der Sonderanknüpfung ausländischer Kulturschutznormen in ihre IPR-Gesetze aufzunehmen[541]. Aus diesem Grund werden völkerrechtliche Vereinbarungen[542] oder ein staatenübergreifendes Schutzinstrumentarium[543] gefordert, um auf diese Weise dem Mangel der Nichtbeachtung ausländischer Exportverbote zu begegnen[544]. Kritisch zu sehen ist auch, daß letztendlich der jeweilige Richter der lex fori entscheiden muß, ob ausländische Staaten ihre Kulturgutschutznormen überdehnen und sie aus diesem Grund nicht angewandt werden können. Durch eine Sonderanknüpfung wird vornehmlich der il-

538 *Byrne-Sutton*, Le trafic, S. 160 f.

539 *Fraoua*, Le trafic, S. 124 f.; *Gonzales Campos/Virgos Soriano*, ISWA I, S. 333 ff., 348 ff.; *Hanisch*, FS *Müller-Freienfels*, S. 193 ff., 213; *Jaeger*, S. 103; *Müller-Katzenburg*, Standards, S. 290 f.; *Weidner*, S. 168.

540 *Hanisch*, FS *Müller-Freienfels*, S. 193 ff., 213; *Müller-Katzenburg*, Standards, S. 291, nach deren Ansicht eine Abwägung zwischen den Verkehrsinteressen und den Belangen des Herkunftsstaates vorzunehmen ist.

541 So auch *Schmeinck*, S. 107; *Siehr*, FS *Trinkner*, S. 703 ff., 715 f.; *ders.*, FS *Lorenz*, S. 525 ff., 539 ff.

542 *Berndt*, S. 126; *Byrne-Sutton*, Le trafic, S. 161; *Siehr*, FS *Trinkner*, S. 703 ff., 715 f.

543 *Schmeinck*, S. 106.

544 *Schmeinck*, S. 107.

legalen Ausfuhr und dem Diebstahl von res extra commercium entgegengewirkt. Gehört ein Kulturgut nicht zum nationalen Kulturerbe, bleibt der bestohlene Eigentümer wie in dem Rechtsstreit *Winkworth v. Christie* weiterhin schutzlos.

B. Selbständige Anknüpfung der Vorfrage des Abhandenkommens

Die kollisionsrechtliche Verselbstständigung der Vorfrage des Gestohlenseins oder Abhandenkommens ist ein Vorschlag[545], der dem Diebstahl von Kunstgegenständen und dessen Weiterveräußerung entgegenwirken möchte. Gemäß diesem Ansatz sei das Merkmal des Gestohlenseins oder Abhandenkommens, über das gemäß der Situs-Regel das Recht am Veräußerungsort entscheidet, als Vorfrage an den Lageort zur Zeit des Diebstahls oder Abhandenkommens anzuknüpfen. Die Frage des gutgläubigen Erwerbs sei die nach der neuen lex rei sitae zu beurteilende Hauptfrage. Dieser Sonderanknüpfung des Diebstahls oder des Abhandenkommens kommt dann Bedeutung zu, wenn ein Staat per Gesetz pauschal noch verborgene Kunstgegenstände zu Staatseigentum erklärt[546]. Eine stärkere Berücksichtigung des Herkunftsstatuts durch die selbständige Anknüpfung des Diebstahls oder Abhandenkommens als Vorfrage ist grundsätzlich zu begrüßen, weil insbesondere die Kulturgüter in Staaten geschützt werden, die von Plünderungen unbekannter Kunststätten, wie die lateinamerikanischen Staaten, in einem hohen Maße betroffen sind. Zu Recht wird gegen diesen Ansatz eingewandt, daß die Sachenrechtsordnung regelmäßig selbst entscheiden möchte, inwieweit der Rechtsverkehr dadurch erschwert werden kann, daß eine im Inland veräußerte Sache wegen des ihr anhaftenden Mangels des Diebstahls oder Abhandenkommens dem Erwerb durch eine gutgläubige Person zugänglich ist[547]. Hauptsächlich ist an dem Vorschlag zu kritisieren, daß er nicht weit genug reicht. Dies zeigt sich insbesondere dann, wenn das Sachenrecht des Staats, das durch die Situs-Regel berufen wird, den Eigentumserwerb auch an abhandengekommenen und gestohlenen Kunstwerken zuläßt, vgl. Artt. 1153, 1154 C.c.ital. Zudem besteht die Gefahr, daß die Ergänzung und Überlagerung einer Grundregel durch Sonderanknüpfungen zur Bedeutungslosigkeit der Grundregel führt. Eine solche Aushöhlung der Situs – Regel steigert die Rechtsunsicherheit.

---

[545] *Hanisch*, FS *Müller-Freienfels*, S. 193 ff., 215; *Staudinger-Stoll*, Internationales Sachenrecht, Rn. 66.

[546] Vgl. *Kunstsammlungen zu Weimar v. Elicofon*, 536 F.Supp. S. 829. Der New Yorker Richter hat nicht auf die Rechtsvorstellungen im Herkunftsstaat abgestellt.

[547] *Stoll*, in: *Dolzer/Jayme/Mußgnug* (Hrsg.), Rechtsfragen des IKGS, S. 53 ff., 58.

§ 9 Zeitliche Fixierung

A. Anknüpfung an den Ort des Diebstahls oder des Abhandenkommens

In der Literatur wird die zeitliche Fixierung des Lageorts durch die Anknüpfung an den Ort des Diebstahls[548] oder den Ort des Abhandenkommens[549] befürwortet. Vorgeschlagen wird, beim gutgläubigen Erwerb „das Recht des Staates anzuwenden, in dessen Gebiet die Sache zur Zeit des Diebstahls belegen war". Soweit Kunstwerke betroffen sind, soll durch die Anknüpfung an den Diebstahlsort vermieden werden, daß Kunstdiebe durch entsprechende Wahl des Veräußerungsorts gutgläubigen Dritten Eigentum verschaffen und damit das Risiko eines Rückgriffs seitens der Erwerber ausschließen[550]. Dadurch sollen die Belange des Eigentümers gewahrt bleiben. Kollisionsrechtlichen Schutz erfahre der Eigentümer, soweit er die Belegenheit der Sache beeinflusse und auf die Geltung eines bestimmten Sachrechts vertrauen könne, also bis zur Zeit des Diebstahls. Beeinträchtigung des internationalen Handels seien hinzunehmen, weil der Schutz des bestohlenen Eigentümers Vorrang haben sollte[551].

Ausgangspunkt des Vorschlags ist eine Übertragung der materiell-rechtlichen Wertung im deutschen Sachrecht auf das deutsche Internationale Privatrecht. Indem das deutsche Sachrecht den gutgläubigen Erwerb an abhanden gekommenen Sachen ablehne und auf eine kurze Ausschlußfrist für deren Rückforderung verzichte, betone es auf diese Weise die Position des Eigentümers gegenüber Dritten, die ihre Rechtsstellung nicht von jenem ableiten können. Gegen die deutsche lex fori spreche aber, daß der Sachverhalt meist nur eine lose Beziehung zum Gerichtsstand hat und dem Eigentümer nicht ein Schutz gewährt werden solle, mit dem er nicht rechnen habe können[552].

Die materiell-rechtliche Wertung des deutschen Sachrechts, namentlich des § 935 Abs. 1 BGB, der den Begriff des Abhandenkommens als Oberbegriff wählt und den Diebstahl nur als Beispiel nennt[553], liegt auch dem Vorschlag zugrunde, die Anknüpfung an den Ort des Abhandenkommens vorzunehmen. Der Eigentümer sei im Falle des Abhandenkommens nicht weniger schutzwürdig als bei einem Diebstahl, da es keinen Unterschied mache, ob der Verlust gegen oder ohne seinen Willen erfolgt ist[554]. Entscheidend ist nach dieser Auffassung der

---

548 So *Mansel*, IPRax 1988, S. 268 ff.; Vgl. dazu auch *Jefferson*, L.Q.R. 96 (1980) S. 508 ff., 511.
549 *Kunze*, S. 138 ff; wohl auch *Mansel*, IPRax 1988, S. 268 ff., 271.
550 *Mansel*, IPRax 1988, S. 268 ff., 270.
551 *Mansel*, IPRax 1988, S. 268 ff., 271.
552 *Mansel*, IPRax 1988, S. 268 ff., 271.
553 So die h.M., vgl. *MünchKomm-Quack*, § 935 Rn. 5 f.
554 So *Kunze*, S. 137 f.; wohl auch *Mansel*, IPRax 1988, S. 268 ff., 271.

unfreiwillige Verlust des unmittelbaren Besitzes. Schließlich wird als Argument vorgebracht, daß die Tatsache des Abhandenkommens oder des Diebstahls „gerade bei nicht ersetzbaren Unikaten wie Kunstwerken eine besondere Beziehung zu dem Ort des rechtserheblichen Geschehens“ herstelle. Zu diesem Ort bestehe eine „wesentlich engere Verbindung als zu demjenigen, an dem sich eine nachfolgende Rechtsänderung vollzieht“[555].

Der Vorschlag ist positiv zu bewerten, denn er berücksichtigt die Interessen des bestohlenen Eigentümers. Zu Recht wird herausgestellt, daß der Eigentümer durch die Wahl des Belegenheitsorts auf die Geltung einer bestimmten Rechtsordnung vertraut.

Die Wahl des Anknüpfungspunktes überzeugt allerdings nicht. Der Belegenheitsort kann auch bei der vorgeschlagenen Anknüpfungsregel zufällig sein[556]. Dies ist dann der Fall, wenn das Kunstwerk sich z.B. auf einer Ausstellungsreise befindet und nur für eine kurze Zeit in dem jeweiligen Land verbleibt. Zur Verdeutlichung soll der folgende Beispielsfall dienen: Der deutsche Eigentümer eines Kunstwerks leiht dieses an ein italienisches Museum aus, damit es dort für einen Monat der Öffentlichkeit zugänglich gemacht werden kann. In dieser Zeit wird es gestohlen und sogleich nach Deutschland gebracht. In Deutschland wird das Kunstwerk an einen Gutgläubigen veräußert. Der deutsche Eigentümer begehrt dort die Herausgabe. Folgt man der Anknüpfung an den Ort des Diebstahls, so ist auf den Erwerbsvorgang italienisches Recht anwendbar, das den gutgläubigen Erwerb gestohlener Sachen gemäß Artt. 1153, 1154 C.c.it. gestattet. Das Eigentum wäre verloren und die Wertung des § 935 Abs. 1 BGB zugunsten des bestohlenen Eigentümers ausgehebelt.

Zweitens ist zu kritisieren, daß der Belegenheitsort manipulierbar bleibt. Die gezielte Herbeiführung einer für den Gutglaubenserwerb günstigen Anknüpfungslage wird zwar wesentlich erschwert, jedoch sind Konstellationen denkbar, in denen dies möglich ist. Wenn ein Kunstwerk auf Ausstellungsreise in verschiedenen Ländern ist, so kann sich der Dieb das Land zur Begehung der Straftat aussuchen, das einen gutgläubigen Erwerb gestohlener Sachen gestattet oder eine nur kurze Ersitzungsfrist kennt. Eigentümer von Kunstwerken, die sie zu Ausstellungszwecken in ein anderes Land bringen, werden dann Länder meiden, nach deren Rechtsordnungen sie ihr Eigentum verlieren könnten. Zu denken ist an die immer weiter steigende Bedeutung des internationalen Leihverkehrs und die Versicherungssummen, die für eine Ausstellung in Italien aufgebracht werden müßten.

---

[555] *Kunze*, S. 137f.

[556] So auch *Jayme*, in: *Dolzer/Jayme/Mußgnug* (Hrsg.), Rechtsfragen des IKGS, S. 35 ff., 51; *Müller-Katzenburg*, Standards, S. 228.

Es ist auch nicht ersichtlich, weshalb gerade bei Kunstwerken durch den unfreiwilligen Verlust eine wesentlich engere Verbindung zu dem Recht des Orts des Abhandenkommens begründet wird[557]. Eine „wesentlich engere Verbindung" besteht nicht zwangsläufig zu dem Recht des Orts des Diebstahls oder Abhandenkommens, als zu demjenigen, an dem sich eine nachfolgende Rechtsänderung vollzieht. Wird ein als deutsches Kulturgut eingetragenes Gemälde von Dürer einer Ausstellung in Italien für eine kurze Zeit leihweise zur Verfügung gestellt und dort gestohlen, so besteht eine engere Beziehung zu Deutschland und dem deutschen Recht als zu dem italienischen, obwohl das Kunstwerk in Italien gestohlen wurde. Dafür spricht in erster Linie der bestimmungsgemäße Belegenheitsort des Kunstwerks in Deutschland im Vergleich zur kurzzeitigen, nur vorübergehenden Belegenheit in Italien, die Bedeutung des Kunstwerks in Deutschland und schließlich die Nationalität des Künstlers. Der Ort, in dem die dem Diebstahl nachfolgende Rechtsänderung vollzogen wurde, weist eine deutlich engere Beziehung zum Kunstwerk auf, als der Ort des Diebstahls.

Kritikwürdig ist auch die Bestimmung des Anknüpfungsgegenstands. Obgleich die kollisionsrechtliche Problematik anhand der Entscheidung *DeWeerth v. Baldinger* erörtert wird, der eine Klage auf Herausgabe eines Ölgemäldes von Claude Monet zu Grunde lag, wird nicht zwischen Kulturgütern und anderen Sachen[558] differenziert, sondern nur auf die Unterscheidung zwischen dem Erwerb vom Berechtigten und dem vom Nichtberechtigten abgestellt. Dadurch setzen sich die Vertreter dieser Auffassung in besonderem Maße der Kritik derjenigen aus, die dem Verkehrsschutz Vorrang vor dem Eigentümerschutz einräumen[559]. Andererseits wird das Problem vermieden, Kriterien zur Abgrenzung der Kulturgüter von anderen Sachen zu bestimmen. Teilweise wird die Auffassung vertreten, lediglich die Rechtsverhältnisse an gestohlenen oder abhanden gekommenen Kunstwerken an den Ort des Diebstahls anzuknüpfen[560]. Zur Bestimmung des Begriffs „Kunstwerk" wird auf die §§ 1, 10 des deutschen Kulturgutschutzgesetzes Bezug genommen[561]. Danach sollen z.B. Gemälde als Kunstwerke gelten, archäologische Gegenstände dagegen nicht. Nach dieser Auffassung werden die Eigentumsverhältnisse an einem gestohlenen, zum nationalen Kulturerbe eines Staats deklarierten archäologischen Gegenstands im Gegensatz zu einem Gemälde eines mäßig begabten Freizeitmalers nicht an den

[557] So auch *Armbrüster*, NJW 2001, S. 3581 ff., 3582; Vgl. dazu *Schwadorf-Ruckdeschel*, S. 167: „Gegenüber der abweichenden engeren Verbindung hat die Anknüpfung an den Diebstahlsort zudem den Nachteil, nicht aus der Gesamtbetrachtung des Sachverhalts heraus gewonnen zu werden. Vielmehr ist der Ansatz ebenso punktuell wie die lex rei sitae, deren Korrektur beabsichtigt ist."

[558] Siehe *Mansel*, IPRax 1988, S. 268 ff., 269, 271.

[559] *MünchKomm-Kreuzer*, Nach Art. 38 Anh.I, Rn. 203; *Stoll*, in: *Dolzer/Jayme/Mußgnug* (Hrsg.), Rechtsfragen des IKGS, S. 53 ff., 60.

[560] *Kunze*, S. 138 f.

[561] *Kunze*, S. 130, Fn. 130.

Ort des Diebstahls angeknüpft. Diese Differenzierung überzeugt nicht.

Die Vertreter der Auffassung argumentieren, daß die Anknüpfung an den Ort des Diebstahls oder des Abhandenkommens solange angemessen sei, bis ein wirksamer Eigentumswechsel festgestellt werden könne, weil dieser Vorgang der Sache den Makel des Diebstahls oder Abhandenkommens nehme[562]. Die zeitliche Fixierung des Belegenheits-orts im Zeitpunkt des Diebstahls oder des Abhandenkommens bis zu dem Zeitpunkt, zu dem ein wirksamer Eigentumswechsel festgestellt wird, könnte zur Rechtsunsicherheit führen. Wird das gestohlene Kunstwerk dem Eigentümer nach Zahlung einer Belohnung vom Dieb zurückgegeben, so findet ein wirksamer Eigentumswechsel nach dem Diebstahl nicht statt[563]. Unbeantwortet bleibt die Frage, ob das Lageortsrecht zur Zeit des ersten Diebstahls auch dann anzuwenden ist, wenn der Eigentümer das zurückerlangte Kunstwerk in ein drittes Land bringt und es dort wiederum gestohlen wird.

B. Anknüpfung an den Ort des illegalen Exports

Eine weitere Auffassung befürwortet die Anknüpfung an den Ort, in dem sich das Kulturgut vor seinem verbotswidrigen Export befand[564]. Das durch die Anknüpfung an den Ort des Exportverbots berufene materielle Sachrecht solle dann entscheiden, unter welchen Voraussetzungen ein gutgläubiger Erwerb oder ein Eigentumserwerb durch Ersitzung möglich sei. Dies setze voraus, daß ein Kulturgut unter Verstoß gegen ein staatliches Exportverbot in einen anderen Staat verbracht werde. Wenn nämlich einem Staat am Verbleib von Kulturgütern auf seinem Territorium so sehr gelegen sei, daß er sie einem Exportverbot unterwerfe, so sei damit eine wesentlich engere Verbindung zu diesem Staat hergestellt, als der oft flüchtige und zufällige Umstand der jetzigen Belegenheit in einem anderen Staat sie zu begründen vermöge. Die vorgeschlagene eigenständige Anknüpfung greife die Situs-Regel auf, verfestige sie aber zum unwandelbaren Statut.[565] Der Begriff des Kulturguts sei in einem weiten Sinne zu verwenden[566]. Umfaßt werden sollen alle beweglichen Sachen von künstlerischem, geschichtli-

---

[562] *Kunze* S. 142.

[563] In vielen Fällen wird der Dieb bereit sein, die gestohlene Sache gegen Zahlung eines Geldbetrags an den Eigentümer zurückzugeben. Ein Beispiel dafür ist das Ölbild „Bildnis Francis Bacon“ von Lucius Freud, das die Londoner Tate Gallery im Jahre 1988 an die Nationalgalerie in Berlin ausgeliehen hatte und das dort gestohlen wurde. Nachdem eine Belohnung für die Rückgabe des Bildes ausgesetzt wurde, hat sich der Dieb Anfang 2002 bei der Tate Gallery gemeldet; vgl. Der Tagesspiegel v. 12.02.2002, S. 13.

[564] So *Armbrüster*, NJW 2001, S. 3581 ff., 3582; *ders.*, Rev.cr.dr.int.pr. (4) 2004, S. 723 ff., 741 ff.

[565] *Armbrüster*, NJW 2001, S. 3581 ff., 3582.

[566] *Armbrüster*, NJW 2001, S. 3581.

chem oder archäologischem Wert.

Zunächst überzeugt der Vorschlag insoweit, als er die gezielte Herbeiführung einer für den Erwerber günstigen Anknüpfungssituation verhindert. Innerhalb der Europäischen Union ist eine Anknüpfung an das Recht des Staates, in dem das Kulturgut sich vor seinem verbotswidrigen Export befand, aufgrund von Art. 12 der Richtlinie 93/7/EG vom 15.3.1993 über die Rückgabe von unrechtmäßig aus dem Hoheitsgebiet eines Mitgliedstaats verbrachten Kulturgütern nicht notwendig[567]. Die Richtlinie geht indes noch weiter, wenn man Art. 12 als Sachnormverweisung versteht. Die vorgeschlagene eigenständige Anknüpfung der Rechte an Kulturgütern führt dagegen zu einer Gesamtverweisung und ist davon abhängig, daß das Internationale Privatrecht des Exportstaats die Verweisung annimmt. Weitere Unsicherheiten könnten dann aufkommen, wenn das Kulturgut, das von einem Exportverbot umfaßt wird, zu Ausstellungszwecken und nicht verbotswidrig in einen anderen Staat gelangt, dort gestohlen und an einen Gutgläubigen veräußert wird. Es stellt sich dann die Frage, ob dies einem verbotswidrigen Export gleichzustellen ist[568]. Bedenklich ist auch die Beschränkung des Anwendungsbereichs der Anknüpfungsregel auf Kulturgüter, die von nationalen Ausfuhrregelungen erfaßt werden. Das im öffentlichen Eigentum befindliche deutsche wertvolle Kulturgut würde nicht in den Anwendungsbereich der Kollisionsregel fallen, vgl. § 18 KgSchG. Die meisten Kunstwerke und sonstigen Kulturgüter in Museen und privaten Kunstsammlungen würden außen vor bleiben. Zu kritisieren ist auch der vorgeschlagene Anknüpfungspunkt. Eine „wesentlich engere Verbindung“ zu einem Staat solle bereits dann hergestellt sein, wenn der Staat sie einem Exportverbot unterwerfe[569]. Im Unterschied zu Art. 12 der Richtlinie 93/7/EWG wird nicht verlangt, daß es sich um nationale Kulturgüter im Sinne von Art. 30 EG handelt. Eine solche Kollisionsregel wäre ein Blanko-Scheck für Staaten, alle möglichen Kulturgüter durch Ausfuhrregelungen zu schützen. Die Überdehnung nationaler Kulturgutschutzgesetze wäre die Folge.

---

[567] Richtlinie 93/7/EGW des Rates v. 15.3.1993, Abl.EG 1993, Nr.L 74/74 ff., 76 (27.3.1993).

[568] Vgl. dazu Der verlorene Ensor, F.A.Z. v. 15.10.1987, S. 27: Der Eigentümer von James Ensors „Einzug Christi in Brüssel“, einem zum belgischen unveräußerlichen Kulturgut erklärtes Gemälde, bekam von den belgischen Behörden mit der Behauptung, das Gemälde in Zürich restaurieren lassen zu wollen, eine Exportlizenz. Einmal außer Landes gebracht, wurde es an das Getty Museum verkauft.

[569] So *Armbrüster*, NJW 2001, S. 3581 ff., 3582.

§ 10 Die Resolution des „Institut de Droit International"

In der Literatur wird vorgeschlagen, Eigentumsverhältnisse an Kulturgütern dem Recht des Herkunftsstaats zu unterstellen (lex originis)[570]. Die Anknüpfung an den Herkunftsort wurde in der deutschen und internationalen Literatur von *Jayme* entwickelt[571]. Das Recht des Herkunftsstaats wird auch als Heimatrecht des Kulturguts bezeichnet. Damit wird für Kulturgüter de lege ferenda eine Sonderkollisionsnorm geschaffen, die von der in Art. 43 Abs. 1 EGBGB normierten lex rei sitae-Regel abweicht. Der Vorschlag stellt nunmehr keine Neuerung im deutschen Kollisionsrecht dar. Eine von der Situs-Regel abweichende Kollisionsnorm zugunsten der lex originis-Regel enthalten bereits die zur Umsetzung von Art. 12 der Richtlinie 93/7/EWG erlassenen §§ 4, 8 KultGüRückG, die als leges speciales vor Artt. 43 ff. EGBGB anzuwenden sind. Die Vorschriften sind jedoch im Zusammenhang mit der Restitutionspflicht nach den Artt. 5 und 11 der Richtlinie bzw. den entsprechenden nationalen Vorschriften zu sehen. Die Frage des Eigentums an dem Kulturgut bestimmt sich nach erfolgter Rückgabe nach dem Recht des Herkunftsstaats. Die Kollisionsnormen ergänzen die Restitutionspflicht[572]. Der Anwendungsbereich der §§ 4, 8 KultGüRückG ist somit beschränkt.

Eine Präzisierung erfuhr der Gedanke der Anknüpfung sachenrechtlicher Fragen an das Recht des Herkunftsstaats in der Resolution des „Institut de Droit International" zum internationalen Kunstkauf, die das Institut auf seiner 65. Sitzung in Basel am 3.9.1991 verabschiedet hat[573]. Das Ziel der Resolution ist der Schutz des nationalen kulturellen Erbes im Einklang mit den Interessen des internationalen Kunsthandels[574]. Zur Erreichung dieses Ziels verfolgt sie eine kollisionsrechtliche Methode und ergänzt diese durch Sachnormen[575]. Das „Institut de Droit International" arbeitet keine internationalen Konventionen aus, die bindend sind[576]. Jedoch haben die Resolutionen erhebliches Gewicht zur Bildung von „soft law", das dann herangezogen werden kann, wenn ein Gericht über un-

---

570 *Ferrer-Correia*, ISWA IV, S. 41 ff.; *ders.*, AIDI 64-I, S. 90 ff., 140 ff.; *Fuentes Camacho*, S. 379 ff.; *Lhuilier*, R.R.J. 1998, S. 513 ff., 549; *Kienle/Weller*, IPRax 2004, S. 290 ff.

571 *Jayme*, IPRax 1990 S. 347; *ders.*, ZVglRWiss 95 (1996) S. 158 ff., 167 ff; *ders.*, in: *Dolzer/Jayme/Mußgnug* (Hrsg.), Rechtsfragen des IKGS, S. 35 ff, 43 ff.

572 Vgl. dazu *Fuentes-Camacho*, S. 388: „(...) el art.12 de la directiva communitaria es una norma complementaria (...)".

573 La vente internationale d'objets d'art sous l'angle de la protection du patrimoine culturel, AIDI 64 II (1992), S. 402 ff.; abgedr. in IPRax 1991, S. 432; RabelsZ 56 (1992), S. 566 ff.; IJCP, 6 (1997), No.2, S. 377 f. (englischer Text).

574 Siehe dazu die vierte Erwägung der Präambel der Resolution. *Rigaux*, RabelsZ 54 (1990), S. 139 ff.; *Ferrer-Correia*, AIDI 64-I (1991), S. 93 f.; *Turner*, S. 244; *Vischer*, RdC 232 (1992-I) S. 9 ff., 124.

575 Vgl. dazu *Rigaux*, RabelsZ 54 (1990), S. 139 ff.

576 *Jayme*, IJCP, 6 (1997), S. 376; *Siehr*, FS *Trinkner*, S. 703 ff., 720.

bestimmte Rechtsbegriffe zu entscheiden hat[577]. Wie aus dem siebten Absatz der Präambel hervorgeht, will die Resolution darüber hinaus als Richtschnur für die Weiterentwicklung des nationalen Kollisionsrechts dienen.

A. Zentrale Regelungen der Resolution

Der Anwendungsbereich der Resolution wird in deren Art. 1 Abs. 2 und 3 bestimmt. Nach Art. 1 Abs. 2 erfaßt die Resolution jeden Kauf, der vor oder nach dem Export eines Kunstgegenstands unter Verstoß gegen nicht-retroaktive Ausfuhrbestimmungen des Herkunftsstaats geschlossen wurde. Gemäß Art. 1 Abs. 3 ist die Resolution auf zukünftige Fälle anwendbar, in denen der Kunstgegenstand dem Eigentümer oder Besitzer gestohlen bzw. auf andere unrechtmäßige Weise entzogen oder illegal exportiert wurde. Obwohl dies aus Art. 1 Abs. 3 nicht klar hervorgeht, ist die Resolution sowohl in den Fällen eines bloßen Exportverstoßes als auch bei gleichzeitigem Diebstahl oder sonstigem Abhandenkommen anwendbar[578]. Denkbar wäre, daß auch die Fälle vom Anwendungsbereich erfaßt werden, in denen der Gegenstand gestohlen wird oder auf sonstige Weise abhanden kommt und ohne Verstoß gegen die Ausfuhrbestimmungen des Herkunftsstaates außer Landes gebracht wird. Dagegen spricht aber, daß die Resolution nur solche Gegenstände erfassen will, die das Herkunftsland als Bestandteil seines Kulturerbes registriert oder auf andere Weise dokumentiert hat[579]. Solche Gegenstände werden in der Regel auch durch Ausfuhrbestimmungen geschützt.

Die Resolution enthält in den Artt. 2 und 3 zwei Kollisionsnormen zugunsten der Anwendung der lex originis[580]. Art. 2 der Resolution unterstellt die Übertragung von Eigentum an Kunstgegenständen, die zum Kulturerbe des Herkunftslandes gehören, der Rechtsordnung dieses Landes, während Art. 3 die Regeln des Herkunftslandes über den Export von Kunstgegenständen für anwendbar erklärt. Art. 3 der Resolution will ersichtlich nur die Exportbestimmungen des Herkunftsstaats zur Anwendung bringen. Die Anwendung ausländischen öffentlichen Rechts des Herkunftsstaats durch ein Gericht der lex fori sieht der Berichterstatter der Resolution als unproblematisch an und bezieht sich auf die in Art. 1 lit. b der Resolution von Oslo[581] vertretene Rechtsauffassung[582].

---

[577] Urt. v. 22.6.1972, BGHZ 59, S. 82 ff. (Nigeria-Fall)

[578] *Kreuzer*, RdC, 259 (1996), S. 181, obwohl dies nach seiner Auffassung aufgrund von Art. 1 Abs. 2 und 3 der Resolution nicht klar wird; *Müller-Katzenburg*, Standards, S. 232, die auf die Präambel und den Entwurf der Resolution (abgedr. bei *Ferrer-Correia*, AIDI 64-I, S. 191) verweist. Art. 1 Abs. 3 des Entwurfs lautet: „La résolution s'applique tout aussi bien au cas où l'objet d'art aurait été volé (...) qu'à celui de simple exportation illégale."

[579] Vgl. Art. 1 Abs. 1 lit. a der Resolution.

[580] *Müller-Katzenburg*, Standards, S. 279, sieht darin das Kernstück der Resolution.

[581] AIDI 57 II, 1977, S. 328 ff.

Fraglich ist, auf welche Vorschriften sich Art. 2 bezieht. Nach einer Auffassung wird der Erwerb von Kunstgegenständen insgesamt der Rechtsordnung des Herkunftsstaats unterstellt[583]. Es gelangen sowohl die zivilrechtlichen Regelungen wie auch die öffentlich-rechtlichen Kulturschutzgesetze des Herkunftsstaats zur Anwendung. Nach einer zweiten Auffassung nimmt Art. 2 der Resolution nur auf privatrechtlich oder öffentlich-rechtlich ausgestaltete Sonderregeln für Kulturgüter Bezug[584]. Danach wäre bei deutschem Recht als dem Recht des Herkunftsstaats eine Anwendung der §§ 929 ff. BGB ausgeschlossen. Zu folgen ist der ersten Auffassung. Eine Beschränkung des anwendbaren Rechts des Herkunftsstaats auf Sonderregeln für Kulturgüter ergibt sich weder aus dem Wortlaut des Art. 2 noch aus den Ausführungen des Berichterstatters[585]. Am Beispiel des Rechtsstreits *Kunstsammlungen zu Weimar v. Elicofon* zeigt der Berichterstatter vielmehr, daß die Anwendung der lex originis nicht zwangsläufig günstiger für den ursprünglichen Eigentümer sein müsse[586]. Vermeiden könne dies nur der Herkunftsstaat selbst, indem er seine Gesetze ändert[587].

Folgt man der Auffassung, nach der bereits Art. 2 der Resolution bestimmt, daß die öffentlich-rechtlichen Kulturschutznormen einschließlich der einschlägigen Ausfuhrbestimmungen zur Anwendung gelangen sollen, weil auch diese zur Rechtsordnung des Herkunftsstaats gehören, so stellt sich die Frage nach dem Regelungsgehalt des Art. 3. Nach einer Ansicht kommt Art. 3 lediglich eine Klarstellungsfunktion zu[588]. Nach einer anderen Auffassung besteht die Funktion des Art. 3 der Resolution darin, die Ausfuhrbestimmungen des Herkunftsstaats in den Fällen für anwendbar zu erklären, in denen der illegale Export nicht mit einer Eigentumsübertragung verbunden ist. Dies ist der Fall, wenn keine Verfallsregelung anwendbar ist und der Gegenstand nicht von einem Dritten erworben wird. Während Art. 2 nur die Übertragung von Eigentum dem Recht des Herkunftsstaats unterstellt, erklärt Art. 3 die Ausfuhrbestimmungen des Herkunftsstaats ohne Einschränkungen für anwendbar. Dem ist entgegenzuhalten,

---

582 *Ferrer-Correia*, AIDI 64-I (1991), S. 104 f., 179. Begründet wird dies mit den Erfordernissen der internationalen Solidarität und der Übereinstimmung der Interessen der Staaten. Vgl. auch die Resolution von Wiesbaden aus dem Jahre 1975, abgedr. in AIDI 56 (1975), S. 550 ff.

583 *Müller-Katzenburg*, Standards, S. 280.

584 *Turner*, S. 246. Anwendbar seien Sonderregeln für Kulturgüter in öffentlichem Eigentum, besondere Regeln für Kulturguteigentum schlechthin, sowie Regeln, in denen der Staat eine Veräußerung von Kulturgütern im Privateigentum von seiner Genehmigung abhängig mache.

585 *Ferrer-Correia*, AIDI 64-I (1991), S. 177 ff.

586 Bei Anwendung des deutschen Rechts hätte Elicofon durch gutgläubige Ersitzung gemäß § 937 BGB Eigentum an den Dürer-Gemälden erworben, vgl. dazu *Ferrer-Correia*, AIDI 64-I, S. 177.

587 *Ferrer-Correia*, AIDI 64-I (1991), S. 177: „Tant s'en faut, car c'est évidemment à l'Etat lui-même qu'il appartient de prendre les mesures qu'il estimera nécessaires et adéquates à la préservation de ses trésors artistiques. Il ne faut pas être plus royaliste que le roi (...)"

588 So *Müller-Katzenburg*, Standards, S. 279 f.

daß ein Ausfuhrverbot dem Herkunftsstaat keinen privatrechtlichen Anspruch auf Rückgabe verleiht. Bedeutung gewinnt diese Auffassung nur dann, wenn Art. 4 Abs. 1 der Resolution eine, wenn auch unwirksame, Veräußerung voraussetzen würde.

Wird dem ursprünglichen Eigentümer ein Gegenstand gestohlen, illegal exportiert und im Importstaat von einem gutgläubigen Dritten erworben, so bestimmt das Sachrecht des Herkunftsstaats, ob der ursprüngliche Eigentümer das Eigentum behält. Das Recht des Herkunftsstaats ist nicht nur auf die erste, sondern auch auf jede weitere Eigentumsübertragung anwendbar[589]. Nach Auffassung des Berichterstatters werde durch die Anknüpfung an den Herkunftsort der Anknüpfungspunkt der Belegenheit der Sache nicht verändert, sondern nur zeitlich fixiert; das Anknüpfungssystem wechsele von einem beweglichen zu einem unbeweglichen[590]. Zu Recht wird eingewandt, daß dies so nicht ganz richtig sei, weil auch das Herkunftsland durch legale Ausfuhr und rechtsgeschäftliche Übertragung wechseln könne[591].

Obwohl nicht aus dem Text der Resolution hervorgehend, soll sich nach Auffassung des Berichterstatters derjenige, der den Gegenstand ins Ausland veräußert hat, zur Begründung eines Herausgabeanspruchs nicht auf die Vorschriften der lex originis berufen dürfen[592]. Wenn der Erwerber den Gegenstand auf das Territorium des Herkunftsstaats zurückführe, so solle ihm das Eigentum an dem Gegenstand verbleiben. Den Interessen des Herkunftsstaats wäre Genüge getan, wenn der Gegenstand wieder auf sein Territorium gelange[593].

Der Herkunftsstaat hat nur dann einen privatrechtlichen Herausgabeanspruch, wenn ihm ein dingliches Recht an dem Gegenstand zusteht. Führt der private Eigentümer selbst den Gegenstand unrechtmäßig aus dem Herkunftsstaat aus, so bewirken nur Verfallsregelungen einen Übergang des Eigentums auf den Herkunftsstaat[594]. Um dem Herkunftsstaat die Rückführung des illegal exportierten

---

[589] *Fuentes-Camacho*, S. 400 f.; *Vischer*, RdC 232 (1992-I) S. 9 ff., 124. Vgl. dazu auch die Beiträge von *Mann* und *Seidl-Hohenveldern*, AIDI 64-II, S. 316.

[590] *Ferrer-Correia*, AIDI 64-I (1991), S. 174, 176: „Le facteur de rattachement ne changerait pas - ce serait toujours le situs rei: non pas, certes, la situation actuelle, mais une localisation précédente"; *ders.*, ISWA IV, S. 45: "(I)l ne s'agit que de passer d'un système de rattachement mobile à un système de rattachement fixe".

[591] *Turner*, S. 245.

[592] *Ferrer-Correia*, AIDI 64-I (1991), S. 181: „Ce serait, de toute évidence, un cas de venire contra factum proprium". Vgl. dazu *Vischer*, RdC 232 (1992-I) S. 9 ff., 125 Fn. 255, der kritisiert, daß der Gedanke des venire contra factum proprium nicht im Text der Resolution reflektiert wird.

[593] *Ferrer-Correia*, AIDI 64-I (1991), S. 181. Vgl. dazu auch *Turner*, S. 246.

[594] Ausfuhrverbote, Veräußerungsverbote oder genehmigungspflichtige Veräußerungen bewirken nach Maßgabe der lex originis nur die Erhaltung des Eigentums bzw. führen zur Un-

Gegenstandes auch dann zu ermöglichen, wenn seine Rechtsordnung keine Verfallsregelungen vorsieht, wurden die Kollisionsnormen Artt. 2 und 3 durch zwei kollisionsrechtliche Sachnormen ergänzt. Gemäß Art. 4 Abs. 1 der Resolution kann der Herkunftsstaat, wenn nach seinem Recht kein Eigentumsübergang stattgefunden hat, innerhalb angemessener Frist die Rückführung des Kunstgegenstands verlangen, vorausgesetzt, dessen Abwesenheit würde das kulturelle Erbe des Staats wesentlich beeinträchtigen. Der Anspruch ist öffentlichrechtlicher Natur und beinhaltet die Rückführung des Kulturguts auf das Territorium des Herkunftsstaats[595]. Damit wird dem Herkunftsstaat ermöglicht, die Rückführung von Kunstgegenständen von dem Besitzer auch dann zu verlangen, wenn ihm kein dingliches Recht an dem Gegenstand zusteht[596].

Art. 4 Abs. 2 der Resolution bestimmt, daß sich der Besitzer gegenüber dem Rückführungsverlangen nicht auf seinen guten Glauben berufen kann, ihm aber eine Entschädigung vom Herkunftsstaat zu zahlen ist, falls er seinen guten Glauben zu beweisen vermag. Dadurch wird versucht, zwischen dem Herkunftsstaat und dem gutgläubigen Erwerber einen angemessenen Interessenausgleich zu schaffen. In der Literatur wird die Auffassung vertreten, Art. 4 Abs. 2 der Resolution auch auf einen privatrechtlichen Herausgabeanspruch des Staats oder eines Privaten anzuwenden[597]. Gegen diese Auffassung spricht bereits der Wortlaut von Art. 4 Abs. 2 der Resolution. Danach ist nur der Herkunftsstaat, nicht aber ein privater Eigentümer zur Zahlung einer Entschädigung verpflichtet. Bei einer kollisionsrechtlichen Verweisung auf das Recht des Herkunftsstaats sollte es diesem überlassen werden, einen Ausgleich zwischen den beteiligten Interessen des ursprünglichen Eigentümers und des gutgläubigen Erwerbers herbeizuführen. Das Recht des Herkunftsstaats kann auch ein Lösungsrecht vorsehen.

B. Anknüpfungsgegenstand

Gemäß Art. 1 Abs. 1 lit. b der Resolution werden unter dem Begriff „Kunstgegenstand" nur solche Gegenstände verstanden, die durch Klassifizierung, Registrierung oder ein anderes Mittel international zulässiger Publizität zum kulturellen Erbe eines Staats erklärt worden sind. Eine Definition der Begriffe „Kunstgegenstand" und „kulturelles Erbe" enthält die Resolution nicht. Der Berichterstatter der Resolution hält im „Exposé préliminaire" die Abgrenzung der Begriffe „patrimoine", „bien culturel" und „objet d'art" nicht für notwendig, weil eine solche Definition bekanntlich mit Schwierigkeiten verbunden sei und in den

wirksamkeit der Eigentumsübertragung.

[595] *Turner*, S. 248; *Vischer*, RdC 232 (1992-I) S. 9 ff., 125.

[596] Hierbei orientiert sich die Resolution am Beispiel des Art. 7 (b) (ii) der UNESCO-Konvention, vgl. *Ferrer-Correia*, AIDI 64-I (1991), S. 116 f.

[597] *Turner*, S. 249.

meisten Fällen der künstlerische Charakter eines Gegenstandes keinen Anlaß zum Zweifel gebe[598]. Die Hauptfrage sei vielmehr, ob ein solcher Gegenstand dem kulturellen Erbe eines Staats und welchen Staats zugeordnet werden könne[599]. Der Berichterstatter führt aus, daß es zwei Ansätze zur Bestimmung eines Kulturguts („bien culturel") gebe[600]. Nach dem maximalistischen Ansatz könne jeder Gegenstand, der einen gewissen kulturellen Wert besitzt, als Kulturgut bezeichnet werden. Diesem Ansatz sei die UNESCO-Konvention von 1970 zugeneigt. Der minimalistische Ansatz beschränke den Begriff Kulturgut auf solche Gegenstände, die einen hohen kulturellen Wert aufgrund ihrer Bedeutung für das jeweilige Land haben. Diesem Ansatz folge die Konvention des Europarates betreffend Vergehen gegen Kulturgut von 1985[601]. Der Berichterstatter zieht aus seiner Untersuchung die folgende Schlußfolgerung. Ein Kunstgegenstand im Sinne der Resolution sei jeder Gegenstand, der einer der gängigen Auffassungen zur Bestimmung des Begriffs entspreche[602]. Erforderlich sei zudem, daß der Gegenstand durch einen Publizitätsakt zum kulturellen Erbe eines Staats erklärt werde[603].

Ferrer-Correia wird vorgeworfen, daß er die Frage der Objektabgrenzung und die Frage der Zuordnung vermenge, weil er sich der zweiten Frage zuwende, ohne auf die Definition des „patrimoine culturel" eingegangen zu sein, die Bestandteil der ersten Frage sei[604]. Im Wege einer Interessenabwägung hätte man den Kreis der Objekte festlegen müssen, die ein Staat als sein kulturelles Erbe betrachten könne[605]. Dieser Kritik kann nicht gefolgt werden. Eine Objektabgrenzung wurde vorgenommen. Erfasst wird jeder Gegenstand von kulturellem Wert im Sinne des maximalistischen Ansatzes, der durch Klassifizierung, Registrierung oder ein anderes Mittel international zulässiger Publizität identifiziert werden kann. Die Objektabgrenzung ist nach der Auffassung des Berichterstatters letztlich von dem jeweiligen Staat vorzunehmen[606]. Die Bestimmung des

---

598 *Ferrer-Correia*, AIDI 64-I (1991), S. 94.
599 *Ferrer-Correia*, AIDI 64-I (1991), S. 94 f.
600 *Ferrer-Correia*, AIDI 64-I (1991), S. 95.
601 A.A. *v.Schorlemer*, S. 84, die die Konvention als Beispiel für den maximalistischen Ansatz sieht. Vgl. zur Konvention *Jaeger*, S. 139 f.; *Turner*, S. 175 f.
602 *Ferrer-Correia*, AIDI 64-I (1991), S. 96: „(...) on devrait considérer comme objet d'art toute chose qui, d'après les conceptions courantes, rentrerait dans cette catégorie;(...)".
603 Die im „Exposé préliminaire" vertretene Auffassung wird im „Rapport définitif" beibehalten. *Ferrer-Correia*, AIDI 64-I (1991), S. 148: „On pourra, donc, se passer ici d'une définition d'objets d'art; étant entendu qu'en principe est considérée comme objet d'art toute chose rentrant dans cette catégorie selon les idées courantes (ou admises) dans le pays et à l'époque où la question se pose".
604 *Turner*, S. 173.
605 *Turner*, S. 173. Vgl. auch den Beitrag von *Rigaux*, AIDI 64-II, S. 294, der das Prinzip der engsten Verbindung zur Bestimmung des kulturellen Erbes befürwortet.
606 *Ferrer-Correia*, AIDI 64-I (1991), S. 149 f.: „Cela revient à dire que chaque pays a sa propre définition de patrimoine culturel et qu'il serait impossible d'en arriver, par un procédé

„patrimoine culturel“ eines bestimmten Staats ist dagegen eine Frage der Zuordnung.

Eine zusätzliche Anforderung an die Bedeutung des Gegenstands wird für den Rückführungsanspruch gemäß Art. 4 der Resolution gestellt. Der Herkunftsstaat muß nachweisen, daß die Abwesenheit des Gegenstands das kulturelle Erbe des Staats wesentlich beeinträchtigen würde. Der Gegenstand muß in diesem Fall eine herausragende Bedeutung haben[607].

C. Anknüpfungspunkt

Herkunftsstaat ist gemäß Art. 1 Abs. 1 lit. b der Resolution derjenige Staat, der in kultureller Hinsicht mit dem betreffenden Kunstwerk am engsten verbunden ist. Der Berichterstatter bezieht sich im „Exposé préliminaire“ hinsichtlich der Frage der Zuordnung eines Objekts zu einem Staat auf die in Art. 4 der UNESCO-Konvention von 1970 genannten Kriterien. Er sieht das Problem der Zuordnung in den Fällen, in denen die Kriterien auf verschiedene Staaten hinweisen[608]. Auch im „Rapport définitif“ wird von Art. 4 der UNESCO-Konvention und von Artt. 5 Abs. 3 und 6 des UNIDROIT-Entwurfs vom 26.1.1990 ausgegangen[609]. Die fundamentale Frage sei, ob der betroffene Gegenstand als signifikanter Ausdruck („comme une expression significative“) der nationalen Kultur des Staats, der seine Rückführung verlangt, angesehen werden kann. Konfliktfälle, die bei Anwendung der verschiedenen Kriterien des Art. 4 der UNESCO-Konvention auftreten, seien gemäß dem Prinzip der engsten Verbindung, das auch Art. 6 des Vorentwurfs der UNIDROIT-Konvention enthalte, zu lösen. Die Frage, wie die kulturelle Verbindung eines Kunstgegenstands zu einem Staat bestimmt werden kann, wird dadurch jedoch nicht gelöst[610]. Zur Konkretisierung bildet der Berichterstatter sechs Fallsituationen, in denen eine enge Verbindung („attache intime“) zwischen dem Kunstwerk („oeuvre d'art“) und der Kultur des betroffenen Staates bestehe[611]. Hierbei handelt es sich um: 1) Bestandteile von Bauwerken oder von Komplexen von Bauwerken; 2) religiöse Gegenstände eines lebenden Kultes, die von großer Bedeutung sind; 3) Kunstwerke, die von herausragenden Künstlern geschaffen wurden, die Staatsangehörige des Staats sind oder den dort befindlichen Schulen entstammen; 4) Gegen-

---

d'abstraction des différences, à un concept unitaire."

[607] *Turner*, S. 175, sieht hierin ein nicht sehr strenges Wertkriterium.

[608] *Ferrer-Correia*, AIDI 64-I (1991), S. 97.

[609] Siehe dazu auch *Fuentes-Camacho*, S. 402.

[610] Vgl. dazu *Jayme*, IJCP, 6 (1997), S. 376: „The question how this cultural link is to be determined is not solved by the Resolution.“; *Müller-Katzenburg*, Standards, S. 280; *Turner*, S. 174.

[611] *Ferrer-Correia*, AIDI 64-I (1991), S. 153 f.

stände aus archäologischen Ausgrabungen; 5) Kunstwerke in öffentlichen oder privaten Sammlungen, die von ausländischen Künstlern geschaffen wurden und die Ausdruck einer ausländischen Kultur sind, aber seit beträchtlicher Zeit integraler Bestandteil dieser Sammlungen sind, so daß ihre Entfernung die Integrität dieser Sammlungen verletzen würde; 6) Kunstgegenstände, die im Herkunftsstaat legal erworben wurden und nunmehr zum kulturellen Erbe des Erwerberstaats gehören.

Ferrer-Correia stützt sich in erster Linie auf die von *Jayme* entwickelten Kriterien zur Konkretisierung des Herkunftsstaats[612]. Die ersten vier Fallsituationen stellen den ursprünglichen Belegenheitsort des Gegenstands und die Nationalität des Künstlers in den Vordergrund. Als Kriterien werden die Zugehörigkeit zu einem Ensemble, die Bedeutung eines lebenden Kults für einen Ort, die Nationalität des Künstlers bzw. die Zugehörigkeit zu einer Schule und der Ausgrabungsort bei archäologischen Gegenständen genannt. Die beiden letzten Fallsituationen beziehen sich auf Gegenstände aus ursprünglich fremden Kulturen, die aber Bestandteil des kulturellen Erbes des aktuellen Belegenheitsstaats geworden sind[613]. Die Voraussetzung einer solchen „Rezeption" sei die Legalität des Erwerbs[614]. Es verwundert, daß der legale Erwerb eines Kunstgegenstandes zur Begründung einer „attache intime" zwischen dem Gegenstand und der Kultur des betroffenen Staats ausreichen soll, weil der Berichterstatter an anderer Stelle eine besondere kulturelle Verbindung zwischen dem Gegenstand und der Kultur des betroffenen Staats fordert[615]. Herkunftsstaat („Etat d'origine") ist somit nach der Auffassung des Berichterstatters grundsätzlich der Staat der ursprünglichen Belegenheit des Gegenstandes („primus situs de l'objet d'art"), aber auch ausnahmsweise der Staat, der einen Gegenstand legal erworben hat.

D. Kritische Betrachtung der Resolution

Die Resolution des „Institut de Droit International" nennt in Art. 1 Abs. 3 die zwei Fälle, in denen sachenrechtliche Fragen an den Herkunftsort anzuknüpfen sind. Hierbei handelt es sich erstens um den Diebstahl und das sonstige Abhandenkommen und zweitens um den illegalen Export von Kulturgütern. Dem Berichterstatter ist in diesem Punkt beizupflichten. Nur in diesen zwei Fällen sollte

---

612 *Jayme*, IPRax 1990, S. 347; *ders.*, ZVglRWiss 95 (1996), S. 167 ff.; *ders.*, in: *Dolzer/Jayme/Mußgnug*, Rechtsfragen des IKGS, S. 35 ff., 43 ff.

613 Vgl. dazu auch *Müller-Katzenburg*, Standards, S. 280 f.; *Rigaux*, RabelsZ 56 (1992), S. 547 ff., 551; *Turner*, S. 174 f.

614 *Seidl-Hohenveldern*, FS *Schindler*, S. 137 ff., 139.

615 Vgl. dazu *Ferrer-Correia*, AIDI 64-II (1992), S. 152, 281. Danach ist die Voraussetzung einer engen Beziehung, „que l'objet en cause peut être considéré comme une expression significative (voir même très significative) de la culture nationale de l'Etat qui réclame son retour." Auch *Turner*, S. 174, bezeichnet dies als irreführend.

die Kollisionsnorm der lex originis die der lex rei sitae ersetzen. Ohne diese Beschränkung des Anwendungsbereichs der Kollisionsnorm der lex originis wäre die Kritik an dieser Regel berechtigt, die hinterfragt, warum beispielsweise ein frei veräußerbares deutsches Kulturgut in Frankreich nicht nach dem Konsensprinzip übereignet werden könne, sondern das Abstraktionsprinzip Anwendung finde, nur weil es das deutsche Heimatrecht so vorsehe[616].

Der Anknüpfungsgegenstand und der Anknüpfungspunkt sind voneinander zu trennen. Zum einen geht es um die Objektabgrenzung und zum anderen um die Bestimmung des Herkunftsorts bzw. -staats. In der Resolution wird die Anwendung der lex originis auf die Kunstgegenstände beschränkt, die durch einen Publizitätsakt zum kulturellen Erbe eines bestimmten Staates erklärt worden sind[617]. Oft werden von dem nationalen Gesetzgeber ganze Kategorien von Gegenständen unter Schutz gestellt. Die Bestimmung des Anknüpfungspunkts würde von der Gesetzgebung jedes Staats abhängig sein. Dies könnte zur Ungleichbehandlung von Kulturgütern aus „liberalen" und „protektionistischen" Herkunftsstaaten führen. Gegenstände, die keinem Identifikationsprozeß unterworfen sind, werden nicht erfaßt[618]. Zu kritisieren ist ferner, daß bei der Definition des Anknüpfungsgegenstands und Anknüpfungspunkts nicht wird zwischen illegal exportierten und abhanden gekommenen Kulturgütern unterschieden wird. Eine „enge kulturelle Verbindung" wird im Konventionstext nicht definiert. Fragwürdig ist, daß nach Ausführungen des Berichterstatters ein legaler Erwerb im „Herkunftsstaat" ausreichen soll, um einen Gegenstand zum kulturellen Erbe des Staats, in dem sich das Kulturgut nunmehr befindet, zählen zu können.

§ 11 Objektabgrenzung und Zuordnung in Konventionen

Die Fragen nach der Bestimmung des Anknüpfungsgegenstandes und Anknüpfungspunktes treten nicht nur in der internationalprivatrechtlichen Diskussion auf. Die Problematik ihrer Definition stellt sich auch bei Staatsverträgen und bei Art. 30 EG. Hier geht es um die Objektabgrenzung und die Zuordnung zu einem Staat. Die Antwort kann für alle Bereiche nur gleich ausfallen[619]. Deshalb werden zunächst die in den Staatsverträgen und im Europarecht formulierten Definitionen untersucht, bevor ein Vorschlag zur Bestimmung des Anknüpfungsgegenstandes und Aknüpfungspunktes unterbreitet werden kann.

---

616 So die Kritik von *Weidner*, S. 220.

617 *Lalive*, FS *Schwind*, S. 51ff., 62: „Il est vrai que l'audace de ces propositions est tempérée par la limitation de leur portée, la Resolution prétendant s'appliquer seulement à l'objet 'identifié comme appartenant au patrimoine culturel d'un pays par son classement, enregistrement ou tout autre procédé de publicité internationale admis en la matière'."

618 Vgl. *Siehr*, FS *Trinkner*, S. 703 ff., 721.

619 So auch *Turner*, S. 48.

A. Haager Konvention von 1954

Die Haager Konvention zum Schutz von Kulturgut bei bewaffneten Konflikten vom 14. Mai 1954[620] ist die erste universelle, ausschließlich dem völkerrechtlichen Kulturgüterschutz gewidmete Konvention der UNESCO[621]. Die Bundesrepublik Deutschland ist ihr am 11. April 1967 beigetreten[622]. Der Beweggrund für die Verabschiedung der auch als „Croix-Rouge des Monuments"[623] bezeichneten Konvention ist in der verheerenden Zerstörung von Kulturgut während des Zweiten Weltkrieges zu sehen[624]. Die Verhinderung der Zerstörung von Kulturgut ist demgemäß auch das Ziel der Konvention[625].

I. Schutzobjekt

Geschützt wird gemäß Art. 1 lit. a bewegliches oder unbewegliches Gut, das für das kulturelle Erbe aller Völker von großer Bedeutung ist, wie z.B. Bau-, Kunst- oder geschichtliche Denkmale religiöser Art, archäologische Stätten, Gebäudegruppen, die als Ganzes von historischem oder künstlerischem Interesse sind, Kunstwerke, Manuskripte, Bücher und andere Gegenstände von künstlerischem, historischem oder archäologischem Interesse sowie wissenschaftliche Sammlungen und bedeutende Sammlungen von Büchern, Archivalien oder Reproduktionen[626]. Das zu schützende Kulturgut wird abstrakt definiert und anhand einer nicht abschließenden Beispielsliste konkretisiert. Bei einigen Gütern wird verlangt, daß sie von künstlerischem, historischem oder archäologischem Interesse sind. Die Bestimmung der Güter, die für das kulturelle Erbe von großer Bedeutung sind, wird jedem Staat selbst überlassen[627]. Die weltweite Akzeptanz der Haager Konvention von 1954 führte dazu, daß der von ihr verwendete Begriff „Kulturgut" und der Begriff „Kunstwerk" als Beispiel für ein „Kulturgut" Einfluß auf die Terminologie späterer Gesetze hatte[628]. Das Gesetz zum Schutz

---

[620] BGBl. 1967 II, S. 1235 ff.; vgl. zur Haager Konvention von 1954 auch *Buhse*, S. 50 ff.; *Hönes*, DÖV 1998, S. 985 ff.; *Mußgnug*, Wem gehört Nofretete, S. 13 ff., insbesondere in Bezug auf den damaligen deutsch-deutschen Streit um den ehemals preußischen Kulturbesitz; *v. Schorlemer*, S. 276 ff., *Williams*, S. 34 ff.

[621] Vgl. dazu *v.Schorlemer*, S. 276 ff.

[622] G. v. 11.4.1967, BGBl. II S. 1233 f.; in Kraft seit dem 11.11.1967, Bek. v. 26.10.1967, BGBl. II S. 2471; geändert durch G. v. 10.8.1971, BGBl. II S. 1025.

[623] So *Wilhelm*, Revue Internationale de la Croix-Rouge 36 (1954), S. 793 ff.

[624] Vgl. dazu den ersten Absatz der Präambel der Konvention.

[625] Dadurch soll eine größere Respektierung des geschützten Kulturguts durch die Staaten erreicht werden. Vgl. dazu *Mußgnug*, FS *Jeserich*, S. 323 ff., 328.

[626] Unter den Schutzbereich der Konvention fallen gemäß Art. 1 lit. b auch bestimmte Baulichkeiten, und gemäß lit. c bestimmte Orte.

[627] Vgl. dazu *Jaeger*, S. 17.

[628] *Prott/O'Keefe*, IJCP 1(1992), S. 307 ff., 312; *Reichelt*, Internationaler Kulturgüterschutz, S. 12; *Schmeinck*, S. 49.

deutschen Kulturguts gegen Abwanderung von 1955[629] nennt als Schutzobjekte in § 1 Kunstwerke und anderes Kulturgut. Kulturgut wird demnach als Oberbegriff gebraucht.

II. Zuordnung

Kriterien für die Bestimmung der „origo“ eines Kunstwerks enthält die Konvention nicht. Gemäß Art. 1 der Konvention wird das Kulturgut ohne Rücksicht auf Herkunft und Eigentumsverhältnisse geschützt. So wird in der Präambel und in Art. 1 der Konvention von einem „kulturellen Erbe der ganzen Menschheit“, aber auch von einem „kulturellen Erbe aller Völker der Welt“ bzw. „kulturellen oder geistigen Erbe der Völker“ gesprochen[630]. Die Zuordnung eines Kulturgutes zu einem „state of origin“ erfolgt nicht. *Merryman* bezeichnet die Konvention als „charter for cultural internationalism“[631]. Entscheidend ist somit der Ort, an dem sich ein Kulturgut befindet. Das Kulturgut darf an diesem Ort weder zerstört, noch von diesem Ort entfernt werden.

B. Die UNESCO-Konvention von 1970

Die UNESCO-Konvention über Maßnahmen zum Verbot und zur Verhütung der unzulässigen Einfuhr, Ausfuhr und Übereignung von Kulturgut vom 14. November 1970 sieht eine universelle internationale Zusammenarbeit auf dem Gebiet des Kulturgüterschutzes vor und postuliert das Recht jedes Staats auf Anerkennung und Schutz seines kulturellen Erbes durch die Staatengemeinschaft[632]. Zur Verwirklichung des Schutzes verpflichten sich die Vertragsstaaten, die unzulässige Einfuhr, Ausfuhr und Übereignung von Kulturgut zu bekämpfen (Art. 2). Nach der wohl inzwischen überwiegenden Ansicht sind die Bestimmungen der Konvention nicht unmittelbar anwendbar, sondern bedürfen der Umsetzung durch die Mitgliedstaaten in nationales Recht[633]. Die Verpflichtungen konkreti-

---

[629] BGBl. 1955 I, S. 501 i.d.F. v. 8.7.1999, BGBl. I, S. 1754.

[630] Vgl. Abs. 2 der Präambel: „(...) the cultural heritage of all mankind (...)“; Abs. 3 der Präambel: „(...) cultural heritage is of great importance for all peoples of the world (...)“; Art. 1: "(...) of great importance to the cultural heritage of every people (...)".

[631] *Merryman*, Am.J.Int'l.L. 80 (1986), S. 831 ff., 837.

[632] ILM 10 (1971), S. 289 ff.; Übersetzung in BT-Drs. VI/3511, S. 3 ff.; in Kraft getreten am 24.4.1972. Am 27.6.2003 waren der Konvention 100 Staaten beigetreten. Vgl. die ständig aktualisierte Liste der Mitgliedstaaten unter >www.unesco.org/culture/laws/1970/html_eng/page3.shtml<. Die Bundesrepublik Deutschland ist der Konvention nicht beigetreten. Mitglied der Konvention war aber die DDR. Die Bundesrepublik Deutschland hat diese Mitgliedschaft nach der Wiedervereinigung nicht fortgeführt. Siehe dazu *v. Schorlemer*, S. 437 Fn. 224; *Streinz*, S. 83.

[633] Vgl. zum Streitstand *v.Schorlemer*, S. 440 ff.; *Weidner*, S. 235.

siert in erster Linie Art. 7 (b) der Konvention. In Art. 7 (b) (i) verpflichten sich die Vertragsstaaten, den Import von inventarisierten Kulturgütern, die aus einem Museum, einem religiösen oder weltlichen öffentlichen Gebäude oder einer ähnlichen Einrichtung gestohlen wurde, zu verbieten. Die in Art. 7 (b) (i) bestimmten Kulturgüter sind auf Verlangen eines Vertragsstaats gemäß Art. 7 (b) (ii) von dem Importstaat zurückzugeben[634]. Das Rückforderungsrecht ist somit ausdrücklich nur Staaten vorbehalten. Voraussetzung für die Restitution ist, daß der ersuchende Staat dem gutgläubigen Erwerber oder Eigentümer eine Entschädigung zahlt. Das staatliche Rückführungsrecht gemäß Art. 7 (b) (ii) besteht auch dann, wenn an dem Kulturgut zwischenzeitlich Besitz- oder Eigentumsrechte begründet worden sind[635]. Die Konvention sieht keine zeitliche Begrenzung für die Restitutionspflicht vor[636]. Art.13 (c) stellt klar, daß Klagen des rechtmäßigen Eigentümers auf Rückgabe verlorener oder gestohlener Kulturgüter zuzulassen sind. Der Staat kann somit auch wie jeder Privateigentümer aus seinem zivilrechtlichen Eigentum vorgehen. Einen darüber hinausgehenden Regelungsinhalt hat die Vorschrift nicht[637]. Kritisiert wird die Konvention wegen ihrer unbestimmten Formulierungen, durch die die staatsvertraglichen Verpflichtungen aufgeweicht werden[638]. Kulturgutrestitutionen aufgrund der direkten Anwendung der Konvention sind der Ausnahmefall[639]. Die Bedeutung der Konvention liegt insbesondere in ihrer mittelbaren Auswirkung auf nationales Recht[640].

---

[634] Die Bezugnahme von Art. 7 (b) (ii) auf die in Art. 7 (b) (i) spezifizierten Kulturgüter ist dem Wortlaut nach nicht ganz klar. Gemeint könnten auch die in Art. 7 (a) bezeichneten Kulturgüter sein, vgl. *Müller-Katzenburg*, Standards, S. 92 Fn. 153. Die zuletzt genannte Möglichkeit ist abzulehnen. Die französische Fassung des Konventionstexts („tout bien culturel ainsi volé") ist klarer. Dafür spricht auch der Aufbau des Art. 7. Art. 7 (b) (i) und (ii) gehören inhaltlich zusammen. Vgl. dazu auch *Turner*, S. 220 f., der zusätzlich auf die Entstehungsgeschichte verweist, derzufolge eine weitgehende Restitutionspflicht vermieden werden sollte.

[635] Vgl. dazu *Knott*, S. 154 f.; *Mußgnug*, Kunst und Recht, S. 15 ff., 25.

[636] *Knott*, S. 152; *Mußgnug*, Kunst und Recht, S. 15 ff., 24 f; *Walter*, S. 53 u. 84 ff.

[637] Vgl. *Byrne-Sutton*, Le trafic, S. 220; *Fraoua*, Le trafic, S. 90 f.; *Frigo*, La protezione, S. 223; *Jaeger*, S. 119. A.A. *Lo Monaco*, Riv.dir.int. 71 (1988), S. 842 ff., 852, der Art. 13 (c) gegenüber den nationalen Zivilrechtsregeln als spezielles Einheitsrecht sieht und die Entschädigungspflicht des Art. 7 (b) (ii) auf Art. 13 (c) übertragen möchte. Ebenso *Fuentes-Camacho*, S. 393.

[638] *Knott*, S. 152; *v. Schorlemer*, S. 433 ff.

[639] *Siehr*, RdC 243 (1993), S. 211; *Prott*, ZvglRWiss 95 (1996) S. 188 ff., 189; *Byrne-Sutton*, Le trafic, S. 220 f.

[640] Die Prinzipien der Konvention wurden in Entscheidungen herangezogen, obwohl die Konvention nicht anwendbar war. Vgl. z.B. BGH, Urt. v. 22.6.1972, BGHZ 59, S. 82 ff.; *Repubblica dell' Ecuador c. Danusso*, Trib. di Torino, Entsch. v. 25.3.1982, Riv.dir.int.pr.proc. 1982, S. 625 ff., 633 f.

I. Schutzobjekt

Die Konvention definiert den Begriff „Kulturgut" in Art. 1. Die Kulturgutdefinition in Art. 1 der Konvention enthält zwei Elemente. Gemäß Art. 1 gilt als Kulturgut das von jedem Staat aus religiösen oder weltlichen Gründen als für Archäologie, Vorgeschichte, Geschichte, Literatur, Kunst oder Wissenschaft von Bedeutung bezeichnete Gut[641]. Zweitens muß das Kulturgut einer der in Art. 1 lit. a bis k aufgeführten Kategorien angehören. Einige Kategorien des Art. 1 der Konvention enthalten Kriterien zur Abgrenzung der geschützten Objekte. In Art. 1 lit. e („Antiquitäten, die mindestens 100 Jahre alt sind") und lit. k („Möbelstücke, die mindestens 100 Jahre alt sind") wird ein Mindestalter verlangt, während lit. h („alte Bücher, Dokumente und Publikationen") und lit. k („alte Musikinstrumente") nur bestimmen, daß das Objekt „alt" sein muß, ohne eine konkrete Altersgrenze festzulegen. In Art. 1 lit. a („seltene Sammlungen und Exemplare der Zoologie, Botanik, Mineralogie und Anatomie") und lit. h („seltene Manuskripte und Inkunabeln") wird die Seltenheit der Objekte als Kriterium genannt. Art. 1 lit. b erfaßt Gut von geschichtlichem Wert, einschließlich des Lebens nationaler Führer, Denker, Wissenschaftler und Künstler und der Ereignisse von nationaler Bedeutung. Trotz der Verwendung des Begriffs „national" wird in Art. 1 lit. b ein nationaler Bezug zu dem Staat, der dieses Gut als von Bedeutung bezeichnet, nicht verlangt[642]. In Art. 1 geht es ausschließlich um die Objektabgrenzung. An den Kategorien selbst wird kritisiert, daß wichtige Objekte von ihnen nicht erfaßt[643] sind oder unwichtige einbezogen wurden[644]. Als Fazit ist zu ziehen, daß der Begriff „Kulturgut" nach der Definition in Art. 1 sehr weit gefaßt ist, weil er den Staaten erlaubt, eine Vielzahl an Objekten als nationales Kulturgut einzustufen[645]. Andererseits gibt die Definition zu erkennen, daß nicht jeder von einem Staat als Kulturgut bezeichnete Gegenstand internationalen Schutz gegenüber illegaler Ausfuhr genießt[646].

Eine Begrenzung der Objekte erfolgt in Art. 7 (b) der Konvention. Nicht jedes Kulturgut darf von einem Vertragsstaat nach Art. 7 (b) (ii) zurückgefordert wer-

---

641 Art. 1 lautet in der englischen Originalfassung: „For the purposes of this Convention, the term 'cultural property' means property which, on religious or secular grounds, is specifically designated by each State (...)". Jeder Staat bestimmt somit selbst, welcher Gegenstand von Bedeutung ist. Vgl. dazu *Fraoua*, Le trafic, S. 59 f.; *Prott*, ZvglRWiss 95 (1996) S. 188 ff., 191; *Rudolf*, FS *Doehring*, S. 853 ff, 861.

642 A.A. *Siehr*, RdC 243 (1993), S. 205: „The 'national' relation refers to the State party where the property is held because without such a restrictive interpretation the reference seems to be superfluous."

643 Vgl. *dazu Müller-Katzenburg*, Standards, S. 139, in Bezug auf Wandteppiche.

644 *Dicke*, Council of Europe, International Legal Protection of Cultural Property S. 17 ff., 21, in Bezug auf Briefmarken.

645 Kritisch dazu *Rudolf*, FS *Doehring*, S. 853 ff., 861; *Williams*, S. 187 f.

646 So auch *Hailbronner*, JZ 2002, S. 957 ff., 962.

den. Verlangt wird, daß das Kulturgut in dem ersuchenden Vertragsstaat aus einem Museum, einem religiösen oder weltlichen öffentlichen Gebäude oder einer ähnlichen Einrichtung gestohlen wurde[647]. Es muß sich somit um eine für die Öffentlichkeit zugängliche und für diese bestimmte Einrichtung handeln[648]. Schließlich wird verlangt, daß das Kulturgut von der Einrichtung dokumentiert wurde.

II. Zuordnung

Für die Zuordnung eines Kulturguts zu dem kulturellen Erbe eines Staats enthält Art. 4 der Konvention die maßgebliche Regelung. Kriterien der Zuordnung eines Kulturguts zu dem kulturellen Erbe eines Staats werden in Art. 4 (a) und (b) genannt. Art. 4 (a) sieht zwei Kriterien vor. Das erste Kriterium ist die Nationalität des Künstlers oder der Künstler; dies wird als individuelle oder kollektive Schöpferkraft bezeichnet. Zweitens kommt es bei ausländischen und staatenlosen Künstlern darauf an, ob sie das Objekt im Inland geschaffen haben. Zusätzlich wird verlangt, daß sie dort auch ihren Wohnsitz hatten. Art. 4 (b) erfaßt in erster Linie archäologische Funde.

Der Formulierung in Art. 4 (c) bis (e) ist zu entnehmen, daß auch Kulturgut, das aus einem Herkunftsland („country of origin"), sei es aufgrund eines Kaufs, eines Tauschs oder einer Schenkung, mit dessen Zustimmung erworben wird, zum kulturellen Erbe des Erwerberstaats zählen kann. Die Voraussetzung dafür ist die Rechtmäßigkeit des Erwerbs. Art. 4 erlaubt die Annahme, daß die „Elgin Marbles" gemäß Art. 4 (e) Teil des britischen kulturellen Erbes sind, aber vor dem Erwerb gemäß Art. 4 (a) zu dem kulturellen Erbe Griechenlands gehörten. Daraus wird gefolgert, daß die Kategorien (c) bis (e) als leges speciales zu den Kategorien (a) und (b) zu verstehen sind[649]. Dieser Ansicht folgend, könnte ein und dasselbe Kulturgut gemäß Art. 4 der Konvention dem kulturellen Erbe jedes beliebigen Staats zugeordnet werden, soweit es nur legal erworben wurde.

Die Kriterien in Art. 4 werden nebeneinander erwähnt, ohne zu entscheiden, welchem der Gesichtspunkte Vorrang einzuräumen ist, wenn sie auf verschiedene Staaten weisen[650]. Dies kann dann der Fall sein, wenn mehrere Künstler verschiedener Nationalitäten ein Kunstwerk erschaffen oder sowohl der Staat, des-

---

[647] *Siehr*, RdC 243 (1993), S. 104, kritisiert die Aufnahme der Diebstahlsproblematik in der Konvention. Unerheblich ist, in wessen Eigentum die Kulturgüter standen, vgl. *Carducci*, S. 243.

[648] So auch *Turner*, S. 221.

[649] *Siehr*, RdC 243 (1993), S. 205.

[650] So auch *Ferrer-Correia*, AIDI 64-I (1991), S. 97; *Jayme*, Kunstwerk und Nation, S. 28; *Knott*, S. 150 Fn. 372; *v. Schorlemer*, S. 63.

sen Staatsangehörigkeit ein Künstler besitzt, als auch der Staat, auf dessen Hoheitsgebiet das Kunstwerk geschaffen wurde und in dem der Künstler vorübergehend seinen Wohnsitz hatte, es zu ihrem jeweiligen kulturellen Erbe zählen[651]. Im Zusammenhang mit der Restitutionsregelung in Art. 7 (b) (ii) wird im Falle der mehrfachen illegalen Ausfuhr vorgeschlagen, chronologisch vorzugehen[652]. Rückführungsberechtigt wäre demnach der Staat, aus dem das Kulturgut zuerst unrechtmäßig ausgeführt wurde. Dies würde in Bezug auf Art. 4 bedeuten, daß das Kulturgut zu dem kulturellen Erbe des Staats gehört, der es als erster seinen Ausfuhrregelungen unterstellt, sobald sich das Kulturgut auf seinem Territorium befindet. Eine über die Territorialität hinausgehende Verbindung zu dem Staat wäre nicht erforderlich. Nach einer in der Literatur vertretenen Auffassung bestimmt sich die Berechtigung nicht durch Abwägung der Intensität der Beziehungen zwischen Objekt und Staat, sondern nach der zeitlichen Reihenfolge des rechtmäßigen Erwerbs der territorialen Belegenheit[653]. Entscheidendes Kriterium für die Zuordnung eines Objekts zum kulturellen Erbe eines Staats seien die verschiedenen Arten des Zustandekommens der Ausübung territorialer Hoheitsmacht über die Objekte durch den betreffenden Staat[654]. Die Arten der Begründung der territorialen Hoheitsmacht werden Art. 4 entnommen. Gemäß Art. 4 werde das Objekt in dem Staat erschaffen (Art. 4 (a)), gefunden (Art. 4 (b)) oder in ihn rechtmäßig eingeführt (Art. 4 (c)-(e)). Voraussetzung sei somit, daß sich das Kulturgut auf dem Territorium des Staats befinde oder befunden habe. Der Auffassung ist entgegenzuhalten, daß Art. 4 (a), 1. Alternative auf die Staatsangehörigkeit des Künstlers abstellt und nicht verlangt, daß das Objekt auf dem Territorium des Staats, dessen Staatsangehörigkeit der Künstler besitzt, entstanden ist[655]. Eine eindeutige Zuordnung zu einem bestimmten Staat ist auch nach dieser Auffassung nicht möglich, wenn das Objekt in mehreren Staaten erschaffen wird, wie z.B. ein Gemälde, an dem in verschiedenen Ländern gearbeitet wurde. Das entscheidende Argument gegen ein ausschließlich territoriales Verständnis des „Nationalen" ist, daß viele Kulturgüter nicht zum Zeitpunkt ihrer Erschaffung, sondern erst im Laufe der Zeit Wertschätzung einer Nation erlangen und dann durch Ausfuhrregelungen geschützt werden[656]. Beispielsweise wurde den von Van Gogh geschaffenen Kunstwerken zu Lebzeiten des Künstlers bei weitem nicht die Bedeutung und die Wertschätzung zugemessen, die ihnen heute zuteil wird. Stellt man ausschließlich auf das Territorialitätskriterium ab, so könnte ein Gemälde Van Goghs von Japan als zum japanischen Kul-

---

[651] Siehe dazu weitere Beispiele bei *Müller-Katzenburg*, Standards, S. 144 f.

[652] *Siehr*, RdC 243 (1993), S. 209.

[653] *Turner*, S. 216.

[654] *Turner*, S. 214 ff.

[655] Dies sei aber nach über den Wortlaut hinaus in Art. 4 (a), 1. Alternative gemeint, weil alle anderen Tatbestände des Art. 4 die territoriale Belegenheit auch verlangten, vgl. *Turner*, S. 214.

[656] So auch *Fetsch*, S. 205.

turerbe gehörend betrachtet werden. Ein Beispiel dafür wäre Van Goghs „Porträt des Dr. Gachet“, das seit 1911 im Frankfurter Städel gehangen hatte. Das Gemälde wurde als „entartete Kunst“ entfernt und gelangte als Leihgabe in das New Yorker Metropolitan Museum, bevor es im Mai 1990 bei einem Auktionshaus in New York von einem japanischen Sammler für 82,5 Millionen US-Dollar ersteigert und mit nach Japan genommen wurde[657]. Nach dieser Auffassung hätten Art. 4 (a) und (b) keine rechtliche Relevanz mehr. Es käme nur auf den Ort der Belegenheit des Kulturguts an.

Vorzugswürdig ist, Kulturgüter nur dann dem kulturellen Erbe eines Staates zuzuordnen, wenn eines der in Art. 4 (a) und (b) der Konvention genannten Kriterien vorliegt. Art. 4 (c) bis (e) der Konvention ist daher näher zu erörtern. Die Einbeziehung „legal erworbener“ Kulturgüter in Art. 4 könnte darauf zurückzuführen sein, daß die Konvention bei der Objektabgrenzung im Gegensatz zur UNIDROIT-Konvention von 1995 nicht zwischen gestohlenen und illegal exportierten Kulturgütern unterscheidet, obwohl sie ihrer Bezeichnung nach als „Convention on the Means of Prohibiting and Preventing the Illicit Import, Export and Transfers of Ownership of Cultural Property“ sowohl den illegalen Export und Import, als auch den unrechtmäßigen Eigentumsübergang zu verhindern beabsichtigt. So bezogen sich die Entwürfe des Art. 4 der UNESCO-Konvention aus den Jahren 1969 und 1970 noch auf die Respektierung des Eigentumsrechts („the ownership“) und nicht auf die Zuordnung eines Guts zum kulturellen Erbe („cultural heritage“) eines Staats[658]. Gemäß Art. 7 (b) (i) und (ii) der Endfassung besteht demgemäß nur eine Rückführungspflicht im Fall des Diebstahls.

Das Fehlen einer Unterscheidung zeigt sich bei der Verwendung des Begriffs „state of origin“. Gemäß Art. 4 (c) und (e) der Konvention ist der Erwerb eines Kulturguts nur mit Billigung der zuständigen Behörden des Herkunftsstaats möglich. Im englischen Originaltext wird von der „country of origin of such property“ gesprochen. Obwohl das Kulturgut scheinbar zu dem kulturellen Erbe des Erwerberstaats gehören soll, bleibt „state of origin“ der Staat, von dessen Staatsangehörigen es geschaffen wurde bzw. auf dessen Territorium das Kultur-

---

[657] Vgl. *Müller-Katzenburg*, Standards, S. 26.

[658] Art. 4 des Entwurfes v. 8.7.1969 (Preliminary Draft Convention Concerning the Means of Prohibiting and Preventing the Illicit Import, Export and Transfer of Ownership of Cultural Property, UNESCO Doc.SHC/MD/3 Annex, 8.6.1969) lautet: „The States Parties to this Convention recognise the ownership vested in States or their nationals of the cultural property listed below." In Art. 4 des Entwurfs von 1970 (Revised Draft Convention Concerning the Means of Prohibiting and Preventing the Illicit Import, Export and Transfer of Ownership of Cultural Property, UNESCO Doc.SHC/MD/5 Annex III, 13.-24.4.1970; abgedr. in: ILM 9 (1970), Annex II, 1038-1045) heißt es: „(...) recognise the ownership vested in States, in public or private institutions whose headquarters are situated within their territory, in their nationals, and in foreigners resident within their territory (...)", zit. nach *Turner*, S. 209.

gut geschaffen oder gefunden wurde. Die Verwendung der Begriffe „country/ state of origin“ in anderen Vorschriften des Übereinkommens spricht dafür, daß auch der Erwerberstaat „state of origin“ sein kann. Gemäß Art. 2 Ziff. 1 der Konvention wird von den Staaten anerkannt, daß die rechtswidrige Einfuhr, Ausfuhr und Übereignung von Kulturgut eine der Hauptursachen für die Verarmung der Herkunftsländer an kulturellem Erbe darstellen. Die Gefahr der Verarmung betrifft auch die Staaten, die Kulturgüter erworben haben und diese - wie aus Art. 4 (c) bis (e) der Konvention ersichtlich wird - zu ihrem kulturellen Erbe zählen. Deutlicher kommt dies in Art. 7 der Konvention zum Ausdruck. Gemäß Art. 7 (a) sind die Vertragsstaaten verpflichtet, im Rahmen der innerstaatlichen Rechtsvorschriften alle erforderlichen Maßnahmen zu ergreifen, um Museen und ähnliche Einrichtungen in ihrem Hoheitsgebiet am Erwerb von Kulturgut zu hindern, das aus einem anderen Vertragsstaat stammt und nach Inkrafttreten dieses Übereinkommens widerrechtlich aus dem betreffenden Staat ausgeführt worden ist. Schließlich verpflichten sich die Vertragsstaaten gemäß Art.7 (b) (ii) der Konvention, auf Ersuchen des Herkunftsstaats, der Vertragspartei dieses Übereinkommens ist, geeignete Maßnahmen zur Wiedererlangung und Rückgabe jedes Kulturguts zu ergreifen, das nach Inkrafttreten dieses Übereinkommens für beide betreffenden Staaten auf diese Weise gestohlen und eingeführt wurde, sofern der ersuchende Staat einem gutgläubigen Erwerber oder einer Person mit einem Rechtsanspruch an diesem Gut eine angemessene Entschädigung zahlt. Der Vertragsstaat hat demgemäß gegenüber dem „state of origin“ Verpflichtungen, sei es ihn zu informieren oder den Erwerb des fremden Kulturguts auf seinem Territorium zu verhindern. Auch kann der „state of origin“ die Rückgabe von Kulturgut von dem Vertragsstaat verlangen, auf dessen Hoheitsgebiet sich dieses befindet. Würden diese Verpflichtungen nur gegenüber einem Herkunftsstaat in Bezug auf ein Kulturgut bestehen, das dort ursprünglich geschaffen oder gefunden wurde, so müßte man Art. 4 (c) bis (e) der Konvention als rechtlich bedeutungslos ansehen.

Die Verwendung des Begriffs „Herkunftsland“ im Text der Konvention kann somit zweierlei bedeuten.

Erstens ist damit der Staat gemeint, in dem das Kulturgut im Sinne von Art. 4 (a) und (b) geschaffen oder gefunden wurde und zu dessen kulturellen Erbe es deshalb zuzuordnen ist. Auf eine über die Belegenheit hinausgehende Verbindung des Kulturguts zu einem Staat stellen auch die UN-Resolutionen zur Rückgabe oder Restitution von Kulturgut an die Herkunftsländer („Return or restitution of cultural property to the countries of origin“) ab[659]. In der Präambel

[659] UN-Resolution 56/97 (Return or restitution of cultural property to the countries of origin) vom 14. Dezember 2001, S.1ff., United Nations, Treaty Series, vol.249, No.3511.; Report of the Secretary-General, U.N. Doc.A/56/413, vom 27.September 2001. In dieser UN-Resolution werden die früheren UN-Resolutionen zur Rückgabe oder Restitution von Kulturgütern an die

der Resolutionen heißt es: „Aware of the importance attached by some countries of origin to the return of cultural property which is of fundamental spiritual and cultural value to them, so that they may constitute collections representative of their cultural heritage, (...)“[660]. Herkunftsland dürfte demnach nicht jeder Staat sein, der ein Kulturgut erworben hat.

Zweitens trifft die Bezeichnung „Herkunftsland“ auch auf den Staat zu, in dessen Hoheitsgebiet sich das Kulturgut rechtmäßig befindet oder zuletzt befunden hat[661]. Im Vordergrund steht hier der Schutz des Kulturguts vor Diebstahl. Die Zuordnung von legal erworbenen Kulturgütern zu dem kulturellen Erbe eines Staates ist daher fragwürdig. Nach Auffassung des Europäischen Gerichtshofs für Menschenrechte in der Rs. *Beyeler/Italien* bevorzugt Art. 4 der UNESCO Konvention von 1970 die Zuordnung eines von einem ausländischen Künstler geschaffenen Kunstwerks zu dem Land, aus dem es ursprünglich stammt[662].

Art. 4 der UNESCO-Konvention kann somit folgendes entnommen werden: Der Begriff Herkunftsstaat wird zunächst in Art. 4 (a) und (b) definiert. Als Kriterien zur Bestimmung der Verbindung zu einem Staat werden die Nationalität des Künstlers, der Ort der Entstehung und der Fundort genannt. Herkunftsstaat ist gemäß Art. 4 (c) bis (e) auch der Staat, auf dessen Territorium sich ein rechtmäßig erworbenes Kulturgut befindet. In diesem Fall wird eine über die Belegenheit hinausgehende Verbindung zwischen Objekt und Staat nicht verlangt. Dieser Herkunftsstaat kann sich ändern, wenn der Gegenstand legal weiterveräußert wird.

Herkunftsländer genannt. Vgl. dazu auch *Fitschen*, IJCP 2002, S. 337 ff.

660 In den vorhergehenden Resolutionen hieß es statt „(...) some countries (...)“ noch „(...) the countries (...)“. Nach der Auffassung von *Fitschen*, IJCP 2002, S. 338, wird dadurch betont, daß nicht alle Staaten ein solches Interesse an dem Schutz ihrer Kulturgüter haben.

661 *Berndt*, S. 48.

662 EuGMR (Große Kammer), Urteil v. 5.1.2000 - 33202/96 *Beyeler/Italien* (Ausübung des Vorkaufsrechts nach Verkauf des Gemäldes Le Jardinier von Vincent van Gogh), NJW 2003, S. 654 ff., 657. Der EuGMR prüfte in der Rs. *Beyeler/Italien*, ob hinsichtlich des Eingriffs in das Eigentumsrecht ein öffentliches Interesse gemäß Art. 1 S. 1 des Zusatzprotokolles zur Konvention zum Schutze der Menschenrechte und Grundfreiheiten vorlag. Der Beschwerdeführer vertrat die Auffassung, daß es nicht im öffentlichen Interesse eines Staates liegen könne, das Werk eines ausländischen Malers zu besitzen, der keinerlei Verbindung zu dem Staat habe und sich nie dort aufgehalten habe, wie dies der Fall bei Vincent van Gogh im Verhältnis zu Italien sei. Die italienische Regierung sah das öffentliche Interesse in der Überwachung des Verkaufs von Kunstwerken, die für das nationale künstlerische Kulturerbe von Bedeutung seien. Das fragliche Gemälde sei 1910 nach Italien gekommen und somit Teil des italienischen Kulturgutes i.S.v. Art. 4 der UNESCO-Konvention von 1970. Der EuGMR erkannte an, dass es legitim sei, wenn ein Staat unter Beachtung des Rechts Kunstwerke aufnehme, die zum Kulturerbe aller Staaten gehören, und Maßnahmen ergreife, die im allgemeinen Interesse der Weltkultur breiten Zugang der Öffentlichkeit zu diesen Kunstwerken garantieren. Vgl. dazu *Jayme*, Das freie Geleit für Kunstwerke, S. 22 ff.

C. Die UNIDROIT-Konvention von 1995

Die UNIDROIT-Konvention von 1995 über gestohlene oder unerlaubt ausgeführte Kulturgüter vom 24. Juni 1995[663] unterscheidet den Fall des Diebstahls von dem der unrechtmäßigen Ausfuhr.

I. Bestimmung des Begriffs „Kulturgut“

Die Konvention definiert den Begriff „Kulturgut“ („cultural object“, „bien culturel“) für die Fallgestaltungen des Diebstahls und der rechtswidrigen Ausfuhr in Art. 2[664]. Für Objekte, die einem öffentlich-rechtlichen Rückführungsanspruch unterliegen, werden in Art. 5 Abs. 3 und Art. 7 der Konvention gewisse Beschränkungen vorgesehen. Die Terminologie „cultural object“ in der englischen Originalfassung wurde aufgrund ihres neutralen Aussagewerts gewählt[665]. Die UNIDROIT-Konvention bedient sich bei der Bestimmung des Begriffs „Kulturgut“ einer kombinierten Technik. Erstens erfolgt in Art. 2 eine allgemeine Umschreibung. Danach gilt als Kulturgut ein Objekt, das aus religiösen oder weltlichen Gründen für Archäologie, Vorgeschichte, Geschichte, Literatur, Kunst oder Wissenschaft von Bedeutung („importance“) ist. Zweitens muß das Gut einer der elf Kategorien angehören, die im Anhang der Konvention umschrieben sind. Diese Kategorien entsprechen Art. 1 lit. a bis k der UNESCO-Konvention von 1970, die für einige Kategorien ein Mindestalter oder Seltenheit voraussetzen. In der UNIDROIT-Konvention wird der Begriff „Kulturgut“ autonom bestimmt[666]. Im Unterschied zur UNESCO-Konvention von 1970 und zur Resolution des „Institut de Droit International“ von 1991 verlangt die UNIDROIT-Konvention nicht, daß jeder Staat das Kulturgut vorher bezeichnet[667] oder registriert[668] hat[669].

---

[663] ILM 34 (1995), S. 1330 ff.

[664] Art. 2 lautet: „For the purposes of this Convention, cultural objects are those which, on religious or secular grounds, are of importance for archaeology, prehistory, history, literature, art or science and belong to one of the categories listed in the Annex to this Convention.”

[665] Vgl. *Carducci*, S. 239: „Dans la version anglaise, la terminologie de <*cultural object*> a été retenue du fait de sa neutralité: elle se situe à mi-chemin entre celle de <*cultural property*>, susceptible d'une lecture en somme trop <marchande> (...) et celle à connotation plus sociale, voire émotive de <*cultural heritage*> (...)“. Die französische Originalfassung gebraucht aber auch die Bezeichnung „bien culturel“. Siehe zur Terminologie *Prott/O'Keefe*, IJCP 1 (1992) S. 307ff., die den Terminus „cultural heritage“ bevorzugen.

[666] *Carducci*, S. 235; *Droz*, Rev.cr.dr.int.priv. 86 (1997), S. 239 ff., 250; *Turner*, S. 168; *Weber*, S. 250.

[667] Vgl. Art.1 der UNESCO-Konvention von 1970: „(...)specifically designated by each state (...)".

[668] Vgl. Art.1 lit. a der Resolution des Institut de Droit International: „(...) objet d'art, celui qui est identifié comme appartenant au patrimoine culturel d'un pays par son classement, enregistrement ou tout autre procédé de publicité internationalement admis en la matière (...)".

[669] Vgl. dazu *Prott*, ZVglRWiss 95 (1996), S. 188 ff., 191.

Als Grund dafür wird die Zielsetzung der Konvention gesehen, die nicht nur das kulturelle Erbe der Staaten sondern auch das Interesse des bestohlenen Eigentümers schützen möchte, um auf diese Weise den internationalen Kunsthandel zu „moralisieren“[670]. Aus dem gleichen Grund wird in Art. 2 der Konvention lediglich verlangt, daß das Objekt für die dort genannten Bereiche von Bedeutung („importance“) und nicht wie in Art. 5 Abs. 3, 2. Alternative von besonderer kultureller Bedeutung („significant cultural importance“) ist[671]. Bereits Art. 2[672] des Entwurfs der UNIDROIT-Konvention von 1990[673] verlangte, daß das Objekt von „cultural significance“ sein muß, ohne auf einen Anhang von Kategorien zu verweisen. Dagegen enthielt der Entwurf von *Loewe* aus dem Jahre 1988 noch finanzielle Wertgrenzen, die aber für die an anderen Werten orientierten Fragen eines Kulturgüterschutzes als nicht annehmbar erachtet wurden[674]. In Art. 2 der Konvention wird auch nicht zwischen privatem und öffentlichem Eigentum unterschieden[675].

Für den staatlichen Anspruch auf Rückführung enthalten Art. 5 Abs. 3 und Art. 7 der Konvention weitere Voraussetzungen. Art. 7 Abs. 1 der Konvention enthält eine Altersgrenze. Bei Objekten, die bis 50 Jahre nach dem Tod ihres Urhebers illegal ausgeführt werden, besteht kein Rückführungsanspruch. Dies soll die Verfügungsgewalt des lebenden Künstlers und die freie Zirkulation seines künstlerischen Erbes gewährleisten[676]. Davon ausgenommen sind gemäß Art. 7 Abs. 2 der Konvention lediglich Objekte, die von einem Angehörigen einer Eingeborenen- oder Stammesgemeinschaft zu einem traditionellen oder rituellen Gebrauch durch diese Gemeinschaft geschaffen wurden und an diese zurückzuführen sind.

Art. 5 Abs. 3 der Konvention enthält in seinen zwei Halbsätzen verschiedene Ansätze[677]. In Abs. 3, 1. HS lit. a bis c der Konvention geht es um die Erhaltung

---

[670] *Droz*, Rev.cr.dr.int.priv. 86 (1997), S. 239 ff., 250; *Siehr*, U.L.R.1998, S. 671 ff., 674.
[671] *Droz*, Rev.cr.dr.int.priv. 86 (1997), S. 239 ff., 250.
[672] Art. 2 des Entwurfs von 1990 lautet: „For the purpose of this Convention, 'cultural object' means any material object of artistic, historical, spiritual, ritual or other cultural significance."
[673] Abgedr. in IJCP 1 (1992), Prelimanry Draft Unidroit Convention on Stolen or Illegally Exported Cultural Objects (approved by the UNIDROIT Study Group on the International Protection of Cultural Property at its Third Session on 26 January 1990) S. 252 ff.; französische Fassung in: FS *Schwind*, Anhang, Avant-Projet de convention d'Unidroit sur les biens culturels volés ou illicitement exportés (approuvé par le comité d'étude d'Unidroit sur la protection internationale des biens culturels à sa 3ème session le 26 janvier 1990).
[674] Siehe *Reichelt*, in: *Dolzer/Jayme/Mußgnug* (Hrsg.), Rechtsfragen des IKGS, S. 67 ff., 71.
[675] Vgl. die Kritik von *Mußgnug*, ISWA IV, S. 63 ff., 65, 69.
[676] Vgl. dazu *Jaeger*, S. 150.
[677] So auch *Turner*, S. 169 f. Vgl. dazu den Unterschied der Endfassung zu Art. 5 Abs. 3 des Entwurfs v. 26.1.1990, der zusätzlich lit. e enthielt („the outstanding cultural importance of the object for the requesting state"). In der Endfassung erscheint er als eigene Untergruppe neben den in lit. a bis d genannten Interessen.

des Objekts und nicht um seine kulturelle Bedeutung für einen Staat[678]. Ein Interesse des ersuchenden Staats muß durch die Verbringung des Objekts in erheblicher Weise verletzt werden. Die Interessen sind in Art. 3 Abs. 3, 1. HS lit. a bis d der Konvention abschließend aufgezählt[679]. Darunter fallen z.B. die physische Erhaltung des Objekts oder die Erhaltung von Informationen wissenschaftlicher Art. Eine über die Belegenheit hinausgehende Verbindung zwischen Objekt und Staat wird nicht verlangt. Eine Sonderstellung nimmt das in lit. d genannte Interesse ein[680]. Die besondere Bedeutung eines Objekts für den traditionellen oder rituellen Gebrauch durch eine Eingeborenen- oder Stammesgemeinschaft wird nicht nur in Art. 7 Abs. 2, sondern auch in Art. 5 Abs. 3 der Konvention erkennbar, indem es als Interesse den Erhaltungsinteressen gleichgestellt wird.

Der 2. HS von Art. 5 Abs. 3 der Konvention bezieht sich auf Objekte, die für den ersuchenden Staat von wesentlicher kultureller Bedeutung sind („significant cultural importance"). Damit werden höhere Anforderungen als in Art. 2 der Konvention aufgestellt, der lediglich verlangt, daß die Objekte von Bedeutung („importance") sein müssen. In der Literatur sind zur Bestimmung einer „wesentlichen Bedeutung" negative Kriterien herausgearbeitet worden[681]. Die wesentliche kulturelle Bedeutung des Objekts muß zudem für einen bestimmten Staat bestehen („for the requesting state"). Es reicht nicht aus, daß das Objekt allgemein eine wesentliche Bedeutung hat. Erforderlich ist das Bestehen einer kulturellen Verbindung zwischen Objekt und Staat[682]. Dies verdeutlicht der Vergleich mit Art. 2 der Konvention. Dort wird lediglich verlangt, daß das Objekt von Bedeutung für die Archäologie und die weiteren dort genannten Bereiche sein muß. Im Unterschied zum 1. HS des Art. 5 Abs. 3 der Konvention geht es hier nicht um das Interesse der physischen Bewahrung des Objekts, sondern um den Schutz des kulturellen Erbes eines bestimmten Staats.

---

678 Vgl. dazu *Turner*, S. 169 f.

679 Der Entwurf v. 26.1.1990 sah dagegen in Art. 11 (b) (i) die Möglichkeit der Anerkennung weiterer Interessen an.

680 Vgl. dazu *Merryman*, ISWA V, S. 3 ff., 24.

681 *Raschèr*, S. 91, stellt dabei u.a. auf die Nationalität des Künstlers und die Anzahl der Werke des gleichen Künstlers, die sich im Land befinden, ab. *Siehr*, U.L.R. 1998, S. 671 ff., 679 f., nennt als negative Kriterien auch die Anzahl der Werke des gleichen Künstlers, die sich im Land befinden, die Unerheblichkeit des Bedürfnisses von Nationalmuseen an der Vervollständigung ihrer Sammlungen, das Fehlen einer Verbindung zu dem Staat und die Zugehörigkeit eines Objekts zum kulturellen Erbe eines Staats, soweit es seit langer Zeit Teil einer nationalen öffentlichen Sammlung war.

682 So auch *Carducci*, S. 278; *Raschèr*, S. 91; *Siehr*, ULR 1998, S. 671 ff., 679 f.; *Vrellis*, in: *Reichelt* (Hrsg.), Neues Recht zum Kulturgüterschutz, S. 69 ff., 73. A.A. *Droz*, Rev.cr.dr.int.priv. 86 (1997), S. 239 ff., 260 f.; *Hanisch*, in: *Frank* (Hrsg.), Recht und Kunst, S. 19 f.; *Turner*, S. 170, ohne Angabe von Gründen.

II. Bestimmung des Herkunftsstaats

Im Text des UNIDROIT-Übereinkommens wurde auf die Nennung des Begriffs „Herkunftsstaat" verzichtet[683]. Die Bestimmung der „origo" eines Kulturguts wird nicht ausdrücklich geregelt. Eine mit Art. 4 der UNESCO-Konvention von 1970 vergleichbare Vorschrift fehlt. Es stellt sich die Frage, ob dem Übereinkommen die Zuordnung eines Kulturguts zu einem Staat oder Ort indirekt entnommen werden kann. Dem dualen Ansatz des Übereinkommens entsprechend ist zwischen gestohlenen und rechtswidrig ausgeführten Kulturgütern zu unterscheiden[684].

Ein gestohlenes Kulturgut ist an den ursprünglichen Eigentümer oder an den berechtigten Besitzer zurückzugeben[685]. Aus dem Übereinkommen geht nicht hervor, daß der Anspruchsberechtigte das Kulturgut nach der Rückgabe an einem bestimmten Ort aufzubewahren hat[686]. Dies hängt vielmehr von seinem Willen ab. Hinweise auf den Aufbewahrungsort geben Art. 3 Abs. 4 und 7 des Übereinkommens. Kulturgut, das Bestandteil eines identifizierten Denkmals oder einer identifizierten archäologischen Stätte ist oder einer öffentlichen Sammlung angehört, wird in der Regel nach der Rückgabe an diesen Ort zurückkehren. Gemeint ist der von dem Eigentümer auf Dauer bestimmte Belegenheitsort. Dieser Ort wird oft mit dem Diebstahlsort identisch sein, kann aber auch von ihm abweichen, wenn das Kulturgut im Zeitpunkt des Diebstahls z.B. auf einer Ausstellungsreise war oder sich zur Restaurierung an einem anderen Ort befand. Bezüglich des Ausgrabungsguts wird in Art. 3 Abs. 2 der Konvention auf die Rechtsvorschriften des Staats verwiesen, in dem die Ausgrabungen stattgefunden haben, um zu bestimmen, wann ein Kulturgut als gestohlen gilt. Ein Kriterium zur Bestimmung der „origo" eines Kulturguts ist demnach der Ausgrabungs- bzw. Fundort.

Gemäß den Artt. 1 (b), 5 Abs. 1 des Übereinkommens werden Kulturgüter dem Staat bzw. der Nation zugeordnet, die aus seinem Hoheitsgebiet unter Verletzung seiner Rechtsvorschriften, welche die Ausfuhr von Kulturgütern im Hinblick auf den Schutz seines kulturellen Erbes regeln, entfernt wurden. Zur Be-

[683] Vgl. aber den dritten Absatz der Präambel, in dem auf das kulturelle Erbe einer nationalen Gemeinschaft Bezug genommen wird.
[684] Vgl. Art. 1: „Dieses Übereinkommen findet Anwendung auf Ansprüche internationaler Art betreffend a. die Rückgabe von gestohlenen Kulturgütern; b. die Rückführung von Kulturgütern, die aus dem Hoheitsgebiet eines Vertragsstaats unter Verletzung seiner Rechtsvorschriften, welche die Ausfuhr von Kulturgütern im Hinblick auf den Schutz seines kulturellen Erbes regeln (nachstehend als „rechtswidrig ausgeführte Kulturgüter" bezeichnet), entfernt wurden."
[685] Vgl. die Artt. 1, 3 des Übereinkommens.
[686] *Vrellis*, in: *Reichelt* (Hrsg.), Neues Recht zum Kulturgüterschutz, S. 69 ff., ist der Auffassung, daß es sich bei gestohlenen Kulturgütern in vielen Fällen de facto um „nationale" Kulturgüter handelt, ohne den Begriff zu konkretisieren.

stimmung der „origo“ eines Kulturguts wird somit zunächst auf den Ort der illegalen Ausfuhr abgestellt. Darüber hinaus wird in Art. 5 Abs. 3, 2. Alternative des Übereinkommens nach der hier vertretenen Auffassung eine kulturelle Verbindung zwischen dem Kulturgut und dem ersuchenden Staat verlangt. Kriterien zur Bestimmung der Verbindung werden nicht genannt. In dem *Loewe*-Entwurf vom Juni 1988 war ein Rückführungsanspruch nur für die Kulturgüter vorgesehen, die in dem ersuchenden Staat geschaffen wurden[687]. Diese Beschränkung wurde jedoch bald aufgegeben. Geschützt werden sollte der Staat, dessen Ausfuhrverbot verletzt wurde[688]. Art. 6 des Entwurfs von 1990 sieht eine Abwägung der Verbindungen der Staaten zum Kulturgut vor. Danach reicht eine gleich enge Verbindung des Kulturguts zu einem anderen als dem ersuchenden Staat aus, um eine Rückführung zu verweigern. In der Endfassung des Übereinkommens werden die in den Entwürfen enthaltenen Regelungen zur Bestimmung einer kulturellen Beziehung nicht weiterverfolgt. Es bleibt den Gerichten und Behörden des Forum-Staats überlassen, eine Verbindung zwischen Objekt und Staat zu bestimmen. Bei mehrfacher illegaler Ausfuhr soll der Staat den Rückführungsanspruch haben, aus dem das Kulturgut zuerst ausgeführt wurde[689]. Dafür spreche Art. 5 Abs. 2 des Übereinkommens, der eine vorübergehende legale Ausfuhr einer illegalen gleichstellt, wenn das Objekt nicht gemäß der Ausfuhrgenehmigung zurückgeführt wurde[690]. Damit werde bestimmt, daß es dem Staat, auf dessen Territorium sich das Objekt vorübergehend befindet, versagt ist, es seinen Ausfuhrregelungen zu unterstellen.

Die UNIDROIT-Konvention verfolgt einen dualen Ansatz. Soweit der Schutz des bestohlenen Eigentümers und die Reformierung des Kunsthandels bezweckt ist, wird die Bestimmung des Kulturguts weit gefaßt und auf eine Verbindung zum kulturellen Erbe eines Staats verzichtet. Es besteht aber eine Verbindung zum Ausgrabungsort oder zu dem Ort, an dem sich das Kulturgut nach dem Willen des Anspruchsberechtigten befinden soll. Zum Schutz des kulturellen Erbes und zur Verhinderung des illegalen Exports erfolgen Einschränkungen bei der Bestimmung des Kulturguts. Entscheidend ist hier der Ort der illegalen Ausfuhr. Eine kulturelle Verbindung zwischen Objekt und Staat wird verlangt. Kriterien für ihre Bestimmung werden nicht genannt.

---

687 UNIDROIT, Study LXX-Doc. 3, Art. 4; Vgl. dazu auch *Fuentes Camacho*, S. 406.
688 *Fuentes Camacho*, S. 406.
689 Vgl. dazu *Turner*, S. 237.
690 *Carducci*, S. 306.

§ 12 Objektabgrenzung und Zuordnung im Europarecht

A. Kulturgut im Sinne von Art. 30 EG

Nationale Kulturgüterschutzgesetze enthalten Regelungen, die die Ausfuhr von bestimmten Kulturgütern aus dem Hoheitsgebiet des Staats verbieten oder von einer behördlichen Genehmigung abhängig machen[691]. Solche Arten von Handelsbeschränkungen sind gemäß dem Grundsatz der Warenverkehrsfreiheit zwischen den Mitgliedstaaten der Europäischen Gemeinschaft nach den Artt. 23 Abs.1, 28 und 29 EG (früher Art. 9 Abs.1, 30 und 34 EG-Vertrag) grundsätzlich verboten[692]. Der EuGH hat klargestellt, daß auch Kulturgüter als Waren im Sinne der Artt. 28 f. EG anzusehen sind[693]. Art. 30 EG (früher Art. 36 EG-Vertrag) erlaubt Ausnahmen vom Grundsatz der Warenverkehrsfreiheit:

„Die Bestimmungen der Artikel 28 und 29 stehen Einfuhr-, Ausfuhr- und Durchfuhrverboten oder -beschränkungen nicht entgegen, die aus Gründen der öffentlichen Sittlichkeit, Ordnung und Sicherheit, zum Schutz der Gesundheit und des Lebens von Menschen, Tieren oder Pflanzen, des nationalen Kulturguts von künstlerischem, geschichtlichem oder archäologischem Wert oder des gewerblichen und kommerziellen Eigentums gerechtfertigt sind. Diese Verbote und Beschränkungen dürfen jedoch weder ein Mittel zur willkürlichen Diskriminierung noch eine verschleierte Beschränkung des Handels zwischen den Mitgliedstaaten darstellen“.

Dementsprechend können Handelsbeschränkungen in Form von Ausfuhrverboten, Ausfuhrlizenzen und Vorkaufsrechten[694] zugunsten staatlicher Stellen in nationalen Kulturgutschutzgesetzen gemäß Art. 30 EG[695] gerechtfertigt sein, soweit sie zum Ziel haben, nationales Kulturgut von künstlerischem, geschichtlichem oder archäologischem Wert zu schützen[696]. Der gemäß Art. 30 EG legitime Schutz bezieht sich nicht auf die Zerstörung und Beschädigung, sondern auf die Verbringung eines Kulturguts aus einem Mitgliedstaat durch Ausfuhr[697]. Geschützt wird das Interesse des Staats an der Bewahrung der nationalen Kulturgüter auf seinem Hoheitsgebiet und nicht das private Interesse an der Erhal-

---

[691] Siehe z.B. § 1 Abs. 4 KgSchG.
[692] Vgl. dazu *Hipp*, S. 211 ff.; *Uhl*, S. 20 ff.
[693] Entsch. des EuGH v. 10.12.1968, Rs. 7/68 (*Kommission gegen Italienische Republik*), Slg. 1968, S. 633 ff. Ansonsten hätte die Erwähnung des nationalen Kulturguts in Art. 30 EG keine rechtliche Bedeutung. Vgl. dazu *Pescatore*, Rev.trim.dr.eur. 1985, S. 451 f.
[694] *Wyss*, Kultur als Dimension, S. 61; *Von der Groeben/Thiesing/Ehlermann - Müller-Graff*, EGV, Art. 36 Rn. 62; *v. Schorlemer*, S. 503 f.
[695] Art. 30 EG ist Art. XX GATT nachgebildet worden. Vgl. dazu *Uhl*, S. 112 f.
[696] Ausfuhrausgaben werden dagegen nicht erfaßt. Vgl. die Entsch. des EuGH v. 10.12.1968, Rs. 7/68 (*Kommission gegen Italienische Republik*), Slg.1968, S. 633 ff., 644.
[697] *Berndt*, S. 146; *v. Schorlemer*, S. 498; *Uhl*, S. 152.

tung des Eigentums. Es stehen sich somit das Interesse der Gemeinschaft an einem freien Warenverkehr und das Interesse der Mitgliedstaaten, nationale Kulturgüter vor Ausfuhr zu schützen, gegenüber.

I. Nationales Kulturgut von künstlerischem, geschichtlichem oder archäologischem Wert

Bereits bei der Qualifikation von Gegenständen als Kulturgut im Sinne des Art. 30 S. 1 EG wird den Mitgliedstaaten ein Beurteilungsspielraum bzw. eine Beurteilungsprärogative zugestanden[698]. Zunächst bleibt die Bestimmung des Kulturguts, das durch nationale Ausfuhrregelungen geschützt werden soll, den Mitgliedstaaten überlassen. Die nationalen Kulturgutschutzgesetze enthalten selbst keine Definition des Begriffs „Kulturgut", ohne dabei weitere unbestimmte Begriffe zu verwenden, so daß ein einheitlicher Kulturgutbegriff in den Mitgliedstaaten nicht zu erkennen ist[699]. Das Gesetz zum Schutz deutschen Kulturguts gegen Abwanderung definiert den Begriff „Kulturgut" auch nicht[700], so daß es dem Gericht überlassen bleibt, im Einzelfall zu entscheiden, ob ein Objekt als Kulturgut qualifiziert werden kann[701]. Der den Mitgliedstaaten zugestandene

---

[698] *Grabitz/Hilf-Leible*, Das Recht der EU, Art. 30 EGV Rn. 18; *Maurer*, S. 53; *Von der Groeben/Thiesing/Ehlermann - Müller-Graff*, EGV, Art. 36 Rn. 66; *Rigaux*, in: *Dominicé* (Hrsg.), S. 733 ff., 745; *Schwarze*, JZ 1994, S. 113 f.; *Sprecher*, S. 177 f.; *Taschner*, in: *Reichelt* (Hrsg.), IKGS, S. 97 ff., 98; *Uhl*, S. 126; *Voudouri*, Rev.dr.publ.sc.pol. 110 (1994), S. 479 ff., 484; Siehe auch die Mitteilung der Kommission an den Rat v. 22.11.1989, KOM (89) 549, 3; Vorschlag der Kommission, KOM (91) 447 - SYN 392 v. 10.2.1992.

[699] *Müller-Katzenburg*, Standards, S. 133 f.; *Uhl*, S. 119. Vgl. auch die Untersuchungen bei *Maurer*, S. 109 ff., und *Weber*, S. 12 ff. In Italien werden alle Gegenstände geschützt, an denen ein künstlerisches, historisches, archäologisches oder demo-ethno-antropologisches Interesse besteht, vgl. die Rechtsverordnung n. 490 v. 29.10.1999, Art. 2 Abs.1 lit.a (Decreto legislativo del 29.10.1999, n. 490, TU delle disposizioni legislative in materia di beni culturali e ambientali, a norma dell' articulo 1 della legge 8 ottobre 1997, n. 352 (Suppl. Ordinario n.229)). Vgl. *Maurer*, S. 160 ff. (noch zu alter Rechtslage); *Weber*, S. 123 ff.; *Weidner*, S. 63 ff. In Frankreich wird in Art. 5 des Gesetzes Nr. 92-1477 v. 31.12.1992 (Loi n. 92-1477 du 31.12.1992 relative aux produits soumis à certaines restrictions de circulation et à la complémentarité entre les services de police, de gendarmerie et de douane) Kulturgut von historischem, künstlerischem oder archäologischem Interesse geschützt. Bei einem höheren Interesse handelt es sich gemäß Art. 4 um einen nationalen Schatz. Das Exportgesetz v. 23.6.1941 (Loi n. 41-2595 du 23.6.1941 relative à l'exportation des oeuvres d'art) verwendet in Art. 1 Abs. 1 die Begriffe Kunstwerke und Objekte von nationalem Interesse für die Geschichte oder die Kunst.

[700] Nach § 1 Abs.1 KgSchG ist Schutzobjekt alles Kulturgut, dessen Abwanderung einen wesentlichen Verlust für den deutschen Kulturbesitz bedeuten würde (Gesetz zum Schutz deutschen Kulturguts gegen Abwanderung v. 6.8.1955, BGBl. I, S. 501 i.d.F. v. 8.7.1999, BGBl. I, S. 1754).

[701] Kulturgut kann auch eine Käfersammlung als Beispiel für eine naturwissenschaftliche Sammlung sein. Vgl. dazu BVerwG, Beschl. v. 30.3.1992, NJW 1992, S. 2584; VGH Mün-

Beurteilungsspielraum führt dazu, daß in der praktischen Umsetzung der nationalen Kulturschutzgesetze in einigen Mitgliedstaaten weitaus mehr Objekte als Kulturgüter geschützt werden als in anderen[702]. Als Gründe für die unterschiedlich weiten Anwendungsbereiche der Kulturschutzregelungen in den Mitgliedstaaten wird das jeweilige emotional geprägte Verhältnis zu Kulturgütern, der unterschiedliche Bestand an Kulturgütern, die finanzielle Lage des Staats und der in ihm lebenden Bürger, unterschiedliche Wertvorstellungen, die Wandelbarkeit des Rechtsguts und wissenschaftliche Unsicherheiten bei der Bewertung von Kulturgütern genannt[703].

Der den Mitgliedstaaten eingeräumte Beurteilungsspielraum entbindet diese nicht, bei der Bestimmung des nationalen Kulturguts die gemeinschaftsrechtlichen Grenzen des Art. 30 EG einzuhalten, die durch den EuGH überprüft werden können[704]. Der Begriff „Kulturgut von künstlerischem, geschichtlichem oder archäologischem Wert" ist demgemäß wie die anderen in Art. 30 S. 1 EG aufgeführten Rechtsgüter gemeinschaftsrechtlich zu umgrenzen[705]. Der EG-Vertrag bestimmt nicht, welche Gegenstände als „Kulturgut" im Sinne von Art. 30 EG zu qualifizieren sind. Der EuGH hat eine Begriffsbestimmung bisher auch nicht vorgenommen.

Schwierigkeiten bei der Bestimmung des Begriffs „Kulturgut" bereiten bereits die unterschiedlichen sprachlichen Fassungen des Art. 30 S. 1 EG. Während in der englischen, französischen, griechischen, schwedischen und dänischen Version des Art. 30 S. 1 EG der Ausdruck „Schätze" verwendet wird[706], heißt es in der italienischen, spanischen und portugiesischen Fassung „Erbe"[707], in der deutschen „Kulturgut" und in der niederländischen Fassung „Besitz"[708]. Die unterschiedlichen sprachlichen Fassungen bezeichnen aber den gleichen Grad und

---

chen, Urt. v. 4.12.1991, NJW 1992, S. 2584 ff., 2585.

[702] *Maurer*, S. 56, und *Uhl*, S. 119.

[703] *Uhl*, S. 119 ff.; *Voudouri*, Rev.dr.publ.sc.pol. 110 (1994), S. 479 ff., 483 f. „(...) il appartient à chaque État membre de déterminer (...) les exigences de la moralité et de l'ordre public sur son territoire, qui peuvent varier d'un pays à l'autre et d'une époque à l'autre".

[704] *Carducci*, S. 222; *Uhl*, S. 118; *Mattera*, Rev.Mar.Uniq.Eur. 1993, S. 9 ff., 22; *Ress*, Kultur und europäischer Binnenmarkt, S. 73; *Schwarze*, JZ 1994, S. 111 ff., 113 f.; *Voudouri*, Rev. dr. publ.sc.pol. 110 (1994), S. 479 ff., 483; Entsch. des EuGH v. 10.12.1968, Rs. 7/68 (*Kommission gegen Italienische Republik*), Slg. 1968, S. 633 ff., 644 f.

[705] So auch *Siehr*, FS *Mestmäcker*, S. 483 ff., 490; Vgl. dazu auch *Von der Groeben/Thiesing/Ehlermann - Müller-Graff*, EGV, Art. 36 Rn. 35.

[706] Vgl. die englische („national treasures"), die französische („trésors nationaux"), die griechische („ethnikon thesauron"), die schwedische („nationella skatter") und die dänische Fassung („nationale skatte").

[707] Vgl. die italienische („parimonio nazionale"), spanische („patrimonio nacional") und portugiesische Fassung („patrimonio nacional").

[708] Vgl. die niederländische Fassung („national bezit").

nicht verschiedene Grade der zu schützenden Gegenstände[709]. Zudem muß das Kulturgut gemäß Art. 30 S. 1 EG von künstlerischem, geschichtlichem oder archäologischem Wert sein. Die Verwendung des Begriffs „Wert" spricht für das Erfordernis einer Bedeutung des Objekts für die genannten Bereiche[710], und ist mit den Kulturgutdefinitionen in Art. 1 der UNESCO-Konvention von 1970 und Art. 2 der UNIDROIT-Konvention von 1995, die „importance" für einen dort genannten Bereich verlangen, zu vergleichen. Im Gegensatz zu den genannten Konventionen werden in Art. 30 S. 1 EG die Bereiche Literatur und Wissenschaft nicht genannt[711]. Als Gegenstände von geschichtlichem oder archäologischem Wert werden solche bezeichnet, die geeignet sind, eine Epoche zu illustrieren und mit den Vorkommnissen zu jener Zeit in Verbindung stehen[712]. Der künstlerische Wert sei dagegen kaum justitiabel, weil die Auffassungen über den Wert selbst bei Sachverständigen erheblich auseinandergehen könnten[713]. Daher wird eine gemeinschaftsrechtliche Zurückhaltung gegenüber dem mitgliedstaatlichen Beurteilungsspielraum empfohlen[714]. Umstritten ist, ob den Mitgliedstaaten grundsätzlich ein weiter Beurteilungsspielraum bei der Bestimmung des schützenswerten Kulturguts zugestanden werden sollte.

Die Befürworter eines weiten Beurteilungsspielraums führen an, daß der Bereich des Kulturgutschutzes von vornherein außerhalb des eigentlichen Regelungszwecks des EWG-Vertrags lag[715]. Die Grenzen des Erlaubten sprenge der Kulturgutschutz erst, wenn er über den 1957 bei der Gründung der EWG gültigen Stand der Dinge hinausgreife[716]. Was Art. 30 S. 1 EG Italien, dem auf dem Feld

[709] So auch *Maurer*, S. 56, nach dessen Auffassung die unterschiedlichen sprachlichen Auffassungen die unterschiedlichen konzeptionellen Auffassungen der jeweiligen Sprach- und Kulturkreise widerspiegeln. *Turner*, S. 181, erklärt die Unterschiede mit verschiedenen emotionalen Einstellungen zu den Objekten.

[710] Vgl. dazu *Uhl*, S. 152 ff., die zu Recht die Auffassung vertritt, daß damit höhere Anforderungen gestellt werden, als wenn ein bloßes Interesse verlangt würde.

[711] Eine naturwissenschaftliche Käfersammlung dürfte demnach kein Kulturgut i.S.v. Art. 30 S. 1 EG sein. Das BVerwG hat offengelassen, ob es sich bei einer Käfersammlung um Kulturgut der in Art. 30 genannten Werte handelt, vgl. BVerwG, Beschl. v. 30.3.1992, NJW 1992, S. 2584.

[712] *Sparr*, S. 92. Hierzu auch *Gormley*, S. 183; *Oliver*, S. 203.

[713] *Von der Groeben/Thiesing/Ehlermann - Müller-Graff*, EGV, Art. 36 Rn. 67; *Maurer*, S. 57.

[714] *Von der Groeben/Thiesing/Ehlermann - Müller-Graff*, EGV, Art. 36 Rn. 67; *Maurer*, S. 57.

[715] *Fechner*, DÖV 45 (1992), S. 609 ff., 611 f.; *Mußgnug*, in: *Hohmann/John*, Kommentar zum Ausfuhrrecht, S. 1820; *ders.*, EuR 2000, S. 565; *Poli*, R.R.J. 1993, S. 874 ff., 877; *Ress*, Kultur und europäischer Binnenmarkt, S. 81; *Voudouri*, Rev.dr.publ.sc.pol. 110 (1994), S. 479 ff., 486 f.

[716] So *Mußgnug*, EuR 2000, S. 564 ff., 565. Vgl dazu auch *Voudouri*, Rev.dr.publ.sc.pol. 110 (1994), S. 479 ff., 487: „En outre, la notion de trésors nationaux ne saurait être figée dans sa signification de 1957 ou de 1947, mais devrait tenir compte des conceptions actuelles."

des Kulturgutschutzes rigorosesten der sechs Gründerstaaten zugestanden habe, stecke den Rahmen ab, innerhalb dessen auch die weniger strengen Länder ihr in die EG mitgebrachtes Kulturgutrecht beibehalten, weiterentwickeln und, wenn sie das wollen, auch verschärfen dürfen[717].

Nach einer anderen Auffassung ist der Begriff des Schutzguts eng auszulegen[718]. Diese Auffassung stützt sich auf die engere Bezeichnung des geschützten Guts in Art. 30 EG als „Schatz", die zeige, daß die geschützten Kulturgüter von einer gewissen Wichtigkeit für den Mitgliedstaat sein müssen[719]. Verlangt wird, daß sie einen besonderen Wert für die Allgemeinheit haben und zwar bezüglich ihrer Einzigartigkeit oder Bedeutung wie z.B. durch künstlerisches Genie oder historisches Zeitdokument[720]. Nur die essentiellen Kulturgüter sollen geschützt werden, nicht jedoch das gesamte Kulturgut schlechthin[721]. In die Richtung einer restriktiven Auslegung weist auch ein inzwischen aufgegebener Vorschlag der Kommission für eine Mitteilung gemäß Art. 249 EG „über die Voraussetzungen für den freien Warenverkehr in der Gemeinschaft mit Gegenständen, die künstlerischen, geschichtlichen oder archäologischen Wert haben"[722]. Danach werden von Art. 30 EG erfaßt: (a) Gegenstände, die so eng mit der Geschichte oder dem Leben des Landes verbunden sind, daß ihre Entfernung ein großer Verlust wäre, (b) Gegenstände von solchem Wert, daß der künstlerische Kulturbesitz des Landes ohne sie um einen grundlegenden Bestandteil ärmer würde, (c) Gegenstände, die für das Studium oder das Verständnis eines besonderen Kapitels der Künste oder der Geschichte des Landes unentbehrlich sind, (d) Gegenstände, die zu einer Sammlung gehören, die einer oder mehreren der oben genannten Kategorien zuzuordnen ist, und diese Eigenschaft verlieren würde, wenn die besagten Gegenstände aus dem Land entfernt würden.

Die Ausdrücke „großer Verlust", „grundlegender Bestandteil" und „unentbehrlich" sprechen für das Erfordernis einer wesentlichen Bedeutung und somit für eine restriktive Auslegung des Begriffs „Kulturgut" im Sinne des Art. 30 EG.

---

[717] *Mußgnug*, EuR 2000, S. 564 ff., 565.

[718] *de Ceuster*, Rev.Mar.Uniq.Eur. 1993, S. 33 ff., 52; *Maurer*, S. 50, 57; *Oliver*, S. 203; *Mattera*, Rev.Mar.Uniq.Eur. 1993, S. 9 ff., 22; *Pescatore*, ISWA I, S. 581 ff., 586; *Siehr*, FS *Mestmäcker*, S. 483 ff., 494; *Uhl*, S. 108. Bei der Auslegung der Begriffe sind sämtliche sprachliche Fassungen zu berücksichtigen. Vgl. dazu *Berndt*, S. 143; *Ress*, Kultur und europäischer Binnenmarkt, S. 81.

[719] *Mattera*, Rev.Mar.Uniq.Eur. 1993, S. 9 ff., 22 f.; *Oliver*, S. 203; *Ress*, Kultur und europäischer Binnenmarkt, S. 82.

[720] *Pescatore*, ISWA I, S. 581 ff., 586.

[721] *Siehr*, FS *Mestmäcker*, S. 483 ff., 494 f.

[722] Zit. nach *Ress*, Kultur und europäischer Binnenmarkt, S. 98; siehe dazu auch *Mattera*, Rev.Mar.Uniq.Eur. 1993, S. 9 ff., 25; *Voudouri*, Rev.dr.publ.sc.pol. 110 (1994), S. 479 ff., 487.

Einigkeit besteht darüber, daß Massengegenstände ohne überdurchschnittliche Prägung dem innergemeinschaftlichen Handel nicht entzogen werden dürfen[723]. Eine Begrenzung auf gewisse Objekte ist nicht nur den Begriffen „Kulturgut von künstlerischem, geschichtlichem oder archäologischem Wert", sondern vor allem dem Verhältnismäßigkeitsgrundsatz und dem Mißbrauchsverbot in Art. 30 S. 2 EG zu entnehmen.

II. Verhältnismäßigkeitsgrundsatz

Die Anwendung des Verhältnismäßigkeitsgrundsatzes ergibt sich bereits aus der Tatbestandsvoraussetzung „gerechtfertigt" in Art. 30 S. 1 EG. Die betreffende Maßnahme muß erstens zur Abwehr der Gefährdung[724] geeignet und zweitens das den freien Warenverkehr am wenigsten einschränkende Mittel sein[725]. Ein absolutes Ausfuhrverbot ist zwar grundsätzlich zur Abwehr einer Gefährdung geeignet, aber nicht das mildeste Mittel. Als milderes Mittel kommt ein Verbot mit Erlaubnisvorbehalt oder die Ausübung eines Vorkaufsrechts zugunsten staatlicher Einrichtungen in Betracht[726]. Drittens ist eine Abwägung zwischen der Schwere der Handelsbeeinträchtigung und dem dadurch erzielten Gewinn an Schutzgutsicherung vorzunehmen[727]. Bei dem Rechtsgut „Kulturgut" besteht eine starke Wechselwirkung zwischen der Auslegung des Begriffs und der Verhältnismäßigkeit der Maßnahme zum Schutz des Rechtsguts[728]. Je enger der Kreis der unter den Schutzbereich des Art. 30 EG fallenden Gegenstände gefaßt wird bzw. je höher die Anforderungen an das Objekt der handelshemmenden Maßnahme gestellt werden, desto weiter ist auch die Zulässigkeit handelshemmender Maßnahmen[729]. Weil es gerade im Bereich des Kulturgüterschutzes zu den eigentlichen Schutzmaßnahmen kaum Alternativen gibt und allenfalls verfahrenstechnische Varianten, die die Durchführung der Maßnahmen betreffen, möglich sind, muß sich der Schwerpunkt der Prüfung der Verhältnismäßigkeit nicht auf die in Frage kommenden Schutzmaßnahmen, sondern eher auf das damit bezweckte Ziel und somit auf den Kulturgutbegriff selbst konzentrieren[730].

---

[723] *Von der Groeben/Thiesing/Ehlermann - Müller-Graff*, EGV, Art. 36 Rn. 66.

[724] *v. Schorlemer*, S. 498 f., nennt als Gefahr „die Verminderung des Bestandes an wertvollen kulturellen Zeugnissen eines Landes".

[725] *Von der Groeben/Thiesing/Ehlermann - Müller-Graff*, EGV, Art. 36 Rn. 94; *Uhl*, S. 147 ff.; *Fechner*, Rechtlicher Schutz, S. 83.

[726] *v. Schorlemer*, S. 499 f., favorisiert ein Verbot mit Erlaubnisvorbehalt, weil es genauso effektiv wie ein absolutes Exportverbot sei, aber eine Einzelfallprüfung ermögliche. Dagegen könne es staatlichen Einrichtungen an finanziellen Mitteln fehlen, vom Vorkaufsrecht Gebrauch zu machen.

[727] *Von der Groeben/Thiesing/Ehlermann - Müller-Graff*, EGV, Art. 36 Rn. 94.

[728] So zutreffend *Uhl*, S. 150 f.; ihr folgend *Maurer*, S. 65 f.

[729] *Uhl*, S. 150.

[730] So zutreffend *Uhl*, S. 150. Im deutschen KgSchG schlägt mit der Eintragung des Kultur-

Eine Schutzmaßnahme in Form eines Ausfuhrverbots dürfte demnach nur dann gerechtfertigt sein, wenn es sich um ein außergewöhnlich bedeutendes Kulturgut handelt. Die Unterschutzstellung jeglichen Kulturguts würde dagegen das Grundprinzip des freien Warenverkehrs unverhältnismäßig beeinträchtigen und dem legalen Kunsthandel seine Existenzberechtigung entziehen[731]. Insofern ist zu bezweifeln, ob alle Kulturgüter, die in den italienischen Ausfuhrregelungen geschützt werden, auch ein zu schützendes Kulturgut im Sinne von Art. 30 S. 1 EG darstellen[732]. Bei Werken zeitgenössischer Künstler wird eine Schutzmaßnahme als Ausnahme des Grundprinzips des freien Warenverkehrs nur selten gerechtfertigt sein[733]. Bei der Abwägung der Interessen ist zu berücksichtigen, daß ein Künstler in der Regel vom Verkauf der Werke seinen Lebensunterhalt zu bestreiten hat. Zudem wird der europäische Kunstmarkt vom Handel mit zeitgenössischen Kunstwerken bestimmt. Schließlich bedarf es in der Regel eines zeitlichen Abstandes, bevor ein Kunstwerk zu einem schützenswerten Kulturgut wird. Die Ansicht, die grundsätzlich alle Werke zeitgenössischer Künstler als nicht unter Art. 30 S. 1 EG fallend erachtet[734], ist dagegen abzulehnen, weil dies das Ergebnis einer Abwägung vorwegnehmen würde. Es kann nicht ausgeschlossen werden, daß eine Schutzmaßnahme im Einzelfall auch bei einem Kunstwerk eines zeitgenössischen Künstlers gerechtfertigt ist.

III. Mißbrauchsverbot des Art. 30 Satz 2 EG

Die Schutzmaßnahme darf gemäß Art. 30 S. 2 EG weder ein Mittel zur willkürlichen Diskriminierung noch eine verschleierte Beschränkung des Handels zwischen den Mitgliedstaaten darstellen[735]. Verboten sind unterschiedlich angewandte Maßnahmen, wenn die Differenzierung nicht sachlich im Hinblick auf den geltend gemachten Rechtfertigungsgrund begründet werden kann[736]. Ein Mitgliedstaat darf z.B. ein Ausfuhrverbot nicht auf Käufer bestimmter anderer

---

guts die Erlaubnis mit Verbotsvorbehalt in ein Verbot mit Erlaubnisvorbehalt um. Treffend stellt *Mußgnug*, in: *Hohmann/John*, Kommentar zum Ausfuhrrecht, S. 1824, hinsichtlich der Erteilung der Ausfuhrgenehmigung für eingetragenes Kulturgut gemäß §§ 1 Abs. 4, 5 die Frage, „wie das private Interesse an der Ausfuhr eines Kunstwerks, das unter Schutz gestellt werden musste, weil seine Abwanderung einen „wesentlichen Verlust für den deutschen Kulturbesitz“ bedeutete, das staatliche Interesse an seinem Verbleib im Inland so deutlich überwiegen könnte, dass die Erteilung der Ausfuhrgenehmigung ernstlich in Betracht käme.“

731 *Grabitz/Hilf-Leible*, Das Recht der EU, Art. 30 EGV, Rn. 18; *Maurer*, S. 57.

732 Vgl. dazu auch *Siehr*, FS *Mestmäcker*, S. 483 ff., 493; *Sprecher*, S. 178 f.

733 *Von der Groeben/Thiesing/Ehlermann - Müller-Graff*, EGV, Art. 36 Rn. 66; *Oliver*, S. 222 f.; *Ress*, Kultur und europäischer Binnenmarkt, S. 82.

734 *Von der Groeben/Boeckh/Thiesing/Ehlermann - Wägenbauer*, Kommentar zum EWG-Vertrag, Art. 36 Rn. 41.

735 Vgl. *Goyder*, IJCP 1 (1992), S. 219 ff., 222; *Von der Groeben/Thiesing/Ehlermann - Müller-Graff*, EGV, Art. 36 Rn. 160 ff.

736 *Streinz*, Europarecht, Rn. 735.

Mitgliedstaaten beschränken oder im Fall einer Ermessensausübung bei der Erteilung einer Ausfuhrgenehmigung Kunsthändler bestimmter Staaten nicht ohne sachliche Erfordernisse benachteiligen; ansonsten ist das Exportverbot bzw. die Exportbeschränkung als ein Mittel zur willkürlichen Diskriminierung anzusehen[737]. Ebenso fallen pauschale Exportverbote für zeitgenössisches Kulturgut unter das Verbot der willkürlichen Diskriminierung[738]. Keine willkürliche Diskriminierung ist dagegen, daß Staaten zum Schutz von nationalem Kulturgut nur Ausfuhr- aber keine Einfuhrverbote in ihren Gesetzen vorsehen. Die Tatsache sei dem Wesen nach nur formell, nicht in der Sache selbst diskriminierend und im Rahmen des Art. 30 S. 2 EG hinzunehmen[739]. Eine verschleierte Handelsbeschränkung ist z.B. dann zu bejahen, wenn die Behörde eines Mitgliedstaats eine Exportgenehmigung nur deswegen verweigert, weil sie die Sammlungen des Staats aus wirtschaftlichen Gründen bereichern will[740]. Wird eine Exportgenehmigung verweigert, reduziert sich der potenzielle Käuferkreis auf den nationalen Markt. Der Staat könnte dann ein eventuell bestehendes Vorkaufsrecht ausüben und müßte unter Umständen einen geringeren Preis für das Kulturgut zahlen[741]. Eine Ausnahme vom Grundsatz des freien Warenverkehrs kommt lediglich dann in Betracht, wenn durch eine beschränkende Schutzmaßnahme die Erhaltung des nationalen kulturellen Erbes beabsichtigt ist und wirtschaftliche Gründe in den Hintergrund treten[742].

B. Rückgabepflichtiges Kulturgut im Sinne der Richtlinie 93/7/EWG

Kriterien zur Abgrenzung der einer Restitutionspflicht unterliegenden Kulturgüter enthält die Richtlinie 93/7/EWG. Die Richtlinie definiert in Art. 1 Nr. 1 den Begriff „Kulturgut". Die Einstufung eines Gegenstands als Kulturgut im Sinne der Richtlinie ist von zwei Voraussetzungen abhängig. Gemäß Art. 1 Nr.1, 1. Spiegelstrich muß der Gegenstand erstens von einem Mitgliedstaat nach seinem einzelstaatlichen Recht im Sinne des Art. 30 EG als „nationales Kulturgut von künstlerischem, geschichtlichem oder archäologischem Wert" eingestuft sein. Zweitens muß der Gegenstand entweder unter eine der Kategorien des Anhangs fallen oder zum Bestand öffentlicher oder kirchlicher Einrichtungen gehören (Art. 1 Nr. 1, 2. bis 4. Spiegelstrich)[743].

---

737 *Goyder*, IJCP 1(1992), S. 219 ff., 222.
738 *Mußgnug*, in: *Hohmann/John*, Kommentar zum Ausfuhrrecht, S. 1820.
739 *v. Schorlemer*, S. 501 f.
740 So das Beispiel von *Pescatore*, ISWA I, S. 581 ff., 586f.; vgl. dazu auch *v. Schorlemer*, S. 502 f.; *Uhl*, S. 110 f.
741 So aber die Praxis in Spanien. Vgl. dazu *Kügler*, FAZ v. 6.9.2003, S. 45.
742 Vgl. dazu *Maurer*, S. 51 f.; *Uhl*, S. 110 f.
743 Vgl. zu den Unterschieden der Kulturgutbegriffe der Richtlinie 93/7/EWG und der Verordnung 3911/92, *Hipp*, S. 259 ff.; *Carducci*, S. 224 ff.

I. Unterscheidung zwischen Kulturgut im Privatbesitz und öffentlichem bzw. kirchlichem Kulturgut

Kulturgut, das zu „öffentlichen Sammlungen" oder einer „kirchlichen Einrichtung" gehört, erfaßt die Richtlinie gemäß Art. 1 Nr. 1, 2. und 3. Spiegelstrich im Gegensatz zum Kulturgut im Privatbesitz unabhängig von seinem Alter, seinem Wert und seiner Zugehörigkeit zu einer der 14 im Anhang der Richtlinie aufgeführten Kulturgut-Kategorien. Das zu öffentlichen Sammlungen gehörende Kulturgut muß im Bestandsverzeichnis von Museen, von Archiven oder von erhaltenswürdigen Beständen von Bibliotheken aufgeführt sein (Art. 1 Nr. 1, 3. Spiegelstrich). Gemäß Art. 1 Nr. 1, 2. Spiegelstrich gelten für die Zwecke dieser Richtlinie „als „öffentliche Sammlungen" diejenigen Sammlungen, die im Eigentum eines Mitgliedstaats, einer lokalen oder einer regionalen Behörde innerhalb eines Mitgliedstaats oder einer im Hoheitsgebiet eines Mitgliedstaats gelegenen Einrichtung stehen, die nach der Rechtsordnung dieses Mitgliedstaats als öffentlich gilt, wobei dieser Mitgliedstaat oder eine lokale oder regionale Behörde entweder Eigentümer dieser Einrichtung ist oder sie zu einem beträchtlichen Teil finanziert". Unter „öffentlichen Sammlungen" sind die staatlichen, kommunalen und alle übrigen von einer juristischen Person des öffentlichen Rechts verwaltete Sammlungen zu verstehen[744]. Gemeint sind auch Einrichtungen, die „zu einem beträchtlichen Teil" mit öffentlichen Mitteln finanziert werden. Der Begriff „beträchtlich" indiziert, daß die Einrichtung vorwiegend mit öffentlichen Mitteln finanziert werden muß und sie ohne diese Finanzierung in dieser Form nicht weiterbestehen könnte[745]. Eine Sonderstellung wird auch Kulturgütern, die im Bestandsverzeichnis kirchlicher Einrichtungen aufgeführt sind, eingeräumt (Art. 1 Nr. 1, 4. Spiegelstrich). Der Begriff der „kirchlichen Einrichtungen" wird in der Richtlinie nicht näher definiert. Dem Wortlaut des Begriffs „kirchlich" nach müßte es sich nur um Kulturgut der christlichen Glaubensgemeinschaft handeln[746]. Nicht erfaßt wären Kulturgüter anderer religiöser Einrichtungen wie z.B. der Synagogen und Moscheen. Hierbei handelt es sich wohl um ein Redaktionsversehen des Europäischen Gesetzgebers, weil das Kulturgut der Synagogen ebenso wie das der Kirchen zum nationalen Kulturerbe gehört und eine Privilegierung der Kulturgüter der einen Religionsgemeinschaft nicht nachvollziehbar ist[747]. Um Kulturgüter kirchlicher Einrichtungen von Kulturgut

---

[744] Siehe dazu auch *Mußgnug* in: *Hohmann/John*, Kommentar zum Ausfuhrrecht, S. 1836.

[745] *de Ceuster*, Rev.Mar.Uniq.Eur. 1993, S. 33 ff., 62; *Carducci*, S. 222. Kritisch zu dieser Einschränkung, *Poli*, La protection, S. 57 f.

[746] In dem UNIDROIT-Übereinkommen von 1995 und der UNESCO-Konvention von 1970 wird in Art. 2 bzw. in Art. 1 der Begriff „religiös" verwendet. Siehe auch *Mußgnug* in: *Hohmann/John*, Kommentar zum Ausfuhrrecht, S. 1836, der den Begriff „kirchlich" als terminus technicus begreift und auch auf die Terminologie der englischen („ecclesiastical institutions") und französischen Fassung („institutions ecclésiastiques") hinweist.

[747] *Mußgnug* hält die Beschränkung auf Kulturgut „kirchlicher Einrichtungen" zu Recht für unverständlich, in: *Hohmann/John*, Kommentar zum Ausfuhrrecht, S. 1836.

aus Privatbesitz abzugrenzen, sollte wie bei den öffentlichen Sammlungen darauf abgestellt werden, ob die Kulturgüter der Öffentlichkeit zugänglich sind[748].

II. Der Anhang der Richtlinie 93/7/EWG

Kulturgut, das nicht zu öffentlichen Sammlungen und kirchlichen Einrichtungen gehört, erfaßt die Richtlinie nur, wenn es unter eine der im Anhang genannten Kategorien fällt (Art. 1 Nr. 1, 2. Spiegelstrich). Gemäß Abs. 3 der Präambel soll der Anhang[749] der Richtlinie die Gegenstände nicht definieren, die im Sinne von Art. 30 EG als „nationales Kulturgut" anzusehen sind. Mit dem Anhang wird lediglich das Ziel verfolgt, „Kategorien von Gegenständen zu bestimmen, die als Kulturgüter eingestuft zu werden geeignet sind und somit Gegenstand eines Rückgabeverfahrens im Sinne der Richtlinie sein können." Dem Anhang der Richtlinie sind aber Anhaltspunkte für die Umgrenzung des Begriffs „Kulturgut" im Sinne von Art. 30 EG zu entnehmen. Der Anhang ist in zwei Abschnitte unterteilt. Teil A enthält eine Liste von 14[750] Kategorien[751] von Kulturgütern, die auf der Grundlage von Kriterien für die Art der betreffenden Gegenstände sowie ihr Alter erstellt wurde. Es sind die Altersgrenzen 0, 50, 75, 100 und 200 Jahre vorgesehen. Teil B führt Wertgruppen ein, in die jede in Teil A genannte Kategorie eingeordnet wird. Bei den Wertgruppen handelt es sich um Grenzen des wirtschaftlichen Wertes. Dies bedeutet, daß der Gegenstand einen gewissen Mindestwert haben muß, namentlich 0, 15000, 30000, 50000 oder 150000 EURO.

Beispielsweise werden in Teil A unter Nr. 1 mehr als 100 Jahre alte archäologische Gegenstände aus Grabungen und archäologische Funde zu Lande oder unter Wasser, aus archäologischen Stätten und aus archäologischen Sammlungen erfaßt. In Teil B ist diese Kategorie in die Wertgruppe 0 eingeordnet. Ein Mindestwert für archäologische Gegenstände wird also nicht gefordert. Ein weiteres Beispiel ist die in Teil A genannte Kategorie Nr. 3, zu der Bilder und Gemälde gehören, die nicht unter die Kategorien 3a und 4 fallen, und aus jeglichem Material und auf jeglichem Träger vollständig von Hand hergestellt sind. Sie müssen älter als 50 Jahre sein und dürfen nicht ihren Urhebern gehören. In Teil B ist diese Kategorie in die Wertgruppe 150000 eingeordnet. Ihr wirtschaftlicher Wert muß bei Einreichung des Antrags auf Rückgabe mindestens 150.000 EURO betragen.

---

748 *Mußgnug*, in: *Hohmann/John*, Kommentar zum Ausfuhrrecht, S. 1836.

749 Siehe den Anhang der Richtlinie 93/7/EWG vom 15.3.1993 i.d.F. der Richtlinie 96/100/EG v. 17.2.1997.

750 Nach der Änderung durch die Richtlinie 96/100/EG sind es nunmehr 15, weil Nr. 3 a eine eigene Kategorie darstellt.

751 Es wird den Kategorien des gemeinsamen Zolltarifs gefolgt. Vgl. dazu *Schmeinck*, S. 190.

Der Anhang der Richtlinie wird in der Literatur aus verschiedenen Gründen kritisiert. Der erste Kritikpunkt ist, daß der Wert des Kulturguts bei Einreichung des Rückgabeantrags maßgeblich ist. Für ein im Sinne von Art. 1 Nr. 2, 1. Spiegelstrich der Richtlinie entgegen den Rechtsvorschriften für den Schutz nationaler Kulturgüter des Mitgliedstaats oder entgegen der Verordnung 3911/92 ausgeführtes Kulturgut, das im Zeitpunkt der Ausfuhr unter den Wertgrenzen des Anhangs bleibt, könne der Rückgabeanspruch infolge von Wertsteigerungen nachträglich entstehen. Dies sei mit dem Grundsatz der Vorhersehbarkeit nicht vereinbar[752]. Dagegen kann vorgebracht werden, daß die entscheidende Voraussetzung der Rückgabepflicht nicht der Wert des Kulturguts, sondern die Unrechtmäßigkeit seiner Ausfuhr ist, soweit sie entgegen der Verordnung 3911/92 erfolgte[753]. Gemäß des Anhangs der Verordnung ist die Erfüllung der Voraussetzungen im Hinblick auf den finanziellen Wert bei Einreichung des Antrags auf Erteilung einer Ausfuhrgenehmigung zu beurteilen. Deswegen ist die Ausfuhr eines unter den im Anhang der Verordnung und der Richtlinie identischen Wertgrenzen des erworbenen Gegenstands stets rechtmäßig[754]. Ein Rückgabeanspruch infolge nachträglicher Wertsteigerungen kann demgemäß überhaupt nicht entstehen. Soweit die Ausfuhr des Gegenstands entgegen den Rechtsvorschriften des Mitgliedstaats zum Schutz nationalen Kulturguts erfolgte, so ist und bleibt die Ausfuhr unrechtmäßig. Ein Vertrauen darauf, daß das Kulturgut im Zeitpunkt der unrechtmäßigen Ausfuhr unter den Wertgrenzen des Anhangs der Richtlinie blieb und infolge von Wertsteigerungen nunmehr die Wertgrenze erreicht hat, ist nicht schutzwürdig[755]. Ein Erwerber, der in Kenntnis der Unrechtmäßigkeit der Ausfuhr darauf vertraut hat, daß der Rückgabeanspruch aufgrund des unter den Grenzen des Anhangs der Richtlinie liegenden Werts des Kulturguts nicht entstehen wird, hat auch keinen Anspruch auf eine Entschädigung gemäß Art. 9 der Richtlinie[756].

Zweitens wird vorgebracht, daß ein Kulturgut mehreren Kategorien zugeordnet werden könne und es dann unklar bleibe, von welcher Kategorie das Kulturgut erfasst werde[757]. Eine klare Zuordnung sei aber wegen den unterschiedlichen Alters- und Wertgrenzen erforderlich. Als Beispiel wird die Kategorie 2 in Teil A des Anhangs genannt, unter die der größte Teil der bis zum Ende des 18. Jh. entstandenen Kulturgüter falle, weil er aus Schlössern, Kirchen, Klöstern, Rathäusern und anderen Denkmälern stamme, deren Ausstattung einmal aufgeteilt

[752] *Bila*, S. 167; *Eberl*, NVwZ 1994, S. 732.
[753] *Mußgnug*, EuR 2000, S. 578.
[754] *Mußgnug*, EuR 2000, S. 578.
[755] So auch *Hipp*, S. 280.
[756] Gemäß der Begründung zu dem Art. 9 der Richtlinie 93/7/EWG entsprechenden Art. 10 des Richtlinienentwurfs Dok. KOM (91) 447 endg. - SYN 382, S. 27, ist für die Gewährung einer Entschädigung entscheidend, daß die Verbringung des Kulturguts als rechtmäßig betrachtet wurde.
[757] *Eberl*, NVwZ 1994, S. 729 ff., 730.

wurde[758]. Dieser Kritik ist entgegenzuhalten, daß die Kategorien des Anhangs bei Bedarf korrigiert werden können[759]. Das Zuordnungsproblem hat bereits bei Aquarellen, Gouachen und Pastellen zur Änderung des Anhangs geführt. Für diese Gegenstände wurde in Teil A eine eigene Kategorie Nr. 3 a und in Teil B eine eigene Wertgruppe 30000 eingeführt. Vor der Änderung war unklar, ob sie den Gemälden (Kategorie Nr. 3) oder den Zeichnungen (Kategorie Nr. 4) zugeordnet werden sollten.

Kritisiert werden auch die Wertgrenzen in Teil B des Anhangs, die für die Bestimmung eines Kulturguts ungeeignet seien, weil dadurch nur wirtschaftliche Interessen berücksichtigt würden[760]. Die Notwendigkeit eines Schutzes bestehe auch für Gegenstände, die unterhalb der Wertgrenze liegen, weil sie einen hohen ideellen Wert für einen Staat haben[761]. Andererseits würden aufgrund des Wertkriteriums zu viele Massengegenstände von der Richtlinie erfaßt[762]. Dem zuletzt genannten Argument ist entgegenzuhalten, daß nur Kulturgüter im Sinne von Art. 30 EG von der Richtlinie 93/7/EWG erfaßt werden. Insbesondere der Verhältnismäßigkeitsgrundsatz verhindert, daß Massengegenstände geschützt werden. Zuzugestehen ist, daß auch Gegenstände, die unter den Wertgrenzen liegen, für einen Staat von hohem ideellem Wert sein können. Hierbei wird es sich in aller Regel aber nicht um Gegenstände im Privatbesitz handeln, sondern um solche, die zu öffentlichen Sammlungen gehören[763]. Für diese bestehen keine Wertgrenzen. Ferner sprechen für die Einführung der Wertgrenzen praktische Gründe[764]. Insoweit wird auch zugestanden, daß es schwierig sei, den eigentlichen Wert eines Kulturguts von seinem finanziellen Wert zu trennen, so daß er zumindest eine Indizwirkung für die besondere Bedeutung eines Kulturguts haben könne[765]. Herauszustellen ist, daß ein Mindestwert nur bei sich im Privatbesitz befindenden Kulturgütern gefordert wird[766]. Archäologische Gegenstände und Bestandteile von Denkmälern sind zudem der Wertgruppe 0 zugeordnet.

---

[758] *Eberl*, NVwZ 1994, S. 729 ff., 730.

[759] *de Ceuster*, Rev.Mar.Uniq.Eur. 1993, S. 33 ff., 65 f.

[760] Vgl. insbesondere *Poli*, La protection, S. 458; *Fechner*, in: *Fechner/Oppermann/Prott* (Hrsg.), Prinzipien des Kulturgüterschutzes, S. 11 ff., 24; *Eberl*, NVwZ 1994, S. 729 ff., 732; *Reichelt*, ÖJZ 1994, S. 339 ff., 340 f.

[761] *Fechner*, JZ 1994, S. 132 f.; *Reichelt*, in: *Sladek* (Hrsg.), Das kulturelle Erbe, S. 73 f.

[762] *Berndt*, S. 154; *Fechner*, DÖV 1992, S. 616 f.; *Siehr*, NJW 1993, S. 2206 ff., 2208.

[763] Sollten sich ausnahmsweise solche Kulturgüter „von hohem ideellen Wert" im Privatbesitz befinden, dann besteht für den Staat die Möglichkeit, diese kostengünstig zu erwerben und in öffentlichen Einrichtungen auszustellen.

[764] *de Ceuster*, Rev.Mar.Uniq.Eur. 1993, S. 33 ff., 63: „Il s'agit du critère le plus 'barbare', mais néanmoins indispensable pour restreindre le champ d'application matériel;(...)".

[765] So auch *Fraoua*, Le trafic, S. 5; *Uhl*, S. 159 f.

[766] Zur Diskussion der Altersgrenzen vgl. *Seidl-Hohenveldern*, in: *Dominicé* (Hrsg.), S. 753 ff., 756.

Die UNESCO-Konvention von 1970 und die UNIDROIT-Konvention von 1995 enthalten ebenso Kategorien von Kulturgütern, die bei Erfüllung der in den Konventionen genannten Voraussetzungen restituiert werden müssen. Die in dem Anhang der Richtlinie genannten Kategorien sind mit denen in Art. 1 lit.a bis k der UNESCO-Konvention von 1970 bzw. der Anlage der UNIDROIT-Konvention von 1995 weitestgehend identisch. Es werden u.a. übereinstimmend die Kategorien archäologische Gegenstände, Teile von Denkmälern, Bilder, Gemälde, Originalgravuren, -drucke, -lithographien, Originalarbeiten der Bildhauerkunst, Archive, Bücher, Publikationen, Sammlungen und Einzelexemplare der Zoologie, Botanik, Mineralogie und Anatomie aufgelistet. In den Kategorien lit. e und k des Art. 1 der UNESCO-Konvention von 1970 werden auch Altersgrenzen genannt. Wertgrenzen bestehen nicht.

C. Nationales Kulturgut

Der Tatbestand des Art. 30 S. 1 EG verlangt das Vorliegen eines nationalen Kulturguts. Dies kann auch ein regionales Kulturgut sein[767]. Die regionale Prägung eines Gegenstandes schließt seine Zugehörigkeit zu den schutzwürdigen Kulturgütern eines Staats, in dem die Region liegt, nicht aus. Der Begriff des nationalen Kulturguts umfaßt insoweit den weniger weitgehenden des regionalen Kulturguts.

I. Auffassungen

Jedem Mitgliedstaat wird zunächst ein Beurteilungsspielraum zugestanden, welche Objekte er als nationale Kulturgüter definiert. Die Grenze der autonomen Festlegung des Schutzumfangs durch die Mitgliedstaaten bildet Art. 30 EG. Der in Art. 30 S. 1 EG genannte Begriff „national" muß daher gemeinschaftsrechtlich ausgelegt werden. Dazu haben sich zwei Auffassungen herausgebildet.

---

[767] *Bila*, S. 125; *Gormley*, S. 182; *Grabitz/Hilf-Leible*, Das Recht der EU, Art. 30 EGV Rn. 18; *Von der Groeben/Thiesing/Ehlermann-Müller-Graff*, EGV, Art. 36 Rn. 68; *Oliver*, S. 204; *Ress*, Kultur und europäischer Binnenmarkt, S. 81. Vgl. auch VGH Mannheim, Urt. v. 14.3.1986, NJW 1987, S. 1440 f.. In dem Rechtsstreit ging es um die Eintragung von zwei Glasmalerei-Zyklen in das Verzeichnis wertvollen Kulturgutes, die eine regionale Bedeutung für die Straßburger und Speyerer Gegend hatten. Das Gericht führte aus, daß die deutsche Geschichte und insbesondere die Kulturgeschichte bis in das 19. Jh. hinein wesentlich auch eine Geschichte der Regionen und ihrer politischen und kulturellen Besonderheiten war.

1. Bestandssicherung

Nach der ersten Auffassung[768] ist der Begriff „national“ im Sinne einer Ortsbezeichnung zu verstehen[769]. Diesem Verständnis folgend, dient Art. 30 Satz 1 EG der Bestandssicherung. Es soll ermöglicht werden, Gegenstände, die sich in einem bestimmten Mitgliedstaat befinden, auch dort zu halten. Entscheidend ist also die territoriale Belegenheit des Gegenstands. Ein über die Belegenheit hinausgehender Bezug zu einer Nation wird als nicht notwendig erachtet. Während einige Vertreter dieser Auffassung hiervon nur Gegenstände erfaßt sehen, die sich im Eigentum eines Mitgliedstaats oder eines seiner Bürger befinden[770], erachten andere die Nationalität des Eigentümers im Fall von Privateigentum als unbeachtlich[771]. Als Begründung für diese Auffassung wird angeführt, daß die Frage der nationalen Bindung von Kulturgütern kaum justitiabel sei[772] und es bei der Gründung der Europäischen Gemeinschaft nicht beabsichtigt war, es Frankreich zu verwehren, die Ausfuhr der Mona Lisa zu untersagen, weil sie von einem italienischen Künstler stamme[773]. Als weiteres Argument für diese Auffassung wird genannt, daß das Erfordernis eines über die Belegenheit hinausgehenden nationalen Bezugs in den Ausfuhrregelungen der Mitgliedstaaten dazu führe, daß die aus einem Mitgliedstaat exportierten Kulturgüter von höchstem künstlerischem Wert in Staaten außerhalb der Europäischen Union gelangen könnten. Dies würde nicht nur einen Verlust für das kulturelle Erbe eines Mitgliedstaats, sondern auch für das kulturelle Erbe der Europäischen Union bedeuten[774]. Schließlich wird vorgebracht, daß eine solche Auffassung „dem modernen Gedanken des kulturellen Internationalismus, wonach Kulturgut als Erbe der gesamten Menschheit zu betrachten ist“, entspreche[775]. Unverständlich ist, warum dann nationale Beschränkungen überhaupt notwendig sind.

Diese Auffassung führt dazu, daß allein die Belegenheit eines Kulturguts in einem Mitgliedstaat die Annahme eines „nationalen Kulturguts“ und dessen Schutz durch Ausfuhrregelungen rechtfertigt und zwar auch dann, wenn sich das Kulturgut erst seit kurzer Zeit auf dem Territorium des Staats befindet.

---

[768] *Sparr*, S. 93; *Gormley*, S. 183; *Seidl-Hohenveldern*, in: *Dominicé* (Hrsg.), S. 753 ff., 759; Nach der Auffassung von *v. Schorlemer*, S. 64, sollte das Wort „national“ in Art. 30 EG aufgrund der Internationalisierung des Kulturgüterschutzes gestrichen werden.

[769] *Oliver*, S. 204, formuliert dies wie folgt: „On this reading „national treasurers“ is taken to refer to art treasures belonging to the nation". *Hanisch*, in: *Frank* (Hrsg.), Recht und Kunst, S. 19 ff., 22, bezeichnet dies als „nationale Interesse am Haben des Kunstwerks etwa in einem Museum des betreffenden Landes (...)“.

[770] *Sparr*, S. 93.

[771] Vgl. dazu *Gormley*, S. 183.

[772] *Sparr*, S. 93.

[773] *Sparr*, S. 93.

[774] *Gormley*, S. 183.

[775] *Hipp*, S. 239.

2. Nationaler über die Belegenheit hinausgehender Bezug

Nach einer zweiten Auffassung wird in Art. 30 EG eine Verbindung zwischen dem Kulturgut und einer Nation gefordert[776]. Zur Bestimmung eines nationalen Kulturguts im Sinne von Art. 30 EG werden zahlreiche Kriterien vorgeschlagen. *Pescatore*[777] erwähnt als Kriterien der Zuordnung den Entstehungsort des Kulturguts, die Nationalität des Künstlers sowie den typischen Charakter eines Werkes für eine bestimmte Kultur. *Müller-Graff*[778] zählt zu nationalen Kulturgütern Gegenstände, die in dem betreffenden Land von einem Angehörigen dieses Landes geschaffen wurden. Überdies seien auch die Kulturgüter miteinzubeziehen, die in einer engen Sonderverbindung zu dem betreffenden Land stehen. Dies seien z.B. Kunstwerke ausländischer Künstler, die einen besonderen Bezug zu dem betreffenden Land haben; Werke von Angehörigen des betreffenden Landes, auch wenn sie im Ausland geschaffen wurden; archäologische Fundgegenstände mit besonderer Verknüpfung zur Geschichte oder zum Gebiet des betreffenden Staates. *Maurer*[779] nennt als Zuordnungskriterien die Nationalität und die Bedeutung des Künstlers, der Herstellungsort des Kulturguts, der Bestimmungsort des Kulturguts, die Nationalität und die Bedeutung des jetzigen Besitzers, die Bedeutung des Kulturguts für eine Nation, die Akzeptanz des Kulturguts durch eine Nation, die Aufenthaltsdauer des Kulturguts an einem bestimmten Ort, die funktionale und religiöse Bedeutung des Kulturguts und schließlich auch die rechtlichen und moralischen Faktoren einer Kauf-Diebstahls-Abgrenzung. Das wichtigste Kriterium sei aber die Nationalität des Künstlers[780]. Nach der Auffassung von *Fraoua*[781] sollen zum kulturellen Erbe eines Staates alle vertraglich erworbenen, alle auf dem Territorium gefundenen oder geschaffenen und alle Objekte, deren Urheber oder Besitzer Staatsangehöriger dieses Staates ist, gehören. Verweisen die Kriterien auf mehrere Staaten, so müsse das damit befaßte Gericht im Einzelfall entscheiden[782]. Andere Autoren stellen auf den geschichtlichen Zusammenhang ab[783].

---

[776] *Fetsch*, S. 205 ff.; *Grabitz/Hilf-Leible*, Das Recht der EU, Art. 30 EGV Rn. 18; *Mattera*, Rev.Mar.Uniq.Eur. 1993, S. 9 ff., 23; *Maurer*, S. 58 f.; *Von der Groeben/Thiesing/Ehlermann - Müller-Graff*, EGV, Art. 36 Rn. 68; *Oliver*, S. 205; *Kreuzer*, RdC 259 (1996), S. 170; *Pescatore*, ISWA I, S. 581 ff., 586; *Uhl*, S. 154 ff.; *Voudouri*, Rev.dr.publ.sc.polit. 1994, S. 479 ff., 485.

[777] *Pescatore*, ISWA I, S. 581 ff., 586.

[778] *Von der Groeben/Thiesing/Ehlermann - Müller-Graff*, EGV, Art. 36 Rn. 68.

[779] *Maurer*, S. 58, bezieht sich überwiegend auf die von *Nahlik* genannten Kriterien. Vgl. *Nahlik*, RdC 120 (1967), S. 61 ff., 157. *Nahlik* nennt als Kriterien: „Nationalité de l'auteur; lieu de sa résidence; lieu où le bien a été exécuté; lieu pour lequel il a été commandé; nationalité, où encore résidence du mécène ou du collectioneur; lieu, enfin, où le bien se trouve depuis si longtemps qu'il serait inconcevable qu'il puisse jamais être transféré ailleurs."

[780] *Maurer*, S. 59.

[781] *Fraoua*, Le trafic, S. 168 f.

[782] *Fraoua*, Le trafic, S. 169.

[783] Vgl. *Mattera*, Rev.Mar.Uniq.Eur. 1993, S. 9 ff., 23: „(...) nous estimons que le qualificatif

II. Fallbeispiele

Anhand von drei Beispielen soll untersucht werden, ob der Begriff „national" im Sinne einer Ortsbezeichnung zu verstehen ist.

1. Der Fall Pagenstecher[784]

Streitobjekte waren Gemälde von französischen Impressionisten und Postimpressionisten. Diese Gemäldesammlung nahmen ein deutsch-österreichisches Ehepaar, Frau Pagenstecher und Herr von Lutterotti mit, als sie in den 1950er-Jahren von England nach Italien zogen. Nach dem Tod ihres Ehemanns beabsichtigte Frau Pagenstecher, wieder nach England zu ziehen. Sie beantragte im Jahre 1987 bei den zuständigen italienischen Behörden, ihr das Verbringen der Gemäldesammlung nach England zu gestatten, und gab den Exportwert dieser Kulturgüter mit demjenigen Wert an, den sie bei deren Einfuhr deklariert hatte, nämlich mit 548 Millionen Lire. Das Exportbüro von Verona lehnte den Antrag ab. Die in Italien nie öffentlich ausgestellte Gemäldesammlung wurde zu wertvollem Kulturgut erklärt, das Italien nicht verlassen dürfe. Am 4.12.1987 übte die autonome Provinz Bozen ein gesetzliches Recht zum Ankauf nationaler Kulturgüter aus, teilte dies Frau Pagenstecher mit und erwarb elf der dreizehn Gemälde zum deklarierten Wert von 344,6 Millionen Lire. Der Verkehrswert der Gemälde wurde auf ein Vielfaches dieser Summe geschätzt. Daraufhin zog Frau Pagenstecher ihren Exportantrag zurück und verzichtete auf einen Wohnsitzwechsel. Als die Provinz Bozen an ihrem Erwerb festhielt, rief Frau Pagenstecher die Gerichte an. Das Ergebnis der Gerichtsverfahren war, daß Frau Pagenstecher ihren Ausfuhrantrag zurückziehen durfte und daß die Behörden die Gemälde nicht durch einfache Mitteilung zum Ausfuhrwert erwerben konnten[785].

<nationaux> doit être compris dans son acception, non pas „géographique", mais „historique". Aussi, doivent être considérés comme nationaux, les „biens culturels" qui sont liés à l'histoire d'un pays, à ses traditions, à son passé, à ses valeurs, indépendamment de la nationalité de l'artiste, du lieu où l'oeuvre a été crée, du propriétaire qui l'a acquise. La „dimension nationale" de ces biens s'identifie ainsi à l'apport qu'ils fournissent à la définition de l'identité historique et culturelle d'un pays". Vgl. dazu auch *Oliver*, S. 205: „The test must be whether the treasures have a place in the history, civilisation or culture of the Member State concerned."

[784] Vgl. *Ress*, DÖV 1992, S. 944 ff., 950 f.; *Siehr*, FS *Mestmäcker*, S. 483 ff., 484 f.; *Turner*, S. 328 ff.

[785] Consiglio di Stato 24.1.1989 (*Pagenstecher c. Provincia autonoma di Bolzano, Ministero beni culturali ed ambientali ed altro*), Il Consiglio di Stato. Rassegna di Giurisprudenza e Dottrina 40 I (1989) 41; Consiglio di Stato 23.9.1991 (*Pagenstecher c. Provincia autonoma di Bolzano, Ministero beni culturali ed ambientali ed altro*), Rass. Consiglio di Stato 42 I (1991) 1293.

2. Der Fall Liotard[786]

Streitobjekt war ein Gemälde des Genfer Künstlers Liotard. Das Gemälde wurde zwischen 1738 und 1742 im Auftrag des französischen Botschafters in Konstantinopel gemalt. Das Gemälde, das sich seit fast 250 Jahren im Privatbesitz in Frankreich befand, wurde 1993 aus einem Familiennachlaß auf einer Auktion in Frankreich an eine schweizerische Stiftung für etwa 9 Millionen FF verkauft. Die für die Erteilung der Ausfuhrgenehmigung zuständige französische Kommission beschloß, daß das Gemälde als nationales französisches Kulturgut in Frankreich bleiben sollte, und verweigerte die Genehmigung[787]. Der damalige französische Kulturminister bestätigte den negativen Bescheid. Schließlich kaufte der Louvre das mit dem Ausfuhrverbot belegte Gemälde zum Versteigerungspreis.

3. Der Rechtsstreit Jeanneret v. Vichey[788]

In diesem Fall ging es um das in Frankreich in den 1920er-Jahren entstandene Gemälde „Portrait sur Fond Jaune" von Matisse, das der Kunstsammler Herr DeAngeli 1951 nach Italien gebracht hatte. Seine Tochter Anna Vichey erbte das Bild und ließ es 1970 über die Schweiz nach New York bringen. Im Jahre 1973 veräußerte Frau Vichey das Gemälde an die Genfer Kunsthändlerin Jeanneret. Nachdem die Käuferin von den italienischen Behörden erfahren hatte, daß das Bild ohne die erforderliche Exportgenehmigung aus Italien ausgeführt worden war, machte sie gegen Frau Vichey Schadensersatzansprüche geltend. Der stellvertretende italienische Kulturminister notifizierte erst 1979 die besonders wichtige künstlerische und historische Bedeutung des Gemäldes und ließ es in die Liste der notifizierten Kulturgüter eintragen[789]. Der „District Court of New York" gab der Schadensersatzklage wegen Vertragsbruch und stillschweigender Rechtsgewährleistung statt. Der „United States Court of Appeals" hob dieses Urteil auf und wies zur Neuverhandlung zurück, weil er es für nicht erwiesen hielt, ob Italien zu Recht eine Ausfuhrgenehmigung verlangen durfte[790]. Gleichwohl beschäftigte sich das Gericht mit der Anerkennung italienischer Ex-

---

[786] Hierzu *Hanisch*, in: *Frank* (Hrsg.), Recht und Kunst, S. 19 ff.; *Schwarze*, JZ 1994, S. 109 ff., 114; *Turner*, S. 301 f.

[787] Der Berichterstatter der Kontrollkommission begründete die Zugehörigkeit des Liotard-Gemäldes zum „nationalen Kulturgut" Frankreichs wie folgt: „Il en fait partie parce qu'il est bon pour la nation qu'il en fasse partie". Zit. nach *Hanisch*, in: *Frank* (Hrsg.), Recht und Kunst, S. 19 ff., 27.

[788] *Jeanneret v. Vichey*, 541 F.Supp.80 (S.D.N.Y.1982), reversed and remanded 693 F.2d 259 (2d Cir.1982). Siehe dazu auch *Müller-Katzenburg*, Standards, S. 147 f.; *Siehr*, in: *Reichelt* (Hrsg.), Neues Recht zum Kulturgüterschutz, S. 29 ff., 40 ff.

[789] *Jeanneret v. Vichey*, 693 F.2d, S. 263.

[790] *Jeanneret v. Vichey*, 693 F.2d, S. 269.

portverbote und der nationalen Zuordnung des Gemäldes. Das Gericht kritisierte den weiten Anwendungsbereich der italienischen Ausfuhrregelungen[791]. Auf die Argumentationslinie der italienischen Behörde eingehend, führte das Gericht aus, daß es nicht ausreiche, daß das Gemälde 1952 auf der Biennale in Venedig der Öffentlichkeit gezeigt worden sei und einer in italienischen Sammlungen selten vertretenen europäischen Stilrichtung angehöre, für die eine Rückkehr zu Motiven der Klassik und Renaissance charakteristisch sei[792]. Das Gericht bemerkte auch, daß das Gemälde von Matisse nicht eine solche Verbindung zu Italien aufweise wie es im Falle eines Werkes von Raffael oder Bellini wäre[793].

III. Stellungnahme

In den drei Beispielsfällen erklärten die italienischen bzw. französischen Behörden die betreffenden Objekte zu ihrem nationalen Kulturgut und verweigerten die Ausfuhr. Wäre die Warenverkehrsfreiheit betroffen gewesen, so müßte es sich um nationale Kulturgüter im Sinne von Art. 30 EG handeln. Fraglich ist nur, ob das Tatbestandsmerkmal[794] „national" erfüllt ist. Die Auffassung, die den Begriff „national" im Sinne einer Ortsbezeichnung bzw. Bestandssicherung versteht, müßte dies bejahen, denn die Kulturgüter waren im Zeitpunkt der Unterschutzstellung auf dem Territorium des jeweiligen Mitgliedstaates belegen. Im Fall *Jeanneret v. Vichey* müßte darüber hinaus die frühere Belegenheit ausreichen, denn die Notifikation und Eintragung des Kulturguts erfolgte, als es sich bereits in New York befand[795]. Im Falle eines Restitutionsanspruchs gemäß Art. 5 der Richtlinie 93/7/EWG wird gemäß Art. 1 Nr. 1, 1. Spiegelstrich der

---

[791] *Jeanneret v. Vichey*, 693 F.2d 268 Fn.16: „(...) as a policy matter, embargoes as broad as Italy's should be discouraged. The sparsity of works by modern masters such as Matisse in Italian private collections, (...), could well be due to the unwillingness of collectors to subject themselves to Italy's export policy."

[792] *Jeanneret v. Vichey*, 693 F.2d S. 263 f. Fn. 6: „The somewhat surprising conclusion that exportation of a painting by a profolic French post-impressionist master would represent a 'tremendous loss to the national heritage' of Italy was sought to be justified on the grounds that it had been shown at the Venice Biennale in 1952 'in the large exposition dedicated to art' and 'because it is part of the era of a return to normalcy which pervaded all Europe at the end of the first world war, characterized by a return to classic and Renaissance motifs particularly evident in this balanced, well composed painting by a master of contemporary art and specially rare among Italian collections of significant works of that period. One is tempted to wonder why if Italian collectors do not care enough for Matisse to buy his paintings, one of these, not claimed to be an outstanding masterpiece, should be thought to constitute such an important part of the Italian national heritage."

[793] *Jeanneret v. Vichey*, 693 F.2d 267.

[794] Vgl. dazu *Uhl*, S. 154 ff.

[795] Vgl. dazu die Diskussionsbeiträge von *Jayme* und *Lombardi*, in: *Dolzer/Jayme/Mußgnug* (Hrsg.), Rechtsfragen des IKGS, S. 225. Hier stellt sich die Frage nach der extra-territorialen Wirkung des italienischen öffentlichen Rechts.

Richtlinie 93/7/EWG eine nachträgliche Unterschutzstellung ausdrücklich zugelassen.

Vorzuziehen ist die Auffassung, die über die Belegenheit hinaus einen Bezug des Kulturguts zu einer Nation verlangt. Das Tatbestandsmerkmal „national" wäre als rechtlich bedeutungslos zu betrachten, wenn nur die Belegenheit des Gegenstands innerhalb des Hoheitsgebiets des Mitgliedstaats gefordert wird. Eine Schutzmaßnahme in Form einer Ausfuhrregelung setzt begrifflich die Belegenheit des Kulturguts auf dem Territorium des Staats voraus[796]. In den Beispielsfällen handelt es sich um eine Überdehnung der Ausfuhrregelungen[797]. Es besteht die Gefahr, daß auf Kosten des Kunsthandels und der Privateigentümer ein Wettstreit der Mitgliedstaaten insbesondere um Kulturgüter von künstlerischem Wert und, wie in den drei Beispielsfällen, auch um finanziell wertvolle Kulturgüter international bekannter Künstler entsteht. Jedes von einem privaten Eigentümer ins Land gebrachte Kulturgut könnte von einem Mitgliedstaat als zu seinem kulturellen Erbe gehörend reklamiert werden und dürfte dann nicht mehr ausgeführt oder in das Ausland veräußert werden. Zu Recht wird darauf hingewiesen, daß eine solche Überdehnung der Kulturgutschutzgesetze einer Nähe zum Arbiträren und zur kulturellen Habsucht nicht entbehrt[798]. Die Korrektur solcher Ausfuhrregelungen sollte nicht nur aufgrund des Verhältnismäßigkeitsgrundsatzes und des Mißbrauchsverbots in Art. 30 S. 2 EG vorgenommen werden, wenn die „Nationalität" eines Kulturguts als Tatbestandsmerkmal in Art. 30 S. 1 EG genannt wird.

§ 13 Vorschlag einer lex originis-Regel

In der Literatur vorgeschlagene Sonderkollisionsnormen beziehen sich auf zwei voneinander zu trennende Fallkonstellationen. Der Vorschlag der Anknüpfung an den Ort des Diebstahls beschränkt den Anwendungsbereich der Sonderkollisionsnorm auf Fallkonstellationen, in denen ein Kulturgut gestohlen wurde. Der Vorschlag der Anknüpfung an den Ort der unrechtmäßigen Ausfuhr erfasst nur die Fallkonstellation des illegalen Exports. Entsprechendes gilt auch für die Sonderkollisionsnorm in Art. 12 der Richtlinie 93/7/EWG. Einen anderen Ansatz hat die Resolution des „Institut de Droit International" gewählt. Gemäß Art. 1 Abs. 3 ist die Resolution auf Fälle anwendbar, in denen das Kulturgut dem Eigentümer abhanden kommt oder illegal exportiert wird. Die Unterscheidung zwischen den beiden Fallkonstellationen findet sich auch in Staatsverträgen

---

796 So auch *Uhl*, S. 154.

797 Vgl. z.B. die Kritik von *Kreuzer*, RdC 259 (1996), S. 204, an den Fällen *Pagenstecher* und *Jeanneret v. Vichey*: „Il existe des exemples européens récents de politique étatique exagérée et inadmissible de protection des biens culturels."

798 *Hanisch*, in: *Frank* (Hrsg.), Recht und Kunst, S. 19 ff., 28.

wieder. Das UNIDROIT-Übereinkommen von 1995 trennt zwischen dem Anspruch auf Rückführung unrechtmäßig ausgeführter und dem auf Rückgabe gestohlener Kulturgüter.

A. Anwendungsbereich

Der duale Ansatz soll auch Grundlage des zu unterbreitenden Vorschlags der Anknüpfung an den Herkunftsort sein[799]. Im Bereich abhanden gekommener Kulturgüter steht die Frage nach der Abwägung von Eigentümer- und Verkehrsschutzinteressen im Vordergrund. Der ursprüngliche Eigentümer und der Erwerber sind beide „unschuldige" Parteien[800], die Schutz verdienen. Die Situs-Regel berücksichtigt einseitig die Erwerberinteressen[801]. Auf sachenrechtliche Rechtsverhältnisse anwendbar ist das Recht am Belegenheitsort zum Zeitpunkt der Vollendung des sachenrechtlichen Tatbestands. Im Falle des Abhandenkommens hat der ursprüngliche Eigentümer keinen Einfluß auf die Belegenheit der Sache[802]. Solange der Eigentümer den Belegenheitsort der Kulturgüter bestimmt, kann er sich auf den Schutz durch das Recht am Belegenheitsort auch verlassen. Auf die Anwendung dieses Rechts sollte er auch dann vertrauen können, wenn sich die Belegenheit des Kulturguts ohne oder gegen seinen Willen ändert[803]. In der Fixierung des Belegenheitsorts und der Vermeidung von Statu-

---

799 So auch *Carducci*, S. 179 ff.; a.A. *Fuentes-Camacho*, S. 272 ff., 398 f.

800 *Jayme*, „Entartete Kunst" und IPR, S. 7 ff., 35.

801 *Byrne-Sutton*, ISWA I, S. 483 ff., 497: „Effectivement il arrive souvent que les besoins de protection spécifiques du propriétaire d'un objet d'art, qui représentent également certains intérêts généraux (par exemple la nécessité de combattre les vols, ou de sauver un patrimoine national ou mondial), ne soient pris en considération; et d'autres fois les intérêts des acquéreurs de bonne foi et de la fluidité du commerce sont complètement méconnus." Vgl auch *Lalive*, FS *Fritz Schwind*, S. 51 ff., 66: „Il nous paraît tout à fait justifié dans le cas particulier du transfert de la propriété des oeuvres d'art – un domaine où, nul ne l'ignore, la passion du collectionneur ou l'esprit de lucre conduit trop d'acheteurs à acquérir, sinon les yeux fermés, du moins en s'inquiétant trop peu de l'origine de l'objet et du pouvoir du vendeur d'en disposer."

802 *Byrne-Sutton*, ISWA I, S. 483 ff., 491: „L'affirmation que l'ordre juridique du lieu de situation de l'objet contient la loi la plus reconnaissable pour toutes les personnes concernées par une transaction mobilière n'est pas toujours vraie. En effet, le propriétaire originaire d'un objet volé ne sait justement pas où se trouve son objet, ni donc le droit applicable, bien qu'étant directement en cause lors d'une vente ultérieure dont dépendra peut-être la perte de son titre. Cette idée d'admettre une autre règle de conflit pour la revendication de biens volés peut paraître encore plus attrayante lorsqu'il s'agit d'objets d'art, puisque, comme nous l'avons vu, le propriétaire dépossédé se trouve dans une situation particulièrement précaire, et que divers intérêts spécifiques sont en cause."

803 Vgl. dazu *Staudinger-Stoll*, Internationales Sachenrecht, Rn. 302, nach dessen Auffassung die Perpetuierung des vom Herkunftsstaat gewährten Sachenrechtsschutzes bei rechtswidrigem Statutenwechsel aufgrund des Vertrauensgedankens dazu führe, daß nicht nur die Vorfrage des Abhandenkommens oder Diebstahls der Sache, sondern die gesamten Rechtsfragen

tenwechsel entspricht der Vorschlag im Ansatzpunkt dem der Anknüpfung an den Diebstahlsort bzw. an den Ort des Abhandenkommens[804]. Im Unterschied dazu sollte der Eigentümer sich auf die Anwendung des Rechts des auf Dauer gedachten Belegenheitsorts auch dann verlassen dürfen, wenn das Kulturgut kurzzeitig aufgrund einer vorzunehmenden Restaurierung oder einer Ausstellung den Belegenheitsort wechselt.

Die vorgeschlagene Auffassung der Anknüpfung an den Herkunftsort kann sich auf *Savigny* berufen, der als der Begründer der Situs-Regel gilt[805]. Das Erscheinen des achten Bandes des Systems des heutigen Römischen Rechts[806] im Jahre 1849 leitete eine Wende im internationalen Sachenrecht ein. Davor wurden bewegliche Sachen gemäß der zu jener Zeit geltenden Statutenlehre[807] als Zubehör ihres Eigentümers betrachtet („mobilia ossibus inhaerent")[808] und dem statutum personale unterstellt. *Savigny* begründete die Anwendung der „lex rei sitae" für bewegliche Sachen wie folgt: „Denn da ihr Gegenstand sinnlich wahrnehmbar ist, also einen bestimmten Raum erfüllt, so ist der Ort im Raum, an welchem sie sich befinden, zugleich der Sitz jedes Rechtsverhältnisses, dessen Gegenstand sie sein sollen. Wer an einer Sache ein Recht erwerben, haben, ausüben will, begiebt sich zu diesem Zweck an ihren Ort und unterwirft sich freiwillig für dieses einzelne Rechtsverhältnis dem in diesem Gebiet herrschenden örtlichen Recht"[809].

Die Anwendung der jeweiligen lex rei sitae ist somit nur dann gerechtfertigt, wenn sich der Eigentümer der am Belegenheitsort gültigen Rechtsordnung freiwillig unterworfen hat. In diesem Umfang ist der Eigentümer schutzwürdig. Wird eine Sache gestohlen oder kommt sie sonst abhanden, so ist eine freiwillige Unterwerfung des Eigentümers unter die am neuen Belegenheitsort gültige Rechtsordnung zu verneinen.

Vom Anwendungsbereich der Kollisionsnorm sollten nicht nur die Fälle gestohlener, sondern auch der auf andere Weise abhanden gekommener Sachen erfaßt werden[810]. Abhandenkommen ist wie im deutschen Sachrecht als der unfreiwillige Verlust des unmittelbaren Besitzes zu verstehen[811]. Im Rahmen des § 935 BGB ist umstritten, ob ein Besitzverlust des Eigentümers auch dann vorliegt,

---

des Gutglaubenserwerbs und seiner Wirkungen oder der Ersitzung gesondert angeknüpft und dem Recht des Herkunftsstaates unterstellt werden.

[804] Vgl. dazu *Kunze*, S. 136 ff.; *Mansel*, IPRax 1988, S. 268 ff., 270 f.

[805] Vgl. dazu *Kegel/Schurig*, IPR, § 3 IX, Ferid, § 7 – 52ff., *v. Bar*, IPR, Bd.1, S. 401ff.

[806] *Savigny*, System des heutigen Römischen Rechts VIII, S. 169 ff.

[807] Vgl. dazu *v. Bar*, IPR, Bd.1, S. 360 ff.

[808] *Foelix*, S. 62 ff., der für diese Auffassung zahlreiche Autoren zitiert.

[809] *Savigny*, System des heutigen Römischen Rechts VIII, S. 169.

[810] So auch *Ferrer-Correia*, AIDI 64-I (1991), S. 178 Fn. 84.

[811] *Erman-Michalski*, § 935 Rn. 2.

wenn die Sache dem Besitzmittler abhanden kommt[812]. Im Rahmen der Kollisionsnorm lex originis sollte ein Abhandenkommen auch dann bejaht werden, wenn der Besitzmittler des Eigentümers den unmittelbaren Besitz gegen oder ohne seinen Willen verloren hat[813]. Ist der Eigentümer kein unmittelbarer Besitzer, weil sich das Kulturgut aufgrund einer Restaurierung oder einer Ausstellung im unmittelbaren Besitz des Besitzmittlers befindet, so kann es für die Frage des Abhandenkommens nur darauf ankommen, ob die Besitzaufgabe des Besitzmittlers mit Zustimmung des Eigentümers erfolgte.

Voraussetzung der Anknüpfung an den Herkunftsort ist, daß Sachen nach dem Willen des Eigentümers an einem bestimmten Ort permanent aufbewahrt werden sollen. Eine enge Verbindung zu einem Ort besteht folglich nur dann, wenn bewegliche Sachen eine Bestimmung erhalten haben, die sie an einem bleibenden Aufenthalt fest bindet, wie dies bei einer Kunstsammlung der Fall ist[814].

Die Bestimmung des Aufenthaltsorts durch den Eigentümer ist aber dann nicht mehr entscheidend, wenn ein Staat durch Unterschutzstellung des Kulturguts in Ausfuhrgesetzen kenntlich macht, daß das Gut auf seinem Territorium verbleiben soll, weil es zu seinem kulturellen Erbe gehört. Nationale Kulturgutschutzgesetze und die UNESCO-Konvention vom 14.11.1970 gehen von einer Bindung bestimmter Kulturgüter an eine Nation bzw. an einen Staat aus[815]. Beispielsweise implizieren das deutsche Kulturgutschutzgesetz von 1955 oder das spanische Ley del Patrimonio Histórico Español[816], daß inländisches Kulturgut vom ausländischen Kulturgut unterschieden werden kann. Wird ein Kulturgut gestohlen und unter Verstoß gegen die Ausfuhrgesetze eines Staats ins Ausland gebracht oder vom Eigentümer selbst unrechtmäßig ausgeführt, so geht es um das Interesse des Staats, das nationale kulturelle Erbe zu schützen. Seine Kulturgutschutznormen sollten deshalb Anwendung finden.

Ein privatrechtlicher Herausgabeanspruch des Staats ergibt sich jedoch nur dann, wenn es sich um öffentliche extra commercium gestellte Kulturgüter handelt, die dem Regime der Unveräußerlichkeit und Unverjährbarkeit unterworfen sind, oder der illegale Export mit dem Verfall des Eigentums an den Staat sanktioniert wird. Öffentlich-rechtliche Rückführungsansprüche können sich nur aus der Richtlinie 93/7/EG und staatsvertraglichen Regelungen wie dem

---

[812] Für einen Besitzverlust: *Palandt-Bassenge*, § 935, Rn. 2; *Jauernig*, § 935, Rn. 3; dagegen *MünchKomm-Quack*, § 935, Rn. 5, der mit dem Wortlaut und Zweck der Vorschrift argumentiert. Der Zweck sei der Schutz des Eigentümers vor unfreiwilligem Besitzverlust.

[813] Ablehnend *Kunze*, S. 137.

[814] *Savigny*, System des heutigen Römischen Rechts VIII, S. 169 ff., 179.

[815] *Jayme*, in: *Dolzer/Jayme/Mußgnug*, Rechtsfragen des IKGS, S. 35 ff., 37; *Weidner*, S. 46 ff.

[816] Ley del Patrimonio Histórico Español, Gesetz 16/85 v. 25.6.1985, B.O.E. Nr.155 v. 29.6.1985.

UNIDROIT-Übereinkommen von 1995 oder der UNESCO-Konvention von 1970 ergeben.

Der Anknüpfungsgegenstand und der Anknüpfungspunkt sind für die Fälle des Abhandenkommens und der unrechtmäßigen Ausfuhr gesondert zu bestimmen. Wird ein zuvor abhanden gekommenes Kulturgut unrechtmäßig ausgeführt, so ist dies dem Fall der alleinigen unrechtmäßigen Ausfuhr gleichzustellen. Anwendbar sind jeweils die privat- und öffentlichen Normen der lex originis.

B. Anknüpfungsgegenstand

I. Kulturgut im Fall der unrechtmäßigen Ausfuhr

Zunächst ist der Anknüpfungsgegenstand zu definieren. Der Bereich der unrechtmäßigen Ausfuhr ist von dem des Abhandenkommens zu unterscheiden. Die Untersuchungen der UNESCO-Konvention von 1970, der UNIDROIT-Konvention von 1995, des Art. 30 EG sowie der Richtlinie 93/7/EWG haben gezeigt, daß der Kulturgutbegriff nicht präzise definiert wird. Erfaßt wird jeweils Kulturgut, das für bestimmte Bereiche von Wert oder Bedeutung ist. Eine weitere Abgrenzung von Kulturgütern zu anderen Sachen erfolgt in der UNESCO-Konvention von 1970, der UNIDROIT-Konvention von 1995 sowie der Richtlinie 93/7EWG durch eine Auflistung von Kategorien der Sachen, die als Kulturgüter angesehen werden können. Als Kriterien innerhalb der Kategorien werden das Alter, der Wert, die Rarität oder Einzigartigkeit der Sache genannt.

Gemäß § 1 Abs. 1 S. 1 KgSchG werden „Kunstwerke und anderes Kulturgut -einschließlich Bibliotheksgut-, deren Abwanderung aus dem Geltungsbereich dieses Gesetzes einen wesentlichen Verlust für den deutschen Kulturbesitz bedeuten würde (...)“ und gemäß § Art. 10 Abs. 1 S. 1 KgSchG „Archive, archivalische Sammlungen, Nachlässe und Briefsammlungen mit wesentlicher Bedeutung für die deutsche politische, Kultur- und Wirtschaftsgeschichte (...)“ geschützt. Eine beispielhafte Aufzählung enthält das Gesetz nur für Archivgut in § 10 Abs. 2. Danach gehören zum Archivgut außer Schriftstücken aller Art auch Karten, Pläne, Siegel, Bild-, Film- und Tonmaterial. Für Kunstwerke und sonstige Kulturgüter werden in der Literatur Kategorien von Gegenständen genannt, die sich größtenteils mit denen in der UNESCO-Konvention von 1970 genannten decken[817]. Zur Bestimmung des Kulturgutbegriffs im deutschen Kulturgut-

---

[817] Vgl. dazu *Bernsdorff/Kleine-Tebbe*, Teil A, § 1 Rn.12 ff.; Nach *Mußgnug*, in: *Hohmann/John*, Kommentar zum Ausfuhrrecht, S. 1821, können nur solche Objekte als Kulturgut i.S.d. KgSchG gelten, die sich durch ihren Bezug zur Kultur und durch ihre Einmaligkeit oder Rarität von der schlichten Handelsware abheben. Diese Kriterien erfüllen Kunstwerke (Werke

schutzgesetz wird häufig auf die Definitionen in internationalen Abkommen, wie der Haager Konvention von 1954 oder der UNESCO-Konvention von 1970, zurückgegriffen[818]. Dem „Kriterienkatalog zum Vollzug des KgSchG" der Kultusministerkonferenz vom 20.5.1983[819] ist in Nr. 6 zu entnehmen, daß in der Regel die folgenden Objekte in die Verzeichnisse einzutragen sind: a) wichtige Objekte von Künstlern, die internationalen Rang haben; b) wichtige Objekte von Künstlern, die für die deutsche Kunst und Kunstentwicklung von besonderer Bedeutung sind; c) alle Objekte, die für die deutsche Kunst, Kunst- und Kulturgeschichte von herausragender Bedeutung sind; d) alle Objekte, die für bestimmte Bereiche oder Zeitabschnitte der Landesgeschichte von herausragender Bedeutung sind; e) die wichtigsten Objekte, die für die regionale oder lokale Geschichte von besonderer Bedeutung sind.

Der Begriffsbestimmung der UNESCO-Konvention von 1954 folgend, wird in der Literatur zwischen den Begriffen „Kulturgut" und „Kunstwerk" unterschieden[820]. Diese Differenzierung findet sich auch in § 1 Abs. 1 S. 1 KgSchG. Kunstwerke sind demnach ein Teilbereich von Kulturgütern[821]. Neben Kunstwerken können auch archäologische Funde, Archive, archivalische Sammlungen, Nachlässe und Briefsammlungen mit wesentlicher Bedeutung für die deutsche politische, Kultur- und Wirtschaftsgeschichte zum nationalen Kulturgut eines Staats gehören[822].

Aufgrund des Fehlens einer einheitlichen Definition des Begriffs „Kulturgut" in nationalen und internationalen Regelungswerken wird zu Recht die Auffassung vertreten, daß eine Definition des Kulturgutbegriffs weder möglich[823] noch wün-

---

der bildenden Kunst, des Kunsthandwerks, des Kunstgewerbes und der Volkskunst), Archäologika, Handschriften, Gegenstände von allgemein-, kultur-, wissenschafts-, technik-, sozial-, religionsgeschichtlicher Bedeutung, paläontologische, anatomische, mineralogische, zoologische und botanische Unikate von herausragender menschheits- oder wissenschaftsgeschichtlicher Bedeutung, Werke der Literatur und Musik, soweit es sich um von ihren Urhebern herrührende Manuskripte oder um Vervielfältigungen handelt, die als Erstausgaben oder wegen ihrer Seltenheit, ihres Alters, Erhaltungszustandes oder aus einem ähnlichen Grund zum nationalen Kulturerbe zählen, Bibliotheksgut, soweit es manifesten bibliophilen Rang besitzt, und schließlich geschlossene Sammlungen von Briefmarken, umlaufenden Münzen und Gebrauchsartikeln.

[818] *Bernsdorff/Kleine-Tebbe*, Teil A, § 1 Rn. 6, 8; *Bila*, S. 59; *Pieroth/Kampmann*, NJW 1990, S. 1386.

[819] Abgedr. bei *Bernsdorff/Kleine-Tebbe*, § 21 KgSchG Rn. 4.

[820] *Byrne-Sutton*, Le trafic, S. 61; *Jaeger*, S. 9; *Mußgnug*, in: Kunst und Recht, S. 15.

[821] Vgl. z.B. *Mußgnug*, in: *Hohmann/John*, Kommentar zum Ausfuhrrecht, S. 1821, der zu Kunstwerken die Werke der bildenden Kunst, des Kunsthandwerks, des Kunstgewerbes und der Volkskunst zählt.

[822] Vgl. für Deutschland §§ 1, 10 KgSchG.

[823] So *Hipp*, S. 10; *Knott*, S. 21; *Roellecke*, in: *Mußgnug/Glöckner* (Hrsg.), Aktuelle Fragen des Kulturgüterschutzes, S. 31.

schenswert sei, weil der Kulturgutbegriff ein in Raum und Zeit dynamischer Begriff sei und die Definition von Kulturgut von den jeweiligen künstlerischen, kulturpolitischen, kunstsoziologischen, kunsthistorischen, ethnischen, materiellen, und dem Zeitgeist unterliegenden Kunstströmungen abhänge[824]. Nur eine weitgehend offene Formulierung des Begriffs „Kulturgut“ berücksichtige die unterschiedliche kulturelle Situation der Staaten, für die teilweise archäologische, für andere ethnologische Güter im Vordergrund stehen, während wieder andere vor allem den Schutz der Kultgegenstände oder Werke der bildenden Kunst als vorrangig betrachten[825].

Im Sinne der Rechtssicherheit und Vorhersehbarkeit ist eine Abgrenzung des Anknüpfungsgegenstands im deutschen Kollisionsrecht jedoch notwendig[826]. Hierbei kann auf die katalogisierenden Kulturgutdefinitionen der UNESCO-Konvention von 1970, der UNIDROIT-Konvention von 1995 sowie der Richtlinie 93/7/EWG zurückgegriffen werden. Die Kombination einer abstrakten Definition mit der Katalogisierung von Objekten stellt ein vorteilhaftes System dar[827]. Sie läßt zum einen erkennen, daß nicht jeder Gegenstand als Kulturgut angesehen werden kann, läßt andererseits Raum für die Entwicklung des Kulturgutbegriffs.

Zur Bestimmung des Anknüpfungsgegenstands ist nicht unbedingt erforderlich, eine bestimmte Kulturgutdefinition zu übernehmen. Bezüglich der Bestimmung des Begriffs „Kulturgut" im deutschen Kulturgutschutzgesetz bezog sich das Bundesverwaltungsgericht[828] auf die Konvention zum Schutz von Kulturgut bei bewaffneten Konflikten vom 14.5.1954, weil nicht ersichtlich sei, daß dem deutschen Kulturschutzgesetz ein anderes Begriffsverständnis zugrunde liegen könnte. In der Literatur werden zur Auslegung des Kulturgutbegriffs im Sinne des Kulturgutschutzgesetzes ebenso die katalogisierenden Kulturgut-Definitionen der Richtlinie 93/7/EWG, des UNESCO-Abkommens von 1970 und des UNIDROIT-Übereinkommens von 1995 herangezogen[829]. Obwohl die Bundesrepublik Deutschland die Staatsverträge nicht gezeichnet hat, könnten die Vorschriften als „narrative Normen“ zur Bestimmung des Anknüpfungsgegenstands

---

[824] *Mattera*, Rev.Mar.Uniq.Eur. 1993, S. 9 ff., 24; *Reichelt*, ZfRV 31 (1990), S. 61 ff., 63; *dies.*, FS *Schwind*, S. 205 ff., 211.
[825] *Raschèr*, S. 71.
[826] Vgl. dazu *Lalive*, FS *Fritz Schwind*, S. 51 ff., 52 f.: „Toute réglementation, qu'elle soit nationale ou internationale, doit définir son objet avec une précision suffisante, dans l'intérêt de la sécurité et de la prévisibilité juridiques, et cela surtout si, comme en l'espèce, il s'agit d'établir pour certains objets mobiliers corporels un régime distinct de celui qui est applicable, par exemple, aux automobiles, téléviseurs ou machines à laver“.
[827] So auch *Jaeger*, S. 12.
[828] Beschl. v. 30.3.1992, NJW 1992, S. 2584.
[829] *Mußgnug*, in: *Hohmann/John*, Kommentar zum Ausfuhrrecht, S. 1822, 1840: „Immerhin können ihre Kulturgutdefinitionen zur Auslegung des KgSchG mit herangezogen werden.“

im Internationalen Privatrecht berücksichtigt werden[830]. Narrative Normen beschreiben Werte, die auf die Auslegung bindender Normen einwirken[831]. Bindend wäre die Kollisionsnorm, die in den Fällen des Abhandenkommens und der unrechtmäßigen Ausfuhr die lex originis zur Anwendung beruft. Der Verzicht auf eine eigene Definition des Kulturgutbegriffs im internationalen Sachenrecht hat zwei Vorteile. Erstens wird der ständigen Weiterentwicklung des Begriffs Rechnung getragen. Zweitens wird dadurch erreicht, das öffentliche und das private Recht im Hinblick auf eine einheitliche Definition eines nationalen Kulturguts in Einklang zu bringen. Die Gegenstände, die im Kultgutschutzgesetz, in der Richtlinie 93/7/EWG und in den Staatsverträgen als Kulturgüter angesehen werden, sollten mit denen im Internationalen Privatrecht identisch sein.

Vorzugswürdig ist, die in der Richtlinie 93/7/EWG enthaltene Kulturgutdefinition im Internationalen Privatrecht zu übernehmen. Der Vorteil besteht in dem Gleichlauf zu der in Art. 12 der Richtlinie 93/7/EWG festgeschriebenen Kollisionsnorm. In diese Richtung führt auch der Vorschlag der Anknüpfung an den Ort des illegalen Exports[832]. Die abstrakte Definition sollte in Abweichung zu der Richtlinie als Kulturgut nicht nur ein Objekt, das für Archäologie, Geschichte oder Kunst von Bedeutung („importance") ist, nennen, sondern auch den Bereich Religion bzw. Kult enthalten[833]. Für jede Kategorie von Kulturgut werden ein bestimmtes Mindestalter und ein Mindestwert festgesetzt. Damit wird sichergestellt, daß im Falle des illegalen Exports nur die Gegenstände erfaßt werden, die für das kulturelle Erbe eines Staats von herausragender Bedeutung sind[834]. Das UNIDROIT-Übereinkommen von 1995 sieht in Art. 7 Abs. 1 lit. b ebenso ein Mindestalter vor.

Nur die Richtlinie betont, daß das öffentliche und kirchliche Kulturgut den Kern des nationalen Kulturerbes darstellt, indem sie dieses unabhängig von seinem Wert, seinem Alter und seiner Zugehörigkeit zu einer der im Anhang aufgelisteten Kulturgutkategorien erfaßt. Die Voraussetzung ist in diesem Fall die Aufführung der Kulturgüter in einem Bestandsverzeichnis (Art. 1 Nr. 1, 3. Spiegelstrich). Eine Dokumentation wird auch in Art.1 lit. a der Resolution des „Institut de Droit International" zum internationalen Kunstkauf von 1991 und in Art. 7 (b) (ii) der UNESCO-Konvention von 1970 verlangt.

---

830 *Jayme*, IPR und postmoderne Kultur, in: Kunstwerk und Nation, S. 140 ff., 147 f.; *ders.*, in: *Reichelt* (Hrsg.), Neues Recht zum Schutz von Kulturgut, S. 11 ff., 26 f.; *ders.*, Die Washingtoner Erklärung, S. 247 ff.

831 *Jayme*, Narrative Normen im Internationalen Privat- und Verfahrensrecht, S. 30 ff.

832 *Armbrüster*, NJW 2001, S. 3581 ff.

833 Vgl. dazu *Siehr*, RdC 243 (1993), S. 264.

834 So auch *Fuentes-Camacho*, S. 404: „(...) el empleo de tal técnica normativa se circunscriba a aquellos cuyo valor intrínseco permita calificar como „relevantes"".

II. Kulturgut im Fall des Abhandenkommens

Diejenigen, die vorschlagen, sachenrechtliche Fragen an den Ort des Abhandenkommens der Sache anzuknüpfen, definieren den Anknüpfungsgegenstand als Sache bzw. Kunstwerk. Soweit nur Kunstwerke von der Sonderkollisionsnorm erfaßt werden sollen, wird mit ihrer besonderen Stellung im Urheberrecht und mit dem Schutz durch Art. 5 Abs. 3 GG argumentiert[835]. Der Begriffsbestimmung der UNESCO-Konvention von 1954 folgend, werden Kunstwerke als ein Teilbereich von Kulturgütern angesehen. Dieser Vorschlag entspricht dem, in Staatsverträgen für alle abhanden gekommenen Kunstwerke einen Rückgabeanspruch zu normieren[836]. Zur Begründung wird angeführt, daß der Diebstahl in allen Staaten einen Straftatbestand erfülle, verboten sei und Eigentum an gestohlenen Sachen grundsätzlich nicht übertragen werden könne[837].

Das Erfassen aller beweglichen Kunstwerke i.S. der UNESCO-Konvention von 1954 durch die Sonderkollisionsnorm ist abzulehnen. Kritisiert wurde bereits, daß nach dieser Objektabgrenzung z.B. archäologische Gegenstände von dem Tatbestand der Sonderkollisionsnorm nicht erfaßt werden. Andererseits besteht kein Bedürfnis dafür, den Anknüpfungsgegenstand auf alle Bilder einer Schulklasse, die im Kunstunterricht gemalt wurden, auszuweiten.

Eine Erweiterung auf alle beweglichen Sachen ist ebenso abzulehnen. Nicht berücksichtigt wird die rechtstechnische Besonderheit der Kunstwerke und sonstiger Kulturgüter, die in ihrer Einmaligkeit liegt, so daß Schadensersatzansprüche den Besitzverlust nicht adäquat auszugleichen vermögen[838]. Kulturgüter sind als nur ein Mal vorhandene Sachen für den Eigentümer bei Verlust seines Eigentums unersetzbar[839].

Der Anknüpfungsgegenstand sollte grundsätzlich mit den staatsvertraglichen Kulturgutdefinitionen in Art. 1 der UNESCO-Konvention von 1970 und Art. 2 der UNIDROIT-Konvention von 1995 übereinstimmen. Das Ziel der Konventionen besteht in der Verhinderung des unrechtmäßigen Eigentumsübergangs bzw. des Diebstahls. Zwei Einschränkungen sind jedoch bei der Bestimmung des Anknüpfungsgegenstands geboten.

---

[835] So *Kunze*, S. 99 f.

[836] Vgl. dazu Art. 2 (a) des Konventionsentwurfs von *Siehr*, RdC 1993, S. 264: „(...) the term „work of art" means any material object of artistic , archaeological, historical, spiritual, ritual or other cultural significance (...)".

[837] *Siehr*, RdC 243 (1993), S. 270: „Theft and illegal export of art should be carefully distinguished. In almost every country theft is a crime, is forbidden and cannot transfer ownership."

[838] *MünchKomm-Kreuzer*, Nach Art. 38 Anh.I, Rn. 202.

[839] *Ferrer-Correia*, AIDI-64 II (1992), S. 280: „Pour l'autre, c'est la création artistique qui compte, l'objet matériel qui l'incarne ayant été converti en bien culturel par l'inspiration de l'artiste." Siehe auch *Hanisch*, FS *Müller-Freienfels*, S. 193 ff., 222.

Erstens sollte das Kulturgut eine gewisse Bedeutung haben. Regelmäßig wird diese bei den von einer Schulklasse gefertigten Zeichnungen fehlen. Art. 1 der UNESCO-Konvention von 1970 und Art. 2 der UNIDROIT-Konvention von 1995 erfassen nur die Kulturgüter von Bedeutung für die dort genannten Bereiche. Der Begriff „Bedeutung" könnte durch das Aufstellen von Altersgrenzen und Wertgrenzen präzisiert werden, denn nur die Kulturgüter werden gestohlen, die einen hohen finanziellen Wert haben. Vorzugswürdig ist, eine Bedeutung des Kulturguts für die Kunst, Geschichte, Religion und Archäologie zu bejahen, wenn es museale Qualität besitzt[840]. Umfaßt werden damit alle Kulturgüter, die sich in Museen oder ähnlichen Einrichtungen befinden. Hierbei sollte unerheblich sein, ob es sich um staatliche Museen oder um privatrechtlich ausgestaltete handelt. Maßgebend sollte sein, ob die Einrichtung der Öffentlichkeit zugänglich ist. Ebenso sollte ein Kulturgut erfaßt werden, das sich in einer privaten Kunstsammlung befindet. Ein Beispiel dafür ist die Sammlung japanischer Kunstwerke im Fall *Winkworth v. Christie*. Entscheidend sollte nur die museale Qualität sein. Das Kulturgut besitzt jedenfalls dann museale Qualität, wenn es bereits als Leihgabe in einem Museum der Öffentlichkeit zugänglich ausgestellt worden ist. Eine museale Qualität des Kulturguts sollte auch dann zu bejahen sein, wenn vergleichbare Gegenstände in einem Museum ausgestellt werden. Nicht alle Gegenstände in einem Museum sind nationale Kulturgüter, die ausschließlich ihre Wirkung im Hoheitsgebiet des Herkunftsstaats entfalten können. Auch das VG Gelsenkirchen nahm in seiner Entscheidung vom 5.6.1985 eine Abstufung von Kulturgütern vor, indem es feststellte, daß die ethnologische Sammlung durchaus museale Qualität haben könne, sie jedoch kein eintragungsfähiges Kulturgut im Sinne von § 1 Abs. 1 KgSchG sei[841].

Zweitens kommt die Anknüpfung an den Herkunftsort nur für die Gegenstände in Betracht, die einen bestimmungsgemäßen Belegenheitsort besitzen. Der Eigentümer muß den Aufenthaltsort bewußt ausgewählt haben. Die aktuelle Belegenheit darf nicht nur zufällig sein. Regelmäßig wird ein Kulturgut dann auf Dauer an einem bestimmten Ort aufbewahrt, wenn es Teil einer Sammlung ist[842]. Darüber hinausgehend wird die Auffassung vertreten, daß die Kunstsammlung als Ganzes Schutzobjekt ist[843] und eine Verbindung zu einer Nation besteht, wenn das Kulturgut integraler Bestandteil einer Sammlung ist, so daß seine Entfernung die Integrität dieser Sammlung verletzen würde[844].

840 Nach der Auffassung von *v. Schorlemer*, S. 81, könnte die Museumseignung ein Indiz für die Annahme eines international zu schützenden Kulturguts sein.

841 VG Gelsenkirchen, Urt. v. 5.6.1985 - 4 K 1357/84 - (unveröffentlicht), S. 15. Vgl. dazu *Jayme*, Kunstwerk und Nation, S. 7 ff., 29 f.; *Fetsch*, S. 208.

842 *Engstler*, S. 18 f.; *Fechner*, DÖV 1992, S. 609 ff., 610; *Ferrer-Correia*, S. 153 f.; *Rigaux*, in: Dominicé (Hrsg.), S. 733 ff., 739; *Seidl-Hohenveldern*, IPRax 1996, S. 410 ff., 412; *Siehr*, FS *Mestmäcker*, S. 483 ff., 494 f.

843 *Seidl-Hohenveldern*, IPRax 1996, S. 410 ff., 412.

844 *Engstler*, S. 18 f.; *Fechner*, DÖV 1992, S. 609 ff., 610; *Ferrer-Correia*, AIDI 64-I, S. 153

C. Bestimmung des Herkunftsorts

I. Abhanden gekommene Kulturgüter

1. Der Herkunftsort nach Savignys Gedanken

Die Bestimmung des Herkunftsorts im Fall von abhanden gekommenen Kulturgütern kann *Savignys* Gedanken entnommen werden. *Savigny* stellte die Frage, „ob denn ein innerer Grund vorhanden ist, die dinglichen Rechte an beweglichen Sachen nach einem anderen örtlichen Recht zu beurtheilen, als die an unbeweglichen“[845]. Dabei werden bei der Betrachtung der räumlichen Lage beweglicher Sachen zwei entgegengesetzt zueinander stehende Fälle herausgestellt, die sich von den üblichen Konstellationen unterscheiden[846]. Bei der ersten Art von Fällen sei die Anwendung des Rechts des jeweiligen Belegenheitsorts nicht geboten. Es handelt sich um Fälle, in denen die räumliche Lage der beweglichen Sache so unbestimmt und wechselnd sei, daß dadurch ein bestimmtes Bewußtsein dieser Lage und die Annahme einer freiwilligen Unterwerfung unter das örtliche Recht völlig ausgeschlossen werde. Als Beispiele nannte er die Sachen, die ein Reisender beim Durchqueren verschiedener Länder bei sich führt, und die Versendung von Waren auf weite Strecken hin. Auf die dazu entgegengesetzt stehenden Fälle sei die lex rei sitae zugeschnitten. Nach Savigny setzt der zweite Fall voraus, „daß bewegliche Sachen eine Bestimmung erhalten haben, die sie an einem bleibenden Aufenthalt fest bindet“[847]. Als Beispiel nannte *Savigny* eine Kunstsammlung. Zur Begründung führte er aus:

> „Zwar kann auch bei solchen Sachen die Absicht geändert, sie können an einen anderen Ort, in ein anderes Land gebracht werden; allein diese Veränderungen sind zufällig, und liegen außer dem gegenwärtigen Bewußtseyn und Willen des Besitzers“ [848].

Savigny sah keinen Grund dafür, solche Sachen anders als unbewegliche Sachen zu behandeln, „vielmehr sind sie ohne allen Zweifel, eben so wie diese, nach demjenigen örtlichen Recht zu beurtheilen, welches durch ihre gegenwärtige Lage (nicht durch den Wohnsitz des Eigenthümers oder Besitzers) bestimmt

---

f.; *Rigaux*, in: Dominicé (Hrsg.), S. 733 ff., 739; *Seidl-Hohenveldern*, IPRax 1996, S. 410 ff., 412; *Siehr*, FS *Mestmäcker*, S. 483 ff., 494 f.

845 *Savigny*, System des heutigen Römischen Rechts VIII, S.169, 177.

846 *Savigny*, System des heutigen Römischen Rechts VIII, S.169, 178.

847 *Savigny*, System des heutigen Römischen Rechts VIII, S.169, 179. Ungenau ist die Behauptung von *Weidner*, S. 199, daß die Vorstellung von einem Sitz des Kulturguts an die Sonderregel für Transportmittel in Art. 45 EGBGB erinnert. Den Gedanken *Savignys* folgend, handelt es sich um zwei entgegengesetzt zueinander stehende Fälle.

848 *Savigny*, System des heutigen Römischen Rechts VIII, S. 169, 179; vgl. auch die Fußnote lit. t auf S. 180 (bewegliche Sachen „von bleibender räumlicher Bestimmung“).

wird"[849]. Hervorzuheben ist der Gedanke, daß sich gewisse Sachen bestimmungsgemäß an einem Ort befinden. Man könnte darin den Ort sehen, an dem sich ein Kunstwerk oder sonstiges Kulturgut nach dem Wunsch des Eigentümers permanent befindet.

An einem Beispiel verdeutlicht, bedeutet dies, daß sich die Eigentumsfrage an Kunstwerken, die aus einer privaten Sammlung oder einem Museum in Deutschland gestohlen, über Österreich nach Italien gebracht und weiterveräußert werden, nach dem deutschen Recht als dem Recht des Orts richtet, an dem sich das Kulturgut permanent befinden soll. Dieser Belegenheitsort wird fixiert, so daß Statutenwechsel vermieden werden.

Aufschlußreich ist der Vergleich *Savignys* mit dem Wohnsitz einer Person, der als bleibend gedacht sei und in der Zukunft stets veränderlich bleibe[850]. Daraus lassen sich drei Schlußfolgerungen ziehen:

(1) Der Herkunftsort eines Kulturguts ist der, der als Belegenheitsort nach dem Willen des Eigentümers als bleibend gedacht ist.

(2) Wird das Kulturgut für eine begrenzte Zeit an einen anderen Ort gebracht, um dort ausgestellt oder restauriert zu werden, so bleibt der bestimmungsgemäße Belegenheitsort doch der, an dem sich das Kulturgut permanent befinden soll. Vergleichbar ist dies mit dem Wohnsitz einer Person. Der Wohnsitz bleibt auch dann bestehen, wenn diese Person eine Urlaubsreise in ein anderes Land unternimmt.

(3) Der Herkunftsort, an dem sich ein Kulturgut bestimmungsgemäß befindet, kann sich bei einer legalen Veräußerung ändern. Wird das Kulturgut legal veräußert, dann bestimmt der Käufer als neuer Eigentümer den Ort, an dem sich das Kulturgut permanent befinden soll. Nunmehr ändert sich der als permanent gedachte Belegenheitsort des Kulturguts, ähnlich einer Person, die ihren Wohnsitz wechselt.

2. Die Fresken von Casenoves

Der Gedanke der Zuordnung von Kunstwerken zu einem Ort, an dem sich das Kunstwerk bestimmungsgemäß befinden soll, ist von französischen Gerichten wieder aufgegriffen worden. In dem Rechtsstreit *Ville de Genève et Fondation Abegg c. Consorts Margail* hatten drei Instanzen über die internationale Zustän-

[849] *Savigny*, System des heutigen Römischen Rechts VIII, S.169, 180.
[850] *Savigny*, System des heutigen Römischen Rechts VIII, S. 169, 179.

digkeit der französischen Gerichte zu entscheiden[851]. Dies hing davon ab, ob von einer Kapelle losgelöste Fresken als beweglich oder unbeweglich zu qualifizieren waren.

In Casenoves wurden von einer profanierten Kapelle Fresken gegen den Willen zweier Miteigentümer entfernt und veräußert. Die Kunstwerke gelangten über Umwege in ein Genfer Museum. Es klagten die übergangenen Miteigentümer gegen die Schweizer Besitzer. Die zwei ersten Instanzen entschieden, daß die Fresken als Bestandteil der Kapelle ursprünglich unbeweglich waren und deshalb nach der Ablösung als „immeubles par destination" im Sinne der Artt. 525, 526 C.c.fr. anzusehen seien, also als bewegliche Sachen, die wegen ihrer Zweckbindung mit einem Grundstück auch nach ihrer widerrechtlichen Entfernung von Rechts wegen im Wege einer „fiction d'immobilisation" als dessen Bestandteile gelten. Das hätte aufgrund eines französisch-schweizerischen Staatsvertrags die internationale Zuständigkeit der französischen Gerichte für die Herausgabeklage gegen die Schweizer Besitzer zur Folge gehabt. Der französische Kassationshof lehnte die Konstruktion der fingierten Immobilität letztendlich ab[852].

Der Entscheidung des Appellationshofs kann entnommen werden, daß ein Kunstwerk einem bestimmten Ort zugeordnet werden kann. Wird ein Kunstwerk gegen den Willen zweier Miteigentümer von einem Ort entfernt, so ist auf sachenrechtliche Vorgänge die Rechtsordnung des Staats anzuwenden, in dem sich das Kunstwerk vor seiner widerrechtlichen Entfernung nach dem Willen der Eigentümer permanent befunden hat. Dies bedeutet eine Fixierung des ursprünglichen Belegenheitsorts. Entscheidend war für das Gericht, daß die Fresken gegen den Willen zweier Miteigentümer von der Kapelle entfernt wurden[853]. Das Gericht betonte, daß es bei der Zuordnung eines Kunstwerkes zu einem Ort auf den Willen des Eigentümers ankommt[854]. Die fingierte Immobilität des Kulturguts

---

[851] Cour d'appel de Montpellier, Entsch. v. 18.12.1984 (*Ville de Genève et Fondation Abegg c. Consorts Margail*), D.S. 1985, S. 208 ff.; Cour de Cassation, Entsch. v. 15.4.1988 (*Fondation Abegg et ville de Gèneve c. Mme. Ribes*), D.S. 1988, S. 325 ff.

[852] Cour de Cassation, Entsch. v. 15.4.1988, D.S. 1988, S. 325 ff.

[853] Cour d'appel de Montpellier, Entsch. v. 18.12.1984, D.S. 1985, 208: „(...) que seuls deux coïndivisaires, Pierre Margail et Elie Clavère donnèrent à Simon l'autorisation de détacher et d'emporter les fresques moyennant le paiement d'une contrepartie en argent dont ils pensaient qu'elles correspondaient à la valeur des peintures (...)".

[854] Cour d'appel de Montpellier, Entsch. v. 18.12.1984, D.S. 1985, S. 209: „(...) qu'au surplus, l'immobilisation par destination qui est une consequence de la propriété immobilière et qui résulte, de surcroît, d'un fait matériel d'incorporation ou d'affectation et d'une manifestation de volonté du propriétaire du corps en question en quelques mains qu'il passe; que cette immobilisation ne cesse que si le propriétaire ratifie a posteriori la séparation faite contre son gré, ou s'il perd la propriété de la chose séparée soit par l'effet d'une aliénation volontaire, soit par la réalisation d'une prescription acquisitive qui ne peut être que la prescription immobilière, même lorsque celui qui l'invoque n'est pas l'auteur de la séparation (...)".

besteht nach Auffassung des Appellationshofs Montpellier dann nicht mehr, wenn der oder die Eigentümer die Entfernung genehmigen. Der Appellationshof hielt eine „fiction d'immobilisation" gerade für Kunstwerke aufgrund ihrer kulturellen Verbindung zu einem bestimmten Ort für notwendig und betonte dabei die kulturelle Bedeutung der Kapelle[855].

3. Ergebnis

Die Grundgedanken lassen sich wie folgt zusammenfassen:

a. Die freiwillige Unterwerfung unter eine Rechtsordnung ist Voraussetzung für die Anwendung der Situs-Regel. Wird das Kulturgut gegen oder ohne den Willen des Eigentümers in ein anderes Land gebracht, dann liegt eine freiwillige Unterwerfung nicht vor.
b. Kunstwerke und andere Kulturgüter in Sammlungen können einem bestimmten Ort zugeordnet werden. Ihr künstlerischer, geschichtlicher, religiöser oder archäologischer Wert unterscheidet sie von anderen beweglichen Sachen.
c. Den Sitz des Kulturguts bestimmt der Eigentümer. Der Sitz des Kulturguts ist der Ort, an dem sich das Kulturgut nach dem Willen des Eigentümers auf Dauer befindet. Wechsel des Belegenheitsorts für eine begrenzte Zeit zum Zweck der Ausstellung des Kulturguts oder seiner Restaurierung sind unbeachtlich und führen zu keinem Statutenwechsel. Herkunftsort ist derjenige, zu dem sie bestimmungsgemäß zurückkehren.
d. Der Ort bleibt gemäß dem gegenwärtigen Willen des jeweiligen Eigentümers veränderbar.

II. Unrechtmäßig ausgeführte Kulturgüter

Im Fall des illegalen Exports geht es um nationale Kulturgüter, die eine Verbindung zu einem bestimmten Staat haben. Eine Verbindung wird auch für das Vorliegen eines öffentlich-rechtlichen Restitutionsanspruchs in Art. 4 der UNESCO-Konvention von 1970 und auch nach der hier vertretenen Auffassung in Art. 5 Abs. 3, 2. Alternative des UNIDROIT-Übereinkommens von 1995 vorausgesetzt. Schließlich muß es sich bei einer Restitution nach der Richtlinie 93/7/EWG gemäß Art. 1 um ein nationales Kulturgut im Sinne von Art. 30 EG handeln. Im Internationalen Privatrecht stellt sich bei illegal exportierten Objekten die Frage nach dem Anknüpfungspunkt, namentlich nach dem Herkunftsstaat. Die Bestimmung der Verbindung eines Objekts zu einer Nation kann für

[855] Cour d'appel de Montpellier, Entsch. v. 18.12.1984, D.S. 1985, S. 209: „(...) que la protection résultant de la fiction d'immobilisation est d'autant plus nécessaire à ces ensembles que les immeubles ou les sites naturels à caractère artistique (...)".

alle Bereiche nur gleich ausfallen[856]. Betroffen ist jeweils das Interesse eines Staats, sein kulturelles Erbe zu erhalten. Es geht um „a nation's claim to exclusive sovereignty over cultural property"[857]. Der Begriff der Nation ist von dem des Staats zu unterscheiden[858]. Viele Staaten existierten im Zeitpunkt der Entstehung vieler Kulturgüter nicht oder nicht in der heutigen Form. Als Nation wird eine soziale Großgruppe angesehen, die durch gemeinsame Abstammung, Wohngebiet, Sprache, Religion, Welt- und Gesellschaftsvorstellungen, Rechts- und Staatsordnung, Kultur und Geschichte sowie durch die Intensität der Kommunikation verbunden ist[859]. Das Kulturgut ist der heutigen Nachfolgekultur unabhängig von späteren Grenzverschiebungen und Vertreibungen zuzurechnen[860].

Eine Zuordnung zu einem bestimmten Staat ist letztlich erforderlich, denn er vertritt als Rechtssubjekt die Interessen der Nation nach außen[861].

Zu beantworten ist die Frage, durch welche Faktoren ein Kulturgut zu einem nationalen Kulturgut wird. In der Literatur werden eine Vielzahl von Kriterien genannt, mit der sich die Nationalität bzw. der Herkunftsstaat eines Kulturguts bestimmen lassen soll, und zwar z.B. der Entstehungsort des Kulturguts und die Nationalität des Künstlers. Mittels dieser Kriterien läßt sich positiv die Nationalität eines Kulturguts nicht definieren. Zum nationalen Kulturgut eines Staats gehört nicht zwangsläufig jedes Kulturgut, das auf dessen Territorium entstanden, gefunden oder von einem Angehörigen dieses Staats geschaffen wurde[862]. Auch ist oft zeitlicher Abstand notwendig, um die Bedeutung eines Kulturguts für eine Nation zu erkennen[863]. Eine Möglichkeit wäre daher, die Nationalität

---

[856] So auch *Turner*, S. 48; *Seidl-Hohenveldern*, R.G.D.I.P. 97 (1993), S. 395 ff., 397: „Les Etats sont appelés à coopérer pour faire respecter le lien existant entre les objets d'art et leur Etat d'origine, en se basant sur les règles de droit international tant public que privé. Au fond du problème se trouve la définition de l'Etat d'origine qui, selon ces idées, devrait pouvoir récupérer des objets faisant partie de son patrimoine culturel et exportés contre son gré."

[857] *Merryman*, Cal.L.R. 77 (1989), S. 339 ff., 362.

[858] Vgl. dazu den Rechtsstreit *Dole v. Carter*, 444 F.Supp. 1065 (D.C.Kan. 1977), affirmed per curiam 569 F.2d 1109 (10th. Cir.1977). In dem verfassungsrechtlichen Fall ging es um die Frage, ob Präsident Carter ohne Zustimmung des Senats mit der ungarischen Regierung die Rückgabe der Stephans-Krone vereinbaren durfte. Das Gericht sah die Krone als ein Symbol nationaler ungarischer Identität an und begründete die Rückgabe mit der größeren Wichtigkeit der ungarischen Nation als der aktuelle Staat, die Volksrepublik Ungarn.

[859] Vgl. *Bernsdorff/Kleine-Tebbe*, S. 36; *Weidner*, S. 196.

[860] So auch *Fetsch*, S. 205; *Fiedler*, in: *Fechner/Oppermann/Prott*, Prinzipien des Kulturgüterschutzes, S. 159 ff., 167 f.

[861] *Jayme*, in: *Reichelt* (Hrsg.), IKGS, S. 7 ff., 12: „Italienische Kunstwerke sind eben auch solche, die vor der Einigung Italiens entstanden sind."

[862] So auch *Schwadorf-Ruckdeschel*, S. 115, die als Zuordnungskriterium die Nationalität des Künstlers nennt und zusätzlich eine Rezeption durch den jeweiligen Staat verlangt, derzufolge dem Kulturgut nationale Bedeutung zukommt.

[863] So auch *Fetsch*, S. 205; *Ress*, Kultur und europäischer Binnenmarkt, S. 83.

eines Kulturguts mittels eines subjektiven und eines objektiven Kriteriums zu bestimmen, die beide kumulativ vorliegen müssen[864].

1. Das subjektive Element der Wertschätzung

Das subjektive Element ist darin zu sehen, daß das Kulturgut einen nationalen Charakter durch die besondere Wertschätzung einer nationalen oder regionalen Kulturgemeinschaft erhält[865]. Die Kulturgemeinschaft erklärt nach ihrem subjektiven Empfinden ein Objekt zu ihrem nationalen Kulturgut. Es kommt demnach auf die Bedeutung an, die ein Kulturgut für bestimmte Gruppen von Menschen hat[866]. Dies entspricht im Ansatz der von *Jayme* entwickelten Rezeptionstheorie, die auf die Bedeutung abstellt, welche ein Kulturgut für die Identität der Nationen und der sie bildenden Menschen erhalten hat. Danach verstehe die Nation den Künstler als den ihren und begreife seine Werke als nationale. Nationalität in diesem Sinne sei das Ergebnis einer Rezeption des Kunstwerks durch eine Nation[867].

Fraglich ist, wie sich eine solche Wertschätzung äußert. Wie kann festgestellt werden, daß eine Nation ein Kulturgut als nationales begreift. Eine Möglichkeit wäre, die Wertschätzung in der Unterschutzstellung des Objekts zu sehen. Nach § 1 Abs. 1 KgSchG werden Kulturgüter, deren Abwanderung aus dem Geltungsbereich dieses Gesetzes einen wesentlichen Verlust für den deutschen Kulturbesitz bedeuten würde, in ein „Verzeichnis national wertvollen Kulturgutes" eingetragen. Der Ausdruck der Wertschätzung durch die Nation spiegelt sich in dem Verfahren der Eintragung wider. Erfolgt die Eintragung gemäß § 3 Abs. 1 S. 1, 1. Alternative KgSchG auf Antrag, so erfährt das Objekt zunächst die Wertschätzung des Antragstellers[868]. Über die Eintragung entscheidet gemäß § 2 Abs. 1 KgSchG die oberste Landesbehörde. Zuvor hat sie gemäß § 2 Abs. 2

---

[864] Eine Unterscheidung zwischen subjektiven und objektiven Kriterien schlägt auch *v. Schorlemer*, S. 84 f., vor. Sie nennt die Kriterien allerdings nicht zur Bestimmung einer Verbindung zwischen Nation und Kulturgut, sondern zur Definition von Kulturgütern auf völkerrechtlicher Ebene. Vorgaben seien hinsichtlich „objektiver" Kriterien wie Gattung, Epoche, Spezies zu machen, das „subjektive" Kriterium (Wert/Interesse/Bedeutung) hingegen sei weiterhin unter Berücksichtigung der Ansicht der Ursprungs- bzw. Territorialstaaten zu formulieren.

[865] So auch *Fetsch*, S. 205; *Walter*, S. 14.

[866] *Walter*, S. 14, gibt zu Bedenken, daß ein afrikanischer Fetisch Bewohner westlicher Länder an einen Staubwedel erinnern könnte, er aber in seinem Heimatland eine Gottheit verkörpert. Ein Gemälde von Goya mit einer Himmelsszene voll Engel könnte dagegen in vielen Teilen Afrikas Befremden hervorrufen.

[867] *Jayme*, Kunstwerk und Nation, S. 7 ff., 30; *ders.*, IPRax 1996, S. 66 f., 67; *ders.*, Die Rückführung von Kunstwerken zwischen Recht und Wirklichkeit, in: Nationales Kunstwerk und IPR, S. 203 ff., 207; *ders.*, RdC 251 (1995), S. 198 ff.; *ders.*, FS *Siehr*, S. 281 ff., 287 f.

[868] Vgl. zu der Frage der Antragsberechtigung, *Hipp*, S. 83 f.

KgSchG einen Sachverständigen-Ausschuß zu hören, bei dessen Zusammensetzung die Kreise der öffentlichen Verwaltungen, der Hochschullehrer, der privaten Sammler, des Kunsthandels und Antiquariats zu berücksichtigen sind[869]. Möglicherweise wird sich zuletzt das Verwaltungsgericht mit der Frage der Nationalität zu befassen haben.

Ausgangspunkt für die Bestimmung eines nationalen Kulturguts ist demnach der Schutz des Kulturguts durch die Gesetze eines Staates[870]. Die zuständigen Behörden entscheiden, ob das Kulturgut ein nationales ist. Art. 7 (a) (b) (ii) der UNESCO-Konvention von 1970 („illegally removed"), Art. 5 Abs. 3 der UNIDROIT-Konvention von 1995 („illegally exported"), Art. 5 der Richtlinie 93/7/EWG („unrechtmäßig verlassen")[871] sowie Art. 30 EG setzen die Erfassung des betreffenden Objekts durch die nationalen Ausfuhrgesetze voraus. Zudem ist bei einem illegalen Export begrifflich notwendig, daß sich das Objekt vor der Ausfuhr auf dem Territorium des Staates, von dessen Kulturgutschutzgesetz es erfaßt wird, befunden hat.

Auch in der Literatur wird vorgeschlagen, zur Bestimmung der „origo" eines Kulturguts auf den Staat der früheren Ausfuhr abzustellen[872]. Diese Lösung habe den Vorteil der Einfachheit und Klarheit[873]. Soweit aber argumentiert wird, daß auch die Richtlinie 93/7/EWG zur Bestimmung des restitutionsberechtigten Staates ausschließlich auf den Staat der unrechtmäßigen Ausfuhr abstellt, so ist dies nur bedingt richtig. Art. 1 Nr. 1, 1. Spiegelstrich der Richtlinie verlangt auch, daß es sich um ein nationales Kulturgut im Sinne des Art. 30 EG handelt[874].

---

[869] Der Sachverständigen-Ausschuß hat lediglich eine beratende Funktion. Siehe dazu *Pieroth/Kampmann*, NJW 1990, S. 1385 ff.; *Bernsdorff/Kleine-Tebbe*, Teil A, § 1 Rn. 81.

[870] Vgl dazu *Kreuzer*, RdC 259 (1996), S. 206: „Il faut en tirer la lecon que, d'une manière réaliste, on ne peut donner qu'une définition positiviste: est bien culturel celui qui a été désigné comme tel par l'autorité compétente(...). Et l'autorité compétente est certes l'Etat sur le territoire duquel se trouve le bien culturel, mais uniquement pour son territoire."

[871] Vgl. den Bericht der Kommission an den Rat, das Europäische Parlament und den Wirtschafts- und Sozialausschuss über die Durchführung der Verordnung (EWG) Nr. 3911/92 des Rates über die Ausfuhr von Kulturgütern und der Richtlinie 93/7/EWG des Rates über die Rückgabe von unrechtmäßig aus dem Hoheitsgebiet eines Mitgliedstaats verbrachten Kulturgütern v. 25.5.2000, KOM(2000) 325 endg., S. 15: „Ferner muß darauf hingewiesen werden, daß es zwar einen bedeutenden illegalen Handel mit Kulturgütern gibt, aber nicht oft - wie es die Anwendung der Richtlinie voraussetzt - nationale Kulturgüter unrechtmäßig aus dem Hoheitsgebiet eines Mitgliedstaats ausgeführt werden."

[872] *Carducci*, S. 305 f.; *Fuentes-Camacho*, S. 407: Herkunftsstaat sei „el país en que se generó la cadena de actos en que se articula el fenómeno del tráfico illicito internacional de bienes culturales."; *Kreuzer*, RdC 259 (1996), S. 212.

[873] *Carducci*, S. 299, 305 f.; *Fuentes-Camacho*, S. 408.

[874] Vgl. dazu *de Ceuster*, S. 52: „(...) il appartient aux États membres de définir leurs trésors nationaux, en se fondant sur l'article 36 du Traité, mais en tenant compte des limites prévues

Der Ausdruck der Wertschätzung durch Unterschutzstellung des Kulturguts kommt nur in Betracht, soweit sich das Kulturgut auf dem Territorium des Staats befindet. Dies ist für den Fall des illegalen Exports bereits begrifflich notwendig. Entscheidend ist somit, ob das Kulturgut gegen den Willen des ursprünglichen Herkunftsstaats an den Aufenthaltsort gelangt ist[875]. Wird das Kulturgut veräußert und legal in einen anderen Staat verbracht, dann ist eine Wertschätzung der Nation zu verneinen.

2. Das objektive Element der Verkörperung der Kultur einer Nation

Bei der Bestimmung der Nationalität eines Kulturguts reicht allein die besondere Wertschätzung und Unterschutzstellung des Kulturguts durch eine Nation nicht aus. Die besondere Wertschätzung können auch gestohlene Kulturgüter[876] oder finanziell wertvolle Kulturgüter international bekannter Künstler, die von einem Privateigentümer als Folge eines Wohnsitzwechsels ins Land eingeführt werden, oder Kulturgüter, die als Leihgabe nur für begrenzte Zeit auf dem Territorium des Staats ausgestellt werden, erfahren. Die Frage lautet somit, wann ein Staat ein Kulturgut für sich beanspruchen darf. Auf einer zweiten Stufe ist daher zu prüfen, ob ein objektiver Bezug des Kulturguts zu der Nation besteht, die es als das ihre begreift[877]. Es ist darauf abzustellen, ob das Kulturgut die Kultur und Geschichte einer Nation im Unterschied zu anderen Nationen verkörpert[878] bzw. ob es Ausdruck der Identität gerade dieser Nation und nicht einer anderen ist[879]. Bei Kulturgütern von künstlerischem Wert ist der Ausgangspunkt der Schöpfer des Kulturguts, der mindestens durch eine Kultur vorgeprägt ist und im Laufe

---

par cette disposition.“ Siehe auch *Hailbronner*, JZ 2002, S. 957 ff., 961; *Siehr*, ZVglRW 1996, S. 170 f.

[875] *Müller-Katzenburg*, Standards, S. 150.

[876] Insofern ist in Frage zu stellen, ob die Pferde von San Marco in Venedig, welche von den Venezianern aus Byzanz geraubt wurden, italienisches Kulturgut sind. Vgl. dazu *Jayme*, IPRax 1996, S. 66 f., 67 Fn. 14; *ders.*, Die Rückführung von Kunstwerken zwischen Recht und Wirklichkeit, in: Nationales Kunstwerk und IPR, S. 203 ff, 206.

[877] Vgl. dazu Abs. 4 der Präambel der UNESCO-Konvention von 1970: „(...) Considering that cultural property constitutes one of the basic elements of civilization and national culture, and that its true value can be appreciated only in relation to the fullest possible information regarding its origin, history and traditional setting (...)".

[878] So auch *Fetsch*, S. 206.

[879] *Süss*, asien, afrika, lateinamerika 18 (1990), S. 785 ff., 788, definiert nationale Identität „als ein historisch entstandenes und sich entwickelndes soziales Verhältnis (...), innerhalb dessen sich eine Nation, ein Volk oder ein ähnlich gearteter sozial-ethnischer Verband zu den äußeren Bedingungen seines Daseins (...) in einer Weise verhält und sich diese aneignet, durch die er sich von anderen gleichartigen oder ähnlichen sozial-ethnischen Einheiten unterscheidet und welche spezifische soziale Interessen und kulturelle Reflexionen zeitigt, kurzum all das, was die Individualität dieses Gesellschaftsverbandes ausmacht.“

seines Lebens weitere Einflüsse durch Lehre und Schaffensperioden, Zugehörigkeit zu Künstlergruppen und Stilrichtungen erfährt. Andererseits prägt er selber Kulturen durch seine Werke, in denen seine geistigen Energien verkörpert sind. Bei Kulturgütern von geschichtlichem, religiösem und archäologischem Wert tritt die Bedeutung des Schöpfers in den Hintergrund. Oft handelt es sich um Güter, die nicht durch menschliches Wirken geschaffen wurden, oder um Gebrauchsgüter, die im Laufe der Zeit Wertschätzung erfahren haben.

Eine Verbindung des Kulturguts zu einem Staat kann sich aus einem der folgenden Kriterien ergeben:

a. Kulturgüter von künstlerischem Wert

(1). Die Nationalität des Künstlers

Eine Verbindung des Kulturguts zu einer Nation kann sich aus der Nationalität des Künstlers ergeben[880]. Die Kultur einer Nation kann zunächst durch ein Kulturgut verkörpert werden, das ein Angehöriger dieser Nation geschaffen hat[881]. Die Werke können als Ausdruck der Kunst dieses Landes oder einer bestimmten Epoche angesehen werden. Im Kunstwerk sind geistige Energien verkörpert, die als Ausdruck der Identität des Künstlers und der Nation, der er angehört, anzusehen sind[882]. Die UNESCO-Konvention von 1970 nennt in Art. 4 (a) die Nationalität des Künstlers als Kriterium für die Zugehörigkeit eines Kulturguts zum Kulturerbe eines Staats. Nach dem am 1.1.1989 in Kraft getretenen schwedischen Gesetz vom 30.6.1988 über die Verwaltung des Kulturerbes sind schwedische Kunstwerke solche, die in Schweden oder im Ausland wirklich oder vermutlich von einem Schweden geschaffen wurden[883]. In vielen Fällen, in denen Staaten vor Gericht um die Restitution eines Kulturguts kämpften, handelte es sich um Werke eines nationalen Künstlers[884]. In dem Rechtsstreit *Jeanneret v.*

---

[880] So auch *Ferrer-Correia*, AIDI 64-I, S. 153 f.; *Jayme*, in: *Dolzer/Jayme/Mußgnug* (Hrsg.), Rechtsfragen des IKGS, S. 35 ff., 45 ff.; *Maurer*, S. 58; *Müller-Katzenburg*, Standards, S. 149 f.; *Uhl*, S. 155 f.; *Weidner*, S. 196 f.; aA *Berndt*, S. 145; *Fetsch*, S. 207, der von einem „cultural domicile" ausgeht, das in vielen Fällen mit der Staatsangehörigkeit übereinstimmen soll.

[881] *Ferrer-Correia*, AIDI-64 II (1992), S. 280: „Pour l'autre, c'est la création artistique qui compte, l'objet matériel qui l'incarne ayant été converti en bien culturel par l'inspiration de l'artiste."

[882] *Jayme*, „Entartete Kunst" und IPR, S. 7 ff., 24.

[883] Vgl. dazu *Jayme*, in: *Reichelt* (Hrsg.), IKGS, S. 7 ff., 9.

[884] Vgl. z.B. *Kingdom of Spain v. Christie, Manson & Woods Ltd.* (1986) 1 W.L.R. 1120 (Ch.D.). Streitobjekt war ein Gemälde von Goya. Siehe auch *Kunstsammlungen zu Weimar v. Elicofon*, 536 F.Supp. 829 (E.D.N.Y. 1981), affirmed 678 F.2d 1150 (2nd Cir. 1982). Streitobjekte waren zwei Dürer-Porträts. Aus politischen Gründen erhob zunächst die Bundesrepublik Deutschland Klage. Die Kunstsammlungen zu Weimar wurden erst 1975 nach Anerkennung

Vichey argumentierte das Gericht wie folgt: „Matisse's Portrait sur Fond Jaune bore no such relation to Italy as a Raphael or a Bellini Madonna“[885]. Die Nationalität des Künstlers sprach nach Auffassung des Gerichts für eine Verbindung des Kulturguts zu einem Staat, nämlich die von Raffael oder Bellini zu Italien.

Aus der Argumentation des Gerichts kann dagegen nicht geschlossen werden, daß die Nationalität des Künstlers bei der Zuordnung eines Kulturguts als Negativkriterium in Betracht kommt[886]. Dies würde bedeuten, daß allein diese entscheidend ist. Das Gericht sah die Nationalität des Künstlers nicht als ausschließliches Kriterium für die Bestimmung der Nationalität des Kulturguts an. Jedenfalls reichte die Wertschätzung, die Italien dem Bild entgegenbrachte, indem es das Werk als zu seinem kulturellen Erbe gehörend notifiziert hatte, nicht aus.

Die Nationalität ist vom Geburtsort eines Künstlers zu unterscheiden[887]. Wechselt der Künstler die Nationalität, dann drückt dies seine Verbindung zu der neuen Nation aus. Bei den Werken von Max Ernst[888] oder Marc Chagall[889] besteht insofern auch eine Verbindung zu Frankreich. Teilweise wird vertreten, daß ein Bezug zu einer Nation nur bei namhaften[890] oder herausragenden[891] Künstlern vorliegen könnte. Nach der hier vorgeschlagenen Lösung kommt es nicht auf die Bedeutung des Künstlers, sondern auf die Wertschätzung an, die seinem Werk entgegengebracht wird.

Die auch in Art. 4 der UNESCO-Konvention von 1970 primär erwähnte Nationalität des Künstlers steht nicht im Gegensatz zu der Ansicht, die zur Bestimmung der Nationalität des Kulturguts entscheidend auf seine Rezeption durch die Angehörigen einer Nation abstellt[892]. Die Rezeption wird vorliegend als erster Schritt betrachtet, der durch ein objektiv bestimmbares Kriterium für andere

der DDR durch die USA als alleiniger Kläger zugelassen.

[885] *Jeanneret v. Vichey* 693 F.2d S. 259 ff., 267.

[886] So aber *Weidner*, S. 197.

[887] Mißverständlich insoweit *Uhl*, S. 156 f., die die Nationalität des Künstlers mit seinem Geburtsort gleichsetzt.

[888] Vgl. dazu *Ernst v. Ernst*, 722 F.Supp. 61 (S.D.N.Y. 1989). Erben des Künstlers stritten sich um einige seiner Werke. Die französische Nationalität des Künstlers im Zeitpunkt seines Todes war einer von vielen Gesichtspunkten der „public and private interests", weshalb das Gericht nach der „forum non conveniens“-Lehre Frankreich für das geeignetere Forum für die Erbauseinandersetzung der amerikanischen Erben hielt. Siehe dazu auch *Jayme*, in: *Dolzer/Jayme/Mußgnug* (Hrsg.), Rechtsfragen des IKGS, S. 35 ff., 47.

[889] Vgl. dazu die Ausführungen von *Jayme*, RdC 251 (1995), S. 198 f.

[890] So *Müller-Katzenburg*, Standards, S. 149.

[891] So *Schwadorf-Ruckdeschel*, S. 115.

[892] *Jayme*, RdC 251 (1995), S. 198 ff., stellt einen Gegensatz zwischen der von ihm entwickelten Rezeptionstheorie und der von der UNESCO-Konvention von 1970 bevorzugten Nationalität des Künstlers her. Kritisch dazu äußert sich *Turner*, S. 53 Fn. 174.

Staaten nachvollziehbar sein muß. Eines dieser Kriterien ist die Nationalität des Künstlers.

(2). Der Entstehungs- oder Bestimmungsort

Ein weiteres Kriterium für eine Verbindung zu einer Nation ist der Entstehungsort des Kulturguts[893]. Widmet sich der Künstler einer anderen Kultur, sei es, daß er dort in die Lehre geht, sich einer bestimmten Schule oder Stilrichtung anschließt oder auf andere Weise ausdrückt, daß er sich dieser neuen Kultur zuwendet, so besteht eine Verbindung zu dem Staat, auf dessen Territorium er tätig wird[894]. Der Künstler wird durch diese Kultur beeinflußt und gestaltet umgekehrt die Kultur dieses Staats mit. Die UNESCO-Konvention von 1970 nennt in Art. 4 (a), 2. HS den Entstehungsort des Kulturguts als Zuordnungskriterium, soweit der Künstler seinen Wohnsitz in dem betreffenden Staat hatte. Die Wahl des Wohnsitzes in dem betreffenden Land zeugt von einer Verbindung mit der Kultur dieses Staats. Ein nur vorübergehender Aufenthalt genügt nicht. Bei den Zeichnungen und Aquarellen, die August Macke während seiner Tunisreise malte, würde der Entstehungsort zugunsten der Nationalität des Künstlers zurücktreten. Anders verhält es sich, wenn Pierre Bonnard nach Hamburg eingeladen wird, um die Alster zu malen[895]. Hier steht der Entstehungsort im Vordergrund. Schafft ein Künstler ein Kulturgut im Rahmen einer Auftragsarbeit für einen bestimmten Ort und bringt es an diesen, so ist der Bestimmungsort entscheidend[896]. Das Kunstwerk ist in diesem Fall von vornherein für den Verbleib in einer bestimmten Kulturgemeinschaft bestimmt[897]. Ein weiteres Beispiel dafür ist die Statuengruppe der drei Grazien von Antonio Canova, die als Auftragsarbeit eigens für den Herzog von Bedford angefertigt wurde[898]. Das Kunstwerk kann dem englischen Kulturerbe zugeordnet werden[899]. Canova kam 1815 nach England, um den Herzog bei der Aufstellung der Skulptur in seiner Galerie zu beraten[900]. Die Auftragsarbeit wurde schließlich 1817 nach England verbracht. Großbritannien verweigerte die Erteilung der Ausfuhrgenehmigung aufgrund

---

[893] Siehe dazu *Uhl*, S. 156; *Hanisch*, in: *Frank* (Hrsg.), Recht und Kunst, S. 19 ff., 23.

[894] Vgl. *Weidner*, S. 197, die als Beispiel die Werke vom deutsch-amerikanischen Maler Lyonel Feininger nennt, die er im Rahmen eines Studienaufenthaltes zwischen 1929 und 1931 in Halle malte.

[895] Vgl. dazu *Jayme*, Kunstwerk und Nation, S. 33.

[896] So auch *Jayme*, Kunstwerk und Nation, S. 19. Vgl. auch *Fetsch*, S. 206, der bei Auftragskunstwerken auf die Person bzw. den Kulturkreis des Erwerbers abstellt.

[897] So auch *Fetsch*, S. 206.

[898] Es handelt sich um keine Replik der 1812 von Josephine Bonaparte in Auftrag gegebenen Statuengruppe, sondern um ein einzigartiges Kunstwerk, welches im Detail von seinem Vorbild abweicht. Vgl. dazu *Bush*, IJCP 5 (1996), S. 269 ff., 270; *Weber*, S. 350 ff.

[899] *Jayme*, in: *Reichelt* (Hrsg.), IKGS, S. 7 ff., 17; *Bush*, IJCP 5 (1996), S. 269 ff.

[900] *Bush*, IJCP 5 (1996), S. 269 ff., 270.

der Bedeutung der Statuengruppe für das englische Kulturerbe, als das Werk im Jahre 1989 in die USA verkauft werden sollte[901]. Ein drittes Beispiel dafür ist das von Dürer im Auftrag seiner Landsleute gemalte Rosenkranzfest für die Kirche der Deutschen in Venedig[902]. Anders verhält es sich im Fall des Gemäldes von Liotard[903]. Liotard malte das Bild im Auftrag des französischen Botschafters in Konstantinopel. Ersterwerber war ein französischer Kaufmann aus Marseille. Das Gemälde wurde erst danach nach Frankreich verbracht und befand sich dort fast 250 Jahre in Privatbesitz. Das Kunstwerk war in diesem Fall nicht von vornherein für den Verbleib in der französischen Kulturgemeinschaft bestimmt. Eine Verbindung zum französischen Kulturerbe sollte nur dann angenommen werden, wenn der Künstler das Werk für einen bestimmten Ort schafft. Nicht jede Auftragsarbeit kann von dem Kulturkreis des Erwerbers als eigenes nationales Kulturgut reklamiert werden[904].

(3.) Nicht nur der Belegenheitsort

In der Literatur wird teilweise die Belegenheit des Kulturguts im Hoheitsgebiet eines Staats als ausreichend für die Begründung einer Verbindung zu einer Nation gesehen, jedoch eine gewisse Verweildauer des Kulturguts in dem betreffenden Land gefordert[905]. Der nationale Bezug müsse „zeitlich wachsen"[906]. Offen bleibt, wie lange ein Objekt in einem Mitgliedstaat belegen sein muß, um ein „nationales Kulturgut" zu werden. Genügen 20 Jahre wie im Fall Pagenstecher oder sind 250 Jahre wie im Fall Liotard erforderlich? In beiden Fällen bleibt auch unbeantwortet, wie ein nationaler Bezug „wachsen" soll, wenn sich das Bild die ganze Zeit über im Privatbesitz befunden hat und von der Nation gar nicht wahrgenommen werden konnte[907]. Anders mag es sich im Fall der Mona Lisa verhalten, die man dem Louvre zuordnen kann. In der Regel stehen Kulturgüter wie die Mona Lisa im staatlichen Eigentum. Hier besteht in erster Linie die Gefahr des Abhandenkommens und nicht die des illegalen Exports. Bei einem Italiener mag es Unbehagen auslösen, die Mona Lisa als französisches Kulturgut anzusehen. Seinen Unmut über die Qualifizierung des Gemäldes als französisches Kulturgut hat einen patriotisch motivierter Italiener dazu gebracht, das

[901] Vgl. dazu *Bush*, IJCP 5 (1996), S. 269 ff., 277 ff. Das Kunstwerk erfüllte alle Waverly-Kriterien und führte somit zur Bejahung der Frage: „Is the object so closely connected with our history and national life that its departure would be a misfortune?".
[902] *Jayme*, Kunstwerk und Nation, S. 32.
[903] Vgl. dazu *Hanisch*, in: *Frank* (Hrsg.), Recht und Kunst, S. 19 ff., 25 ff.
[904] A.A. wohl *Fetsch*, S. 206.
[905] *Hugger*, JuS 1992, S. 997 ff., 1003; *Uhl*, S. 155.
[906] *Uhl*, S. 155.
[907] Vgl. zum Liotard-Fall *Merryman*, IJCP 5 (1996), S. 11 ff., 12: „Clearly, although the objects in question may be valuable, to suggest that any of them is part of the French „cultural heritage" deprives that term of its normal meaning".

Gemälde aus dem Louvre zu stehlen[908]. Letztendlich ist eine solche „Nationalisierung" von Kulturgütern fragwürdig[909]. Im Vordergrund steht hier der Eigentumsschutz.

Gemäß dem Kriterienkatalog zum Vollzug des Gesetzes zum Schutz deutschen Kulturguts gegen Abwanderung in der Fassung des Beschlusses der Ministerkonferenz vom 25.5.1983[910] sind in das Verzeichnis national wertvollen Kulturgutes in der Regel gemäß Nr. 6 a) wichtige Objekte von Künstlern, die internationalen Rang haben, einzutragen. Gemäß Nr. 1 umfaßt das Gesetz auch Kulturgut, das nicht aus Deutschland stammt. Die deutsche Rechtsprechung vertritt ebenso die Auffassung, daß die bloße Belegenheit ausreicht[911]. Kunstwerke, die erst kürzlich aus dem Ausland eingeführt worden sind, seien nicht anders zu beurteilen als solche, die sich schon längere Zeit im Geltungsbereich des Gesetzes befinden. In der Literatur ist zu Recht bezweifelt worden, daß ein ausländischer Staat bereit wäre, z.B. das als national wertvolles Kulturgut Deutschlands eingestufte Gemälde „Der Maler und sein Modell" von Picasso an Deutschland zurückzugeben[912]. Soweit die Warenverkehrsfreiheit betroffen ist, dürfte auch ein Verstoß gegen Art. 28 EG vorliegen. Ein altruistischer Schutz im Sinne der Erhaltung eines Kulturguts, vergleichbar mit Art. 5 Abs. 3 der UNIDROIT-Konvention von 1995 wird nicht durch Art. 30 EG gerechtfertigt[913].

---

[908] Das legal erworbene Gemälde wurde dem Louvre zurückgegeben. Vgl. dazu *Müller-Katzenburg*, Standards, S. 150 f.; *Siehr*, RdC 243 (1993), S. 92.

[909] So auch *Siehr*, FS *Lorenz*, S. 525 ff., 541. Nach seiner Auffassung ist die Sixtinische Madonna von Raffael, die in der Dresdner Gemäldegalerie ausgestellt ist, kein deutsches Kulturgut. Die Sixtinische Madonna hing 200 Jahre lang in San Sisto in Piacenza und wurde 1754 von August III von Sachsen für seine Dresdner Sammlung gekauft. Anders dagegen *Siehr*, FS *Mestmäcker*, S. 483 ff., 495. Hier nennt *Siehr* die Sixtinische Madonna als Beispiel für allseits bekannte und als nationale Güter rezipierte Kunstwerke.

[910] Zit. nach *Jayme*, in: *Dolzer/Jayme/Mußgnug* (Hrsg.), Rechtsfragen des IKGS, S. 35 ff., 39 f.

[911] Vgl. z.B. VGH München, Urt. v. 4.12.1991, NJW 1992, S. 2584 ff., 2586; BVerwG, Beschl. v. 30.3.1992, NJW 1992, S. 2584; VGH Mannheim Urt. v. 14.3.1986, NJW 1987, S. 1440 f.,1441. A.A. VG Gelsenkirchen, 5.6.1985 - 4 K 1357/84 - (unveröffentlicht), S. 13. Danach können Kunstwerke im Grundsatz nur dann in das „Verzeichnis" eingetragen werden, wenn es sich dabei um deutsche Kunst handelt bzw. die Objekte für die deutsche Kunst- und Kulturgeschichte von Bedeutung sind. Vgl. dazu *Jayme*, in: *Reichelt* (Hrsg.), IKGS, S. 7 ff., 25 f.; *Fetsch*, S. 208.

[912] So *Müller-Katzenburg*, Standards, S. 149.

[913] So auch *Fetsch*, S. 208.

b. Kulturgüter von archäologischem Wert

Bei archäologischen Kulturgütern ist der Fundort das Kriterium für eine Verbindung zu einem Staat[914]. Gerade bei archäologischen Gegenständen, die wie z.B. antike Münzen oder Vasen ehemals nur Zahlungsmittel oder Gebrauchsgegenstand waren, oder bei Gegenständen, die nicht vom Menschen geschaffen sind, bietet die Nationalität des Künstlers kein adäquates Kriterium für eine Verbindung zu einem Staat, weil der Urheber oft unbekannt bleibt. Auch die UNESCO-Konvention von 1970 nennt den Fundort als Zuordnungskriterium in Art. 4 (b). Bei archäologischen Kulturgütern steht der Erkenntniswert des Fundorts im Mittelpunkt[915]. Aus dem Fundort erschließt sich das Verständnis des Fundes in seinem Gesamtzusammenhang. Dem entspricht die Entwicklung von der Schatz- zu der Kontextarchäologie, die die Erklärung der Zusammenhänge der einzelnen Funde in den Mittelpunkt ihrer Arbeit stellt und einen Aufschluß über das Leben in vergangenen Zeiten geben will[916]. Der historische Zeugniswert der Funde würde bei einer unsystematischen Teilung an Wert verlieren[917]. Ein weiterer Gedanke ist der des organischen Ensembleschutzes. Die einzelnen Ausgrabungsstücke sollen als unzertrennliche Einheit an ihrem Fundort zusammengehalten werden[918]. Schließlich kommt die Erhaltungsbedürftigkeit des Fundes hinzu, der durch die Fundentnahme unwiederbringlich zerstört werden kann[919]. So sind gerade die Staaten an der Beachtung ihrer Gesetze interessiert, auf dessen Territorien viele archäologische Gegenstände gefunden werden[920].

---

[914] *Fechner*, DÖV 1992, S. 609 ff., 611; *Ferrer-Correia*, AIDI 64-I, S. 154; *Jayme*, in: *Jayme/Dolzer/Mußgnug* (Hrsg.), Rechtsfragen des IKGS, S. 35 ff., 49; *ders.*, IPRax 1990, S. 347; *Maurer*, S. 58; *Müller-Katzenburg*, Standards, S. 151.

[915] Vgl. *Jayme*, in: *Jayme/Dolzer/Mußgnug* (Hrsg.), Rechtsfragen des IKGS, S. 35 ff., 49.

[916] Siehe dazu *Heilmeyer* ZVglRWiss 95 (1996), S. 117 ff.; *Jayme*, Rechtsbegriffe und Kunstgeschichte, S. 22; *Leberl*, Diskussionsbeitrag, in: *Dozer/Jayme/Mußgnug* (Hrsg.), Rechtsfragen des IKGS, S. 139. Vgl. die Berliner Erklärung über Kunstexport, Neuerwerbungen und Leihgaben von 1987. Danach sind die Ausgrabungen als maßgebliche Informationsquelle für den geschichtlichen Zeugniswert eines archäologischen Gutes von der Entstehung bis zur Zerstörung anzusehen, A. Präambel 3. Abgedr. in NZZ v. 16./17.6.1990, S. 67. Siehe dazu auch *Jayme*, in: *Jayme/Dolzer/Mußgnug* (Hrsg.), Rechtsfragen des IKGS, S. 35 ff., 49.

[917] *v.Schorlemer*, S. 163.

[918] Vgl. dazu *Engstler*, S. 67, der diesen Gedanken auf § 8 des Anhangs zu Art. 421 des Friedensvertrags von Sèvres vom 10.8.1920 zwischen den Alliierten des Ersten Weltkriegs und der Türkei stützt (Der Vertrag ist von der Türkei nicht ratifiziert worden). Danach sollen die geförderten Objekte dann nicht zwischen Ausgräber und dem türkischen Staat verteilt werden, wenn mit Rücksicht auf wissenschaftliche Interessen eine Teilung unmöglich ist. Siehe auch *Byrne-Sutton*, Le trafic, S. 55.

[919] So *Fechner*, DÖV 1992, S. 609 ff., 611.

[920] Vgl. dazu *Jayme*, IPRax 1991, S. 357 f.; SchlH OLG, Urt. v. 10.2.1989, NJW 1989, S. 3105 f. In diesem strafrechtlich gelagerten Fall ging es um antike Münzen, die auf griechischem Territorium gefunden worden waren und illegal nach Deutschland ausgeführt wurden.

c. Kulturgüter von religiösem, kultischem oder symbolischem Wert

Kulturgüter von religiösem, kultischem oder symbolischem Wert werden weder in Art. 30 EG noch in Art. 1 der UNESCO-Konvention bzw. Art. 2 der UNIDROIT-Konvention genannt[921]. Sie bilden jedoch eine eigene Kategorie, die durch die gegenwärtige Bedeutung für die Ausübung der Religion oder des Kults gekennzeichnet ist[922]. Die Kulturgüter können nicht bereits zum Zeitpunkt ihrer Schaffung, sondern erst aufgrund ihres Gebrauchs einem bestimmten Ort zugeordnet werden. In diesen Fällen treten die Bedeutung des Künstlers und die Umstände ihrer Entstehung in den Hintergrund. Hierbei handelt es sich hauptsächlich um Gegenstände, denen aufgrund ihrer Benutzung ein religiöser Wert innewohnt[923]. In einigen Staaten werden religiöse Kulturgüter auch besonders geschützt[924]. Die Zuordnung zu einem Staat kann allerdings nur erfolgen, wenn die Benutzung des Kulturguts an einem bestimmten Ort, z.B. in einer Kirche, erfolgt, in der das Gut seine Funktion entfalten kann. Ein Beispiel für den religiösen Gebrauch eines Kulturguts ist der Fall *Duc de Frias c. Baron Pichon*[925]. Es ging um ein silbernes Ziborium, das 1610 der Kathedrale von Burgos unter der Bedingung seiner Unveräußerlichkeit gestiftet worden war und nach spanischem Recht als „res sacra“ auch ex lege „extra commercium“ stand[926]. Das Ziborium gelangte später in ein Kloster, dessen Äbtissin es verkaufte. Im Jahre 1883 wurde das Ziborium in Paris an den französischen Sammler Pichon veräußert. Die Herausgabeklage des Nachkommen des Stifters und Patrons der Kathedrale von Burgos wies das „Tribunal de la Seine“ ab. Auf die Veräußerung sei französisches Recht anwendbar, und gemäß diesem Recht könne ein gutgläubiger Erwerber gemäß Art. 2279 C.c.fr. Eigentum erwerben[927]. Die Unveräußerlichkeit

---

[921] Gemäß Art. 1 der UNESCO-Konvention von 1970 erfolgt die spezifische Bestimmung durch den Staat „on religious or secular grounds“. Die Bereiche, für die die Bedeutung des Kulturguts besteht, enthalten keinen Bezug zur Religion. *Turner*, S. 166, vermutet deshalb, daß die Erwähnung der religiösen Gründe einen diplomatischen Kompromiß darstellte.

[922] Vgl. Art. 10 (a) des Konventionsentwurfes von *Siehr*, RdC 243 (1993), S. 267: „(...) the term „object of national cultural heritage“ means any registered object of outstanding artistic, archaeological, historical, spiritual, ritual or other cultural importance for the State of origin (...)“.

[923] So auch *Ferrer-Correia*, AIDI 64-I, S. 153 f.; *Maurer*, S. 58; *Siehr*, FS *Mestmäcker*, S. 483 ff., 494 f.; *ders.*, FS *Lorenz*, S. 525 ff., 540.

[924] Nach Art. 28 Abs. 1 des spanischen Ley del Patrimonio Histórico Español, G. 16/85 v. 25.6.1985, B.O.E. Nr.155 v. 29.6.1985, können klassifizierte oder inventarisierte Kulturgüter, die sich im Besitz kirchlicher Einrichtungen befinden, nur an den Staat, an juristische Personen des öffentlichen Rechts oder an andere kirchliche Institutionen übertragen werden. Gemäß Art. 29 des Gesetzes ist die Ausfuhr verboten. Vgl. dazu *Gonzales Campos/Virgós Soriano*, ISWA II, S. 107 ff., 116.

[925] Trib. civ. de la Seine, Entsch. v. 17.4.1885, Clunet 13 (1886), S. 593 ff.

[926] Vgl. dazu *Kreuzer*, RdC 259 (1996), S. 9 ff., 192; *Müller-Katzenburg*, Standards, S. 72; *Siehr*, FS *Trinkner*, S. 703 ff., 710.

[927] Das Gericht begründete die Anwendbarkeit französischen Rechts eher mit dem ordre pub-

des Ziboriums nach spanischem Recht wurde vom französischen Gericht nicht beachtet. Das Ziborium diente auch nach Auffassung des Gerichts religiösen Handlungen, nämlich zur Aufbewahrung der geweihten Hostie.

Voraussetzung sollte demnach sein, daß die religiöse Bedeutung für einen bestimmten Ort fortbesteht[928]. Im Fall *Ville de Genève et Fondation Abegg c. Consorts Margail* handelte es sich um eine profanierte Kapelle[929]. Die von ihr entfernten Fresken hatten in diesem Fall keine religiöse Bedeutung[930]. Keines der mit diesem Fall befaßten französischen Gerichte stellte dementsprechend darauf ab.

Als Beispiel für die kultische Bedeutung eines Kulturguts wird in der Literatur der Fall des Afo-A-Kom genannt[931]. Eine Gottkönigsstatue des Stammes Kom aus Kamerun verschwand von ihrem Herkunftsort und tauchte in den 1970er Jahren bei einem New Yorker Kunsthändler wieder auf. Nach dem Bekanntwerden des Aufenthaltsorts wurde die Statue auf Verlangen der kamerunischen Regierung zurückgeführt. Ausschlaggebend war in diesem Fall die besondere Bedeutung[932] der Statue für den fortwirkenden Kult des Stammes Kom[933]. Es besteht in diesem Fall eine Verbindung zu dem Kultort. Allerdings soll der Afo-A-Kom nach seiner Rückführung wieder in die USA veräußert worden sein[934]. Trifft dies zu, müßte die kultische Bedeutung für den Stamm Kom verneint werden.

Die Verbindung eines Kulturguts zu einem Staat kann auch dann bestehen, wenn es für eine Nation oder eine Region eine symbolische Bedeutung hat[935]. Ein Bei-

---

lic-Charakter des Art. 2279 C.c.fr. als mit der Situs-Regel. Vgl. dazu *Byrne-Sutton*, Le trafic, S. 135.

928 So auch *Ferrer-Correia*, AIDI 64-I, S. 153 f.

929 Cour d'appel de Montpellier, Entsch. v. 18.12.1984 (*Ville de Genève et Fondation Abegg c. Consorts Margail*), D.S. 1985, II, S. 208.

930 Die Kunstgegenstände gehörten zum „domaine public" und waren unveräußerlich.

931 *Kenety*, Cornell Int'l.L.J., S. 1 ff., 6 f.; *Merryman*, ISWA V, S. 3 ff., 17 f.; *ders.*, Riv.dir.civ. 34 (1988), S. 633 ff., 637 f.; *Siehr*, FS *Mestmäcker*, S. 483 ff., 494 f.; *ders.*, FS *Lorenz*, S. 525 ff., 540; *ders.*, Diskussionsbeitrag, in: *Dolzer/Jayme/Mußgnug* (Hrsg.), Rechtsfragen des IKGS, S. 144.

932 Zu weitgehend allerdings *Merryman*, der fordert, daß der eine Rückführung nur dann für gerechtfertigt hält, wenn die Religion ohne den Kultgegenstand ihr Zentrum verlöre, vgl. Merryman, Riv.dir.civ. 34 (1988), S. 633 ff., 637 f.

933 Der damalige Kulturattaché und Angehörige des Kom-Stammes bezeichnete den Afo-A-Kom als einen religiösen Gegenstand „beyond money, beyond value. It is the heart of the Kom, what unifies the tribe, the spirit of the nation, what holds us together", zit. nach *Merryman*, ISWA V, S. 3 ff., 17.

934 So *Walter*, S. 15, m.w.N. Die Statue soll bei einem New Yorker Antiquitätenhändler aufgetaucht und danach in einer Privatsammlung verschwunden sein.

935 *Fechner*, DÖV 1992, S. 609 ff., 611; *Siehr*, FS *Lorenz*, S. 525 ff., 540; *ders.*, FS *Mestmä-*

spiel aus der Rechtsprechung ist der Fall *Dole v. Carter*[936]. Die Stephans-Krone war nach dem Zweiten Weltkrieg aus Ungarn in die USA gelangt. Nach langwierigen Verhandlungen wurde sie 1978 an Ungarn zurückgegeben. Senator Dole versuchte, die Rückgabe an das kommunistische Ungarn mit dem Argument zu verhindern, die Rückgabe stelle einen Vertrag dar, der der Zustimmung des Senats bedürfe. Die Klage wurde abgewiesen. Das Gericht entschied, daß die Rückgabe eines nationalen Kulturguts von einem Staat an einen anderen einen nicht justitiablen Regierungsakt darstelle. Bei der Stephans-Krone handele es sich um ein Symbol nationaler ungarischer Identität.

d. Kulturgüter von geschichtlichem Wert

Kulturgüter von geschichtlichem Wert sind solche, die geeignet sind, eine Epoche zu illustrieren und mit den Vorkommnissen zu jener Zeit in Verbindung stehen[937]. Es kommt somit darauf an, ob sie Zeugnis der Geschichte einer Nation ablegen können. Ein Beispiel dafür ist das Silberzimmer der Welfen[938]. Der Herzog von Braunschweig-Lüneburg klagte als Eigentümer des Mobiliars gegen die vom Land Niedersachsen vorgenommene Eintragung in das Verzeichnis national wertvollen Kulturgutes gemäß § 1 Abs.1 KgSchG. Es ging um ein im 18. Jh. geschaffenes Ensemble von Silbermobiliar. Das Bundesverwaltungsgericht berücksichtigte den Umstand, „daß die Objekte über Generationen im Besitz eines deutschen Herrscherhauses gestanden haben und sich als Zeugnisse höfischen Lebens in Fachkreisen oder in der interessierten Öffentlichkeit besonderer Bekanntheit erfreuen“[939].

Ein Beispiel für die Dokumentation der Geschichte einer Region ist der Hamburger Stadtsiegel-Fall[940]. Das Stadtsiegel wurde bereits im Jahre 1306 zum Siegeln einer Hamburgischen Urkunde benutzt. Das älteste Stadtsiegel Hamburgs diente seit seiner Außerdienststellung im Jahre 1810 weniger dem verwaltungsmäßigen Gebrauch, als der Dokumentation der Stadtgeschichte[941]. Ein weiteres Beispiel ist das Gemälde „Embarquement pour Cythère“ von Antoine Watteau, das im deutschen „Gesamtverzeichnis national wertvollen Kulturgutes und nati-

---

cker, S. 483 ff., 494 f.

[936] *Dole v. Carter*, 444 F.Supp. 1065 (D.C.Kan.1977), affirmed per curiam 569 F.2d 1109 (10th Cir. 1977). Vgl. dazu *Kenety*, Cornell Int'l.L.J., S. 1 ff., 6 f.

[937] *Gormley*, S. 183; *Oliver*, S. 203; *Sparr*, S. 92.

[938] BVerwG, Urt. v. 27.5.1993, BVerwGE 92, S. 288 ff. Dazu *Siehr*, FS *Trinkner*, S. 703 ff., 705 f.; *Hipp*, S. 76.

[939] BVerwG, Urt. v. 27.5.1993, BVerwGE 92, S. 288 ff.

[940] Vgl. BGH, Urt. v. 5.10.1989, NJW 1990, S. 899 ff.; VG Köln, Urt. v. 20.3.1991, NJW 1991, S. 2584 ff., OVG Münster, Urt. v. 25.2.1993, NJW 1993, S. 2635 ff.; BVerwG, Beschl. v. 12.8.1993, NJW 1994, S. 144 f.

[941] Vgl. *Fechner*, JuS 1993, S. 704.

onal wertvoller Archive" stand, bevor es von der Stiftung Preußischer Kulturbesitz vom Privateigentümer erworben wurde[942]. Das Kunstwerk hing seit 1829 im Berliner Stadtschloß und schmückte später den Salon der Kaiserin Auguste Viktoria. Es blieb im Privatbesitz des Hauses Hohenzollern. Eine Verbindung zwischen dem Gegenstand und der Bundesrepublik Deutschland ist darin zu sehen, daß es als geschichtliches Zeugnis des Lebens eines deutschen Herrscherhauses angesehen werden kann[943]. Nach Art.1 (b) der UNESCO-Konvention von 1970 sind Kulturgüter auch Gegenstände mit Bezug zur Geschichte und dem Leben nationaler Führer, Denker, Wissenschaftler und Künstler. Nicht ausreichend sollte dagegen sein, daß sich das Bild über eine lange Zeit in Deutschland befunden hat[944]. Hätte sich das Bild nicht über Generationen im Hause der Hohenzollern befunden, dann wäre eine Verbindung des Gemäldes eines Franzosen zur deutschen Kultur nicht gegeben[945].

Schriftliche Zeugnisse der nationalen oder regionalen Geschichte begründen ebenso eine Verbindung zu dieser Nation[946]. Ein Beispiel dafür sind die aus der irakischen Nationalbibliothek geraubten Koran-Manuskripte in verschiedenen Formen der arabischen Kalligraphie, die für die Regionalgeschichte Mesopotamiens von großer Bedeutung sind[947]. Der Raub der Kulturgüter wird als Zerstörung des kulturellen Gedächtnisses bezeichnet. Die schriftlichen Zeugnisse der Vergangenheit sind für die Entstehung einer nationalen Identität des „modernen Irak" ein wichtiger Faktor. Ein weiteres Beispiel kann der Rechtsprechung, dem Fall *King of Italy v. Marquis Cosimo De Medici Tornaquinci and Christie Manson & Woods*[948], entnommen werden. Der italienische Staat klagte vor englischen Gerichten, um die Versteigerung der aus Italien illegal ausgeführten Medici-Archive zu verhindern. Es handelte sich um eine Sammlung historischer Dokumente, die sich seit Jahrhunderten in Familienbesitz befunden hatten, wie z.B. Briefe aus der Zeit von Lorenzo des Prächtigen.

---

942 *Jayme*, in: *Reichelt* (Hrsg.), IKGS, S. 7 ff., 26; *ders.*, Kunstwerk und Nation, S. 30 f.; *Mußgnug*, Diskussionsbeitrag, in: *Dolzer/Jayme/Mußgnug* (Hrsg.), Rechtsfragen des IKGS, S. 144; *Siehr*, in: FS *Lorenz*, S. 525 ff., 531; *Weidner*, S. 200 Fn. 504.

943 Vgl. *Jayme*, Kunstwerk und Nation, S. 31: „Für die Zuordnung gab hier die Nationalität und die Bedeutung der Besitzer den Ausschlag, der Künstler trat demgegenüber zurück". In Frankreich gehören zur „domaine public" als „mobilier national" Gemälde, welche für die Ausschmückung öffentlicher Gebäude bestimmt sind; vgl. dazu *Poli*, La protection, S. 277 f.

944 So aber *Weidner*, S. 200 Fn. 504.

945 Antoine Watteau wurde dank seines Gemäldes „Die Pilgerfahrt zur Insel Kythera" aus dem Jahre 1717 von der Pariser Akademie als Mitglied aufgenommen. Vgl. dazu Brockhaus Kunst, S. 1229.

946 *Fechner*, DÖV 1992, S. 609 ff., 611; *Siehr*, FS *Lorenz*, S. 525 ff., 540; *ders.*, FS *Mestmäcker*, S. 483 ff., 494 f.

947 Vgl. dazu *Heine*, Gedächtnisverlust, Der Tagesspiegel v. 19.4.2003, S. 23.

948 *King of Italy v. Marquis Cosimo De Medici Tornaquinci and Christie Manson & Woods*, (1918) 34 Tex.L.Rev. 623 (Ch.D.).

3. Beanspruchung des Kulturguts durch mehrere Staaten

Nur wenige Kulturgüter werden die Anforderungen erfüllen, um dem nationalen Kulturerbe eines Staats zugerechnet werden zu können. Deshalb bezieht sich die Frage nach einer Lösung des Konfliktfalls bei Beanspruchung eines Kulturguts durch mehrere Staaten auf Ausnahmefälle. Sollte ein solcher Fall eintreten, dann stellt sich die Frage, wie zu verfahren ist, wenn mehr als nur ein Staat das Kulturgut unter Schutz stellt und zu jedem dieser Staaten eine Verbindung besteht. So kann ein Kulturgut für beide Staaten von künstlerischem Wert sein oder für einen Staat von künstlerischem und für den anderen von geschichtlichem Wert sein. Zwei Lösungen sind vorstellbar. Erstens könnte man i.S. des Art. 1 lit. b der Resolution des „Institut de Droit International" von 1991 versuchen, die engste Verbindung zu einer Nation zu bestimmen[949], und dazu im Wege einer Einzelbetrachtung eine Art „grouping of contacts" vornehmen[950]. Anzuwenden ist dann die Rechtstechnik der Adskription, d.h. der Zuordnung eines Kulturguts nach Betrachtung aller Umstände[951]. Zweitens besteht die Möglichkeit, auf die zeitlich frühere Unterschutzstellung abzustellen[952]. Die zeitlich frühere Wertschätzung, die dem Kulturgut entgegengebracht wird, wäre demnach ausschlaggebend. Der Schutz des Kulturguts durch die Ausfuhrgesetze ist auch die Voraussetzung für eine unrechtmäßige Ausfuhr. Grundsätzlich sollte deshalb ein Kulturgut dem Staat zugeordnet werden, der es als erster unter Schutz gestellt hat, als es auf seinem Territorium belegen war. Diese Lösung hat den Vorteil der Einfachheit und Klarheit. Wird ein geschütztes Kulturgut illegal ausgeführt und von dem Staat, auf dessen Territorium es sich nunmehr befindet, unter Schutz gestellt, dann sollte dieser Staat ausnahmsweise nur dann als Herkunftsstaat des Kulturguts angesehen werden, wenn die Verbindung zu diesem Staat offensichtlich dominierend ist. Aufgrund der Maßgeblichkeit der Wertschätzung bzw. der Rezeption ist auch die an der Anknüpfung an den Herkunftsort geäußerte Kritik nicht mehr zutreffend, nach der die genannten (objektiven) Kriterien zur Bestimmung des Sachstatuts ungeeignet seien, wenn zwei Kriterien gleichzeitig Anwendung finden und auf unterschiedliche Länder verweisen[953]. Die Sammlung von Picasso-Gemälden im Pariser Museum Carnavalet[954] wäre demnach Frankreich zuzuordnen, soweit der französische Staat die Kulturgüter unter Schutz gestellt hat. Ein Gemälde Marc Chagalls, das in Paris zu einer Zeit ent-

---

[949] *Hanisch*, in: *Frank* (Hrsg.), Recht und Kunst, S. 19 ff., 24; *Müller-Katzenburg*, Standards, S. 154; *Fetsch*, S. 207.

[950] So *Fetsch*, S. 388; *Hanisch*, in: *Frank* (Hrsg.), Recht und Kunst, S. 19 ff., 24; *Maurer*, S. 58.

[951] *Jayme*, Kunstwerk und Nation, S. 31; *Müller-Katzenburg*, Standards, S. 154.

[952] *Carducci*, S. 305 f.; *Fuentes-Camacho*, S. 407: Herkunftsstaat sei „el país en que se generó la cadena de actos en que se articula el fenómeno del tráfico illicito internacional de bienes culturales".

[953] *Berndt*, S. 123; *Jaeger*, S. 67; *Schmeinck*, S. 171.

[954] So das Beispiel von *Jaeger*, S. 67.

stand, in der der Künstler die französische Staatsbürgerschaft besaß, und das sich in einem französischen Museum befindet, gehört zum französischen Kulturerbe, soweit es der französische Staat unter Schutz gestellt hat[955].

D. Vor- und Nachteile der Anknüpfung an den Herkunftsort

I. Eigentümerinteresse versus Verkehrsinteresse

Der Schwerpunkt der Kritik an den bisher vorgeschlagenen Präzisierungen der Anknüpfung an den Herkunftsort ist, daß sie aus Gründen des Verkehrsschutzes nicht sachgerecht sei, weil der gutgläubige Erwerber mit der Anwendung der lex originis nicht rechnen könne[956]. Zu Recht wird dagegen die Auffassung vertreten, daß der Verkehrsschutz als Geltungsgrund der Situs-Regel bei Kulturgütern eine weitaus geringere Rolle spielt als bei Verbrauchs- oder Investitionsgütern[957]. Das zentrale Problem bleibt, eine angemessene Abwägung zwischen Eigentümerinteressen und dem Verkehrsschutz vorzunehmen. Die Anknüpfung an den jeweiligen Belegenheitsort bevorzugt einseitig die Verkehrsinteressen und ist insofern auch nicht neutral[958]. Der gutgläubige Erwerber kann sich auf die Anwendung der lex rei sitae einstellen. Im Fall des illegalen Exports werden Vorschriften des Herkunftsstaats, die sich sachenrechtlich auswirken, nicht angewandt. Das Vertrauen des Eigentümers auf die Gültigkeit der Rechtsordnung des Orts, an dem er seine Kunstwerke oder sonstigen Kulturgüter aufbewahrt, wird bei der Anknüpfung an den Belegenheitsort dann nicht berücksichtigt, wenn die Kulturgüter abhanden gekommen sind[959]. In diesem Fall bestimmt nicht der Eigentümer, sondern der Dieb oder Treuebrecher den Belegenheitsort. Dadurch, daß der Dieb den Belegenheitsort des Kulturguts wählen kann, verschiebt sich die Wertung im Sachrecht zwischen Eigentümer- und Verkehrsschutz zugunsten des gutgläubigen Erwerbers bzw. zugunsten des Erwerbers, dem seine Bösgläubigkeit nicht bewiesen werden kann[960]. Der Dieb kann den Ort für die Übereignung an einen gutgläubigen Erwerber wählen, an dem die anwendbare Rechtsordnung in besonderem Maße den Erwerber schützt. Die Si-

---

[955] So das Beispiel von *Jayme*, RdC 251 (1995), S. 199.

[956] LG Hamburg, Urt. v. 20.6.1996, IPRspr. 1996, Nr. 55, S.119, 120 f.; *Kreuzer*, RdC 259 (1996), S. 204; *Siehr*, RdC 243 (1993), S. 75; *Staudinger-Stoll*, Internationales Sachenrecht, Rn. 302.

[957] *Armbrüster*, NJW 2001, S. 3581 ff., 3582; *Müller-Katzenburg*, Standards, S. 283.

[958] So auch *Fuentes-Camacho*, S. 375. Vgl. auch die Redebeiträge von *Jayme* und *Stoll*, in: *Dolzer/Jayme/Mußgnug* (Hrsg.), Rechtsfragen des IKGS, S. 126 ff.; a.A. *Byrne-Sutton*, ISWA I, S. 483 ff., 496: „En effet, l'application de la lex rei sitae ne favorise a priori ni l'acquéreur de bonne foi, ni le propriétaire originaire, puisque la protection de l'un ou de l'autre dépend uniquement du „hasard" du droit interne désigné dans le cas d'espèce"; *Jaeger*, S. 68.

[959] *Müller-Katzenburg*, Standards, S. 150.

[960] Vgl. dazu *Mansel*, IPRax 1988, S. 268 ff., 271; a.A. *Kreuzer*, RdC 259 (1996), S. 203.

tus-Regel berücksichtigt im Gegensatz zur Anknüpfungsregel lex originis nicht, daß der Eigentümer sich durch die Wahl des auf Dauer gedachten Belegenheitsorts einer Rechtsordnung unterworfen hat, die einen gutgläubigen Erwerb gestohlener Sachen nicht kennt.

Die Anknüpfung an die lex originis beeinträchtigt den Schutz des Verkehrs am jeweiligen Belegenheitsort nur in geringem Maße. Ein rechtsgeschäftlicher Eigentumserwerb an abhanden gekommenen Kulturgütern ist, von Ausnahmen abgesehen, in erster Linie nur nach italienischem Recht, namentlich nach den Artt. 1153 ff. C.c.ital. möglich. Zudem ist zu berücksichtigen, daß der Erwerber aufgrund der Internationalität des Kunsthandels nicht bewußt mit der Anwendung eines bestimmten Rechts rechnet. Keine Seltenheit ist, daß der Erwerber nur für den Kauf und die Übereignung eines Kunstgegenstands ins Ausland fährt und danach wieder in sein Heimatland zurückkehrt[961].

Bei den Rechtsinstituten der Ersitzung und der Verjährung hat der Verkehrsschutz als Geltungsgrund der Situs-Regel weitaus geringeres Gewicht. Die Entscheidung des Hamburger Landgerichts vom 20.6.1996[962] zeigt, daß Verkehrsinteressen mangels einer Veräußerung in England nicht berührt wurden. Der durch die Verbringung der Kulturgüter ausgelöste Statutenwechsel bewirkte aber, daß die Ersitzungsfrist nach deutschem Recht abgekürzt werden konnte. Der Eigentumserwerb wurde vollendet, als die Kulturgüter in England belegen waren. Anwendbar war sec. 4 des Limitation Act 1980, nach dem die Geltendmachung von Herausgabeansprüchen nach einem gutgläubigen Besitz von nur sechs Jahren verwehrt ist. Die letzte Übereignung der Kulturgüter fand aber in Deutschland statt. Der Verkehrsschutz ist in diesem Fall somit kein Argument für die Situs-Regel.

Auch im Fall des illegalen Exports überzeugt das Argument des Schutzes des Verkehrs nicht, soweit das Verkehrsinteresse in Italien betroffen ist. In Italien ist ein gutgläubiger Eigentumserwerb an italienischen Kulturgütern („beni demaniali") nach Art. 823 Abs. 2 C.c.ital. nicht möglich. Die italienischen Kulturschutznormen gelten aber nur für die in Italien belegenen und von Italien geschützten Kulturgüter[963]. Nicht nachvollziehbar ist daher, warum die Interessen des Verkehrs nur bei ausländischen Kulturgütern überwiegen sollen.

---

[961] Siehe z.B. *Autocephalous Greek-Orthodox Church of Cyprus and Republic of Cyprus v. Goldberg and Feldmine Fine Arts inc. and Peg Goldberg* 717 F.Supp. 1374 (S.D.Ind.1989); 917 F.2d 278 (7th Cir. 1990).

[962] LG Hamburg, Urt. v. 20.6.1996 – 305 O 77/92: Unveröffentlicht, IPRspr. 1996 Nr. 55 S.119 ff., siehe dazu auch *Siehr*, IPR, S. 270

[963] *Siehr*, FS *Trinkner*, S. 703 ff., 707 f.

II. Gründe für eine Anknüpfung an den Herkunftsort

Durch die Anknüpfung an das Recht des Herkunftsorts werden die Schwächen der lex rei sitae vermieden. Der Herkunftsort als Anknüpfungspunkt ist nicht manipulierbar. Der Dieb oder Treubrecher kann nicht mehr bestimmen, welche Rechtsordnung auf einen Eigentumsübergang Anwendung finden soll, indem er die Sache zur Veräußerung in den Geltungsbereich dieser Rechtsordnung verbringt[964]. Ein „lex rei sitae-shopping", das durch die Verschiedenheit der Vorschriften zum Eigentum in den Rechtsordnungen der Welt möglich ist[965], wird vermieden.

Zweitens besteht zu dem Herkunftsort auch eine enge Verbindung[966]. Die Verbindung besteht entweder zu einem Staat, weil es sich um nationale Kulturgüter handelt, oder zu einem bestimmten Ort, weil das Kulturgut sich gemäß dem Willen des Eigentümers an diesem Ort permanent befinden soll. Das Recht des Herkunftsorts findet im Fall des Abhandenkommens auf alle sachenrechtliche Vorgänge Anwendung. Ein fortlaufender Statutenwechsel wird auf diese Weise verhindert. Eine Anknüpfung an den jeweiligen Belegenheitsort, so zufällig er sein mag, wird vermieden. Das Recht des Herkunftsstaats schützt den Eigentümer so stark, wie es die nationale Gesetzgebung für erforderlich hält. Darauf kann sich der Eigentümer einstellen. Drittens führt eine Anknüpfung an den Herkunftsort zur Beachtung von öffentlich-rechtlichen Vorschriften, die zum Schutz von nationalem Kulturgut erlassen worden sind. Eine Anknüpfung an den Herkunftsort würde sowohl in dem Rechtsstreit *Winkworth v. Christie*[967] als auch in der Entscheidung des Hamburger Landgerichts vom 20.6.1996[968] zur Anwendung anderer Rechtsordnungen führen. In dem Rechtsstreit *Winkworth v. Christie* wäre auf den Eigentumsübergang in Italien englisches Recht anwendbar[969]. Die Kunstwerke sollten nach dem Willen des ursprünglichen Eigentümers permanent in einer Sammlung an einem Ort in England belegen sein. Ein Statutenwechsel wird somit vermieden. Die Anwendung eines anderen Sachrechts ergäbe sich nur dann, wenn es sich um ausländische Kulturgüter handeln würde, die aus Japan oder einem anderen Staat illegal exportiert worden wären. In der Entscheidung des Hamburger Landgerichts vom 20.6.1996 wäre auf die Veräußerung in Deutschland sowie auf einen möglichen Erwerb durch Ersitzung bzw. auf eine Verjährung des Herausgabeanspruchs in England portugiesisches Recht an-

---

964 Vgl. dazu *Karrer*, S. 504.

965 *Byrne-Sutton*, Le trafic, S. 104 f; *Carter*, ISWA I, S. 317 ff., 328; *Droz*, ISWA III, S. 535; *Reichelt*, Rev.dr.unif. 1985-I, S. 42 ff.; *dies.*, Rev.dr.unif. 1988-I, S. 52 ff.

966 Ein besonderer Bezug zu einer Nation ist bei Kunstwerken im Fall des Abhandenkommens nicht erforderlich. Vgl. die Kritik an der „lex originis"-Regel von *Kunze*, S. 133.

967 *Winkworth v. Christie Manson and Woods Ltd.*, All E.R. 1 (1980), S. 1121 (Ch.D.).

968 LG Hamburg, Urt. v. 20.6.1996, IPRspr. 1996 Nr. 55 S. 119 ff.

969 Die Frage nach dem anwendbaren Recht in diesem Rechtsstreit stellt sich *Müller-Katzenburg*, Standards, S. 230.

wendbar. Es handelte sich um nationale Kulturgüter, die ohne Ausfuhrgenehmigung aus Portugal nach Deutschland verbracht wurden. Die ursprünglich im Eigentum des Staats Portugal stehenden Kulturgüter waren als res extra commercium auch nicht verkehrsfähig. Daher war ein Eigentumsverlust der Republik Portugal nach portugiesischem Recht ausgeschlossen.

Gegen die Anknüpfung an den Herkunftsort wird eingewandt, daß dies nicht zwingend zu einem erhöhten Schutz von Kulturgütern führe, weil es sein könne, daß das Recht des Belegenheitsorts in dieser Hinsicht günstiger als das des Herkunftsorts sei, und als Beispiel der Fall *Kunstsammlungen zu Weimar v. Elicofon* genannt[970]. Im Fall von illegal exportierten Kulturgütern ist der Staat jedoch selbst verantwortlich, nationale Kulturgüter durch entsprechende Gesetze ausreichend zu schützen[971]. Beispielsweise besteht die Möglichkeit, nationale Kulturgüter zu res extra commercium zu erklären. Handelt es sich um gestohlene Kulturgüter, so liegt ein möglicher Eigentumsverlust bei der Anwendung der lex originis in der Risikosphäre des Eigentümers[972]. Der Eigentümer hat die Möglichkeit, seine Kunstwerke oder andere Kulturgüter an dem Ort permanent aufzubewahren, an dem ein Recht anwendbar ist, durch das er sich ausreichend geschützt fühlt.

Als weiteres Argument gegen die Anknüpfung an den Herkunftsort wird vorgebracht, daß sie von einem Richter nicht nur verlangen würde, daß er die gesamte Geschichte eines Kulturguts durchleuchtet, sondern auch, daß er unter Umständen eine kunsthistorische Wertung vornimmt, und dies die Gerichte überfordern würde[973]. Dem ist entgegenzuhalten, daß sich nicht nur die Verwaltungsgerichte im Rahmen des Kulturgüterschutzgesetzes und des Kulturgüterrückgabegesetzes mit der Frage auseinanderzusetzen müssen, ob ein nationales Kulturgut vorliegt, sondern auch die Zivilgerichte hinsichtlich der §§ 119 Abs. 2, 459 Abs. 1 BGB a.F. bereits kunsthistorische Wertungen vorgenommen haben[974].

Viertens werden durch eine Anknüpfung an den Herkunftsort Widersprüche mit §§ 4, 8 KultGüRückG bzw. Art. 12 der Richtlinie 93/7/EWG vermieden. Die Eigentumsfrage ist dann nicht mehr davon abhängig, ob ein Kulturgut aufgrund

---

[970] So *Hanisch*, in: *Frank*, Recht und Kunst, S. 19 ff., 34; *Hipp*, S. 198 f.; *Müller-Katzenburg*, Standards, S. 230; *Weidner*, S. 218 f.

[971] So auch *Ferrer-Correia*, AIDI 64-I, S. 177; *Garro*, ISWA I, S. 503 ff., 513.

[972] So auch *Kunze*, S. 139.

[973] *Schwadorf-Ruckdeschel*, S. 119.

[974] Vgl. dazu *Jayme*, in: *Reichelt* (Hrsg.), Neues Recht zum Schutz von Kulturgut, S. 11 ff.; BVerfG, Beschl. v. 14.9.1995, NJW 1996, S. 1127 f.; BVerwG, Beschl. v. 30.3.1992, NJW 1992, S. 2584; VGH München, Urt. v. 4.12.1991, NJW 1992, S. 2584 ff., 2586; VGH Mannheim Urt. v. 14.3.1986, NJW 1987, S. 1440 f.,1441; BGH, Urt. v. 23.2.1995, NJW 1995, S. 1556 ff.; BGH, Urt. v. 8.6.1988, NJW 1988, S. 2597 ff.; OLG Hamm, Urt. v. 28.9.1993, NJW 1994, S. 1967 f.

eines staatlichen Rückgabeanspruchs gemäß Art. 5 der Richtlinie in Verbindung mit einer nationalen Umsetzungsvorschrift oder auf andere Weise ins Bundesgebiet gelangte. Die Anwendung von § 4 KultGüRückG kann dann auch nicht mehr durch eine freiwillige Rückführung des Kulturguts ins Bundesgebiet umgangen werden, soweit man die Auffassung vertritt, daß die Kollisionsnorm in diesem Fall nicht anwendbar ist[975]. Zugleich bedeutet die Anknüpfung an das Recht des Herkunftsorts eine Erweiterung der bereits in §§ 4, 8 KultGüRückG bzw. Art. 12 der Richtlinie 93/7/EWG normierten Anknüpfungsregel über deren Anwendungsbereich hinaus.

---

975 Vgl. dazu § 3 C. dieser Arbeit.

Fazit

Die vorliegende Arbeit hat gezeigt, daß Eigentumsverhältnisse an abhanden gekommenen und illegal ausgeführten Kulturgütern an den Herkunftsort angeknüpft werden sollten. Dafür ist, vergleichbar mit Art. 45 EGBGB für Transportmittel, eine Sonderkollisionsnorm im EGBGB einzufügen. De lege lata sollte der Herkunftsort eines Kulturguts bereits im Rahmen von Art. 46 EGBGB als entscheidendes Kriterium für eine enge Verbindung angesehen werden. Im einzelnen wurden folgende Ergebnisse erzielt:

I. Artt. 43 Abs. 1 bis 3, 46 EGBGB

De lege lata erfolgt die Regelanknüpfung gemäß Art. 43 Abs. 1 EGBGB an den jeweiligen Belegenheitsort. Für die Anknüpfung kommt es im Rahmen der jeweils berufenen Rechtsordnung auf den Belegenheitsort im Zeitpunkt der Verwirklichung des sachenrechtlichen Tatbestands an. Gemäß der Prägungstheorie wird ein Eigentumserwerb an gestohlenen oder unrechtmäßig ausgeführten Kulturgütern nach ausländischem Sachrecht hingenommen. Die Hinnahme bestehender Rechtsverhältnisse in der sachenrechtlichen Prägung des Altstatuts kann zur Folge haben, daß der Dieb oder Hehler die unterschiedliche Ausgestaltung des jeweiligen Sachrechts am Belegenheitsort ausnützen und das Kulturgut bewußt in eine Rechtsordnung transferieren, die einen gutgläubigen Erwerb gestohlener Sachen erlaubt oder eine nur kurze Ersitzungsfrist kennt.

Das Verbringen der Sache ins Ausland für eine juristische Sekunde genügt, um einen Statutenwechsel herbeizuführen und auf diese Weise die Ersitzungsfrist zu verkürzen. Das deutsche Recht übernimmt die Sache in der sachenrechtlichen Prägung, die ihr das Recht des vorigen Belegenheitsorts verliehen hat, weil das deutsche Recht eine Ersitzung von gestohlenen Sachen in § 937 BGB ebenfalls zuläßt.

Die Hinnahme von Rechtsinstituten, die dem deutschen Recht unbekannt sind, regelt Art. 43 Abs. 2 EGBGB. Der Gesetzesbegründung zu Art. 43 Abs. 2 EGBGB konnte entnommen werden, daß das ausländische Rechtsinstitut im Inland nur gemäß dem äquivalenten Rechtstyp des deutschen Statuts ausgeübt werden kann. Am Beispiel des schweizerischen Lösungsrechts gemäß Art. 934 Abs. 2 ZGB wurde dies verdeutlicht.

Bei einem qualifizierten Statutenwechsel entscheidet über die dingliche Lage das Recht des neuen Belegenheitsorts, wenn der Erwerbstatbestand unter dem Altstatut noch nicht abgeschlossen ist. Art. 43 Abs. 3 EGBGB stellt ausdrücklich klar, daß bei der Anwendung des deutschen Sachrechts bei einem gestreckten Erwerbstatbestand Vorgänge, die sich unter der Geltung einer ausländischen Rechtsordnung ereignet haben, wie inländische zu berücksichtigen sind.

Im Ausland abgelaufene Besitzzeiten sind auch dann anzurechnen, wenn dem ausländischen Statut das Rechtsinstitut der Ersitzung unbekannt ist, es aber Rechtsinstitute kennt, die die gleiche Funktion ausüben. Beispiele dafür sind die prozeßrechtliche Verjährung in sec. 3 des Limitation Act 1980 im englischen Recht und die Verwirkung gemäß Art. 934 Abs.1 ZGB im schweizerischen Recht. Eine Anrechnung ist ausgeschlossen, wenn eine Rechtsordnung den gutgläubigen Erwerb an gestohlenen Sachen ganz ausschließt. Dafür spricht Art. 43 Abs. 3 EGBGB. Danach sind „Vorgänge" in einem anderen Staat wie inländische zu berücksichtigen.

Die Verjährung ist kollisionsrechtlich ebenso zu behandeln wie die Ersitzung. Die Beachtung der rechtlichen Prägung der Sache in einem alten Statut führt bei der Verjährung zu Besonderheiten. In einigen Rechtsordnungen, z.B. der englischen oder der schweizerischen, darf ein bösgläubiger Besitzer weder die Herausgabe der Sache verweigern, noch kann er die Sache zu Eigentum erwerben. Die Besitzzeit, in dem sich die Sache in einer solchen Rechtsordnung befindet, ist auf die Verjährungsfrist des § 197 Abs. 1 Nr. 1 BGB nicht anzurechnen.

Bei einem doppelten Statutenwechsel sollte die frühere Besitzzeit auf die Verjährungsfrist angerechnet werden, wenn nur das Durchgangsstatut das Rechtsinstitut der Verjährung oder ein funktionsäquivalentes Rechtsinstitut nicht zuläßt. Der gegenteiligen Auffassung, die aufgrund der Nichtzulassung im Durchgangsstatut einen „Reinigungseffekt" annimmt, der zum Erlöschen der früheren Besitzzeit führt, konnte nicht gefolgt werden.

Verweist die Kollisionsnorm auf das Sachrecht eines Staats, so bezieht sich die Verweisung sowohl auf das Privatrecht als auch auf das öffentliche Recht dieser Rechtsordnung. Unterliegen Kulturgüter dem dinglichen Regime der Unveräußerlichkeit und Unverjährbarkeit, so ist der extrakommerzielle Status des ausländischen Kulturguts anzuerkennen. Es konnte aufgezeigt werden, daß auch die Vorschriften des ausländischen öffentlichen Rechts anzuwenden sind, die Kulturgüter zum unveräußerlichen Eigentum des Staats erklären, selbst wenn die Sachen noch nicht entdeckt sind oder sich nicht im Besitz des Staats befinden. Die Gegenauffassung, die ein solches Eigentumsrecht nicht anerkennen möchte, überzeugt nicht.

Das hoheitlich begründete Eigentum des Staats an Kulturgütern durch öffentlich-rechtliche Verfallsregelungen zur Sanktionierung eines illegalen Exports ist nur dann anzuerkennen, wenn der dem Eigentumserwerb zugrunde liegende Hoheitsakt bereits vor der Verbringung ins Ausland vollzogen wurde. Ein Beispiel für eine solche Verfallsregelung ist Art. 29 des spanischen „Ley 16/1985 del Patrimonio Histórico Español“ vom 25.6.1985.

Art. 43 Abs. 1 EGBGB ist dann nicht anwendbar, wenn gemäß Art. 46 EGBGB eine wesentlich engere Verbindung zu einem anderen Recht besteht. Die Untersuchung der mit Art. 46 EGBGB vergleichbaren Praxis der Gesamtbetrachtung US-amerikanischer Gerichte ergab, daß die Gerichte zur Bestimmung einer engen Verbindung verschiedene Kriterien heranzogen. Die Auswahl und die Gewichtung der Kriterien erfolgten uneinheitlich. Im Ergebnis wurde das Recht des Forums für anwendbar erklärt, um damit auch die „policy" des Forum-Staats durchzusetzen. Der Auffassung, die die Anwendung der Ausweichklausel auf die Fälle beschränken möchte, in denen sämtliche Umstände mit Ausnahme der Belegenheit der Sache den Weg zur Anwendung eines Sachrechts weisen, konnte nicht gefolgt werden. Zur Konkretisierung einer engen Verbindung sind sämtliche Umstände des Einzelfalls zu beachten. Neben dem Belegenheitsort, dem gewöhnlichen Aufenthalt der Parteien, der Dauerhaftigkeit der Belegenheit, einer Rechtswahl, ist auch der Herkunftsort eines Kulturguts zu berücksichtigen. In einem zweiten Schritt sind die Kriterien zu gewichten. Bei abhanden gekommenen oder unrechtmäßig ausgeführten Kulturgütern ist der Herkunftsort als wesentliches Kriterium für eine enge Verbindung anzusehen.

Darüber hinaus konnte aufgezeigt werden, daß die in der Literatur entwickelten Grundsätze für res in transitu als Maßstab für die Entwicklung einer Sonderanknüpfung dienen könnten. Zur Bestimmung der Eigentumsverhältnisse ist nicht das Recht des Durchreiselands, sondern das Recht des Bestimmungsorts anzuwenden. Vorausgesetzt wird eine Verfügung während des Transports. Die Untersuchung ergab, daß eine solche Sonderanknüpfung für Kulturgüter nur von geringer Relevanz ist, wenn an den in der Literatur entwickelten Grundsätzen für res in transitu festgehalten wird. Die Auffassungen, die eine Anknüpfung an den Absendeort bevorzugen, setzen eine neue Definition von res in transitu voraus.

II. §§ 4 und 8 KultGüRückG

Die Untersuchung der Richtlinie 93/7/EWG und des Kulturgüterrückgabegesetzes, das die Richtlinie in deutsches Recht umsetzt, ergab, daß die den Art. 12 der Richtlinie umsetzenden §§ 4 und 8 KultGüRückG als Kollisionsnormen zu verstehen sind, die zu Artt. 43 ff. EGBGB leges speciales sind. Bei den Vorschriften handelt es sich um Sachnormverweisungen. Die verschiedenen Ansichten zum Regelungsgehalt des Art. 12 der Richtlinie 93/7/EWG wurden dargestellt. Die Auslegung der Norm ergab, daß das Recht des Herkunftsstaats rückwirkend über Erwerbsvorgänge nach unrechtmäßiger Verbringung und vor Rückgabe entscheiden soll. Den anderen Ansichten, die entweder die zwischenzeitlich unter einem ausländischen Belegenheitsstatut wirksam begründeten Eigentums- und sonstige dingliche Rechte nur negieren oder grundsätzlich bestehen lassen wollen, aber eine Ausnahme zugunsten der Anwendung der lex originis bei dinglich wirkenden Kulturgutschutznormen bzw. Sanktionsvorschriften gestatten, konnte nicht gefolgt werden.

Die Untersuchung ergab, daß der Anwendungsbereich der in §§ 4 Abs. 1, 8 KultGüRückG festgeschriebenen Kollisionsnormen auf die Fälle beschränkt ist, in denen ein Kulturgut aufgrund des staatlichen Rückgabeanspruchs zurückgeführt wurde. Die Ansicht, die die Rückkehr aufgrund des öffentlich-rechtlichen Rückgabeanspruchs der Rückkehr aufgrund einer Erwerbskette gleichstellt, wurde nicht als sachgerechte Lösung empfunden.

III. UNIDROIT-Übereinkommen vom 24. Juni 1995

Ferner wurde aufgezeigt, daß die in dem UNIDROIT-Übereinkommen vom 24. Juni 1995 mittels Schaffung einheitlich geltender Sachnormen auf zivilrechtlicher Ebene beabsichtigte Vereinheitlichung des Sachenrechts von der Bundesrepublik Deutschland (noch) nicht gezeichnet werden sollte. Kritisiert wurde die Unbestimmtheit einiger Begriffe und Normen. Zu kritisieren war im Besonderen, daß im Art. 5 Abs. 3 des Übereinkommens nicht klar festgeschrieben ist, daß ein Bezug zwischen Kulturgut und rückforderndem Staat zwingend erforderlich ist. Werden die Schwächen in dem Übereinkommen korrigiert, dann stellt die Vereinheitlichung des Sachenrechts in einem Staatsvertrag ein Regelungswerk dar, das geeignet ist, den Diebstahl und die unrechtmäßige Ausfuhr von Kulturgütern zu verhindern. Bei weltweiter Geltung eines solchen Staatsvertrags wären Sonderkollisionsnormen für die kunstrechtliche Problematik nicht mehr erforderlich. Zu begrüßen ist der im zweiten Kapitel des Übereinkommens geregelte privatrechtliche Rückgabeanspruch. Die Rückgabe des gestohlenen Kulturguts gegen Erstattung des von einem in Bezug auf die Eigentümerstellung des Verkäufers gutgläubigen Erwerbers gezahlten Kaufpreises wurde als angemessene Regelung gesehen, die die Interessen des ursprünglichen Eigentümers und des gutgläubigen Erwerbers gleichermaßen berücksichtigt. Befürwortet wurde, daß der Erwerber die gebotene Sorgfalt nachzuweisen hat. Ihm ist zuzumuten, z.B. eine Datenbank gestohlener Kulturgüter zu konsultieren. Nur er kann ein Kaufangebot zurückweisen, wenn er Zweifel an der legalen Herkunft des Kulturguts hegt.

IV. Vorschläge zur Auflockerung und Ersetzung der lex rei sitae-Regel

Die Kritikpunkte an der lex rei sitae-Regel wurden genannt. Erstens ist der Ort der Belegenheit des Kulturguts in vielen Fällen zufällig. Insbesondere gilt dies für die Rechtsinstitute der Ersitzung und der Verjährung. Zweitens ist ein Statutenwechsel bei beweglichen Sachen leicht herbeizuführen. Der Dieb kann die anwendbare Rechtsordnung durch Verbringung der Sache in ein bestimmtes Land vorherbestimmen und sich die Unterschiede der verschiedenen nationalen Rechtsordnungen zunutze machen. Drittens werden ausländische öffentlich-rechtliche Vorschriften zum Schutz von Kulturgütern nicht berücksichtigt, wenn nicht auf die Rechtsordnung dieses Staats verwiesen wird. Viertens kollidiert die lex rei sitae-Regel mit der in Art. 12 der Richtlinie 93/7/EWG bzw. in den §§ 4 und 8 KultGüRückG festgeschriebenen lex originis-Regel.

In der Literatur wurden verschiedene Vorschläge unterbreitet, um die Schwächen der lex rei sitae-Regel in kunstrechtlichen Fällen zu vermeiden. Einige Vorschläge beschränken sich darauf, Wege zu finden, um ausländische Kulturgutschutznormen im Inland auch dann anzuwenden, wenn die Kollisionsnorm nicht auf die Rechtsordnung des ausländischen Staats verweist. Erstens wurde die Möglichkeit ihrer materiellrechtlichen Berücksichtigung diskutiert. Diesen Weg wies der Bundesgerichtshof in dem Nigeria-Fall. Die ausländische Kulturgutschutznorm war für die Frage beachtlich, ob ein Versicherungsvertrag gegen die guten Sitten im Sinne von § 138 BGB verstößt. Mit den Argumenten des Bundesgerichtshofs kann man auch die Sittenwidrigkeit des Verfügungsgeschäfts begründen. Es konnte aufgezeigt werden, daß eine Sittenwidrigkeit nur dann zu bejahen ist, wenn die Parteien des Verfügungsgeschäfts bewußt gegen ein ihnen bekanntes fremdes Exportverbot verstoßen haben. Folgt man diesem Gedanken, dann wirkt die Nichtigkeit des Rechtsgeschäfts nur zwischen dem Veräußerer und dem Erwerber. Die Schwäche dieses Vorschlags ist, daß der Staat, gegen dessen Exportverbot verstoßen wurde, nur dann einen Herausgabeanspruch hat, wenn er Eigentümer des illegal exportierten Kulturguts war. Die Problematik von abhanden gekommenen Kulturgütern, die nicht von Kulturgutschutznormen erfaßt werden, wird nicht gelöst.

Zweitens wurde vorgeschlagen, ausländische Kulturschutznormen vor inländischen Foren aufgrund des internationalen ordre publics zu beachten. Gemäß diesem Ansatz verstößt die Anwendung der nach der Situs-Regel anwendbaren Rechtsordnung gegen den ordre public, wenn ausländische Kulturgutschutznormen leerlaufen würden. Dieser Ansatz würde zur Rechtsunsicherheit führen, wenn der Richter der lex fori in jedem Einzelfall entscheiden könnte, ob die Anwendung einer bestimmten Rechtsordnung gegen den internationalen ordre public verstößt. Auch ist eine Präzisierung des internationalen ordre publics erforderlich.

Drittens wurde die kollisionsrechtliche Sonderanknüpfung ausländischer Kulturgutschutznormen vor inländischen Foren vorgeschlagen. Die Kulturgutschutznormen, die Kulturgüter zu res extra commercium erklären und sie unter das Regime der Unveräußerbarkeit und Unverjährbarkeit stellen, sollten dann Vorrang vor den Normen der lex rei sitae zum Gutglaubenserwerb haben. Kritisch zu sehen ist, daß letztendlich der jeweilige Richter der lex fori entscheiden muß, ob ausländische Staaten ihre Kulturgutschutznormen überdehnen und sie aus diesem Grund nicht angewandt werden können. Wird ein Kulturgut nicht von den Kulturschutznormen umfaßt, so bleibt der bestohlene Eigentümer schutzlos.

Viertens wurde vorgeschlagen, die Frage des Abhandenkommens als Vorfrage selbständig an den Ort des Abhandenkommens anzuknüpfen. Unter Einschränkung ist dies nicht notwendig, weil das hoheitlich begründete Eigentum des ausländischen Staats an noch verborgenen Kulturgütern anzuerkennen ist. Ferner reicht der Vorschlag nicht weit genug. Dies zeigt sich insbesondere dann, wenn das Sachrecht, das durch die Situs-Regel berufen wird, den Eigentumserwerb auch an abhanden gekommenen Kulturgütern zuläßt.

Fünftens wurde vorgeschlagen, Rechtsverhältnisse an gestohlenen Kunstwerken an den Ort des Diebstahls anzuknüpfen. Der Ansatz gewährt dem Eigentümer Schutz, soweit er die Belegenheit der Sache beeinflußt und auf die Geltung eines bestimmten Sachrechts vertraut. Im Vordergrund steht bei diesem Ansatz der Schutz des Eigentümers von Kunstwerken vor Diebstahl. Die Untersuchung ergab, daß dieser Ansatz zu begrüßen ist, weil er fortgesetzte Statutenwechsel vermeidet. Die Anknüpfung der Eigentumsverhältnisse an einen Ort, an dem sich das Kunstwerk zufällig befindet, oder der von dem Dieb bewußt gewählt wird, wird gemindert. Die Wahl des Anknüpfungspunkts überzeugt jedoch in den Fällen nicht, in denen sich das Kunstwerk nicht an seinem als permanent gedachten Lageort befindet, weil es z.B. zwecks Restaurierung oder Ausstellung ins Ausland verschickt wurde. Die Bestimmung des Anknüpfungsgegenstands wurde als nicht sachgerechte Lösung empfunden. Die Einbeziehung aller Kunstwerke und der Ausschluß sonstiger Kulturgüter, wie z.B. der archäologischen Kulturgüter, überzeugt nicht. Eine Lösung für die Fälle, in denen nur ein illegaler Export vorliegt, wird nicht angeboten.

Schließlich wurde vorgeschlagen, sachenrechtliche Fragen an den Ort anzuknüpfen, an dem sich das Kulturgut vor seinem verbotswidrigen Export befand. Der Vorschlag orientiert sich an Art. 12 der Richtlinie 93/7/EG. Im Unterschied zu der Richtlinienvorschrift wird nicht verlangt, daß es sich um nationale Kulturgüter im Sinne von Art. 30 EG handelt. Zu befürchten ist die Überdehnung nationaler Kulturgutschutzgesetze. Die Problematik der abhanden gekommenen Kulturgüter, die von Ausfuhrregelungen nicht erfaßt werden, wird nicht gelöst.

V. Präzisierung der lex originis-Regel

Ferner wurde vorgeschlagen, sachenrechtliche Rechtsverhältnisse an Kulturgütern dem Recht des Herkunftsstaats zu unterstellen (lex originis). Damit wird für Kulturgüter eine eigene Kollisionsregel aufgestellt, die über den Anwendungsbereich der §§ 4, 8 KultGüRückG hinausgeht.

Eine Präzisierung erfuhr die lex originis-Regel durch die Resolution des „Institut de Droit International" zum internationalen Kunstkauf. Die Resolution enthält in den Artt. 2 und 3 zwei Kollisionsnormen zugunsten der Anwendung der lex originis. Um dem Herkunftsstaat zu ermöglichen, die Rückführung des illegal exportierten Gegenstandes auf sein Territorium auch dann zu ermöglichen, wenn er kein dingliches Recht hat, wurde in Art. 4 Abs. 1 der Resolution ein staatlicher Anspruch auf Rückführung festgeschrieben. Der Resolution konnte insoweit gefolgt werden, als sie den Anwendungsbereich der lex originis-Regel auf die Fälle des Abhandenkommens und des illegalen Exports von Kulturgütern beschränkt. Die klare Trennung zwischen Anknüpfungsgegenstand und Anknüpfungspunkt wurde befürwortet. Als nicht sachgerechte Lösung wurde empfunden, daß die Anwendung der lex originis auf die Kunstgegenstände beschränkt wird, die durch einen Publizitätsakt zum kulturellen Erbe eines bestimmten Staats erklärt worden sind. Kritisiert wurde, daß der Anknüpfungspunkt nur unzureichend definiert ist. Den Ausführungen des Berichterstatters konnte insoweit nicht gefolgt werden, als ein legaler Erwerb im „Herkunftsstaat" ausreichen soll, um ein Kulturgut zum kulturellen Erbe des Staats, in dem sich das Kulturgut nunmehr befindet, zu zählen.

Um einen Vorschlag zur Präzisierung des Anknüpfungsgegenstands und des Anknüpfungspunkts zu unterbreiten, wurden zunächst Staatsverträge, Art. 30 EG und die Richtlinie 93/7/EWG darauf untersucht, welche Kulturgüter in ihren Anwendungsbereich fallen und ob eine Zuordnung des Kulturguts zu einem Staat erfolgt.

Der Haager Konvention von 1954 konnte entnommen werden, daß ein „Kunstwerk" ein Beispiel für Begriff „Kulturgut" ist. „Kulturgut" ist demnach der Oberbegriff. Die Untersuchung der UNESCO-Konvention vom 14. November 1970 ergab, daß der Begriff „Herkunftsstaat" in Art. 4 (a) und (b) definiert wird. Als Kriterien zur Bestimmung der Verbindung eines Kulturguts zu einer Nation werden die Nationalität des Künstlers, der Ort der Entstehung und der Fundort genannt. Die Untersuchung ergab ferner, daß im Falle der unrechtmäßigen Übereignung der Herkunftsstaat gemäß Art. 4 (c) bis (e) der Staat ist, auf dessen Territorium sich ein rechtmäßig erworbenes Kulturgut befindet. In diesem Fall wird eine über die Belegenheit hinausgehende Verbindung zwischen Kulturgut und Staat nicht verlangt. Die Untersuchung der UNIDROIT-Konvention von

1995 ergab, daß sie einen dualen Ansatz verfolgt. Soweit der Schutz des bestohlenen Eigentümers bezweckt ist, wird die Definition der Objekte weit gefaßt und auf eine Zugehörigkeit zum kulturellen Erbe eines Staats verzichtet. Das Kulturgut kehrt an den Ort zurück, der von dem Eigentümer als permanenter Belegenheitsort bestimmt ist. Zum Schutz des kulturellen Erbes und zur Verhinderung des illegalen Exports erfolgen Einschränkungen bei der Bestimmung des Kulturguts. Entscheidend ist hier der Ort der illegalen Ausfuhr. Soweit keine Erhaltungsinteressen betroffen sind, wird eine kulturelle Verbindung zwischen Objekt und Staat verlangt. Kriterien für ihre Bestimmung werden nicht genannt.

Die Untersuchung des Art. 30 EG ergab, daß den Mitgliedstaaten bei der Qualifikation von Gegenständen als Kulturgut ein Beurteilungsspielraum zugestanden wird, sie jedoch die gemeinschaftsrechtlichen Grenzen einzuhalten haben. Eine Begrenzung auf gewisse Objekte ist in erster Linie dem Verhältnismäßigkeitsgrundsatz und dem Mißbrauchsverbot in Art. 30 S. 2 EG zu entnehmen. Eine Schutzmaßnahme in Form eines Ausfuhrverbots ist nur dann gerechtfertigt, wenn es sich um ein außergewöhnlich bedeutendes Kulturgut handelt. Die Unterschutzstellung jeglichen Kulturguts würde dagegen das Grundprinzip des freien Warenverkehrs unverhältnismäßig beeinträchtigen und dem legalen Kunsthandel seine Existenzberechtigung entziehen. Gemäß Art. 30 S. 2 EG kommt eine Ausnahme vom Grundsatz des freien Warenverkehrs nur dann in Betracht, wenn durch eine beschränkende Schutzmaßnahme die Erhaltung des nationalen kulturellen Erbes beabsichtigt ist und wirtschaftliche Gründe in den Hintergrund treten.

Kriterien zur Abgrenzung der einer Restitutionspflicht unterliegenden Kulturgüter enthält die Richtlinie 93/7/EWG. Im Anhang der Richtlinie sind 14 Kategorien von Kulturgütern aufgelistet. Für jede Kategorie werden ein Mindestalter und ein Mindestwert verlangt. Kulturgut, das zu „öffentlichen Sammlungen" oder einer „kirchlichen Einrichtung" gehört, erfaßt die Richtlinie gemäß Art. 1 Nr. 1, 2. und 3. Spiegelstrich unabhängig von den im Anhang genannten Kriterien.

Zudem konnte aufgezeigt werden, daß es sich bei Art. 30 S. 1 EG um ein nationales Kulturgut handeln muß. Erforderlich ist eine Verbindung zwischen dem Kulturgut und einer Nation. Der Auffassung, die den Begriff „national" im Sinne einer Ortsbezeichnung bzw. einer Bestandssicherung versteht, konnte nicht gefolgt werden. Zu befürchten ist eine Überdehnung der nationalen Kulturgutschutzgesetze, die zur kulturellen Habsucht führen könnte.

Als Ergebnis der Untersuchungen wurde zur Präzisierung der lex originis-Regel als Sonderkollisionsnorm im deutschen internationalen Sachenrecht ein Vorschlag unterbreitet. Dem dualen Ansatz folgend wurde bei der Bestimmung von

Anknüpfungsgegenstand und Anknüpfungspunktpunkt zwischen dem Bereich abhanden gekommener und dem Bereich unrechtmäßig ausgeführter Kulturgüter unterschieden.

Soweit das Kulturgut nach dem Willen des Eigentümers an einem bestimmten Ort permanent aufbewahrt wird, soll er sich auf die Anwendung des Rechts verlassen dürfen, auch wenn sich das Kulturgut aufgrund einer vorzunehmenden Restauration oder aufgrund einer Ausstellung für eine kurze Zeit an einem anderen Ort befindet.

Handelt es sich um ein nationales Kulturgut, das in Ausfuhrgesetzen unter Schutz gestellt wurde, dann sollten sich die Eigentumsverhältnisse nach der Rechtsordnung dieses Staats bestimmen. Anwendbar sollten die privat- und öffentlich-rechtlichen Normen der lex originis sein. Privatrechtliche Herausgabeansprüche des Staats liegen jedoch nur dann vor, wenn der Staat Eigentümer des Kulturguts geworden ist. Ein öffentlich-rechtlicher Rückführungsanspruch ergibt sich bereits aus Art. 5 der Richtlinie 93/7/EG bzw. dem § 5 KultGüRückG.

Zur Bestimmung des Anknüpfungsgegenstands im Fall der unrechtmäßigen Ausfuhr wurde die Möglichkeit aufgezeigt, die katalogisierenden Kulturgut-Definitionen des UNESCO-Abkommens von 1970 und des UNIDROIT-Übereinkommens von 1995 als „narrative Normen" heranzuziehen. Vorzugswürdig erschien, die in der Richtlinie 93/7/EWG enthaltene Kulturgutdefinition im internationalen Sachenrecht zu übernehmen und dadurch einen Gleichlauf zu den §§ 4, 8 KultGüRückG festgeschriebenen Kollisionsnormen zu ermöglichen. In Abweichung zu der Richtlinie sollte die abstrakte Definition als Kulturgut nicht nur ein Objekt, das für Archäologie, Geschichte oder Kunst von Bedeutung ist, nennen, sondern auch den Bereich Religion bzw. Kult enthalten. Durch das Auflisten von Kategorien und die Festsetzung eines Mindestalters und eines Mindestwerts wird sichergestellt, daß nur die Güter erfaßt werden, die für das kulturelle Erbe eines Staats von herausragender Bedeutung sind. Als sachgerecht wurde empfunden, daß das öffentliche und kirchliche Kulturgut unabhängig von seinem Wert, seinem Alter und seiner Zugehörigkeit zu einer Kulturgutkategorie erfaßt wird, soweit es in einem Bestandsverzeichnis aufgeführt ist.

Im Fall des Abhandenkommens muß es sich nicht um ein „nationales" Kulturgut handeln. Zur Bestimmung des Anknüpfungsgegenstands wurde von den staatsvertraglichen Kulturgutdefinitionen in Art. 1 der UNESCO-Konvention von 1970 und Art. 2 der UNIDROIT-Konvention von 1995 ausgegangen. Vorgeschlagen wurde, eine Bedeutung des Kulturguts für die Kunst, die Geschichte, die Religion und die Archäologie dann zu bejahen, wenn das Kulturgut museale Qualität besitzt. Eine museale Qualität sollte dann gegeben sein, wenn es sich in Museen und ähnlichen Einrichtungen befindet, es bereits als Leihgabe in einem

Museum der Öffentlichkeit zugänglich ausgestellt wurde oder vergleichbare Objekte in einem Museum ausgestellt wurden. Erforderlich sollte auch sein, daß der Eigentümer den Aufenthaltsort bewußt und auf Dauer gewählt hat. Dies ist typischerweise der Fall, wenn das Kulturgut Teil einer Sammlung ist.

Herkunftsort sollte bei einem abhanden gekommenen Kulturgut der Ort sein, an dem sich das Kulturgut nach dem Willen des Eigentümers auf Dauer befindet. Wechsel des Belegenheitsorts für eine begrenzte Zeit zum Zweck der Ausstellung des Kulturguts oder seiner Restauration sind unbeachtlich und führen zu keinem Statutenwechsel. Herkunftsort ist derjenige, zu dem die Kulturgüter bestimmungsgemäß zurückkehren. Der Ort bleibt gemäß dem gegenwärtigen Willen des jeweiligen Eigentümers veränderbar.

Für die Bestimmung des Herkunftsstaats bei einem unrechtmäßig ausgeführten Kulturgut wurde vorgeschlagen, die Nationalität eines Kulturguts mittels eines subjektiven und eines objektiven Kriteriums zu bestimmen, die beide kumulativ vorliegen müssen. Das subjektive Element ist darin zu sehen, daß das Kulturgut einen nationalen Charakter durch die besondere Wertschätzung einer nationalen oder regionalen Kulturgemeinschaft erhält, die es als das ihre rezipiert. Eine solche Wertschätzung bzw. Rezeption ist zu bejahen, wenn das Kulturgut von den Kulturgutschutznormen des Staats erfaßt wird. Ein objektiver Bezug des Kulturguts zu einem Staat kann sich bei Kulturgütern von künstlerischem Wert aus der Nationalität des Künstlers, dem Entstehungs- oder dem Bestimmungsort ergeben. Die Belegenheit des Kulturguts im Hoheitsgebiet eines Staates reicht dagegen nicht aus. Der Fundort sollte bei archäologischen Kulturgütern als Kriterium für einen objektiven Bezug angesehen werden. Bei Kulturgütern von religiöser, kultischer oder symbolischer Bedeutung ist der Ort entscheidend, an dem sie ihre Funktion entfalten. Bei Kulturgütern von geschichtlichem Wert kommt es darauf an, ob sie Zeugnis der Geschichte einer Nation ablegen können.

Besteht ein objektiver Bezug zu mehreren Staaten, dann sollte das Kulturgut dem Staat zugeordnet werden, der es als erster unter Schutz gestellt hat, als es auf seinem Territorium belegen war, wenn nicht ausnahmsweise der Bezug zu einem anderen Staat offensichtlich dominierend ist.

Der Herkunftsort als Anknüpfungspunkt ist nicht manipulierbar, weil ein fortlaufender Statutenwechsel verhindert wird. Eine Anknüpfung an den jeweiligen Belegenheitsort, so zufällig er sein mag, wird dadurch vermieden. Kulturschutznormen des Herkunftsstaates können angewandt werden. Widersprüche mit §§ 4, 8 KultGüRückG werden vermieden.

Literaturverzeichnis

Armbrüster, Christian Privatrechtliche Ansprüche auf Rückführung von Kulturgütern ins Ausland, NJW 2001, S. 3581 ff.

- La revendication de biens culturels du point de vue du droit international privé, Rev.cr.dr.int.pr. (4) 2004, S. 723 ff.

Bar, Christian von Internationales Privatrecht, Erster Band, München 1987 (zit. als IPR Bd. 1)

- Internationales Privatrecht, Zweiter Band, München 1987 (zit. als IPR Bd. 2)

Bar, Christian von/Mankowski, Peter Internationales Privatrecht, Band 1, 2. Auflage, München 2003

Bator, Paul M. An Essay on the International Trade in Art, Stan.L.Rev. 34 (1982), S. 275 ff.

Berndt, Joachim Internationaler Kulturgüterschutz, Köln 1998

Bernsdorff, Norbert/Kleine-Tebbe, Andreas Kulturgutschutz in Deutschland – Ein Kommentar, Köln u.a. 1996

Bleckmann, Albert Sittenwidrigkeit wegen Verstoßes gegen den ordre public international, ZaöRVR 34 (1974), S. 112 ff.

Bila, Jacqueline Nationaler Kulturgüterschutz in der Europäischen Union, Bonn 1997

Brox, Hans Allgemeiner Teil des BGB, 27. Auflage, Köln u.a. 2003

Bucher, Andreas/ Bonomi, Andrea Droit international privé, Basel 2001

Buhse, Karl-Heinrich Der Schutz von Kulturgütern im Krieg, Hamburg 1959

Bush, Sara E. The Protection of British Heritage: Woburn Abbey and The Three Graces, IJCP 5 (1996), S. 269 ff.

Byrne-Sutton, Quentin Qui est le propriétaire légitime d'un objet d'art volé? Une source de conflit dans le commerce international, in: Lalive (Hrsg.), ISWA I, S. 483 ff.

- Le trafic international des biens culturels sous l'angle de leur revendication par l'Etat d'origine, Zürich 1988 (zit. als Le trafic)
- The Goldberg Case: A Confirmation of the Difficulty in Acquiring Good Title to Valuable Stolen Cultural Objects, IJCP 1 (1992), S. 59 ff.

Carducci, Guido La restitution internationale des biens culturels et des objets d'art volés ou illicitement exportés – Droit commun, Directive CEE, Conventions de l'Unesco et d'Unidroit , Paris 1997

Carl, Michael H./Güttler, Herbert/Siehr, Kurt (Hrsg.), Kunstdiebstahl vor Gericht – City of Gotha v. Sotheby's, Berlin u.a. 2001

Carter, Peter B. Transnational trade in works of art: The position in English private international law, in: Lalive (Hrsg.), ISWA I, S. 317 ff.

Crowell, Deidre L. Autocephalous Greek Orthodox Church of Cyprus v. Goldberg & Feldmann Fine Arts, Inc.: Choice of Law in the Protection of Cultural Property, Tex.Int'l.L.J. 27 (1992), S. 173 ff.

Currie, Brainerd Selected Essays on the Conflict of Laws, Durham N.C. 1963

de Ceuster, Jan Les règles communautaires en matière de restitution de biens culturels ayant quitté illicitement le territoire d'un Etat membre, in Revue du Marché Unique Européen (1993), S. 33 ff.

Dicke, Detlev Christian The instruments and the agencies of the international protection of cultural property, in: Council of Europe, International Legal Protection of Cultural Property, Strasbourg 1984, S. 17 ff.

Dolzer, Rudolf/Jayme, Erik/Mußgnug, Reinhard (Hrsg.), Rechtsfragen des internationalen Kulturgüterschutzes, Heidelberg 1994

Droz, Georges A.L. La Convention d'Unidroit sur le retour international des biens culturels volés ou illicitement exportés, in Rev.crit.dr.int.priv. 86 (1997), S. 239 ff.

- La protection internationale des biens culturels et des objets d'art, vue sous l'angle d'une convention de droit international privé, in: Briat/Freedberg (Hrsg.), ISWA III, S. 535 ff.

Eberl, Wolfgang Probleme und Auswirkungen der EG-Vorschriften zum Kulturgüterschutz, NVwZ (1994), S. 729 ff.

Ehrenzweig, Albert A. Local and Moral Data in the Conflict of Laws: Terra Incognita, 16 Buffalo Law Review 1966, S. 55 ff.

Engstler, Ludwig Die territoriale Bindung von Kulturgütern im Rahmen des Völkerrechts, Köln 1964

Erman, Walter BGB Handkommentar, 9. Auflage, Münster 1993, (zit. als Erman -Bearb.)

Fechner, Frank Rechtlicher Schutz archäologischen Kulturguts (Regelungen im innerstaatlichen Recht, im Europa- und Völkerrecht sowie Möglichkeiten zu ihrer Verbesserung), Berlin 1991 (zit. als Rechtlicher Schutz)

- Die Vorhaben der EG zum Kulturgüterschutz, in DÖV 45 (1992), S. 609
- Kunstwerke im Binnenmarkt, JZ 1994, S. 132 f.
- Prinzipien des Kulturgüterschutzes, in: Fechner/Oppermann/ Prott (Hrsg.), Prinzipien des Kulturgüterschutzes, Berlin 1996, S.11 ff.

Fechner, Frank/Oppermann, Thomas/Prott, Lyndel V. (Hrsg.), Prinzipien des Kulturgüterschutzes, Berlin 1996

Ferid, Murad Internationales Privatrecht, Juristische Arbeitsblätter, 3. Auflage, Frankfurt 1986

Ferrer-Correia, Antonio La vente internationale d'objets d'art, sous l'angle de la protection du patrimoine culturel, AIDI 64-I (1991), Exposé préliminaire et questionnaire, S. 90-121, Rapport définitif, S. 140-189.

- Nouvelles règles de conflit de lois sur la vente internationale d'objets d'art, in: Briat/Freedberg (Hrsg.), ISWA IV, S. 41 ff.

Fetsch, Johannes Eingriffsnormen und EG-Vertrag: die Pflicht zur Anwendung der Eingriffsnormen anderer EG-Staaten, Tübingen 2002

Fiedler, Wilfried Vom territorialen zum humanitären Kulturgüterschutz. Zur Entwicklung des Kulturgüterschutzes nach kriegerischen Konflikten, in: Fechner/Oppermann/Prott (Hrsg.), Prinzipien des Kulturgüterschutzes, Berlin 1996, S. 159 ff.

- (Hrsg.), Internationaler Kulturgüterschutz und deutsche Frage, Berlin 1991

Finkenauer, Thomas Zum Begriff der Rechtsnachfolge in § 221 BGB, JZ 2000, S. 241 ff.

Fitschen, Thomas Conference Reports, The Resolution on the Return and Restitution of Cultural Property to the Countries of Origin Adopted by the General Assembly on December 13, 2001, IJCP 2002, S. 337 ff.

Franz, Michael Datenbanken abhanden gekommener Kulturgüter am Beispiel der Koordinierungsstelle der Länder für die Rückführung von Kulturgütern, KUR 1999, S. 345 ff.

Fraoua, Ridha Le trafic illicite des biens culturels et leur restitution, Fribourg 1985 (zit. als Le trafic)

- Projet de convention de l'Unidroit sur le retour international des biens culturels volés ou illicitement exportés, AJP 3/95, S. 317ff.

Frigo, Manlio La protezione dei beni culturali nel diritto internazionale, Milano 1986 (zit. als La protezione)

- La Convenzione dell'Unidroit sui beni culturali rubati o illecitamente esportati, in Riv.dir.int.pr.proc. 32 (1996), S. 435 ff.

Fuchs, Angelika Kulturgüterschutz im Kulturgutsicherungsgesetz, IPRax 2000, S. 281 ff.

Fuentes Camacho, Víctor El tráfico ilícito internacional de bienes culturales, Madrid 1993

Gardella, Anna Nuove prospettive per la protezione internazionale dei beni culturali: La convenzione dell'UNIDROIT del 24 giugno 1995, Dir.com.int. 1998, S. 997 ff.

Garro, Alejandro M. The recovery of stolen art objects from bona fide purchasers, in: Lalive (Hrsg.), ISWA I, S. 503 ff.

Geisler, Stephan Die engste Verbindung im Internationalen Privatrecht, Berlin 2001

Geyrhalter, Volker Das Lösungsrecht des gutgläubigen Erwerbers, Frankfurt 1996

Gonzales Campos, Julio/Virgos Soriano, Miguel Le commerce international de l'art en droit espagnol, in: Lalive (Hrsg.), ISWA I, S. 333 ff.

- Law and Practice of International Art Trade in Spain, in: Briat (Hrsg.), ISWA II, S. 107 ff.

Gormley, Laurence W. Prohibiting Restrictions on Trade within the EEC, Amsterdam 1985

Goyder, Joanna Free Movement of Cultural Goods and European Community Law I-V, IJCP 1 (1992), S. 219 ff; 403 ff.

Grabitz, Eberhard/Hilf, Meinhard Das Recht der Europäischen Union, Bd.1, München 2003 (zit. als Grabitz/Hilf-Bearb.)

Groeben, Hans von der/Thiesing, Jochen/Ehlermann, Claus-Dieter (Hrsg.) Kommentar zum EWG-Vertrag, Band 3, 4.Auflage, 1991 (zit. als Von der Groeben/Boeckh/Thiesing/ Ehlermann-Bearb.)

Grossfeld, Bernhard/Berndt, Joachim Die Übertragung von deutschen GmbH-Geschäftsanteilen im Ausland, RIW 1996, S. 625 ff.

Hailbronner, Kay Frachtgut gesunkener Schiffe und Kulturgüterchutz vor deutschen Gerichten, JZ 2002, S. 957 ff.

Hanisch, Hans Internationalprivatrechtliche Fragen im Kunsthandel, in: Dieckmann u.a. (Hrsg.), FS Müller-Freienfels, Baden-Baden 1986, S.193 ff.

\- Der Fall des Liotard und die nationale Zuordnung eines Kunstwerkes, in: Frank (Hrsg.), Recht und Kunst, Heidelberg 1996, S. 19 ff.

Heilmeyer, Wolf-Dieter Schutz archäologischer Kulturgüter aus Sicht der Archäologie, ZVglRWiss 95 (1996), S. 117 ff.

Hessler, Joachim Datum-Theorie und Zweistufigkeit des internationalen Privatrechts, in: Albert A. Ehrenzweig und das internationale Privatrecht, Symposium am 17. Juli 1984, Heidelberg 1986, Institut für ausländisches und internationales Privat- und Wirtschaftsrecht der Universität Heidelberg (Hrsg.), S. 137 ff.

Hipp, Anette Schutz von Kulturgütern in Deutschland, Berlin u.a. 2000

Hönes, Ernst-Rainer Zum Kulturgutbegriff der Haager Konventionen von 1899 bis heute, DÖV 1998, S. 985 ff.

Hoffmann, Bernd von Internationales Privatrecht, 7.Auflage, München 2002

Hohloch, Gerhard in: Erman, Walter, Handkommentar zum Bürgerlichen Gesetzbuch, Bd. 2, 9.Auflage, Münster 1993

Homberger, Arthur Art. 936 ZGB. In: Kommentar zum Schweizerischen Zivilgesetzbuch, IV. Band: Das Sachenrecht. Dritte Abteilung. Besitz und Grundbuch. Art. 919-977, 2. Auflage, Zürich 1938

Hugger, Heiner Rückführung nationaler Kulturgüter und internationales Recht am Beispiel der Elgin Marbles, JuS 1992, S. 997 ff.

Jaeger, Andrea Internationaler Kulturgüterschutz, Köln u.a. 1993

Jauernig, Othmar Bürgerliches Gesetzbuch, 10. Auflage, München 2003

Jayme, Erik Ausländische Rechtsregeln und Tatbestand inländischer Sachnormen – Betrachtungen zu Ehrenzweigs Datum-Theorie, in: Jayme/ Kegel (Hrsg.), GS Ehrenzweig, Heidelberg 1976, S. 35 ff.

\- Versorgungsausgleich mit Auslandsberührung und Theorie des Internationalen Privatrechts, in: Zacher (Hrsg.), Der Versorgungsausgleich im internationalen Vergleich und in der zwischenstaatlichen Praxis, Berlin 1985, S. 423 ff.

- Methoden der Konkretisierung des ordre public im Internationalen Privatrecht, Heidelberg 1989
- Internationaler Kulturgüterschutz: Lex originis oder lex rei sitae – Tagung in Heidelberg, IPRax 1990, S. 347 f.
- Kunstwerk und Nation: Zuordnungsprobleme im internationalen Kulturgüterschutz, Heidelberg 1991
- Schutz des Kulturerbes und Internationales Privatrecht – Gründungstagung der Griechisch-Deutschen Juristenvereinigung in Athen, IPRax 1991, S. 357 f.
- Die Nationalität des Kunstwerks als Rechtsfrage, in: Reichelt (Hrsg.), Internationaler Kulturgüterschutz, Wien 1992, S. 7 ff.
- Transposition und Parteiwille bei grenzüberschreitenden Mobiliarsicherheiten, in: Huber/Jayme (Hrsg.), FS Serick, Heidelberg 1992, S. 241 ff.
- Narrative Normen im Internationalen Privat- und Verfahrensrecht, Tübingen 1993
- Anknüpfungsmaximen für den Kulturgüterschutz im Internationalen Privatrecht, in Dominicé (Hrsg.), Etudes de droit international en honneur de Pierre Lalive, Basel u.a. 1993, S.717 ff. = Neue Anknüpfungsmaximen für den Kulturgüterschutz im internationalen Privatrecht, in: Dolzer/Jayme/Mußgnug (Hrsg.), Rechtsfragen des internationalen Kulturgüterschutzes, Heidelberg 1994, S. 35 ff.
- „Entartete Kunst" und Internationales Privatrecht, in: Sitzungsberichte der Heidelberger Akademie der Wissenschaften, Bericht 1, Heidelberg 1994
- The Status of Cultural Property in German Private International Law, in: German National Reports in Civil Law Matters for the XIVth Congress of Comparative Law in Athens 1994, Jayme (Hrsg.), Heidelberg 1994
- Anmerkung zu Urteil vom 8.12.1993, LG München I, Az.: 9 O 15935/93 – „Sumpflegende", IPRax 1995, S. 43
- Identité culturelle et intégration: Le droit international privé postmoderne, in RdC 251 (1995), S. 11 ff.
- Kulturgüterschutz in ausgewählten europäischen Ländern, ZVglRwiss 95 (1996), S. 158 ff.
- Kulturelle Identität und Kindeswohl im internationalen Kindschaftsrecht, IPRax 1996, S. 237 ff.
- Protection of Cultural Property and Conflict of Laws: The Basel Resolution of the Institute of International Law, IJCP 6 (1997), S. 376 ff.
- Rechtsbegriffe und Kunstgeschichte, Eröffnungsvortrag, in: Reichelt (Hrsg.), Neues Recht zum Schutz von Kulturgut, Wien 1997
- Internationales Privatrecht und postmoderne Kultur, abgedr. in: Jayme, Gesammelte Schriften, Bd.1, Nationales Kunstwerk und Internationales Privatrecht, Heidelberg 1999, S. 140 ff.

- Antonio Canova und die Nationalisierung der Kunst, in: Basedow u.a. (Hrsg.), FS Siehr, Privatrecht in der internationalen Arena, Den Haag 2000, S. 281 ff.
- Die Rückführung von Kunstwerken zwischen Recht und Wirklichkeit, Vortrag v. 14.11.1998, abgedr. in: Jayme, Gesammelte Schriften, Bd.1, Nationales Kunstwerk und Internationales Privatrecht, Heidelberg 1999, S. 203 ff.
- Das freie Geleit für Kunstwerke, Wien 2001
- Die Washingtoner Erklärung über Nazi-Enteignungen von Kunstwerken der Holocaustopfer: Narrative Normen im Kunstrecht, in: Museen im Zwielicht, Koordinierungsstelle für Kulturgutverluste Magdeburg (Hrsg.), Magdeburg 2002, S. 247 ff. (zit. als Die Washingtoner Erklärung)
- Recht contra Moral?, F.A.Z. v. 16.1.2002, S. 43

Jayme, Erik/Hausmann, Rainer (Hrsg.) Internationales Privat- und Verfahrensrecht, 11. Aufl., München 2002

Jayme, Erik/Kohler, Christian Europäisches Kollisionsrecht 1994: Quellenpluralismus und offene Kontraste, IPRax 1994, S. 405 ff.
- Europäisches Kollisionsrecht 1998: Kulturelle Unterschiede und Parallelaktionen, IPRax 1998, S. 417 ff.

Jefferson, M. An Attempt to evade the Lex Situs Rule for Stolen Goods, L.Q.R. 96 (1980), S. 508 ff.

Junker, Abbo IPR-Reform 1999 und Unternehmenspraxis, RIW 2000, S. 241 ff.

Karrer, Pierre Der Fahrniserwerb kraft Guten Glaubens im Internationalen Privatrecht, Zürich 1968

Kegel, Gerhard Vaterhaus und Traumhaus, in: FS Beitzke, Berlin u.a. 1979, S. 551 ff.
- Internationales Privatrecht, 7. Auflage, München 1995

Kegel, Gerhard/ Schurig, Klaus Internationales Privatrecht, 8. Auflage, München 2000

Kenety, William H. Who Owns the Past? The Need for Legal Reform and Reciprocity in the International Art Trade, Cornell Int`l.L.J. 23 (1990), S. 1 ff.

Kienle, Florian/ Weller, Marc-Philippe Die Vindikation gestohlener Kulturgüter im IPR, IPRax 2004, S. 290 ff.

Klein, Frédéric-Edouard En realisant la Convention UNIDROIT du 24 juin 1995 sur les biens culturels volés ou illicitement exportés: Réflexions et suggestions, ZSR 1999, S. 263 ff.

Knott, Hermann J. Der Anspruch auf Herausgabe gestohlenen und illegal exportierten Kulturguts. Internationalprivatrechtliche und rechtsvergleichende Aspekte zum Herausgabeanspruch des privaten Eigentümers und des Herkunftsstaates, Baden-Baden 1990

Kreuzer, Karl Berichtigungsklauseln im Internationalen Privatrecht, in: Graveson u.a. (Hrsg.), FS Zajtay, Tübingen 1982, S. 295 ff.

- Gutachtliche Stellungnahme zum Referentenentwurf eines Gesetzes zur Ergänzung des Internationalen Privatrechts, Sachenrechtliche Bestimmungen, in: Henrich, Dieter (Hrsg.), Vorschläge und Gutachten zur Reform des deutschen internationalen Sachen- und Immaterialgüterrechts, Tübingen 1991, S. 37 ff. (zit. als: Kreuzer Gutachten)
- Zur Funktion von kollisionsrechtlichen Berichtigungsnormen, ZfRV 1992, S. 168 ff.
- Die Inlandswirksamkeit fremder besitzloser vertraglicher Mobiliarsicherheiten: die italienische Autohypothek und das US-amerikanische mortgage an Luftfahrzeugen, IPRax 1993, S. 157 ff.
- La propriété mobilière en droit international privé, RdC 259 (1996), S. 9 ff.
- in: Münchener Kommentar zum Bürgerlichen Gesetzbuch, Band 10: Einführungsgesetz zum Bürgerlichen Gesetzbuch (Art. 1-38), Internationales Privatrecht, 3. Auflage, München 1998
- Die Vollendung der Kodifikation des deutschen Internationalen Privatrechts durch das Gesetz zum Internationalen Privatrecht der außervertraglichen Schuldverhältnisse und Sachen vom 21.5.1999, RabelsZ 65 (2001), S. 383 ff.

Kropholler, Jan Internationales Privatrecht, 4. Auflage, Tübingen 2001

Kunze, Hans Henning Restitution „entarteter Kunst“ – Sachenrecht und Internationales Privatrecht, Berlin u.a. 2000

Lalive, Pierre Sur le régime des objets d'art volés en droit international privé, in: Matscher/Seidl-Hohenveldern (Hrsg.), Europa im Aufbruch, FS Schwind, Wien 1993, S. 51 ff.
- Une avancée du droit international: La Convention de Rome de l'Unidroit sur les biens culturels volés ou illicitement exportés, Rev.dr.unif.1 (1996), S. 40 ff.

Larenz, Karl Allgemeiner Teil des deutschen bürgerlichen Rechts, 1989,

Larenz, Karl/Canaris, Claus-Wilhelm Lehrbuch des Schuldrechts, Band II; Teilband 2, 13. Auflage, München 1994

Lhuilier, Gilles „Les œuvres d'art, res sacrae?“, R.R.J. 1998, S. 513 ff.

Lomas, Paul/Orton, Simon Potential Repercussions from the the City of Gotha Decision, Art, Antiquity and Law 4 (1999), S. 159 ff.

Lo Monaco, Anna Sulla restituzione di beni culturali rubati all'estero secondo la convenzione dell' UNESCO, Riv.dir.int. 71 (1988), S. 842 ff.

Looschelders, Dirk Die Anpassung im Internationalen Privatrecht, Heidelberg 1995
- Internationales Privatrecht – Art. 3-46 EGBGB, Berlin u.a. 2004

Lüderitz, Alexander Anknüpfung im Parteiinteresse, in: Internationales Privatrecht und Rechtsvergleichung im Ausgang des 20. Jahrhunderts, Festschrift Kegel, Frankfurt 1977, S. 31 ff.

Mansel, Heinz-Peter DeWeerth v. Baldinger – Kollisionsrechtliches zum Erwerb gestohlener Kunstwerke, IPRax 1988, S. 268 ff.

- Personalstatut, Staatsangehörigkeit und Effektivität, München 1988 (zit. als Personalstatut)
- Die Neuregelung des Verjährungsrechts, NJW 2002, S. 89 ff.

Mattera, Alfonso La libre circulation des œuvres d'art à l'intérieur de la communauté et la protection des trésors nationaux ayant une valeur artistique, historique ou archéologique, in Rev.Mar.Uniq.Eur. 2 (1993), S. 9 ff.

Maurer, Christoph H.M. Die Ausfuhr von Kulturgütern in der Europäischen Union, Frankfurt 1997

Merryman, John Henry Two Ways of Thinking About Cultural Property, Am.J. Int'l.L. 80 (1986), S. 831 ff.

- Il controllo nazionale sull'esportazione dei beni culturali, Riv.dir.civ. 34 (1988), S. 633 ff.
- The Public Interest in Cultural Property, Cal.L.Rev. 77 (1989), 399 ff.
- American Law and the International Trade in Art, in: Lalive (Hrsg.), ISWA I, S. 425 ff.
- Limits on State Recovery of Stolen Artifacts: Peru v. Johnson, IJCP 1 (1992), S. 169 ff.
- A Licit International Trade in Cultural Objects, in: Briat/Freedberg (Hrsg.), ISWA V, S. 3 ff.
- The UNIDROIT-Convention: Three Significant Departures from the Urtext, IJCP 5 (1996), S. 11 ff.

Muir Watt, Horatia La revendication internationale des biens culturels: à propos de la décision américaine Eglise Autocéphale, in Rev.crit.dr.int.priv. 81 (1992), S. 1 ff.

Müller-Katzenburg, Astrid Internationale Standards im Kulturgüterverkehr und ihre Bedeutung für das Sach- und Kollisionsrecht, Berlin 1996 (zit. als Standards)

- Possesion and ownership of stolen or otherwise lost works of art, Art, Antiquity and Law 5 (2000), S. 105 ff.
- „Kunstrecht" – gibt es das? Und wenn ja: Was ist das? KUR 2001, S. 1 ff.

Mülbert, Peter Ausländische Eingriffsnormen als Datum, IPRax 1986, S. 140 ff.

Münchener Kommentar Bürgerliches Gesetzbuch, 3. bzw. 4. Auflage, München 1993 ff. (zit. als MünchKomm-Bearb.)

Mußgnug, Reinhard Wem gehört Nofretete?, Anmerkungen zu dem deutsch-deutschen Streit um den ehemals preußischen Kulturbesitz, Berlin u.a. 1977 (zit. als Wem gehört Nofretete?)

- Das Kunstwerk im internationalen Recht, in: Kunst und Recht, Schriftenreihe der Deutschen Richterakademie, Bd. 2, S. 15 ff., Heidelberg 1985 (zit. als Kunst und Recht)
- National Reports, Germany, Briat/Freedberg (Hrsg.), ISWA IV, S. 63 ff.

- Der kriegsrechtliche Kulturgüterschutz, in: Neuhaus (Hrsg.), Verfassung und Verwaltung, FS Jeserich, 1994, S. 323 ff.
- Museums- und Archivgut als „res extra commercium“, in Dolzer/Jayme/ Mußgnug (Hrsg.), Rechtsfragen des internationalen Kulturgüterschutzes, Heidelberg 1994, S. 199 ff.
- Überlegungen zur Umsetzung der neuen EG-Vorschriften über den Verkehr mit Kulturgütern, in: Beyerlin u.a. (Hrsg.), Recht zwischen Umbruch und Bewahrung, FS Bernhardt, Berlin u.a. 1995, S.1224 ff.
- Unehrliche Finder von Regenschirmen und Kunstwerken, F.A.Z. v. 10.11. 1998, S. 12
- Die deutsche Renitenz gegen das Kulturgutrecht der EG, EuR 2000, S. 564 ff.
- in: Hohmann/John, Kommentar zum Ausfuhrrecht, München 2002, S. 1818 ff.

Nahlik, Stanislaw La protection internationale des biens culturels en cas de conflit armé, RdC 120 (1967-I), S. 61 ff.

Oliver, Peter Free Movement of Goods in the E.E.C., 2.Auflage, London 1988

Oppermann, Thomas Europarecht, 2. Auflage, München 1999

Palandt, Otto Bürgerliches Gesetzbuch, 64. Auflage, München 2005 (zit. als Palandt-Bearb.)

Pescatore, Pierre Le commerce de l'art et le Marché commun, Rev.trim.dr.eur. 1985, S. 451 ff. = in: Lalive (Hrsg.), ISWA I, S. 58 ff.

Pfeiffer, Thomas Der Stand des Internationalen Sachenrechts nach seiner Kodifikation, IPRax 2000, S. 270 ff.

Pieroth, Bodo/Kampmann, Bernd Außenhandelsbeschränkungen für Kunstgegenstände, NJW 1993, S. 1385 ff.

Plehwe, Thomas von Verjährung des dinglichen Herausgabeanspruchs und Ersitzung in Fällen abhanden gekommener Kulturgüter – Zur Notwendigkeit einer Reform, KUR 2001, S. 49 ff.

Poli, Jean François La protection des biens culturels par le droit communautaire, R.R.J. 52, (1993), S. 874 ff.
- La protection des biens culturels meubles, Paris 1996 (zit. La protection)

Prott, Lyndel V. Kulturgüterschutz nach der Unidroit-Konvention und nach der Unesco- Konvention, ZVglRWiss 95 (1996), S. 188 ff.
- The Preliminary Draft Unidroit Convention on Stolen or Illegally Exported Objects, I.C.L.Q. 42 (1992), S. 160 ff.
- Unesco and Unidroit: a Partnership against Trafficking in Cultural Objects, U.L.R. 1 (1996), S. 59 ff.

Prott, Lyndel V./O'Keefe, Patrick J. „Cultural Heritage“ or „Cultural Property“ IJCP 1 (1992), S. 307 ff.

Raschèr, Andrea F.G. Kulturgütertransfer und Globalisierung. UNESCO- Konvention 1970 - Unidroit-Konvention 1995 – EG-Verordnung 3911/92 – EG-Richtlinie 93/7 – Schweizerisches Recht, Zürich u.a. 2000

Redmond-Cooper, Ruth Limitation of actions in art and antiquity claims, Part II, Art, Antiquity and Law 5 (2000), S. 185 ff.

Rehbinder, Manfred Urheberrecht, 12. Auflage, München 2002

Reichelt, Gerte (Première Etude) La protection internationale des biens culturels, Unidroit 1986, Etude LXX – Doc.1 = Rev.dr.unif. 1985-I, S. 42-125

- Kulturgüterschutz und Internationales Privatrecht, IPRax 1986, S. 73 ff.
- (Deuxième Etude) La protection internationale des biens culturels Unidroit 1986, Etude LXX – Doc.4 = Rev.dr.unif. 1988-I, S. 52-132
- Kulturgüterschutz in Österreich, ZfRV 31 (1990), S. 61 ff.
- Einführung in die Thematik, in: Reichelt (Hrsg.), Internationaler Kulturgüterschutz, Wiener Symposium v. 18./19.10.1990, Wien 1992, S. 5 ff.
- Die Rolle von Unidroit für den Internationalen Kulturgüterschutz, in Europa im Aufbruch, FS Schwind, Wien 1993, S. 204 ff.
- Rechtsfragen des internationalen Kulturgüterschutzes – Aktuelle Entwicklungen, in: Sladek (Hrsg.), Das kulturelle Erbe im Risiko der Modernität, Salzburger Symposium 1992, Wien 1993, S. 61 ff.
- Die Vereinheitlichung des privatrechtlichen Kulturgüterschutzes nach dem Unidroit Vertragsentwurf 1990, in: Dolzer/Jayme/Mußgnug (Hrsg.), Rechtsfragen des internationalen Kulturgüterschutzes, Heidelberg 1994, S. 67 ff.
- Europäischer Kunstmarkt. Gedanken zu einem einheitlichen Europäischen Kulturgüterschutz, ÖJZ 1994, S. 339 ff.
- Die Unidroit-Konvention 1995 über gestohlene oder unerlaubt ausgeführte Kulturgüter – Grundzüge und Zielsetzungen, in: Reichelt (Hrsg.), Neues Recht zu Kulturgüterschutz, Wien 1997, S. 55 ff.

Renold, Marc-André Les principales règles de la Convention d'Unidroit sur les biens culturels volés ou illicitement exportés, in: Byrne-Sutton/Geisinger-Mariéthoz/Renold (Hrsg.), La Convention d'Unidroit du 24 juin 1995 sur les biens culturels volés ou illicitement exportés, Zürich 1997, S. 19 ff.

Ress, Georg Kultur und europäischer Binnenmarkt, Stuttgart 1991

- Die neue Kulturgutkompetenz der EG, DÖV 1992, S. 944 ff.

Rigaux, François Institut de Droit international, 64. Session in Santiago de Compostela vom 4.-14. September 1989, RabelsZ 54 (1990), S.139 ff.

- Le commerce des œuvres d'art dans le Marché Commun, in Dominicé u.a. (Hrsg.), Etudes de droit international en l'honneur de Pierre Lalive, Basel u.a. 1993, S. 733 ff.
- Bericht über die 65. Session des Institut de Droit International in Basel, 1991, RabelsZ 56 (1992), S. 547 ff.

Roellecke, Gerd Warum schützen wir Kulturgüter? in: Mußgnug/Glöckner (Hrsg.), Aktuelle Fragen des Kulturgüterschutzes, Heidelberg 1998, S. 31 ff.

Roth, Angleichung des IPR durch sekundäres Gemeinschaftsrecht, IPRax 1994, S. 165 ff.

Rudolf, Walter Über den internationalen Schutz von Kulturgütern, in: Hailbronner/Ress/Stein (Hrsg.), Beiträge zum ausländischen öffentlichen Recht und Völkerrecht, FS Doehring, Berlin u.a. 1989, S. 835 ff.

Sandrock, Otto Foreign Laws Regulating the Export of Cultural Property: The Respect Due to Them by the Judge of the Lex Fori, in: Lalive (Hrsg.), ISWA I, S. 457 ff.

Savigny, Friedrich Karl von System des heutigen römischen Rechts, Band 8, Berlin 1849 (Neudruck Aalen 1974)

Schmeinck, Sabine Internationalprivatrechtliche Aspekte des Kulturgüterschutzes, Berlin 1994

Schnyder, Anton K. Das neue IPR-Gesetz, 2.Aufl., Zürich 1990, S. 93 ff.

Schorlemer, Sabine von Internationaler Kulturgüterschutz, Berlin 1992

Schreiber, Steffen Ausweichklauseln im deutschen, österreichischen und schweizerischen Internationalen Privatrecht, Hamburg 2001

Schulze, Götz Datum-Theorie und narrative Norm – zu einem Privatrecht für die multikulturelle Gesellschaft, in: Jayme (Hrsg.), Kulturelle Identität und Internationales Privatrecht, Heidelberg 2003, S. 155 ff.

Schurig, Klaus Kollisionsnorm und Sachnorm, Berlin 1981

- Zwingendes Recht, "Eingriffsnormen" und neues IPR, RabelsZ 54 (1990), S. 217 ff.

Schwadorf-Ruckdeschel, Brigitte Rechtsfragen des grenzüberschreitenden rechtsgeschäftlichen Erwerbs von Kulturgütern, Frankfurt 1995

Schwander, Ivo Einführung in das internationale Privatrecht, Zweiter Band: Besonderer Teil, St. Gallen 1998

Schwarze, Jürgen Der Schutz nationalen Kulturguts im europäischen Binnenmarkt, JZ 1994, S. 111 ff.

Schweizer, Heinrich Die Position der Bundesrepublik Deutschland während der diplomatischen Konferenz zur Annahme des Entwurfs der Unidroit-Konvention über die internationale Rückgabe gestohlener oder illegal ausgeführter Kulturgüter von 1995 unter besonderer Berücksichtigung deutschen Verfassungsrechts, KUR 2003, S. 25 ff.

Seegers, Ulli The Art Loss Register und die internationale Kunstkriminalität, KUR 1999, S. 289 ff.

Seidl-Hohenveldern, Ignaz Internationales Konfiskations- und Enteignungsrecht, Berlin u.a. 1952

- Ausfuhr und Rückführung von Kunstwerken, in: Haller u.a. (Hrsg.), FS Schindler, Basel u.a. 1989
- La protection internationale du patrimoine culturel national, in R.G.D.I.P. 97 (1993), S. 395 ff.
- Patrimoine culturel mobilier et Marché intérieur de la Communauté Européenne, in Dominicé u.a. (Hrsg.), Etudes de droit international en l'honneur de Pierre Lalive, Basel u.a. 1993, S. 753 ff.

- Völkerrechtswidrige Konfiskation eines Gemäldes aus der Sammlung des Fürsten von Liechtenstein als angeblich „deutsches" Eigentum, IPRax 1996, S. 410 ff.

Shyllon, Folarin Cultural Heritage Legislation and Management in Nigeria, IJCP 5 (1996), S. 235 ff.

Siehr, Kurt Kunstraub und das internationale Recht, SJZ 77 (1981), S. 189 ff., 207 ff.

- Ausländische Eingriffsnormen im inländischen Wirtschaftskollisionsrecht, RabelsZ 52 (1988), S. 41 ff.
- Nationaler und Internationaler Kulturgüterschutz, in Pfister/Will (Hrsg.), FS Lorenz, Tübingen 1991, S. 525 ff.
- The UNIDROIT Draft Convention on the International Protection of Cultural Property, IJCP 1 (1992), S. 321 ff.
- Gutgläubiger Erwerb von Kunstwerken in New York – De Weerth v. Baldinger erneut vor Gericht, IPRax 1993, S. 339 f.
- Handel mit Kulturgütern in der EWG, NJW 1993, S. 2206 ff.
- The UNIDROIT Draft Convention on the International Protection of Cultural Property, IJCP 1 (1992), S. 321 ff.
- International Art Trade and the Law, RdC 243 (1993-IV), S. 13 ff.
- International Protection of Cultural Property in the European Community, in: Domincé u.a. (Hrsg.), Études de droit international en l'honneur de Pierre Lalive, Basel u.a. 1993, S. 763 ff. (zit. als FS Lalive)
- Öffentliches Recht und internationales Privatrecht beim grenzüberschreitenden Kulturgüterschutz, in: Dolzer/Jayme/Mußgnug (Hrsg.), Rechtsfragen des internationalen Kulturgüterschutzes, Heidelberg 1994, S. 83 ff.
- Kulturgüter als res extra commercium im internationalen Rechtsverkehr, in: v. Westphalen (Hrsg.), FS Trinkner, Heidelberg 1995, S. 703 ff.
- Vereinheitlichung des Mobiliarsachenrechts in Europa, insbesondere im Hinblick auf Kulturgüter, RabelsZ 59 (1995), S. 454 ff.
- Kulturgüterschutz innerhalb der Europäischen Union, ZVglRWiss 95 (1996), S. 170 ff.
- Völkerrecht und Internationaler Kulturgüterschutz vor Gericht, in: Frank (Hrsg.), Recht und Kunst, Heidelberg 1996, S. 57 ff.
- Freizügigkeit und Kulturgüterschutz in der Europäischen Union, in: Immenga/Möschel/Reuter (Hrsg.), FS Mestmäcker, Baden-Baden 1996, S. 483 ff.
- Die EG-Richtlinie von 1983 über die Rückgabe von Kulturgütern und der Kunsthandel, in: Reichelt (Hrsg.), Neues Recht zum Kulturgüterschutz, Wien 1997, S. 29 ff.
- Die Richtlinie 93/7/EWG des Rates vom 15. März 1993 über die Rückgabe von unrechtmäßig aus dem Hoheitsgebiet eines Mitgliedstaats verbrachten Kulturgütern und das Privatrecht der Mitgliedstaaten der EWG, KUR 1999, S. 225 ff.

- The Protection of Cultural Property: the 1995 Unidroit Convention and the EEC Instruments of 1992/93 Compared, in U.L.R. 3 (1998) 671 ff.
- Verjährt ein Anspruch auf Herausgabe des Eigentums?, Deutsches Verjährungsrecht vor englischem Gericht, in: Carl/Güttler/Siehr (Hrsg.), Kunstdiebstahl vor Gericht, S. 53 ff.
- Internationales Privatrecht: Deutsches und europäisches Kollisionsrecht für Studium und Praxis, Heidelberg 2001
- Verjährung der Vindikationsklage, ZRP 2001, S. 346 f.

Soergel, Hans Th. Bürgerliches Gesetzbuch mit Einführungsgesetz und Nebengesetzen, 12.Auflage, Stuttgart etc. 1996, 1987 ff. (zit.: Soergel-Bearb.)

Sparr, Jürgen Kulturhoheit und EWG-Vertrag, Baden-Baden 1991

Spickhoff, Andreas Zur Reform des deutschen internationalen Deliktsrechts, VersR 1985, S. 124 f.

Sprecher, Jörg Beschränkungen des Handels mit Kulturgut und die Eigentumsgarantie, Berlin 2004

Stark, Emil W. Art. 936 ZGB. In: Schweizerisches Zivilgesetzbuch. Das Sachenrecht. Band IV, 3. Abteilung. Besitz und Grundbuch. 1. Teilband. Der Besitz. Artt. 919-941 ZGB, 2. Auflage, Bern 1984

Staudinger, Ansgar Das Gesetz zum Internationalen Privatrecht für außervertragliche Schuldverhältnisse und für Sachen vom 21.5.1999, DB 1999, S. 1589 ff.

Staudinger, Julius von Kommentar zum Bürgerlichen Gesetzbuch mit Einführungsgesetz und Nebengesetzen, Einführungsgesetz/IPR, Internationales Sachenrecht, bearbeitet von Hans Stoll, 13. Auflage, Berlin 1996
- Kommentar zum Bürgerlichen Gesetzbuch mit Einführungsgesetz und Nebengesetzen, 13. Auflage, Berlin 1998 (zit.: Staudinger-Bearb.)

Stoll, Hans Probleme des Statutenwechsels nach Erwerb eines Lösungsrechts an einer gestohlenen Sache, IPRax 1987, S. 357 ff.
- Sachenrechtliche Fragen des Kulturgüterschutzes in Fällen mit Auslandsberührung, in: Dolzer/Jayme/Mußgnug (Hrsg.), Rechtsfragen des internationalen Kulturgüterschutzes, Heidelberg 1994, S. 53 ff.
- Anmerkung zum Urteil des OLG Frankfurt a.M. v. 6.3.1995 - II ZR 84/94, JZ 1995, S. 786
- Internationales Sachenrecht, in Staudinger, Kommentar, 13. Auflage, Berlin 1996
- Zur gesetzlichen Regelung des internationalen Sachenrechts in Artt. 43-46 EGBGB, IPRax 2000, S. 259 ff.

Streinz, Rudolf Europarecht, 5.Auflage, Heidelberg 2001

Suede, Lance Property Law: International Stolen Art, in Harvard International Law Journal 31 (1991), S. 377 ff.

Süss, Wolfgang Der Schutz der kulturellen Identität durch das Völkerrecht, asien, afrika, lateinamerika 18 (1990) S. 785 ff.

Taschner, Hans Claudius Kulturgüterschutz aus der Sicht des EG-Rechts, in: Reichelt (Hrsg.), Internationaler Kulturgüterschutz, Wien 1992, S. 97 ff.

Thorn, Karsten Der Mobiliarerwerb vom Nichtberechtigten, Baden-Baden 1996

Turner, Stefan Das Restitutionsrecht des Staates nach illegaler Ausfuhr von Kulturgütern, Berlin 2002

Uhl, Antje-Katrin Der Handel mit Kunstwerken im europäischen Binnenmarkt, Berlin 1993

Unverhau, Kurt Der Schutz von Kulturgut bei bewaffneten Konflikten, 1955

Verheul, J.P. Foreign Export Prohibitions: Cultural Treasures and Minerals, NILR 31 (1984), S. 419 ff.

Vischer, Frank Internationales Vertragsrecht, Bern 1962

- Der ausländische Staat als Kläger, IPRax 1991, S. 209 ff.
- General Course of Private International Law, in RdC 232 (1992-I) 9 ff.

Voudouri, Daphné Circulation et protection des biens culturels dans l'Europe sans frontières, in Revue du droit public et de la science politique en France et à l'étranger 110 (1994), S. 479 ff.

Vrellis Spyridon Le statut des biens culturels en droit international privé, in: Rapports Généraux, XIVème Congrès international du droit comparé Athènes 1994, Athens, The Hague 1996, S. 221 ff. (zit. als Le statut)

- UNIDROIT-Konvention 1995 über gestohlene oder unerlaubt ausgeführte Kulturgüter – Bedeutung der lex originis, in: Reichelt (Hrsg.), Neues Recht zum Kulturgüterschutz, Wien 1997, S. 69 ff.

Wagner, Rolf Regierungsentwurf eines Gesetzes zum Internationalen Privatrecht für außervertragliche Schuldverhältnisse und für Sachen, IPRax 1998, S. 429 ff.

- Zum Inkrafttreten des Gesetzes zum Internationalen Privatrecht für außervertragliche Schuldverhältnisse und für Sachen, IPRax 1999, S. 210

Walter, Bernhard Rückführung von Kulturgut im internationalen Recht, Bremen 1988

Weber, Marc Unveräußerliches Kulturgut im nationalen und internationalen Rechtsverkehr, Berlin u.a. 2002

Weidner, Amalie Kulturgüter als res extra commercium im internationalen Sachenrecht, Berlin u.a. 2001

Wilhelm René-Jean La Croix-Rouge des monuments, in: Revue Internationale de la Croix-Rouge 36 (1954), S. 793 ff.

Williams, Sharon A. The International and National Protection of Movable Cultural Property -A Comparative Study, New York 1988

Wolf, Christian Stefan Der Begriff der wesentlich engeren Verbindung im Internationalen Sachenrecht, Frankfurt a.M. u.a. 2002

Wyss, Martin Philipp Kultur als eine Dimension der Völkerrechtsordnung. Vom Kulturgüterschutz zur internationalen kulturellen Kooperation, Zürich 1992 (zit. als Kultur als Dimension)

Zimmer, Daniel Ausländisches Wirtschaftsrecht vor deutschen Zivilgerichten: Zur Unterscheidung zwischen einer normativen Berücksichtigung fremder zwingender Normen und einer bloßen Beachtung ihrer tatsächlicher Folgen, IPRax 1986, S. 65 ff.

Susanne Spaun

Der Herausgabeanspruch bei Diebstahl oder illegalem Export von Kulturgütern

Frankfurt am Main, Berlin, Bern, Bruxelles, New York, Oxford, Wien, 2003. 269 S.
Salzburger Studien zum Europäischen Privatrecht.
Herausgegeben von J. Michael Rainer. Bd. 16
ISBN 3-631-51098-5 · br. € 45.50*

Diese Arbeit befasst sich mit der Problematik der Restitution unrechtmäßig verbrachter Kulturgüter an ihre Eigentümer bzw. Herkunftsstaaten. Einen Schwerpunkt der Untersuchung bildet die Darstellung und Analyse der aktuellen österreichischen Rechtslage. Rechtsvergleichend werden auch die einschlägigen Bestimmungen anderer Rechtsordnungen einbezogen. Außerdem werden verschiedene auf internationaler Ebene erarbeitete Vorschläge zur Schaffung von Sonderrecht für Kulturgüter untersucht und bewertet und daraus eventuell erwachsende neue Perspektiven für den Kulturgüterschutz in Österreich diskutiert.

Aus dem Inhalt: Der Begriff „Kulturgut" · Regelung des gutgläubigen Eigentumserwerbs vom Nichtberechtigten in verschiedenen Rechtsordnungen · Nationale und supranationale Beschränkungen des Kulturgüterverkehrs · Anspruch auf Herausgabe beziehungsweise Rückführung von Kulturgütern · Internationales Sonderrecht zur Regelung des Kulturgüterverkehrs

MIX
Papier | Fördert gute Waldnutzung
FSC® C083411

Kolibri 360 GmbH
Ferdinand-Jühlke-Straße 7
99095 Erfurt, Deutschland
produktsicherheit@kolibri360.de

Druck:
CPI Druckdienstleistungen GmbH
im Auftrag der
Kolibri 360 GmbH
Ferdinand-Jühlke-Str. 7
99095 Erfurt